지금 **북극**은

What is happening in the Arctic?

제7권 북극, 갈등과 협력이 공존하는 공간

지금 북극은

What is happening in the Arctic

제7권 북극, 갈등과 협력이 공존하는 공간

2024년 12월 31일 초판 1쇄 발행

엮은이 배재대학교 한국-시베리아센터
글쓴이 곽성웅·한종만, 라미경, 서승현·양정훈, 하용훈, 이재혁, 서현교
       박찬현, 박종관, 백영준, 김정훈, 김자영, 김태진, 방민규
펴낸이 권혁재

편집 권이지
출력 성광인쇄
인쇄 성광인쇄

펴낸곳 학연문화사
등록 1988년 2월 26일 제2-501호
주소 서울시 금천구 가산디지털1로 16 가산2차SK V 1AP타워 1415호
전화 02-6223-2301
팩스 02-6223-2303
E-mail hak7891@naver.com

ISBN 978-89-5508-704-8(94960)

이 저서는 2022년 대한민국 교육부와 한국연구재단의 지원을 받아 수행된 연구임
(NRF-2022S1A5C2A01092699)
This work was supported by the Ministry of Education of the Republic of Korea
and the National Research Foundation of Korea (NRF-2022S1A5C2A01092699)
F-2022S1A5C2A01092699)

지금 **북극**은

What is happening in the Arctic

제7권 북극, 갈등과 협력이 공존하는 공간

학연문화사

목 차

Part III. 문화와 사회의 공간

우크라이나 전쟁 이후
핀란드 외교안보정책의 변화와 북극정책

곽성웅* · 한종만**

I. 서론: 우크라이나 전쟁(2022) 이후 변화하는 핀란드 외교 안보정책

2022년 2월 말 발발한 우크라이나 전쟁 이후 전 세계 곳곳에서 지정학적 정세 변화의 흐름이 거세게 나타나고 있다. 이런 현상은 북극에서도 예외가 아니다. 특히 북극의 대표적인 국제적 거버넌스로 확립되고 있는 북극이사회에서는 우크라이나 전쟁 이후 러시아를 제외한 7개 서방 회원국이 러시아의 의장국 업무수행을 거부하는 단체행동에 나섰고, 그로 인해 북극이사회 활동이 1년 이상 중지되기도 했다.[1] 그리고 이런 변화의 흐름은 북극이사회 회원국이기도 한 북유럽의 북극국가들에게 더욱 강하게 전이되고 있다.

특히 핀란드는 자국안보를 최대한으로 보장하기 위해 2023년 4월 4일 북대

※『한국 시베리아연구』 2024년 제28권 2호에 실린 논문을 수정 및 보완한 글임.
* 배재대학교 한국-시베리아센터 연구교수
** 배재대학교 명예교수

1) 북극이사회의 업무 마비는 2022년 3월부터 2023년 5월까지 약 1년 2개월가량 이어지다 노르웨이가 의장국이 되면서 현재 기능 복원이 점진적으로 이루어지고 있다. "북극이사회 순환의장국에 노르웨이…'회원국' 러 고립 심화할 듯," 「연합뉴스」 2023년 5월 21일, https://www.yna.co.kr/view/AKR20230512001700098?input=1195m (검색일: 2023. 12. 13).

서양조약기구(North Atlantic Treaty Organization, 이하 나토)에 가입했고, 이를 통해 수십 년간 지켜 온 중립국 지위마저 포기했다.[2] 이런 현상은 위협을 당한 국가들이 적대국을 제어하기 위한 방위동맹을 형성할 수 있다는 '외적 균형'(External Balancing)론을 설파한 미어셰이머(Mearsheimer, 2004)의 주장을 떠올리게 한다.[3] 이제 핀란드는 나토의 최북동부에 위치한 방위동맹의 일원이자 대러 안보의 중요한 축으로 기능함으로써 미어셰이머가 주장한 공격적 현실주의의 가장 완벽한 사례로 부상하고 있다.

여기에 더해 핀란드는 유럽연합(European Union, 이하 EU)과의 연대감 강화에도 적극 노력하며 과거와는 확연히 다른 외교적 행보를 선보이고 있다. 우크라이나 전쟁 이후 핀란드는 EU 회원국으로서 EU 차원의 대러 제재 조치에 적극적으로 동참하고 있으며, EU의 공동외교안보정책(Common Foreign and Security Policy)에 대한 확고한 지지도 표명했다. 그리고 북극정책에 있어서도 핀란드는 EU를 자국의 북극 목표를 위한 핵심적인 도구로 인식하면서[4] 과거에 많은 관심과 노력을 기울였던 러시아와의 북극협력을 사실상 보류시켰다.

국내에서는 그간 이런 핀란드의 외교전략과 외교적 행보에 대한 학술적 분석이 이루어져 왔다. 그중에는 핀란드화를 중심으로 핀란드 중립정책을 연구한 김진호(2003)[5]와, 대러 의존성 약화를 중심으로 핀란드의 중립정책을 연구

---

2) "핀란드, 나토 공식 가입 완료…"생각조차 못한 역사적 사건"", 「서울경제」 2023년 4월 4일, https://www.sedaily.com/NewsView/29O69AE09H (검색일: 2024.02.15).

3) 존 J. 미어셰이머, 『강대국 국제정치의 비극』, 이춘근 역(서울: 나남출판, 2004). pp. 309-313.

4) Timo Koivurova et al., *Government Report - Arctic cooperation in a new situation: Analysis on the impacts of the Russian war of aggression: English Summary - key conclusions* (Helsinki, Finland: Prime Minister's Office, 2022), p. 2.

5) 김진호, "핀란드 중립정책에 대한 고찰과 교훈." 『통일문제연구』, 제15권 1호 (평화문제연구소, 2003), pp. 239-262.

한 안상욱(2017)[6], 이원정부제라는 국내정치적 측면에서 핀란드 사례를 분석하며 핀란드 외교정책을 일부 연구한 김인영(2020)[7], 국가정체성 개념과 안보경제정책을 바탕으로 중간국으로서 핀란드 외교를 연구한 최경준(2020)[8] 등의 사례가 주목할 만하다. 해외에서도 핀란드화를 중심으로 한 핀란드 외교정책에 관한 연구가 상당수 발견되는데, 그중에서도 대소·대러 중립외교의 대표적 개념인 핀란드화의 형성과 발전을 역사적 측면에서 구체적으로 분석한 포스버그와 페수(Forsberg & Pesu, 2016)[9], 핀란드의 나토가입 과정에서 핀란드화의 변천 과정을 분석한 알터(Arter, 2023)[10], 우크라이나 외교를 연구하면서 핀란드화를 주요한 분석 수단으로 활용한 코르호넨(Korhonen, 2024)[11] 등의 연구가 돋보인다.

그러나 이러한 선행연구들은 알터와 코르호넨을 제외하면 모두 2022년 이전에 수행되어 우크라이나 전쟁 이후 핀란드를 둘러싼 지정학적 정세가 완전히 변화한 상황을 거의 반영하지 못한다는 아쉬움이 존재한다. 그리고 우크라

---

6) 안상욱, "핀란드 외교정책의 변화: 러시아 의존성 약화를 중심으로," 『유럽연구』 제35권 4호 (한국유럽학회, 2017년 겨울), pp.65-88.

7) 김인영, "이원정부제 전환의 정치 동학: 핀란드, 폴란드, 대만 사례를 중심으로," 『세계지역연구논총』 38집 3호 (한국세계지역학회, 2020), pp.57-81.

8) 최경준, "핀란드와 에스토니아의 중간국 외교: 국가 정체성과 안보·경제 정책," 『유럽연구』 제38권 4호 (한국유럽학회, 2020년 겨울), pp.87-120.

9) Tuomas Forsberg & Matti Pesu, "The "Finlandisation" of Finland: The Ideal Type, the Historical Model, and the Lessons Learnt," *Diplomacy & Statecraft* Vol. 27, No. 3(2016), pp.473-495.

10) David Arter, "From Finlandisation and post-Finlandisation to the end of Finlandisation? Finland's road to a NATO application," *European Security* Vol. 32, Iss. 2 (2023), pp.171-189.

11) Juho Korhonen, "Ukraine, Finlandization, and the Coloniality of Sovereignty," Foot Notes - *A Magazine of the American Sociological Association* Vol. 51, Iss. 1 (2024), pp.1-8.

이나 전쟁 이후 연구를 수행한 알터와 코르호넨 역시 일반적 측면에서 핀란드 외교를 분석했을 뿐 핀란드 외교정책의 변화와 이것이 핀란드의 북극정책에 어떤 영향을 끼치는 지에 관한 연구로까지 나아가지는 못했다.

본 연구는 바로 위와 같은 선행연구의 한계점을 인식하면서 핀란드 외교정책 변화와 이 과정에서 핀란드 북극정책이 향후 어떻게 변화할 것인지를 전망하고자 하는 목적의식 속에서 출발했다. 외교정책의 한 갈래로서 핀란드 북극정책 역시 우크라이나 전쟁 이후 핀란드화의 포기와 나토가입이라는 외교적 변화의 거대한 흐름에 상당한 영향을 받을 수밖에 없기 때문이다. 그러나 그렇다고 해서 우크라이나 전쟁 이전 핀란드 외교와 북극정책이 걸어온 역사적 과정을 외면해서는 안된다. 과거 역시 현재와 미래를 최소한 일부라도 반영하는 거울이기 때문이다. 그래서 본 연구는 우크라이나 전쟁 전후의 사정과 역사적 변천 과정을 모두 종합하여 현재의 핀란드 외교정책 발전과 변천 과정을 분석하고 이를 기반으로 향후 핀란드 북극정책까지도 전망하고자 했다.

이와 같은 배경 속에서 본 연구는 사료와 문헌 분석을 주요 연구방법으로 활용했고, 핀란드의 외교적 현실과 국제정세 해석을 위해 일부 신현실주의나 공격적 현실주의와 같은 국제관계 이론을 차용하기도 했다. 이를 토대로 본 논문은 다음과 같이 구성됐다. 본문의 1장에서는 핀란드 외교안보정책의 오랜 전통이었던 '핀란드화'(Finlandization)를 분석했고, 2장에서는 우크라이나 전쟁 이후 핀란드가 새로운 대러시아 인식 변화 속에서 오랜 외교적 전통이었던 핀란드화를 포기하고 나토가입으로 나아가는 과정을 확인했으며, 3장에서는 우크라이나 전쟁 이후 핀란드의 새로운 외교적 행보 속에서 변화의 조짐이 엿보이는 북극정책의 현황을 파악하면서 이를 평가했고, 마지막 결론에서는 앞선 내용을 바탕으로 향후 핀란드의 외교전략과 북극정책을 전망하고자 했다.

Ⅱ. 핀란드 외교안보정책의 오랜 전통 - '핀란드화'(Finlandization)

핀란드는 1940년대 말부터 오랜 기간 고유의 중립 외교정책을 표방해왔다. 보통 핀란드의 이러한 중립외교정책은 '핀란드화'(핀란드어: Suomettuminen, 영어: Finlandization)라는 용어로 대변된다. 그 어원은 냉전 초기 오스트리아와 구소련 간 관계정립 과정에서 발현되기 시작했다. 1950년대 오스트리아의 외무장관이었던 칼 그루버(Karl Gruber)는 과거 추축국의 일원이었고 현재는 구소련 진영에 반감을 갖고 있는 당시의 자국민들에게 핀란드의 전철을 밟지 말아야 한다고 경고했다. 그로부터 10년 후 베를린 자유대학교(Freie Universität)의 리하르트 뢰벤탈(Richard Löwenthal)이 '핀란드지에룽'(Finlandisierung)이라는 용어를 만들었다. 새롭게 조어(措語)된 '핀란드화'(핀란드지에룽)의 의미는 특별하지만, 확실히 적절하지는 않은 핀란드의 대외 의존성에 대한 설명으로 점차 고착화됐다.[12] 사실 이 용어는 일반적으로 냉전 기간 동안 구소련과 관련된 핀란드의 대외정책을 설명하기 위해 사용되고 있지만, 1871년부터 1940년 사이 덴마크의 의존성 높은 대(對)독일 관계를 설명하는데도 간혹 활용되곤 한다.

한편, 독일에서는 주로 프란츠 슈트라우스(Franz Josef Strauss)가 '핀란드화'란 용어를 사용했다. 당시 그는 대미 관계에서의 이익을 지지하면서 에곤 바르(EgonBahr)와 빌리 브란트(Willy Brandt)가 새롭게 주창하던 '동방정책'(Ostpolitik)을 비판했다. 이 과정 중 독일에서 사용된 용어인 '핀란드화'

---

12) George Maude, "The Further Shores of Finlandization," *Cooperation and Conflict*, Vol. XVII (1982), pp. 3-16.

는 향후 있을지도 모를 독일 주둔 미군의 철수 정책에 대한 두려움을 반영한 두 명의 독일 정치학자인 발터 할슈타인(Walter Hallstein)과 리하르트 뢰벤탈(Richard Löwenthal)에 의해 조어됐다.

이렇게 여러 역사적 과정을 통해 조어된 '핀란드화'의 의미는 이제는 일반적으로 주로 주변 강대국 앞에서 약소국이 어느 한쪽을 지지하지 않는 외교전략의 키워드로 인식되고 있다.[13] 그러나 사실 핀란드의 중립외교정책은 균형 외교로 지칭하기에는 어색할 정도로 구소련과 러시아에 대한 편향성이 더 강했다.[14] 그래서 냉전시기 서구에서는 핀란드의 중립 표방이 종국에는 대(對)소련 중립성을 상실하면서 핀란드가 소련의 위성국가로 전락하고 공산화될 것이라 예측하기도 했다.[15]

그런데 핀란드의 입장에서 핀란드의 중립, 이른바 '핀란드화'는 어쩔 수 없는 선택이었기에, 대소, 대러 관계와 나토가입 문제 논쟁에 있어서 그간 상당한 영향력을 발휘해 왔다. 일부에서는 핀란드의 친소 중립정책이 역사적 경험과 지리적 인접성, 접경국(구소련)과의 압도적인 국력 격차라는 현실을 감안한 선택이라고 분석하기도 한다.[16] 특히 역사적 경험이 크다고 할 수 있는데, 겨울전쟁(1939-1940) 당시 서구 국가들로부터 어떠한 지원도 받지 못한 뼈아픈 기억이 핀란드인 사이에 오랜 기간 존재해 오기도 했다.

---

13) 안상욱 (2017년 겨울), op. cit., pp. 66-67.
14) 그래서 서구에서는 '핀란드화'란 용어를 핀란드의 친소중립정책을 부정적으로 일컫는 의미로 받아들였다. 일례로, 1972년 미 중앙정보국(CIA) 보고서는 핀란드화를 구소련에 대한 광범위한 범위의 예속과 스스로의 행동 방침을 자발적으로 제한하는 능력과 의지를 희망하도록 만드는 고도로 개발된 세심함을 요구하는 안심정책으로 묘사하기도 했다. Juho Korhonen (2024), op. cit., p. 2/8.
15) 최경준 (2020년 겨울), op. cit., pp. 109-110.
16) ibid, p. 110.

1939년 11월 영국과 프랑스는 구소련으로부터 주권을 위협받고 있던 핀란드를 지원한다는 명분 하에 10만명의 병력을 파견하고자 했다. 당시 영국과 프랑스는 핀란드 인접국인 스웨덴과 노르웨이에게 핀란드로의 이동이 용이하도록 육로와 나르비크(Narvik)항(港) 제공을 요구했으나 거부당했다(그림 1 참조).[17] 당시 스웨덴과 노르웨이는 이러한 요구가 핀란드 지원을 위해서라기보다는 노르웨이의 나르비크항과 스웨덴의 북부 광산지대 점령을 통해 전쟁 수행의 주요 물자인 철광석의 나치 독일 수출을 막으려는 계책으로 보았고, 실제로도 그러했다. 결국, 핀란드는 이런 국제적 역학 관계 속에서 서방으로부터 어떠한 군사적 지원도 받지 못하면서 구소련의 침공을 온전히 홀로 감당해야 했다. 이와 관련 핀란드에서는 핀란드화를 선택한 자국의 상황을 다음과 같이 자조적으로 표현하기도 했다:

전쟁은 패배했고, 구소련과의 새로운 관계는 기반 구축을 필요로 했으며, 핀란드의 대외관계 위치는 미약했다: 동구는 너무 가까웠고, 서구는 핀란드가 도달하기에는 멀리 있었다.[18]

냉전 기간 동안 핀란드인들은 친소 중립정책으로 자국이 발트 3국처럼 구소련에 편입되지 않았기에 핀란드화를 성공적인 대외정책으로 평가했다.[19] 그리고 핀란드화(Finlandization, 1947~2022)는 냉전체제가 무너진 이후에도 상당 기간 유지됐다. 그 이유로는 대략 4가지가 제기된다.

첫째, 차별적인 대러 관계의 역사적 교훈이다. 우선 핀란드는 구소련과 이

---

17) 안상욱 (2017년 겨울), op. cit., p. 74.
18) Tuomas Forsberg & Matti Pesu (2016), op. cit., p. 478.
19) 안상욱 (2017년 겨울), op. cit., p. 69.

그림 1. 겨울전쟁 당시 영국과 프랑스의 핀란드 지원 계획

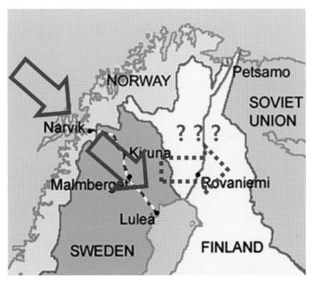

출처: 저자 작성

를 계승한 러시아와의 실력대결이 절대적으로 불가능하고 역부족임을 분명히 인식하고 있다. 여기에 과거 구소련과 대립하게 되었을 때 서방으로부터 그 어떤 지원도 없었던 역사를 명확히 기억한다.[20] 그래서 핀란드는 자국의 안위 가 서방국가보다는 우호적인 대소 혹은 대러 관계에 결부되어 있다고 판단하 기에 양국 간 신뢰 축적이 필요하다고 인정하면서 이를 위해 상당한 외교적 노력을 기울여 왔다. 이와 관련하여 미어셰이머(Mearsheimer, 2004)의 주장 은 유의미하다.[21] 그는 유화(Appeasement)적 조치를 취하는 국가는 양보를 통해 침략국의 침략 동기를 완화시키거나 제거할 수 있다고 희망하기에 위협

---

20) 당시 전쟁의 역사와 연관된 핀란드인의 기억은 오랜 동안 생생히 살아남았다. Tuomas Forsberg & Matti Pesu (2016), op.cit., p.483.
21) 존 J. 미어셰이머 (2004), op.cit., pp.279, 309-313.

피해국은 유화정책을 통해 침략국에 양보함으로써 침략국에 유리한 세력균형 상태를 조성할 수 있다고 주장했다.[22] 실제로 핀란드뿐만 아니라 오랜 중립국 지위를 유지했던 스웨덴의 나토가입이 현실화된 것도 최근인 2024년 3월이었다. 2022년 우크라이나 전쟁 이전까지 스웨덴도 구소련과 러시아를 의식하며 서구 편향 외교가 아닌 중립외교를 표방할 수밖에 없었다.[23]

둘째, 경제적 이익의 극대화라는 보상 체계의 존재이다. 핀란드는 냉전 시절 구소련을 포함한 동구권과 서방 간의 중개무역기지로서 독점적인 권리를 상당 기간 향유해왔다. 그리고 탈냉전 이후에도 러시아는 핀란드에 있어 수출 대상국 지위(6위)는 약화됐으나 수입은 여전히 2번째 교역대상국(주로 원자재)이었다.[24] 북극 개발에 있어서도 핀란드는 우크라이나 전쟁 이전까지 러시아와의 장기적인 공동개발을 기대하며 상당한 노력을 지속해 왔다.

셋째, 친(親)러시아 정치인의 강력한 정치적 신념과 리더십의 유산이다. 대표적으로 1956년 핀란드 대통령에 당선된 케코넨(U. Kekkonen)은 장기집권

---

22) 미어세이머가 이를 설명하기 위해 든 역사적 사례가 19세기 폴란드 왕국의 운명이었다. 당시 프러시아의 정치가 오토 폰 비스마르크는 폴란드가 독립하여 주권을 회복하게 되면 접경한 프러시아의 생존에 상당한 위협이 될 것이라 예측했기에 폴란드 왕국의 재건을 강하게 반대했다. "어떤 형태든 관계없이 폴란드 왕국이 재건된다는 것은 우리를 공격하기로 작정한 어떤 강대국과도 동맹을 맺을 수 있는 국가를 건설하는 것과 마찬가지다. 프러시아인들은 반드시 폴란드 사람들이 모든 희망을 잃고 주저앉아 죽을 때까지 폴란드인들을 격멸해야 한다. 나는 그들의 처지를 많이 동정한다. 그러나 우리나라가 생존하기 위해서는 폴란드를 없애는 방법 이외에는 다른 도리가 없다." ibid, p.35.

23) 러시아 학자인 플레바코(Плевако, 2018)는 스웨덴이 나토에 가입하게 될 경우 러시아를 둘러싼 국제적 상황의 악화로 인해 나토와의 관계에 있어 전 유럽에 대한 위협과 세계적 파국이라는 돌이킬 수 없는 결과를 유발하게 될 것이라고 경고하기도 했다. Н. С. Плевако, "Выборы в Швеции и НАТО," *Научно-аналитический вестник ИЕ РАН* № 4 (2018), с. 154.

24) 최경준 (2020년 겨울), op.cit., pp.101-102.

과정(26년, 1956-1982)에서 구소련과의 원만한 관계유지가 핀란드 주권의 영속성과 안전보장에 필수적이라는 개인적 신념을 바탕으로 구소련에 우호적인 자세를 취했다.[25] 그의 이러한 행보는 구소련과의 신뢰를 구축하는 데 상당한 도움이 됐다.[26] 특히 케코넨 대통령은 1961년 10월 미국을 방문하여 "핀란드가 평화로운 이웃으로 구소련과의 신뢰를 유지하는 데 성공한다면 서구국가들과의 밀접한 협력을 위해 더 좋은 기회가 될 것"이라는 이른바 '핀란드 패러독스'(the Finnish Paradox)를 주장하기도 했다.[27] 케코넨의 이러한 행보는 구소련과의 전쟁을 직접 겪었던 과거 자신의 경험에서 상당한 영향을 받았을 가능성이 크다.[28]

케코넨의 외교적 신념은 그 혼자만의 것이 아니었다. 그가 권위주의적인 장기집권을 26년간(1956-1982) 유지했음에도 핀란드 국민들은 그에 대한 지지를 지속했다. 그 이유는 그의 대외정책이 핀란드의 외교안보를 안정적으로 보장했고, 이것이 또한 핀란드의 건실한 경제성장을 이끌고 민주정체를 유지하

---

25) 김인영 (2020), op. cit., p.64; 외교부 유럽국 서유럽과, 『핀란드 개황』(서울: 외교부, 2019.5), p.24.

26) 당시 구소련의 공산당 서기장이었던 레오니드 브레즈네프는 핀란드와의 관계를 '올바르게 훌륭히 확립된 관계'(good, correctly established relations)라고 표현하기도 했다. Tuomas Forsberg & Matti Pesu (2016), op. cit., pp.487-488.

27) "FINLAND'S POSITION IN INTERNATIONAL POLITICS - Speech given at the National Press Club, Washington, 17 October 1961," https://www.doria.fi/bitstream/handle/10024/8542/TMP.objres.1454.html?sequence=1. (검색일: 2024.03.10).

28) 호로위츠와 스탬(Horowitz & Stam, 2014)도 정치지도자의 군사적 경험 배경과 전쟁 관련 정책결정 경향 사이에는 중요한 연결고리가 존재한다고 주장한다. Michael C. Horowitz and Allan C. Stam, "How Prior Military Experience Influences the Future Militarized Behavior of Leaders," *International Organization* Vol. 68, No. 3 (Summer 2014), p.554.

는 데 도움을 주었다고 판단했기 때문이다. 바로 이러한 핀란드 국민들의 핀란드화에 대한 지지 역시 핀란드화가 장기간 유지되는 강력한 배경이 됐다. 일례로, 1996년 핀란드 국민의 70%는 나토가입을 반대했고,[29] 2004~2021년까지 핀란드 국민의 30%만이 서구지향적인 외교안보 정책인 나토가입을 찬성했다.[30] 그러나 이는 2022년 러시아의 우크라이나 침공 이후 완전히 분위기가 역전됐다. 핀란드 국민들의 나토가입에 대한 찬성 여론은 76%까지 상승했다(그림 2 참조).[31]

그림 2. 나토가입국과 가입신청국(핀란드, 스웨덴)의 나토가입 찬반 여론 조사

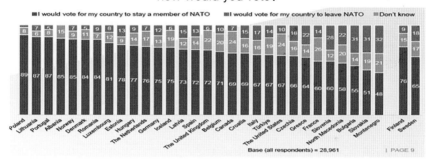

출처: NATO Public Diplomacy Division, NATO Annual Tracking Research 2022 (Brussels, Belgium: NATO, 2022), p.9.

---

29) David Arter (2023), op.cit., p.180.
30) 최경준 (2020년 겨울), op.cit., pp.99-100.
31) NATO Public Diplomacy Division, *NATO Annual Tracking Research 2022* (Brussels, Belgium: NATO, 2022), p.9.

Ⅲ. 우크라이나 전쟁 이후 핀란드의 대러 인식 변화와 나토가입

2022년 러시아의 우크라이나 침공 후 핀란드 정부와 국민들 사이에서는 자국안보에 대한 위기감이 상당히 증폭됐다. 러시아와 약 1,340㎞나 되는 국경선을 마주하는 핀란드는 과거부터 인접한 러시아(혹은 구소련)의 대외적 공격성에 상당히 민감하게 반응해 왔다.

그래서 현재 핀란드 정부는 중단기적인 전망에서 국가안보 보장을 최우선순위로 설정하고 이를 대러시아 정책의 핵심으로 적용하고 있다.[32] 핀란드의 이런 행보는 국가들의 제1차적 관심이 자신의 국력을 최대한 강화하는 것이 아니라 국제체제 내에서 자신의 지위를 유지하는 것이라는 케네스 왈츠(Waltz, 1979)의 말을 상기시킨다.[33] 핀란드화를 오랜 기간 지지해왔던 핀란드 국민들 역시 핀란드화의 포기라는 방향으로 확연히 선회했다. 실제로 우크라이나 전쟁 전후 핀란드인의 러시아에 대한 우호적인 인식은 2004년부터 2021년까지 최소 34% 수준을 유지해왔으나, 1년 뒤인 2022년에는 12%로 격감(-22%)했다(아래 그림 참조).[34] 그리고 우크라이나 전쟁 직후인 2022년 봄 나토가입을 요청하는 5만명의 서명이 담긴 청원서가 핀란드 시민 주도로 정부에 제출되기도 했다.[35]

우크라이나 전쟁 이후 핀란드의 외교안보정책은 몇 가지 주요한 특징을 내

---

32) Timo Koivurova et al. (2022), op. cit., p. 7.
33) Kenneth Neal Waltz, *Theory of International Politics* (Massachusetts: Addison-Wesley Publishing Company, 1979), p. 126.
34) "Finns hold Russians in high regard but perceive Russia as a military threat," https://www.eva.fi/en/blog/2022/04/12/finns-hold-russians-in-high-regard-but-perceive-russia-as-a-military-threat/ (검색일: 2023. 12. 13).
35) David Arter (2023), op. cit., pp. 181-182.

그림 3. 2004~2022 핀란드인의 대러시아 인식 변화 추이

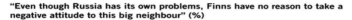

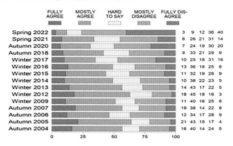

출처: "Finns hold Russians in high regard but perceive Russia as a military threat,"
https://www.eva.fi/en/blog/2022/04/12/finns-hold-russians-in-high-regard-but-perceive-
russia-as-a-military-threat/ (검색일: 2023.10.12.).

보이고 있다. 먼저 핀란드는 나토가입을 통해 향후 나토회원국으로서 나토의
대러시아 동맹에 관한 지침(Guide Line)을 준수하겠다고 다짐했다. "미국을
핀란드의 가장 중요한 동맹국 중 하나"(The United States is one of Finland's
most important allies)[36]로 지목한 오르포(Petteri Orpo) 핀란드 총리의 발언
은 우크라이나 문제로 미러의 대립이 가장 극심한 가운데 나온 의미심장한 외
교적 선언이라 할 수 있다.

다음은 대러시아 정책의 명확한 변화이다. 2022년 2월의 우크라이나 전쟁
이전까지 핀란드 정부의 대러 인식은 핀란드화 기조에서 크게 벗어나지 않고
있었다. 그러나 우크라이나 전쟁 이후 핀란드는 과거의 소극적인 모습에서 탈

---

36) 해당 발언은 2023년 9월 29일 '2023 헬싱키 안보포럼'(The Helsinki Security Forum
2023)에서 행한 오르포 총리의 연설문에 담겨 있다. "Speech by Prime Minister
Petteri Orpo at the Helsinki Security Forum 2023," https://valtioneuvosto.fi/en/-
/10616/speech-by-prime-minister-petteri-orpo-at-the-helsinki-security-forum-2023
(검색일: 2023.12.28).

피하여 미국과 EU가 실행하고 있는 대러시아 제재에 적극적으로 동참하고 있고, 정부 차원의 반러시아 기조도 명확히 표명했다. 이는 국민적 지지를 기반한 것으로, 러시아의 우크라이나 침공 이후 핀란드인 90%가 핀란드 정부의 대러 조치에 찬동하고 있다.[37]

그런데 핀란드 정부는 전쟁 이전에도 러시아로 인한 지정학적 정세 악화를 주의 깊게 주시해 왔다. 2022년 10월 발간된 핀란드 정부보고서는 러시아와 서구의 관계가 여러 사건들, 이를테면 2014년 크림과 우크라이나 동부에서 벌어진 위기라든가 2011년부터 시작된 시리아 사태, 벨라루스 시위(2020~2021) 등으로 인해 악화됐고, 바렌츠해와 노르웨이해 등 북극 지역에서는 러시아의 군사활동 증가로 인한 긴장 고조가 나타나고 있다고 지적한 바 있다.[38] 여기에 더해 핀란드 정부는 수년간 국가안보 보장이 핀란드 대러 정책의 핵심으로 존재하리라는 점을 강조했다.[39] 앞으로 러시아와의 관계는 현실적 문제에만 초점을 맞추고, 핀란드의 안보 이익을 침식하지 않도록 해야 하며, 양국의 협력이 핀란드에게 해로운 의존성을 창출하지 않도록 관리한다는 방침도 분명히 했다.

세 번째 특징은 신냉전의 현실을 솔직히 인정하고 있다는 점이다. 보통 갈등하는 강대국 사이나 세력다툼을 벌이는 세력권 사이의 지정학적 단층선에 위치한 중간국은 자신의 안보환경을 극복하기 위해 강대국에 대한 균형과 편승, 헤징, 중립 등의 다양한 외교적 수단을 활용하는 경향이 있다.[40] 북유럽의 대표적인 중간국인 핀란드도 이제 러시아 지향 중립외교에서 벗어나 러시아의 공격적인 팽창정책으로 나타난 안보환경의 급격한 변화를 절실히 체감하

---

37) ibid.
38) Timo Koivurova et al. (2022), op. cit., pp. 1-2.
39) ibid., p. 7.
40) 최경준 (2020년 겨울), op. cit., p. 94.

면서 미국 주도의 동맹외교에 편승하는 새로운 외교전략을 수립해 실행하고 있는 중이다.[41]

사실 냉전 이후 핀란드화를 고수해왔던 핀란드 정부에게 있어 2022년의 우크라이나 전쟁은 외교안보적 대전환점이 됐다.[42] 핀란드 정부는 러시아의 우크라이나 공격으로 EU와 러시아 사이의 협력에 강력한 충격이 발생했고, 전쟁 이후 핀란드와 스웨덴의 나토가입 추진으로 지정학적 정세의 변화가 강화되고 있으며, 향후 북극권은 나토와 러시아로 양분될 것이라 예측하고 있다.[43]

2022년 이전까지 핀란드는 나토가입 문제에 있어 비공식적으로는 군사적 중립 원칙을 지키는 한편, 공식적으로는 안보적 관점에서 나토와의 관계를 '중립'(neutrality)이 아닌 '비제휴'(non-alignment)라고 애매하게 명명했다.[44] 그러나 우크라이나 전쟁 이후 핀란드 정부는 신냉전의 현실 속에서 국제무대에서 새롭게 행동하는 법에 적응해야 한다는 점을 인식했고, 이는 핀란드 국민의 변화된 여론과 맥을 같이 했다. 나토가입에 대한 인식이 부정적에서 긍정적으로 급변한 핀란드인들은 과거 핀란드화의 핵심 대상이었던 러시아에 대한 (호의적인) 인식까지 완전히 상실했다. 2023년 EU 차원의 여론조사에서 핀란드

---

41) 이에 대한 러시아의 외교적 반응은 날카롭고 격렬하게 표현되고 있다. 일례로, 러시아 외무부는 2023년 6월 초의 성명을 통해 핀란드의 나토가입이 북유럽에서 재래식 무기의 균형있는 안전과 안정을 심각하게 해칠 것이라고 경고하기도 했다. p.Ye. Smirnov, "The Accession of Finland and Sweden to NATO: Geopolitical Implications for Russia's Position in the Baltic Sea Region," *Baltic region* Vol. 15, No. 4 (2023), p.15.

42) 오르포 총리는 '탈핀란드화'(post-Finlandisation)라는 용어를 핀란드에서 천진난만한 믿음으로 포스트 소비에트 시대에 러시아가 민주화되고 안정화될 것이라고 보았던 것을 설명하기 위해 사용하기도 했다. David Arter (2023), op.cit., p.172.

43) Timo Koivurova et al. (2022), op.cit., pp.1-2.

44) 최경준 (2020년 겨울), op.cit., p.99.

그림 4. 우크라이나 전쟁 이후 대러 조치 관련 여론조사

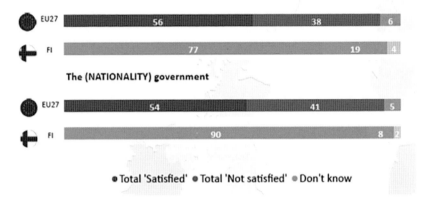

QE1. In general, how satisfied are you with the response to the
Russia's invasion of Ukraine by ...? (%)

The European Union

EU27 56 38 6

FI 77 19 4

The (NATIONALITY) government

EU27 54 41 5

FI 90 8 2

● Total 'Satisfied' ● Total 'Not satisfied' ● Don't know

출처: European Commission, Standard Eurobarometer 99: Spring Eurobarometer 2023
Factsheet_FI-en (Brussels, Belgium: EU Commission, 2023), p.4.

인들은 우크라이나 전쟁 이후 정부의 대러 조치에 대해 90%이상 만족한다고
응답했는데, 이는 EU 평균(54%)의 2배에 근접하는 수치다(그림 4 참조).[45]

마지막으로 중립국화 의지가 약해진 현재의 핀란드는 미국뿐만 아니라 또
다른 외교적 지향점인 'EU'를 향하고 있다. 핀란드는 EU와의 통합을 강화하는
차원에서 EU를 핀란드의 최우선순위 외교안보 파트너로 지목한다.[46] 사실 중
간국의 외교정책은 상대적으로 강력한 강대국의 외교정책에 제약받는데 지역

---

45) European Commission, *Standard Eurobarometer 99: Spring Eurobarometer 2023 Factsheet_FI-en* (Brussels, Belgium: EU Commission, 2023), p.4.

46) "Speech by Prime Minister Petteri Orpo at the Helsinki Security Forum 2023," https://valtioneuvosto.fi/en/-/10616/speech-by-prime-minister-orpo-at-the-helsinki-security-forum-2023 (검색일: 2023.12.28).

기구나 국제기구 등은 중간국이 강대국의 정책에 대처하는 효과적인 수단으로 활용될 수 있다.[47] 핀란드는 바로 이런 점에 주목하면서 EU와 노르딕 국가들과의 관계 강화에 집중하고 있는 것으로 분석된다.

사실 1995년 핀란드의 가입 이후 EU의 공동외교안보정책 관점에서 핀란드와 EU의 관계는 모호한 상태를 유지해왔다. 핀란드는 스웨덴과 함께 수십 년 동안 발트해에서 미 해군이 주도하는 군사훈련(발틱 군사훈련, BALTic OPerationS, BALTOPS)에 참여해 왔다. 그러나 다른 한편으로 핀란드는 덴마크처럼 EU의 안보 및 국방 협력에는 참여하지 않았다. 다시 말해, 그동안 핀란드는 자국 안보 차원에서 모호성과 유연성 및 적응성을 선택해 왔으며, 이는 노르웨이가 선호하는 유연성이 없는 투명한 접근 방식이라 할 수도 있다. 우크라이나 전쟁 이후 핀란드가 나토가입을 신청했을 때, 공개 토론에서 주목을 받은 질문 중 하나는 이 새로운 회원국이 동쪽의 거대 이웃 국가에 대한 억지력과 안심 사이의 균형을 맞추는 노르웨이 모델에 부합하려는 태도를 갖고 있는지의 여부였다.[48] 군사동맹에 대한 핀란드의 외교적 접근 방식은 단순하다고 볼 수 있다. 핀란드는 과거에도 그랬고 현재도 그러했으며, 미래에도 마찬가지로 자국의 지리 및 기타 고려 사항을 기반으로 자국 맞춤형 외교 안보 경로를 선택해 나갈 가능성이 매우 크다.

---

47) 최경준 (2020년 겨울), op. cit., p.93; 실제로 핀란드는 여러 차례 국제기구에 가입하면서 자국의 외교안보를 공고히 하기 위해 노력해왔다. 1955년 국제연합(UN)과 1975년 유럽안보협력기구(Organization for Security and Cooperation in Europe, OSCE), 1995년 유럽연합(EU), 2005년 북유럽국방협력기구(Nordic Defense Cooperation, Nordefco)의 가입 사례가 대표적이다.

48) "Nordic Security Policies and Strategies," *The Barents Observer,* Feb. 04, 2024, https://thebarentsobserver.com/en/opinions/2024/02/nordic-security-policies-and-strategies (검색일: 2024.04.17).

Ⅳ. 우크라이나 전쟁과 핀란드의 북극정책

그렇다면 이렇게 핀란드화의 포기라는 외교정책의 대전환 속에서 러시아와의 (경제적) 협력에 상당한 방점을 두었던 핀란드 북극정책이 앞으로 어떻게 변화할 것인지를 전망해 볼 필요가 있다. 북극 지역에서의 안보정책과 전략에 대한 각국의 관심 증가는 핀란드 외교정책의 중요한 우선순위로 자리매김하고 있고,[49] 핀란드에게 있어 북극은 외교안보정책의 핵심적인 관심과 이익을 보유한 지역이기 때문이다.

북극에서 핵심적인 이익을 보유한 북극국가라는 인식 아래 핀란드는 2010년부터 정부 차원의 북극정책을 수립하고 이를 공개해 왔다.[50] 그리고 2010년 최초의 북극정책을 발표한 이후부터는 2013년과 2021년 북극정책을 계속 갱신해왔는데, 2021년부터는 10년 주기의 북극정책 수립을 목표로, 2030년까지의 기간을 상정했다. 현재 가장 최근의 핀란드 북극정책 보고서는 2021년 6월 18일 공개된 「핀란드의 북극정책을 위한 전략」(Finland's Strategy for Arctic Policy, 이하 「2021 핀란드 북극정책」)[51]로, 여기에는 핀란드의 북극에 대한 국가적 관심과 전략적 의지에 관한 내용이 담겨 있다.

---

49) Working group of public officials responsible for Arctic issues & Steering group of Finland's Arctic policy strategy, *Finland's Strategy for Arctic Policy* (Helsinki: Finnish Government, 2021), p. 12.

50) Prime Minister's Office, *Finland's Strategy for the Arctic Region 2013. Government resolution on 23 August 2013* (Helsinki: Prime Minister's Office Publications, 16/2013), p. 17.

51) Working group of public officials responsible for Arctic issues & Steering group of Finland's Arctic policy strategy (2021). op. cit. 동 보고서는 2022년 발발한 우크라이나 전쟁보다 1년 앞선 공개된 것으로 핀란드 북극정책의 현황을 나타내는 자료이지만 최근의 지정학적 정세 변화를 담고 있지 못한 한계점을 가지고 있다.

그림 5. 핀란드 북극정책의 변천사

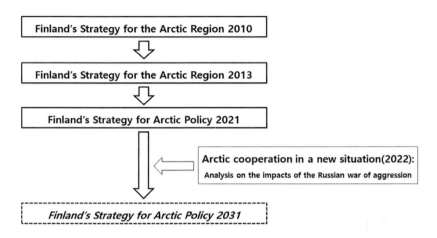

출처: 저자 작성

2021~2030년까지 10년의 기간을 상정한 「2021 핀란드 북극정책」 보고서
에 제시된 핀란드 북극정책의 우선순위는 4가지라 할 수 있다.[52] 첫째는 기후
변화의 완화와 이의 적응력이고, 둘째는 북극 소수민족인 사미족 주거와 삶의
질 및 권리 향상, 셋째는 북극 관련 전문성과 북극에서의 생계 및 최신 북극
관련 연구, 넷째는 북극지역의 인프라와 물류이다. 그리고 이러한 우선순위는
각 우선순위 분야의 현황과 북극지역의 목표, 이의 성취를 위한 구체적인 행
동 계획을 제시하고 있다.

그런데 「2021 핀란드 북극정책」에서는 전반적으로 북극해 비연안국인 핀
란드의 한계를 인정하고 그에 따라 북극에서 확보가능한 이익을 크게 기대하
지 않는 분위기가 엿보인다. 핀란드가 북극에서 그나마 실질적으로 확보가능

---

52) ibid., p.11.

한 이익은 물류운송망 연결을 통한 EU와의 개발 협력 정도에 불과하기 때문이다. 그리고 동 보고서에서는 북극국가들 사이에 첨예한 관심사로 부상하고 있는 북극해 영토분쟁에 관한 직접적인 언급도 나타나지 않는다. 이는 아마도 핀란드가 스웨덴과는 달리 북극해 영토분쟁 문제에 있어 되도록 가치중립적인 의지를 표명하는 것일 수도 있고, 영토분쟁 관여가 자국에게 그다지 득이 되지 않는다고 판단하는 것일 수도 있다.[53]

이렇게 핀란드가 주변 북극국가를 가급적 자극하지 않으려 노력하고 있지만, 예외적인 측면도 존재한다. 바로 러시아와 관련된 부분이다. 실제로 「2021 핀란드 북극정책」에서 '러시아'와 연관된 단어가 총 14번 등장하는데, 가치중립적인 의미로 7번, 긍정적인 의미로 4번, 부정적인 의미로 3번 나타난다. 다른 북극국가에 대해서는 전혀 부정적인 언급이 없었다는 점에 비추어 볼 때, 이는 핀란드의 대러 인식이 상당히 부정적임을 드러내는 사례라 할 수 있다. 동 보고서는 2021년에 작성되었는데, 이는 핀란드 정부의 대러 인식이 2022년 우크라이나 전쟁 이전에도 점차 부정적으로 악화하고 있었음을 보여준다고 할 수 있다.[54]

결국, 이런 대러 인식의 추세 속에서 2022년 직면하게 된 우크라이나 전쟁 발발은 북극의 지정학적 정세에 대한 핀란드의 판단을 더욱더 암울하게 변모시켰다. 특히 핀란드 정부는 현재 북극 활동과 관련된 우크라이나 전쟁의 영

---

53) 핀란드와 달리 스웨덴은 자국의 북극정책 보고서에서 북극해에서의 영토분쟁이 국제법에 의해 평화적으로 해결되어야 한다는 점을 분명히 명시하고 있다. Ministry for Foreign Affairs, *Sweden's strategy for the Arctic region* (Stockholm: Government Offices of Sweden, 2020), p.14.
54) 사실 2013년의 북극정책 보고서와 비교해 볼 때도 2021년의 북극정책 보고서는 러시아와의 협력과 관련해 보다 더 심화된 유보적 입장을 취하고 있다. 즉, 이런 경향성은 단기간에 나타나고 있는 현상은 아니었다.

향력을 광범위한 측면에서 거의 극도로 부정적으로 평가하고 있다.[55] 러시아와 관련된 위험은 핀란드의 대외 및 국내 정책에서 구체화하기 시작했으며, 이는 나토가입, 경제협력 축소, 대러시아 무역 감소와 같은 수치 등에서도 입증되고 있다(그림 5 참조). 특히 2022년 2월 이후 핀란드와 러시아 간 교역은 전례 없는 감소세를 보이고 있고, 2023년에는 역사적으로 가장 낮은 수준까지 도달했다. 양국 간 프로젝트도 전쟁의 여파를 피하지 못했다. 대표적으로 2022년 5월 핀란드 기업들은 2013년부터 러시아 국영원자력기업인 로사톰(ROsatom State ATOMic Energy Corporation, Rosatom)과 함께 진행하던 1,200메가와트 규모의 '한히키비 1 원자력발전소'(Hanhikivi 1 Nuclear Power

그림 6. 2013~2023년 핀란드와 러시아 간 교역 규모 변화 추이

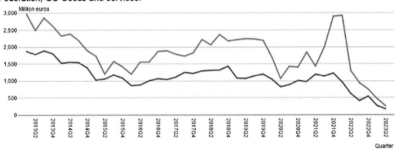

출처: "Navigating Uncertainties: Finland's Evolving Arctic Policy and the Role of a Regionally Adaptive EU Arctic Policy," The Arctic Institute, Aug. 22, 2023, https://www.thearcticinstitute.org/navigating-uncertainties-finland-evolving-arctic-policy-role-regionally-adaptive-eu-arctic-policy/ (검색일: 2024.04.17).

---

55) Timo Koivurova et al. (2022), op. cit., p. 4.

Plant Project) 프로젝트를 취소하기도 했다.[56]

여기에 북극 협력에 있어 핀란드는 북극이사회가 여전히 중요하다고 강조하고 있음에도,[57] 북극이사회 정식 회원국인 러시아와의 협력관계 복원에는 그다지 큰 기대를 하지는 않는다. 사실 북극이사회의 회원국 간 협력은 이제 일시적 중단(2022.03~2023.05) 상태에서 가까스로 복원되는 과정을 겪고 있다. 현재 노르웨이가 새로운 의장국으로 취임한 상황 속에서 회원국 대다수는 북극이사회의 기존 형태를 유지하겠다는 입장을 표명하고 있긴 하지만, 핀란드를 포함한 서방 7개 회원국은 여전히 북극이사회 내에서 러시아와의 구체적인 협력을 보류 중이다. 그리고 러시아도 이에 맞서 북극이사회 탈퇴 가능성까지 거론하며 반발하고 있다.[58]

북극 지역에서의 협력 난항은 북극이사회뿐만이 아니다. 또 다른 역내 거버넌스인 바렌츠 유로-북극이사회(Barents Euro-Arctic Council)에서는 우크라이나 전쟁을 둘러싼 갈등 속에서 러시아가 결국 탈퇴를 선언했다.[59] 또 다른 북극권 국제협의체인 노던디멘션(Northern Dimension)도 마찬가지다. 핀란드는 노던디멘션의 회원국으로서 장기적으로는 러시아와의 협력 필요성을 인정하나 현재는 EU와 러시아의 관계정상화가 먼저라는 점을 분명히 밝히고 있

---

56) "Fennovoima cancels Hanhikivi 1 contract with Russia," *WNN*, May 3, 2022, https://www.world-nuclear-news.org/Articles/Fennovoima-cancels-Hanhikivi-1-contract-with-Russi (검색일: 2024.04.17).

57) Timo Koivurova et al. (2022), op. cit., p. 1.

58) "러, 북극이사회 탈퇴 경고," 「조선일보」 2024년 2월 8일, https://www.chosun.com/international/international_general/2024/02/07/7TK3M7RJMRAALPS7KFUW7BNDNE/ (검색일: 2024.03.31).

59) "북극도 긴장 고조 우려… 러시아, EU와의 북극협의체 탈퇴 선언," 「Chosun Biz」 2023년 9월 20일, https://biz.chosun.com/international/international_general/2023/09/20/EFQHDBCDDBBZZAZ3PCON6IMHPU/ (검색일: 2024.02.12).

다.[60] 이는 중단기적으로는 우크라이나 전쟁으로 인해 러시아와의 북극 협력이 사실상 불가능하다는 점을 인정한 것이나 다름없다. 이는 러시아 역시 마찬가지로, 일례로 러시아 과학아카데미 산하 프리마코프 국립세계경제및국제관계연구소(The Primakov National Research Institute of World Economy and International Relations, 약칭: IMEMO)의 크람니크(Ilya Kramnik)도 북극지역에서 러시아와 서구의 대립은 스웨덴과 핀란드가 중립을 지켰던 냉전 시기보다 더 위험을 증가시킬 것이라고 경고하고 있다.[61]

이러한 지정학적 현실에 직면한 정책 입안자와 이해관계자는 북극 지역에 존재하는 고유한 도전과 기회를 해결하기 위해 포괄적이고 미묘한 접근 방식을 채택하는 것이 중요하다. 핀란드의 북극정책 입안자들은 자국과 러시아의 근접성 등 북극국가 각자의 구체적인 상황과 역학 관계를 고려해야만 맞춤형의 효과적인 전략을 개발할 수 있다. 여기에는 군사 안보 문제뿐만 아니라 환경의 지속가능성, 과학협력 및 경제 개발과 같은 다양한 요소를 고려하는 것이 포함되어야 한다. 일반적인 우선순위를 설정하는 것만으로는 충분하지 않다. 대신, 핀란드 북극의 복잡성을 보다 완전히 파악하고 해결하기 위해 구체적인 행동과 표적화된 접근 방식이 필요할 것이다.

결국, 위와같은 여러 사항들을 고려해 볼 때, 핀란드의 북극활동을 위한 국제적 협력 추구는 중단기적으로는 러시아를 제외한 상태에서 제한적으로 진행될 수밖에 없다. 이는 북극 지역 영토의 절반 가까이 차지하고 있는 러시아의 역내 존재감을 감안할 때 핀란드의 적극적인 북극정책 수행 측면에서 상당히 제한적인 요인으로 부각될 것이다. 특히 핀란드는 과거 냉전 시절부터 '핀

---

60) Timo Koivurova et al. (2022), op. cit., p. 3.
61) p. Ye. Smirnov (2023), op. cit., pp. 13-14.

란드화'와 같은 대소, 대러 친화적인 외교정책을 추구하면서 북극에서 구소련 및 러시아와 높은 수준의 협력과 그에 걸맞는 성과를 거두어 왔다. 그러나 이런 관계가 우크라이나 전쟁으로 사실상 중단되고 핀란드화의 포기에 따른 나토가입이 완료된 상태에서 러시아가 최전방의 나토전선을 담당하고 있는 핀란드와 함께 북극에서 가까운 시일 내에 양국 간 협력을 복원하리라는 것은 상상하기 어렵다. 오히려 현재의 러시아는 핀란드화를 포기한 핀란드와 북극지역에서의 협력과 발전을 위한 공동의 행동과 관계설정을 더 이상 기대하지 않을 가능성이 더 크다.

V. 핀란드화의 포기 이후 핀란드 북극정책의 변화 가능성 예측

핀란드의 향후 외교정책을 전망함에 있어 가장 중요한 분석대상은 핀란드화의 포기에 대한 지속가능성 여부라 할 수 있다. 지금까지 살펴본 내용을 종합해 볼 때 핀란드는 우선 나토회원국으로서의 지위를 중단기적으로 유지할 가능성이 크다. 우크라이나 전쟁으로 드러난 러시아의 대외적 공격성 속에서 국경을 접한 핀란드로서는 상당한 외교안보적 위협감을 좌시하기 어렵기 때문이다. 그리고 이는 앞서 언급한 것처럼 핀란드 정부뿐만 아니라 핀란드 국민 대다수의 러시아에 대한 부정적 인식의 절대적인 수치(약 76%)로도 확연히 드러난다.

그럼에도 핀란드가 나토회원국 지위를 장기간 지속할지는 의문이다. 실제로 관련 여론조사에서 나토가 자국 안보의 미래에서 매우 중요하다고 생각하는 비율은 42%에 불과하다(아래 그림 참조).[62] 여기에 역사적으로 짧게는 수

---

62) NATO Public Diplomacy Division (2022), op. cit., p.10.

십 년, 길게는 수백 년간 노르딕 밸런스(Nordic Balance)와 핀란드화와 연계된 중립외교의 전통, 이에 오랜 기간 호의적이었던 국민감정의 흔적 등도 결코 무시하기 어렵다. 만약 국민감정을 과거로 회귀·복원시킬 수 있는 요인들 - 우크라이나 전쟁 종결 등과 같은 국제관계의 변화와 그에 따른 러시아와의 경제협력 유인과 경제적 이익에 대한 기대가 재부상한다면 핀란드화는 언제든 복원 가능하다. 국민들의 오랜 중립 선호 역사와 우크라이나 전쟁 종결 및 러시아 지도체제 변화, 대러 경제협력을 통한 경제적 이익 확보 전통 등은 핀란드 역사와 국민감정의 연속성 측면에서 쉽게 포기하기 어려운 매력적인 요소들이기 때문이다. 특히 다른 북유럽 국가들과 구별되는 핀란드의 친소(러시아)적 중립외교는 앞서 언급한 구소련과의 전쟁 경험, 지리적 인접성, 양국 간 힘의 격차라는 이유 등에 크게 기인하고 있으며, 이는 냉전기뿐만 아니라 탈냉전 시기에도 상당한 영향력을 행사해 왔다.[63]

이러한 인식 속에서 핀란드의 북극정책을 전망해 본다면 역시 우크라이나 전쟁 종료와 같은 지정학적 정세 변화가 도출될 경우 지금까지의 정책 기조가 변화될 가능성이 크다. 현재까지 핀란드 정부도 새로운 북극정책을 수립하지 않고 지켜만 보고 있는 상황이다. 그리고 핀란드는 여전히 북극 지역에서 절대적인 존재감을 과시하는 러시아의 역내 역할과 능력을 감안하여 새로운 상황 도래에 대비하는 차원에서 러시아의 북극 지역에 관한 이해의 수준을 현상 유지해야 한다는 점도 일정 부분 인정하고 있다.[64] 따라서 만약 우크라이나 전쟁이 (조기에) 종결된다면, 장기적인 측면에서 핀란드화 복원과 유사한 외교적 입장을 최소한 북극에서라도 수행하는 방향으로 나아갈 가능성이 높다

---

63) 최경준 (2020년 겨울), op. cit., pp. 109-110.
64) Timo Koivurova et al. (2022), op. cit., p. 7.

그림 7. 우크라이나 전쟁 이후 핀란드인의 나토 관련 선호도

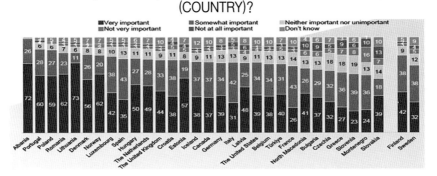

출처: NATO Public Diplomacy Division, NATO Annual Tracking Research 2022
(Brussels, Belgium: NATO, 2022), p.10.

고 판단된다.

　결국, 핀란드와 러시아의 북극 협력은 향후 러시아의 푸틴 지도체제가 변화한다는 제한적인 조건적 전제하에서 그 복원 가능성이 커질 수 있다. 핀란드 정부 역시 북극이사회가 현재의 형태 유지에 실패하는 경우에도 국제적 현실과 러시아의 국내 상황이 허락하는 순간 러시아를 북극 협력에 묶어놓을 수 있는 핀란드만의 해결책 제시 속에서 자국의 북극 이익도 가능하리라는 점을 명확히 밝힌 상태이다.[65] 역사적으로 안보 긴장 완화와 경제적 이익의 득실 고려는 핀란드와 러시아 간 북극 협력의 가장 중요한 핵심 요인이기도 했다.

　그러나 위와 같이 언급된 조건이 발현되지 않은 현재와 같은 상황에서는 핀란드의 북극정책이 택할 수 있는 선택지가 많지 않다. 단기적인 차원에서 핀란드의 북극정책은 다양한 요인과 요구 사항을 포괄하는 섬세한 균형을 필요로 하며, 이는 특정 지역 역학을 고려하고 전략적 선견지명을 수용하는 포괄

---

65) ibid., p.6.

적이고 미묘한 접근 방식을 통해 달성될 수 있다. 현재 지정학적 난제에 빠진 북극이사회에서 북극 협력은 제대로 이뤄지지 않고 있다. 이런 상황 속에서 핀란드가 택할 선견지명의 접근법은 이웃 러시아와의 향후 관계를 포괄하는 미래 행동 시나리오를 공식화하는 데 힘을 쏟아야 한다. 이 과정에서 핀란드에게 EU는 러시아를 대체할 하나의 대안이 될 수 있다. EU는 북극 정책에서 핀란드와 유럽 북극에 대한 보다 정교하고 표적화된 접근 방식을 채택함으로써 북극 환경이 제기하는 복잡한 도전에 효과적으로 대처하고, 잠재적 위험과 외부 효과를 완화하며, 지정학적 발전에 대한 대비를 강화할 수 있다.

그렇다면 지금까지 살펴본 핀란드의 외교정책과 북극정책이 한국에게 주는 시사점은 무엇일까? 그것은 무엇보다도 외교적 선택의 위기와 혁신적 요구에 직면한 핀란드가 이를 어떻게 타개하는지에 대한 벤치마킹의 자세일 것이다. 세계적인 무역국으로 발돋움한 한국은 그동안 북극항로 개발을 위한 러시아와의 협력에 진력해 왔다. 그러나 우크라이나 전쟁의 발발로 인해 북동항로를 중심으로 하는 러시아와의 협력에 방점을 둔 한국의 북극전략은 동력을 상당 부분 상실한 채 방황하고 있다. 그간 러시아에 치우친 북극전략에 대한 통절한 반성 속에서 새로운 북극 환경에 걸맞는 정책 개발 요구에 직면한 핀란드의 사례와 일견 흡사하다고도 할 수 있다. 이제 한국은 지리적 요인에 따른 러시아에 치우친 북극전략과 정책을 개발하기보다는 다자적 협력에 초점을 맞춘 새로운 북극정책에 도전함으로써 앞으로 북극에서 어떤 지정학적 정세가 닥쳐와도 이에 대응할 수 있는 유연한 외교적 자세와 태도를 확립하는 데 노력해야 할 것이다. 그것이 바로 핀란드가 지금 북극에서 맞닥뜨린 난관을 극복하기 위해 치열한 정책적 고민을 하고 있는 모습에서 우리가 배울 수 있는 교훈이기도 하다.

〈참고문헌〉

1. 국문자료
김인영, "이원정부제 전환의 정치 동학: 핀란드, 폴란드, 대만 사례를 중심으로," 『세계지역연구논총』 38집 3호, 한국세계지역학회, 2020.
김진호, "핀란드 중립정책에 대한 고찰과 교훈," 『통일문제연구』, 제15권 1호, 평화문제연구소, 2003.
미어셰이머, 존 J. 『강대국 국제정치의 비극』, 이춘근 역, 서울: 나남출판, 2004.
안상욱, "핀란드 외교정책의 변화: 러시아 의존성 약화를 중심으로," 『유럽연구』 제35권 4호, 한국유럽학회, 2017년 겨울.
외교부 유럽국 서유럽과, 『핀란드 개황』, 서울: 외교부, 2019. 5.
최경준, "핀란드와 에스토니아의 중간국 외교: 국가 정체성과 안보·경제 정책," 『유럽연구』 제38권 4호, 한국유럽학회, 2020년 겨울.

"러, 북극이사회 탈퇴 경고," 「조선일보」 2024년 2월 8일, https://www.chosun.com/international/international_general/2024/02/07/7TK3M7RJMRAALPS7KFUW7BNDNE/ (검색일: 2024.03.31).
"북극도 긴장 고조 우려… 러시아, EU와의 북극협의체 탈퇴 선언," 「Chosun Biz」 2023년 9월 20일, https://biz.chosun.com/international/international_general/2023/09/20/EFQHDBCDDBBZZAZ3PCON6IMHPU/ (검색일: 2024.02.12).
"북극이사회 순환의장국에 노르웨이…'회원국' 러 고립 심화할 듯," 「연합뉴스」 2023년 5월 21일, https://www.yna.co.kr/view/AKR20230512001700098?input=1195m (검색일: 2023.12.13).
"핀란드, 나토 공식 가입 완료…"생각조차 못한 역사적 사건"," 「서울경제」 2023년 4월 4일, https://www.sedaily.com/NewsView/29O69AE09H (검색일: 2024.02.15).

2. 영문자료
Arter, David. "From Finlandisation and post-Finlandisation to the end of Finlandisation? Finland's road to a NATO application," *European Security* Vol. 32, Iss. 2, 2023.
European Commission, *Standard Eurobarometer 99: Spring Eurobarometer 2023 Factsheet_FI-en*, Brussels, Belgium: EU Commission, 2023.
Forsberg, Tuomas & Pesu, Matti. "The "Finlandisation" of Finland: The Ideal Type, the

Historical Model, and the Lessons Learnt," *Diplomacy & Statecraft* Vol. 27, No. 3, 2016.

Horowitz, Michael C. and Stam, Allan C. "How Prior Military Experience Influences the Future Militarized Behavior of Leaders," *International Organization* Vol. 68, No. 3, Summer 2014.

Koivurova, Timo., et al. *Government Report - Arctic cooperation in a new situation: Analysis on the impacts of the Russian war of aggression: English Summary - key conclusions*, Helsinki, Finland: Prime Minister's Office, 2022.

Korhonen, Juho. "Ukraine, Finlandization, and the Coloniality of Sovereignty," Foot Notes - *A Magazine of the American Sociological Association* Vol. 51, Iss. 1, 2024.

Maude, George. "The Further Shores of Finlandization," *Cooperation and Conflict*, Vol. XVII, 1982.

Ministry for Foreign Affairs, *Sweden's strategy for the Arctic region*, Stockholm: Government Offices of Sweden, 2020.

NATO Public Diplomacy Division, *NATO Annual Tracking Research* 2022, Brussels, Belgium: NATO, 2022.

Prime Minister's Office, Finland's Strategy for the Arctic Region 2013. *Government resolution* on 23 August 2013, Helsinki: Prime Minister's Office Publications, 16/2013.

Smirnov, p. Ye. "The Accession of Finland and Sweden to NATO: Geopolitical Implications for Russia's Position in the Baltic Sea Region," *Baltic region* Vol. 15, No. 4, 2023.

Waltz, Kenneth Neal. *Theory of International Politics*, Massachusetts: Addison-Wesley Publishing Company, 1979.

Working group of public officials responsible for Arctic issues & Steering group of Finland's Arctic policy strategy, *Finland's Strategy for Arctic Policy*, Helsinki: Finnish Government, 2021.

"Fennovoima cancels Hanhikivi 1 contract with Russia," *WNN*, May 3, 2022, https://www.world-nuclear-news.org/Articles/Fennovoima-cancels-Hanhikivi-1-contract-with-Russi (검색일: 2024.04.17).

"FINLAND'S POSITION IN INTERNATIONAL POLITICS - Speech given at the National Press Club, Washington, 17 October 1961," https://www.doria.fi/bitstream/handle/10024/8542/TMP.objres.1454.html?sequence=1. (검색일: 2024.03.10).

"Finns hold Russians in high regard but perceive Russia as a military threat," https://www.eva.fi/en/blog/2022/04/12/finns-hold-russians-in-high-regard-but-perceive-russia-as-a-military-threat/ (검색일: 2023.12.13.).

"Navigating Uncertainties: Finland's Evolving Arctic Policy and the Role of a Regionally Adaptive EU Arctic Policy," *The Arctic Institute*, Aug. 22, 2023, https://www.thearcticinstitute.org/navigating-uncertainties-finland-evolving-arctic-policy-role-regionally-adaptive-eu-arctic-policy/ (검색일: 2024.04.17).

"Nordic Security Policies and Strategies," The Barents Observer, Feb. 04, 2024, https://thebarentsobserver.com/en/opinions/2024/02/nordic-security-policies-and-strategies (검색일: 2024.04.17).

"Speech by Prime Minister Petteri Orpo at the Helsinki Security Forum 2023," https://valtioneuvosto.fi/en/-/10616/speech-by-prime-minister-petteri-orpo-at-the-helsinki-security-forum-2023 (검색일: 2023.12.28).

3. 노문자료

Плевако, Н. С. "Выборы в Швеции и НАТО," *Научно-аналитический вестник ИЕ РАН* No. 4, 2018.

신냉전 시대 북극해를 둘러싼 미·중 강대국의 패권 경쟁의 유형화

라미경*

I. 서론

북극 지역은 풍부한 자원과 신비로운 지형적 특성으로 가득차 있으며, 이러한 특징은 이곳이 글로벌 에너지 공급, 해양 항로 개발, 어업, 과학 연구 및 환경보호와 같은 다양한 분야에서 중요한 역할을 하게 한다. 그러나 북극은 이러한 기회와 함께 미국과 중국과 같은 강대국들의 경쟁과 관련된 위험과 도전이 동시에 존재한다. 특히 미국의 트럼프 2기 행정부의 행보가 주목되고 있다.

최근 몇 년 동안 북극해는 세계 초강대국 경쟁의 새로운 장으로 떠오르고 있으며 미·중 간의 지정학적 경쟁의 예상치 못한 중심지가 되고 있다. 흔히 '신냉전'이라고 불리는 국제 정세의 변화를 배경으로 펼쳐지는 양국의 경쟁은 지역 안정, 환경 보존, 21세기 세력 균형에 중대한 영향을 미치고 있다.

북극 해역은 지구상에서 가장 극단적이고 민감한 환경 중 하나로 꼽히며, 그것은 글로벌 정치와 경제의 관점에서도 중요성을 갖추고 있다. 이곳은 얼음이 덮인 채 수십 년 동안 비교적 고립되어 있었지만, 현재로서는 새로운 경제 및 지정학적 관점에서 다시 주목받고 있다. 특히, 미국과 중국과 같은 세계 강

※ 이 글은 『한국 시베리아연구』 2023년 제27권 4호에 실린 논문을 수정 및 보완한 글임.
* 서원대학교 휴머니티교양대학 교수

대국들은 북극 해역의 자원과 지정학적 위치를 두고 경쟁을 빈틈없이 벌이고 있다.

미·중 강대국의 패권 경쟁은 더 이상 지역적인 문제가 아니다. 그것은 글로벌 환경, 기후변화, 해양 보호, 국제규범과 같은 다양한 주제와 연결되어 있으며, 이를 해석하고 다루는 것이 매우 복잡한 과제이다. 북극 지역의 기후변화와 생태계 변화는 지구 환경과 기후 시스템에 미치는 영향이 크며, 미·중 강대국 패권 경쟁이 이러한 영향에 어떻게 영향을 미치는지를 평가하고자 한다. 지역 패권의 부상은 최근 들어 더욱 흥미로운 국제현상 중 하나이기는 하나, 현재 지역 패권을 증명하고 비교하기 위한 분석적 수단이나 방법론은 많지 않은 상황이다. 국제관계에서의 패권에 대한 연구는 세계적 패권국가의 형태를 연구하는 것으로 주로 현실주의 이론을 분석틀로 하고 있다.

기존 선행연구[1]를 살펴보면, 김단비, 이상만(2022), 스테펜 외(Stephen, 2020)는 중국의 북극전략 연구에서 북극지역에서 중국은 제한적인 지역 패권국으로 역할 확대에 대해 분석하고 있다. 반길주(2021)는 미·중 구조적 경쟁 시나리오에서 미국이 패권국의 위상을 견지하고 있는 현시점부터 중국이 중

---

1) 선행연구로는 김단비·이상만, "중국의 북극전략 연구: 한국과의 비교를 중심으로,"『현대중국연구』제23권 4호 (현대중국학회, 2022); 반길주, "미·중 구조적 경쟁 시나리오: 양면균형화의 정책적 함의,"『국제관계연구』제26권 2호 (고려대학교 일민국제관계연구원, 2021); 신종호 외,『2030 미중관계 시나리오와 한반도』KINU 연구총서 18-26 (서울: 통일연구원, 2018); 이영형·김승준. "북극해의 갈등 구조와 해양 지정학적 의미,"『세계지역연구논총』제28권 3호 (한국세계지역학회, 2010); Rosemary Foot, "Restraints on Conflict in the China-U. S. Relationship," in Asle Toje. ed. *Will China's Rise Be Peaceful? Security, stability, and legitimacy* (New York: Oxford University Press, 2018), M. D. Stephen and K. Stephen, "The integration of emergingpowers into club institutions: China and the Arctic Council," *GlobalPolicy*, Vol. 11(2020) 등이 있다.

국몽 달성의 원년으로 삼는 2049년까지 다양한 충돌 시나리오를 제시하고 있다. 신종호 외(2018), 로즈마리 풋(Rosemary Foot, 2018) 연구에서는 패권의 유형을 갈등과 협력이라는 틀을 중심으로 패권에서 비 패권까지를 세부적으로 유형화하여 2030년 미·중 관계를 예측한다. 이영형, 김승준(2010)은 북극해의 갈등구조와 해양 지정학적 의미에서 북극해의 에너지·광물 등 자원 쟁탈전과 함께 북극항로를 놓고 주변국 간 분쟁이 계속되고 신냉전으로 치닫고 있다고 밝히고 있다.

기존 연구와 달리 본 연구에서는 신냉전 시대의 북극해를 둘러싼 미·중 강대국의 패권 경쟁 현상에 대한 이론적 논의를 구체화하고 북극의 지정학적 함의를 살펴보며, 이 두 강대국의 패권 경쟁이 어떻게 북극 지역과 세계 정치 경제에 영향을 미치는지 양국의 북극정책을 비교 분석하고자 한다.

이를 위해 첫째, 북극 지역의 지정학적 위치와 중요성을 다루며, 이 지역이 미국과 중국과 같은 강대국들에게 어떠한 기회와 도전을 제공하는지 이해한다. 미·중 패권 경쟁을 갈등과 협력의 틀속에서 분석하기 위해 3가지 유형을 제시한다. 둘째, 미국과 중국의 북극정책에 대해 각각 분석한다. 셋째, 북극지역에서 미·중 패권의 유형을 전략적 갈등, 복합적 관계, 제도적 협력으로 나누어 설명한다.

II. 이론적 논의

1. 신냉전 시대 도래

탈냉전 이후 미국 중심의 국제질서는 중국의 부상이라는 변화 속에서 재편되고 있다. 미국과 중국은 사건 중심 차원의 대결을 넘어 신 냉전식 패권 양상이 만들어지며 안보전략과 제도적 차원에서 피할 수 없는 대결 구도가 진행되고 있다.[2] 미국의 인도·태평양 전략과 중국의 민족주의를 바탕으로 한 '일양(一洋: 태평양)전략', '양양(兩洋: 태평양과 인도양)'전략이 미국의 전략과 충돌하면서 미·중 신 냉전화가 더욱 가속화되고 있다.[3] 결국 미국과 중국의 전략적 경쟁의 심화 근본적인 배경은 국제체제의 힘의 재분배가 일어나는 데 있다.

   미국 바이든 행정부는 간접적 우방국과 직접적 동맹국과의 협력과 공조체제를 강화하는 다자주의적 접근으로 중국을 견제하고 억제하고자 하는 모습을 보여 왔다. 미·중 신냉전은 모든 분야에서 광범위하게 상호 의존하는 글로벌 질서에서 균열을 일으키고 있으며 안보와 경제 문제에 대한 전반에서 충돌이 일어나고 있다. 특히 미국이 적극적으로 외치고 있는 쿼드(Quad)나 경제번영공동체의 영향력 확대는 결국 자유민주주의 가치를 공유하는 국가들이 협력공동체를 이루어 중국을 배제·견제하고 있다. 동시에 오커스(AUKUS)와 같은 미국의 안보동맹 국가들의 결속력을 강화하고 고부가가치 상품인 반도체·2차전지 등에 대한 공급망 재편 과정에서 중국의 경제·외교의 영향력을 축소하고자 하는 것이라 할 수 있다.[4]

   미·중 경쟁의 특성은 각 진영간의 세력을 규합하여 국제사회에서의 영향력을 확장하며 세계질서의 패권을 장악하려고 하는 중국과 이를 제어하고 통제하려는 미국의 입장이 대립·충돌하고 있다. 이에 신냉전 시대가 도래했다는 주장들이 설득력을 얻고 있는 것은 사실이다. 미·중 마찰과 경쟁이 심화되면

---

2) 박인휘, "강대국정치(Power politics)와 미중갈등: 한반도 문제의 연계성,"『국가안보와 전략』제20권 4호 (국가안보전략연구원, 2020), p.4.
3) 김덕기, "미국의 공세적 인도·태평양 전략 관점에서 본 미·중 패권경쟁과 한국의 대응전략,"『군사논단』제100권 특별호(한국군사학회, 2020), p.78.
4) 김태효, "미·중 신냉전 시대 한국의 국가전략,"『신아세아』제28권 2호 (신아시아연구소, 2021), p.117.

서 군사력과 경제력 중심이 되는 전통적 안보전략을 넘어서 국제사회의 초위 험성과 초연결성에 대한 각성을 일으키고 있다.

이러한 신냉전 구도는 국제사회 많은 국가에 암묵적인 선택을 강요하게 될 것이다. 양상은 좀 다르겠지만, 북극해를 둘러싼 직간접적인 국가들의 에너지, 항로, 자원, 영유권 등의 복합의존적인 국제질서에서 그 갈등은 더욱 커질 것이다.

2. 북극의 지정학적 함의

북극권은 북극해를 포함한 북위 66.56° 이북 지역을 지칭한다. 북극해는 대부분 얼음으로 덮여있는 오대양 중 가장 작은 바다로 전 세계 바다의 3%를 차지하고 있다. 북극해 권역은 지구 면적의 약 6%를 차지하며, 총 2,100만㎢의 면적 중 800만㎢는 대륙, 700만㎢는 수심 500m 이하의 대륙붕으로 이루어져 있다. 북극해는 수심 1,000㎞를 넘는 해역이 무려 70%에 달하며, 나머지 30% 는 육지 연안의 광대한 대륙붕으로 이루어져 있다. 북극해의 해수는 그린란드와 노르웨이 사이의 해역을 통해 대서양과 연결되며, 그린란드 동쪽에 있는 프람해협을 통해 북극해 해수와 해빙이 대서양으로 유출된다. 또한 캐나다의 메켄지강, 시베리아의 오비강 및 예니세이강, 레나강 등을 통해 민물들이 북극해로 유입되고 있다.[5]

이러한 지리적 특성을 바탕으로 북극의 지정학적 함의는 크게 세 가지로 나누어 설명할 수 있다.

첫째, 북극해의 경제적 가치가 북극항로와 에너지에 집중되고 있다. 북극은

---

5) 이재영·나희승, "북극권 개발을 위한 시베리아 북극회랑 연구,"『아시아문화연구』39권 (가천대학교 아시아문화연구소, 2015).

태평양과 대서양을 잇는 단축항로이다. 지구온난화 현상으로 인해 북극해의 얼음층이 빠른 속도로 줄어들고 있다. 태평양과 대서양을 최단 거리로 횡단할 수 있는 새로운 항로가 열리고 있다. 태평양과 대서양을 연결해 주는 북극항로는 북서항로와 북동항로가 있다. 북서항로는 베링 해협에서 캐나다의 북극군도를 경유해 대서양과 태평양을 연결하는 항로를 일컫는다. 결국 북극에 매장된 다종 및 다량의 자원 확보를 위한 경쟁이 치열해지고 있는 가운데 주요 국가들의 북극 정책들이 구체적인 모습을 보인다. 중국은 미국이 글로벌 해운의 중요한 지점들을 통제하는 것을 위협으로 보고 있다.

둘째, 북극해에 대한 군사전략적 가치가 높아지고 있다. 북극권은 기존의 지정학적 대립 범위와는 거리가 존재하는 안보의 예외적 공간이었다. 하지만 지구온난화 현상으로 기후변화는 전 세계 곳곳에 영향을 미쳤고 특히 북극해의 해빙이 가속화되면서 북극해에서의 갈등 양상은 더욱 심화되고 있다. 여기에 2014년 크림반도 사태로 러시아가 국제사회로부터 경제적 제재를 벗어나는 방법으로 북극개발을 적극적으로 추진함으로써 북극권의 많은 변화를 야기했다. 북극해를 둘러싸고 가장 첨예하게 대립이 나타나고 있는 부문은 안보 환경의 변화로 인한 북극해양 영토확보 경쟁과 북극자원 개발이다.[6]

특히 미·중 간 군사안보적 차원에서 북극은 핵전략 균형의 영역에 있다. 북극지역은 대륙간 탄도미사일과 관련해 유라시아와 북미 사이의 장거리 미사일의 최단 비행경로이다. 그러므로 북극은 미국과 러시아 그리고 중국의 핵전략 균형에 중요한 역할을 하고 있다. 러시아가 북극해 주요 지점들에 군사기지를 잇달아 설립하고 이들은 중국 자본을 통해 북극합동군사훈련[7]을 실시하

---

6) 라미경, "북극해 영유권을 둘러싼 캐나다-미국 간 갈등의 국제정치,"『한국해양안보논총』제3권 2호 (한국해양안보포럼, 2020), p.65.

7) 미 월스트리트저널(WSJ)은 2023.8.6일 미국 관리를 인용해 "러시아와 중국 함정 11

는 등 북극권 안보환경에 새로운 흐름을 주도하고 있다. 미국은 러시아의 광범위한 군사행보와 북극자원의 개발이 북극 패권으로 이어질 수 있음을 우려하고 북극개발에 중국의 막대한 자본 투입과 중·러 간 적극적인 개발협력 왕래를 경계하고 있다.[8]

셋째, 북극해는 유엔해양법협약과 북극곰조약[9], 기타 양자협약에 근거하여 적용된다. 북극해의 내수, 영해, 접속수역, 배타적 경제수역, 공해, 대륙붕, 심해저 등 모든 해양수역의 법적 지위는 해양법협약에 따라 결정되며, 대륙붕한계설정, 결빙해역(ice-covered areas)을 포함한 해양환경의 보호, 항해의 자유, 선박의 해협통과, 해양과학연구, 기타 해양 이용에 대한 권리와 의무 등이 해양법협약에 규제받는다. 북극권 국가는 북극해의 배타적 경제수역에서 해저의 자연자원과 에너지 생산 등 모든 경제적 자원에 대해 연안국으로서 주권적 권리를 행사하며, 인공섬, 시설 및 구조물의 설치와 이용 등에 대해 관할권을 행사한다. (제56조) 대륙붕에 대해서는 대륙붕을 탐사하고 그 자연자원을 개발할 수 있는 주권적 권리를 행사한다. 다만 대륙붕의 상부수역이나 상공법적지위는 대륙붕과 별개로서, 대륙붕에 대한 연안국의 권리는 이에 대해 영향을 미치지 않는다. 현재 북극 영유권 경쟁이 치열하게 벌어지고 있는데, 경계획정 지역은 미국-러시아간 베링해와 북극해, 러시아-노르웨이간 바렌츠해,

---

척이 지난주 알류샨열도 근처로 접근해 미군 구축함 4척과 P-8 포세이돈 항공기 등이 출동했다"라고 전했다. "US Navy ships shadowed Russian-Chinese flotilla off Alaskan islands," https://www.navytimes.com/author/geoff-ziezulewicz (검색일: 2023. 10. 10).

8) 성지승·김정훈, "북극권 미·중 경쟁 속 한국의 중견국 외교전략 모색," 『한국 시베리아연구』 제26권 1호 (배재대학교 한국-시베리아센터, 2022), p. 42.

9) The Agreement on the Conservation of Polar Bears(1974), 이 조약은 북극곰의 서식지를 보호하고 사냥을 제한하는 등 북극곰을 보호, 관리하기 위해 캐나다, 덴마크, 노르웨이, 러시아, 미국 사이에 체결되었다.

캐나다-덴마크간 한스섬을 제외한 배핀만, 덴마크(그린란드)-노르웨이간 북극해로 이들 지역은 모두 양자간 협정에 의해 해양경계가 획정돼 있다.[10]

3. 분석틀

신냉전 시대 북극에서 벌어지고 있는 강대국의 패권경쟁은 북극이라는 공간에서도 예외는 아니다. 본 연구의 분석틀은 〈표 1〉에 나타나듯이 북극해를 둘러싼 미·중 패권의 유형을 갈등과 협력을 축으로 하여 상정할 수 있는 세 가지 유형으로 제시하고자 한다. 첫째, 전략적 갈등, 둘째, 복합적 관계, 셋째, 제도적 협력이다.

〈표 1〉 분석틀: 북극해를 둘러싼 미·중 패권 유형

← 갈등		협력 →
제1유형	제2유형	제3유형
전략적 갈등	복합적 관계	제도적 협력

제1유형 전략적 갈등이란 미국과 중국이 전략적 차원에서 해소하기 어려운 악성 경쟁을 전개하는 상황이다. 미·중 양국이 전략적 차원의 갈등에도 불구하고 양국 간 전면적 전쟁을 상정하지 않는다. 양국 다양한 차원에서 상대를 제압하기 위한 노력을 전개하고, 그 결과 양국 간에 여전히 갈등이 지속되는 상황을 일컫는다. 구체적인 상황으로는 양국 간 외교갈등, 무역갈등, 제3국에서의 지위경쟁, 세력권경쟁, 심지어 군사적 시위 등이 전개되는 상황을 들 수 있다. 또한 양국의 이익뿐 아니라 전략적 이슈를 둘러싸고 갈등하는 상황도 포함

---

10) 라미경 (2020), op. cit., p. 67.

한다. 양국 간 전략적 갈등은 안보나 정치와 같은 영역에서 특히 두드러질 것이다. 전략적 갈등은 미국과 중국이 국제체제의 존속 여부에 개의치 않고 상대를 완전하게 제압하기 위한 목적에서 전개하는 '사활적 투쟁'을 의미한다.

제2유형 복합적 관계란 미국과 중국이 경쟁을 강화하면서도 여전히 협력을 유지하는 상황을 일컫는다. 미·중 양국이 서로 불가피하게 엮어있는 상황을 반영한다는 점에서 제1유형과 제3유형 두 유형 모두와 차이를 보인다. 미·중 양국은 경제적 측면뿐 아니라 인적·문화적 연계, 수많은 양국 간 협의기제 등을 통해 서로 밀접하게 엮여 있다. 샴보(David Shambaugh)는 미·중간의 밀접한 상호관계를 중미국(Chimerica), 친구이자 적(frenimy), 협력과 경쟁(Coopetition), 경쟁적 공존(Competitive Coexistence) 등과 같은 다양한 개념으로 정리하고 있다(Shambaugh 2013). 과거에는 경쟁 구조에 놓인 강대국 사이의 협력이 최소한에 머물렀던 데 반해 미국과 중국은 구조적 상호의존으로 인해 한편으로는 경쟁하면서도 다른 한편으로는 일부 이슈에서 서로 밀접하게 협력하는 관계를 형성한다. 양국은 상대와의 관계에서 상대적 우위를 확보하기 위한 시도가 두드러지고 자신의 이익을 확대하기 위해 치열하게 경쟁할 것이다. 양국 간 경쟁이 강화되어도 양국관계가 반드시 전략적 갈등으로 치닫지 않고 협력을 이어갈 수도 있다는 점에서 제1유형 전략적 갈등과 차이를 보인다. 이는 양국 간 상호의존이 양국관계에 영향을 끼친다는 사실을 의미한다. 실제로 미국은 급속하게 부상하는 중국에 대한 의구심이 더욱 강화되는 상황에서도 상호의존의 존재로 인해 중국에 본격적인 봉쇄정책을 추구하지 않았다. 국제체제 안정을 유지하기 위해서는 중국의 도움이 필요했기 때문이다. 복합적 관계는 미국과 중국이 서로 경쟁하면서도 다른 한편으로 협력을 유지한다는 점에서 갈등과 협력 축의 중간지대에 위치하며 그 폭 또한 가장 넓다. 그러나 제2유형은 협력과 갈등이 항상 동등한 수준으로 유지되는 중간

점을 의미하지 않는다. 갈등과 협력 사이의 균형이나 비중은 시기적으로 변화를 겪을 수 있다. 가령 한 시점에서는 협력이 현저했지만, 다른 시점에서는 경쟁이 강화되는 등 협력과 경쟁의 비중이 얼마든지 변화할 수 있다.[11]

제3유형 제도적 협력이란 미국과 중국이 편의적이고 일시적인 공조를 넘어 국제적 이슈와 관련하여 보다 지속적으로 협력하는 관계를 상정한다. 특히 양국이 행위양식이나 국제규범에 관해 합의함으로써 협력을 제도화하는 상황을 말한다. 이러한 제도적 협력은 양자적 차원에 한정되기보다 긍정적으로 다자적 협력으로 확대될 것이다. 강대국 공조체제까지를 포함하는 제2유형 복합적 관계에서의 협력이 미·중 사이의 편의적 타협을 반영하는 데 반해, 제3유형인 제도적 협력은 양국이 전략적 이익뿐 아니라 세계관이나 행동원칙, 양국 관계의 발전방향에도 기본적으로 합의하고 이를 기반으로 다자협력을 주도하는 형태이다. 현실적으로 미중 간 제도적 협력은 중국이 일부 영역에서 자신의 독자성과 선호를 견지하면서도 전체적으로는 미국이 구축해 온 국제체제의 작동원칙과 규범을 수용함으로써 미국과 전략적 차원에서 밀접하게 협력하는 것을 의미한다.

III. 미·중 강대국의 북극정책 비교

1. 미국의 북극정책

[그림 1]에 나타나듯이 미국은 1867년 러시아로 알래스카를 매입해 본격적

---

11) 김재철, 『중국, 미국, 그리고 동아시아: 신흥 강대국의 부상과 지역질서』(파주: 한울 아카데미, 2015).

그림 1. 북극 경계, 순환지도

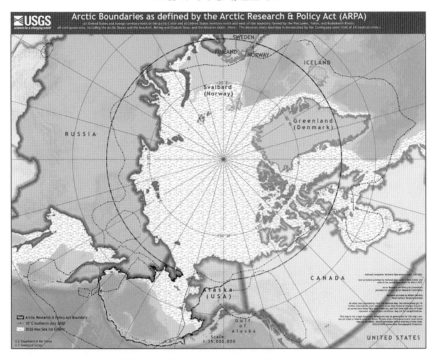

출처: https://www.usgs.gov/media/images/arctic-boundaries-arctic-research-policy-act-circumpolar-map (검색일: 2023.10.10.)

인 북극권 국가가 되었다. 미국은 1959년 미국의 49번째 주로 지정할 때까지 이 지역을 군사 및 안보구역으로 지정 및 관할하였다. 정식 주(州)로 지정받은 후 미국 대통령은 알래스카의 안보, 환경보호, 경제개발, 국제협력 등을 포괄하는 북극전략을 대통령 강령으로 발표하였다. 미국의 북극정책은 닉슨 대통령(1971년)을 필두로 하여 레이건(1983년), 클린턴(1994년) 대통령까지 약 10년을 주기로 발표한 북극강령은 형식이나 그 내용 구성에서 실질적인 정책 추진보다는 선언적인 성격이 강했다. 이후 조지 부시(2009년) 대통령부터는 이슈별 구체적인 실행안을 제시하는 등 북극정책의 체계화 작업이 본격화되었다.[12] 오바마 대통령은 북극지역 국가전략(2013년) 및 세부적인 실행계획 (2014년) 그리고 실적 보고서(2015년)를 연차적으로 발표하면서 북극정책의 추진체계를 완성하였다. 북극 정책강령의 핵심 세 가지를 제시하였다. 첫째, 안보이익 증진(Advance United States Security Interests), 둘째, 책임 있는 북극지역 관리 추구(Pursue Responsible Arctic Region Stewardship), 셋째, 국제협력 강화(Strengthen International Cooperation)이다.

이후 2019년 미국 국방부가 신북극전략을 발표했는데,[13] 미국 연안경비대의 「북극지역 비전」은 연안경비대가 북극과 관련하여 발간한 두 번째의 정책 문서이다. 2013년 1차 북극전략이 미국의 북극이사회 의장국 수임(2015-2017)을 앞두고 북극 이슈에 대한 국내 인식 제고를 지원하는 것을 목적으로 한 것과 달리, 2019년 전략은 ① 미국의 북극 이해관계에 대한 도전요인, ② 심각한 자원-능력 격차의 부상이라는 두 가지 요소에 중점을 두고 있으며, 오늘날 북극에서의 현상 유지에 대해보다 일반적으로 서술하고 있다. 2018년 대테러 작전 중심에서 러시아 및 중국의 "강대국 경쟁" 중심으로의 변화를 강조한 미 국가안보전략과 같은 맥락에서 수립하고 있다. 미 국방부 관계자들은 북극지역에 대한 관심이 높아지고 있으며, 최근 수십 년 만에 처음으로 북극권 한계선 위쪽으로 항공모함을 보냈으며, 알래스카에 전투기를 추가 배치하고 아이슬란드에 미 해군 P-8 포세이돈과 대잠초계기를 배치할 계획을 하고 있다. 결국 미국은 북극지역에서의 자국의 이익을 최대화할 수 있는 전략을

---

12) 서현교, "미국의 북극정책 역사 고찰과 한국의 북극정책 방향,"『한국 시베리아연구』 제20권 1호 (배재대학교 한국-시베리아센터, 2016), p.184.
13) "US May Modernize Arctic Sensor Coverage To Counter Russian Missile Threats - 2019 Strategy," https://www.urdupoint.com/en/world/us-may-modernize-arctic-sensor-coverage-to-co-639366.html (검색일: 2023.09.12).

구가하고 있다.

　미국은 2022년 10월 북극지역에 대한 국가전략을 발표했는데, 이 전략은 오바마 행정부가 발표한 2013년 북극지역 국가전략을 대체하고 있다. 이는 기후 위기를 더욱 시급하게 다루고 북극 원주민들의 생계를 개선하는 동시에 환경을 보전하기 위한 지속가능한 개발에 집중하고 있다. 또한 2013년 이후 러시아 우크라이나 전쟁으로 인해 북극에 전략적 경쟁이 심화되고 있음을 인정하고 미국이 효과적으로 경쟁하고 긴장을 관리할 수 있는 입지를 구축하고자 한다. 국가전략은 북극지역의 평화, 안정, 번영, 협력하는 비전을 실현하기 위해 2022년부터 2032년까지 향후 10년간 미국의 적극적인 어젠다를 명시하고 있다.

　4가지의 새로운 북극전략은 안보, 기후변화 및 환경보호, 지속가능한 경제발전, 국제협력 및 거버넌스 등이다.[14] 첫째, 안보: "우리는 북극에서 우리의 이익을 방어하는 데 필요한 역량을 강화하여 미국 본토와 동맹국에 대한 위협을 억제하는 동시에 동맹국 및 파트너와 공동 접근법을 조정하고 의도하지 않은 확전의 위험을 완화할 것이다. 우리는 미국 국민을 보호하고 우리의 주권 영토를 방어하기 위해 필요한 경우 북극 지역에서 미국 정부의 주둔을 행사할 것이다."

　둘째, 기후변화 및 환경보호: 미국 정부는 알래스카 지역사회 및 알래스카주와 협력하여 기후 변화의 영향에 대한 복원력을 구축하는 한편, 광범위한 글로벌 완화 노력의 일환으로 북극 배출량을 줄이고 과학적 이해를 개선하며 북극 생태계를 보전하기 위해 노력할 것이다.

---

14) "NATIONAL STRATEGY FOR THE ARCTIC REGION," www.whitehouse.gov/wp-content/uploads/2022/10/National-Strategy-for-the-Arctic-Region.pdf (검색일: 2023.12.16).

셋째, 알래스카 인프라 투자 및 지속가능한 경제 개발: 인프라에 투자하고, 서비스에 대한 접근성을 개선하고, 성장하는 경제 부문을 지원함으로써 알래스카 원주민 커뮤니티를 포함한 알래스카의 지속 가능한 개발을 추구하고 생계를 개선할 것이다. 동맹국 및 파트너와 협력하여 북극 지역 전체에 걸쳐 높은 수준의 투자와 지속 가능한 개발을 확대할 것이다.

넷째, 국제협력 및 거버넌스: 러시아의 우크라이나 침략으로 인한 북극 협력에 대한 도전에도 불구하고, 미국은 북극이사회를 포함한 북극 협력을 위한 기관을 유지하고 이러한 기관이 역내 활동 증가에 따른 영향을 관리할 수 있도록 노력할 것이다.

북극전략을 이행할 5가지 원칙은 ① 알래스카 원주민과 지역사회와의 상담, 조율 및 공동관리, ② 동맹국 및 파트너와의 관계 강화, ③ 장기 투자 계획 수립, ④ 다양한 분야 연합 및 혁신 아이디어 육성, ⑤ 범정부적 증거 기반 접근 방식에 대한 약속 등이다.

최근의 북극정책은 러시아와 중국 위협론이 대두되면서, 북극해에서의 활동 증가에 따른 인프라 확보와 안보위협 대비에 주안점을 두고 있다. 미국의 북극 정책은 국가 안보, 환경보호 및 경제적 이익에 중점을 두고 있다. 알래스카주를 통한 북극 국가인 미국은 이 지역의 전략적 중요성을 인식하고 우선순위와 국제협력의 균형을 맞추는 것을 목표로 하고 있다. 미국 북극정책의 일부 핵심 요소는 다음과 같다.

첫째, 국가 안보로 미국은 자국의 안보 이익을 보호하기 위해 북극에서 강력한 주둔군을 유지하는 것이 중요하다는 점을 강조하고 있다. 여기에는 군사 활동을 감시하고 해당 지역에서 신뢰할 수 있는 방어 태세를 유지하는 것이 포함된다.

둘째, 자원 관리로 미국은 석유 및 가스 매장량을 포함하여 북극 자원을 지속가능하게 관리하는 것을 목표로 하고 있다. 북극의 기후 변화가 환경에 미치는 영향을 이해하고 해결하기 위한 과학적 연구를 지원한다.

셋째, 북극이사회 회원국으로 참여하고 있다. 미국은 북극 국가와 원주민 공동체를 위한 정부간 포럼인 북극이사회의 회원이다. 환경보호 및 지속 가능한 개발과 같은 문제를 해결하기 위해 협의회 내에서 외교 협력에 참여하고 있다.

넷째, 항행의 자유(freedom of navigation)로 미국은 특히 북서항로와 같은 신흥 해상 항로와 관련하여 북극 내 항행의 자유와 상공 비행권을 지지하고 이러한 경로는 국제 배송을 위해 계속 열려 있어야 한다고 주장하고 있다.

다섯째, 환경 관리로 미국은 북극의 환경보호와 기후 변화 완화에 대한 의지를 보이고 있고 온실가스 배출을 줄이고 영구 동토층 해빙의 영향을 해결하려는 조처를 했다.

여섯째, 북극에 대한 인프라 및 투자를 지속적으로 하고 있다. 미국은 이 지역에서 강력한 존재감과 역량을 보장하기 위해 쇄빙선을 포함한 북극 인프라에 투자했다. 이는 경제적, 안보적 이익을 모두 지원하기 위해 투자가 이루어지는 것이다.

2. 중국의 북극정책

북극에 관한 중국의 관심은 노르웨이 북단 스발바르군도의 특정 국가 점유 하에 공동관리를 목적으로 1920년 발효된 스피츠베르겐 조약(Spitsbergen Treaty, 일명 스발바르 조약)[15]에 1925년 가입(국민당 정부)할 정도로 오래되

---

15) 스발바르조약은 1920년 2월 9일 UN의 전신인 국제 연맹 참가국 14개국(현재 46개국 가입, 대한민국은 2012년 비준)이 서명하고 1925년 8월 14일 발효된 최초의 기속력 있는 북극권 조약이다. 이후 5년간 조약이 효력을 갖기 전 1924년 러시아와 1925년

었다.[16] 하지만 1990년대 중반까지 북극에 적극적 관심을 보이지 않던 중국은 1995년 북극권 탐사와 1997년 '국제북극과학위원회'에 가입한 이래 북극권으로의 진출을 적극적으로 모색하기 시작했다.[17] 1999년부터 쇄빙선 쉐룽(雪龍)호를 동원한 탐사에 나섰을 뿐 아니라 2004년에는 스발바르군도에 황하(Yellow River) 이름의 북극기지도 건설하기도 했다.

중국의 북극정책은 2013년 북극이사회(Arctic Council)로부터 정식 옵서버(permanent observer) 자격을 획득한 것을 계기로 일대 전환점을 맞이했다. 그때부터 중국은 자칭 '近북극국가(near-Arctic state)'로서 북극 문제에서의 중요한 이해관계자(stakeholder)라는 점을 적극적으로 주장하기 시작했다. 동시에, 그린란드, 아이슬란드, 스웨덴 등 북극 국가들과의 양자외교를 강화하여, 이를 북극권 진출의 교두보로 삼는 전략을 구사하고 있다[18]

중국의 시진핑 총서기는 2013년 11월 '중국공산당 제18기 중앙위원회 제3차 전체회의(中国共产党中 央委员会第三次全体会议)'에서 '일대일로(一帶一路) 구상'을 공식화했다. 일대일로의 핵심은 국가 간 경계를 가로질러 육상 '실크로드 경제벨트(一帶)'와 '21세기 해상 실크로드(一路)'의 건설을 추진하겠다는 것이다. 2017년 5월 북유럽 장관 협의회와 중국은 5개 주요 분야에서 중국과 북유럽 지역 간의 협력을 강화하기로 공식적으로 합의했다. 동시에 서

독일, 중국이 추가로 서명하였다. 참고로 14개 국가는 미국, 덴마크, 프랑스, 이탈리아, 일본, 네덜란드, 스웨덴, 영국, 캐나다의 영국 해외자치령, 오스트레일리아, 인도, 남아프리카, 뉴질랜드, 노르웨이 등이다.
16) 라미경, "스발바르조약 100주년 함의와 북극권 안보협력 과제,"『한국 시베리아연구』 제23권 4호 (배재대학교 한국-시베리아센터, 2019), p.14.
17) 박영민, "중국의 해양 정책과 북극 전략 연구,"『대한정치학회보』제26집 3호 (대한정치학회, 2018), pp.78-79.
18) 라미경. "세력전이론 시각에서 본 중국 북극정책의 함의,"『한국 시베리아연구』제25권 2호 (배재대학교 한국-시베리아센터, 2021), p.18.

그림 2. 중국의 일대일로와 빙상실크로드

실크로드 경제벨트 (Silk Road Economic Belt)
21세기 해상실크로드 (Maritime Silk Road Initiative)
빙상 실크로드 (Polar Silk Road)

출처: 한국해양수산개발원

부 북유럽 지역 (그린란드, 아이슬란드, 페로 제도 및 노르웨이 해안)은 북극 위치, 해양 및 해양 환경을 갖춘 북유럽 지역의 뚜렷한 부분으로 점점 더 많이 구성되고 있다. [그림 2]에 나타나듯이 그해 7월 중국은 북국을 일대일로 전략에 공식적으로 포함하는 '빙상 실크로드(Polar Silk Road)' 발표하고 2018년 1월 26일 중국은 중국의 「북극정책백서」를 발간했다.

중국 정부는 북극 개발을 추진하면서 북극정책백서에 ① 북극정세의 변화, ② 북극관계에서 북극활동 연혁, ③ 북극정책의 목표 및 기본원칙, ④ 북극업무의 참여정책과 중국의 입장에 대하여 제시하였다. 이 같은 내용이 담긴 중국의 「북극정책백서」 발간이 주는 함의는 다음과 같다. 크게 3가지로 요약된다. [19] 첫째, 세력전이의 도전국으로 중국의 「북극백서」는 북극진출의 공식선언인 동시에 미국, 러시아와 더불어 '북극대전'의 원년임을 공공연하게 선포한 것이다. 둘째, 북극 기후변화 및 생태환경의 과학적 이해의 중요성을 강조하고 있으나 최근 군사·경제적 강대국으로 부상하는 중국의 북극에 대한 '지정학적 야심'(geopolitical ambition)을 그대로 드러낸 것이라고 평가할 수 있다. 북극지역에서 중국의 증가하는 활동과 지배력은 북극이사회 회원국의 장기 전략 목표와 군사 배치 가능성에 대한 우려를 불러일으키고 있다. 셋째, 이번 중국의 북극백서는 중국어본과 함께 영문판도 동시에 발간되었는데 이는 중국의 관심을 외부세계 — 특히 북극권 국가를 포함한 서방세계에 알리려는 의도가 있는 것으로 볼 수 있다.

결국 중국의 북극백서 발간은 존중과 협력, 상호 윈-윈 성과와 지속가능성을 원칙으로 하는[20] 있지만 앞으로 중국이 북극문제와 관련한 '중요한 행위자'(a major Arctic player)가 되겠다는 것을 선언한 것으로 해석된다. 이미 알려진 바와 같이 지구온난화에 따른 북극해빙은 항로 이용과 자원개발 가능성을 높여주는 '새로운 북극'(new Arctic)의 출현을 알리고 있다. 이러한 북극에 대한 중국을 포함한 강대국들의 관심은 앞으로 북극이 '21세기 거대게임의 무대'가 될 것이라는 예상을 가능케 해주고 있다.

결론적으로 중국의 북극 정책은 기후 변화, 자원 추출 기회 및 새로운 운송 경로로 인해 이 지역이 지정학적 중요성을 획득함에 따라 발전해 왔다. 북극에 대한 중국의 관심은 주로 자원 탐사, 과학 연구, 해상무역로 확보를 중심으로 하는 경제적, 전략적이다. 중국 북극 정책의 주요 측면은 다음과 같다.

---

19) *Ibid.*, pp. 14-15.
20) 서현교, "중국과 일본의 북극정책 비교 연구," 『한국 시베리아연구』, 제22권 1호 (배재대학교 한국-시베리아센터, 2018), p. 128.

첫째, 경제적 기회로 중국은 북극을 석유, 가스, 광물, 어업을 포함한 천연 자원의 잠재적 원천으로 보고 있다. 얼음이 녹으면서 자원 추출을 위한 새로운 기회가 열렸고, 중국은 경제 성장을 촉진하기 위해 이러한 자원에 대한 접근권을 확보하는 것을 목표로 하고 있다.

둘째, 북극항로(NSR)로 중국은 러시아 북부 해안을 따라 아시아와 유럽 간 더 짧은 경로를 제공하는 해상 항로인 NSR에 관심이 있다. 이 경로는 운송 시간과 비용을 크게 줄여 중국 무역에 도움이 될 수 있기 때문이다.

셋째, 과학 연구로 중국은 북극에서의 과학 연구와 환경 협력을 강조하고 있다. 지역의 기후 변화, 환경 영향 및 생태계 역학을 더 잘 이해하기 위해 다양한 연구 프로그램에 참여하고 있다.

넷째, 북극 거버넌스에 대한 기본적인 입장은 찬성이다. 중국은 북극의 비근접국으로 UN해양법협약(UNCLOS)을 포함하여 북극에 대한 기존 국제법 체계를 지지하고 있다. 북극 자원의 평화적 이용을 옹호하고 지역의 군사화에 반대한다.

다섯째, 북극의 인프라 개발에 관심을 갖고 투자하고 있다. 중국은 쇄빙선, 연구 기지, 항구를 포함한 북극 인프라 프로젝트에 투자해 오고 있다. 이러한 투자는 경제적 이익과 과학적 연구 노력을 모두 지원하는 것을 목표로 하고 있다.

마지막으로 북극 국가와의 협력을 추진하고 있다. 중국은 북극 국가 및 원주민 공동체와의 협력을 추구하며 종종 지속 가능한 개발과 환경보호를 강조하고 있다. 북극이사회와 같은 조직을 통해 북극 국가들과 대화와 파트너십을 맺고 있다.

3. 미·중 북극정책의 비교

<표 2>와 같이 미국은 국제사회에서 북극정책의 구심점 역할을 하고 있으며, 새로운 북극전략은 안보, 기후변화 및 환경보호, 지속가능한 경제발전, 국제협력 및 거버넌스다. 이에 비해 중국은 북극개발과 정책의 후발국이며 실제로 물리적, 지역적으로 북극과는 떨어져 있는 주변국이라는 사실이 특징이다. 그런데도 정치, 경제, 사회문화 등 전반적인 북극 거버넌스에 영향을 증가시키고 있다. 중국은 북극이사회의 정회원만큼 북극의 글로벌 권리를 강조함으로써 북극권 국가들과의 활발한 협력 활동과 재정적 지원을 하고 있다.

〈표 2〉 미국과 중국의 북극정책 비교

	미국 북극정책	중국 북극정책
1. 북극이사회 지위	북극이사회 회원	북극이사회 옵서버
2. 협력 이슈	거버넌스, 북극 기후변화 및 환경	거버넌스, 북극 기후변화 및 환경
3. 갈등 이슈	안보, 에너지 개발, 항로	안보, 에너지 개발, 항로
4. 대표적 북극정책	국가전략(북극전략)	빙상 실크로드(북극백서)

중국과 미국 모두 경제적, 전략적, 환경적 이유가 복합적으로 작용하여 북극 지역에 참여하고 있다는 점을 기억하는 것이 중요하다. 일부 이해관계가 겹치는 반면 잠재적인 경쟁 영역과 북극 거버넌스에 대한 접근 방식도 다르다.

미국 바이든 행정부가 2022년 북극지역에 대한 국가전략을 수립했고 북극의 기후 위기와 원주민들의 삶에 대해 중심적 다루고 있다. 우크라이나 전쟁으로 인한 북극에 전략적 경쟁이 심화되고 있음을 인정하고 미국의 국익을 가장 잘 수호하고 북극의 안보와 안정을 지원할 방안을 제시하고 있다.

중국은 '빙상 실크로드'를 통해 북극에서의 영향력을 확보하기 위해 러시아와의 협력관계를 유지하고 북극의 자원개발 투자를 증대하고 있다. 2018년 발간한 「북극정책백서」에서 자신의 일대일로 정책과 연계하여 북극항로를 '빙상 실크로드'로 부르는 것이나 스스로를 '근북극국가'로 지칭하는 것은 단순한 지리적 차원이 아니라 전략적 이해관계에서 나온 것을 보면 알 수 있다.[21]

IV. 북극에서 미·중의 패권 경쟁 유형

1. 제1유형 전략적 갈등

제1유형 전략적 갈등이란 미국과 중국이 전략적 차원에서 해소하기 어려운 악성 경쟁을 전개하는 상황으로 사례는 다음과 같다.

첫째, 미국 행정부의 북극 자원개발에 대한 기본적 입장은 폼페이오 국무 장관 2019년 5월 핀란드 로바니에미에서 열린 북극이사회 각료회의 기조연설 메시지에서 엿볼 수 있다. 러시아에 대해서는 북극항로(NSR)에 대해 국제법에 어긋나는 국내 규정을 근거로 통제를 추진하고, 북극항로에서 항행의 자유 침해, 군사기지 재가동 등 북극지역의 군사화 활동을 지적하고 있다. 중국에 대해서는 '근북극 국가'로 지칭하는 데 대한 강한 거부감 표현, 북극권 인프라 건설에 대한 불투명한 투자로 북극해를 남중국해처럼 군사화하려 한다는 등 경고성 연설문을 발표했다. 캐나다에 대해서는 북서항로(NWP)에 대한 내수 로서의 권리 주장이 국제적으로 불법이라고 발언하고 있으며 각국의 이러한 움직임에 대응하기 위해 미국은 군사훈련 실시, 병력 주둔 강화, 쇄빙선단 구축, 해안경비대 확대 등을 추진할 것임을 언급했다.[22]

---

21) 라미경(2021), op.cit., p.27.
22) 김민수 외 다수. "새로운 도전에 직면한 북극이사회와 우리나라 북극협력 방향," 『KMI 동향분석』 Vol. 120 (한국해양수산개발원, 2019), pp.8-9.

둘째, 미국은 북극이사회에서 "오직 북극국가와 비(非)북극국가만 존재할 뿐, 제3의 범주(category)는 존재할 수 없다"라며 설령 다른 범주를 인정하더라도 "중국에는 아무런 권리도 없음"을 강조했다. 그러면서 폼페이오는 중국이 러시아와 손잡고 북극의 '군사화(militarization)'에 앞장서, 결국은 북극을 '제2의 남중국해'로 만들려는 저의를 갖고 있다고 통렬히 비판했다.[23] 사실 미국은 오랫동안 북극에 별 관심을 두지 않는 '소극적(reluctant)' 북극국가에 불과하였다. 하지만 불현듯 미국 펜타곤 지도부는 핵미사일을 탑재한 중국의 전략핵잠수함이 북극일대에 출몰할 가능성에 경각심을 갖게 되었다. 북극에서 미국의 최우선적 전략적 이익은 북극항로의 안전 확보이다. 이를 위해 미국은 2019년 1월부터 '항행의 자유 작전(FONOP)'을 개시했다. 또한 우크라이나 전쟁 이후, 미국은 미국 B-2 Spirit 전략 폭격기와 약 200명의 군인이 현재 아이슬란드 Keflavík Air Station에 배치하고 있다. 아이슬란드 기지는 북유럽 동맹국의 공동 비행 훈련이 시작되는 지점이다. 유럽의 미국 공군 사령관, 북대서양 조약기구(NATO)의 공군 사령관, 아이슬란드 공군 사령관은 아이슬란드에서 러·우 전쟁 대비, NATO 억제력 및 방어력 강화를 위한 회의를 했다. NATO 공군 사령관은 "아이슬란드에 있는 NATO 인프라를 점검하고 확인할 필요가 있다. 아이슬란드는 전략적으로 중요한 지역이며 상공에서 상황을 인식하는 것이 중요하다"고 언급했다. 아이슬란드에 위치한 미국 공군은 북극 지역에서 전략적으로 위협을 억제하기 위해 Bomber Task Force Mission(BTF)가 합동 비행 훈련을 하고 있다. 해당 공동 비행 훈련에는 나토, 미군뿐만 아니라 노르웨이와 독일의 전투기 그룹 또한 연합국으로서 참여했다. 미국 공군 사령관은 "전 세계적으로 BTF 운영을 통해 미국의 집단 방어에

---

23) "북극에서도 맞짱 뜨는 미국·중국,"「현대해양」, 2019년 7월 8일.

대한 미국의 약속을 보여줄 뿐만 아니라 미국의 작전 지휘 체계하에 완벽하게 통합하기 위해 필요하다"고 언급했다. 지난 4월 아이슬란드 정부는 미국 핵잠수함이 아이슬란드에 입항할 수 있도록 허가한 바 있다.[24]

중국 입장에서 북극은 미국의 급소를 노릴 수 있고 미·중 간 경쟁의 구도에서 놓칠 수 없는 전략적 요충지다. 그동안 북극해를 태평양·대서양과 더불어 외부의 물리적 위협으로부터 미국의 안전을 지켜주는 천연의 장애물로 인식되었지만, 북극해의 운항 가능성이 커짐에 따라 중국이 핵잠수함을 북극에 전개하면 상하이-뉴욕의 공격 사정거리가 북극-뉴욕의 경우에는 3.5배의 역수로 감소하게 된다. 이는 목하 남중국해에서 벌어지는 미·중간 강대국 경쟁의 무대가 북극해 일대로 확장될 것임을 예고한다.[25]

2. 제2유형 복합적 관계

제2유형 복합적 관계란 미·중 양국이 서로 불가피하게 엮여 있는 상황을 반영한다는 점에서 제1유형과 제3유형 두 유형 모두와 차이를 보인다. 미·중 양국은 경제적 측면뿐 아니라 인적·문화적 연계, 수많은 양국 간 협의기제 등을 통해 서로 밀접하게 엮여 있다. 복합적 관계의 사례로는 다음과 같다.

첫째, 중국은 「북극정책백서」에서 '합법적이고 합리적인 방식의 북극자원 활용'이라는 것을 강조하면서 북극지역의 보호와 자원의 합리적 사용, 그리고 중국 기업이 자본, 기술 등을 최대한 활용하여 북극의 자원활용 및 탐사에 대한 국제적 참여를 장려하는 내용을 담고 있다. 실제 중국은 '빙상 실크로드' 구

---

24) "Increased Allied Military Presence in Iceland," *HIGH NORTH NEWS 06* Sep. 2023, https://www.highnorthnews.com/en/increased-allied-military-presence-iceland (검색일: 2023.10.02).
25) 라미경(2021), op.cit., p.24.

상을 통해 270억 달러 규모의 '야말 LNG 사업', 그리고 'Arctic LNG-2' 사업 등에 대한 투자를 늘리고 있다. 중국은 러시아 북부의 카라해에서 진행되는 대규모 천연가스 개발 프로젝트인 '야말 LNG프로젝트' 중에서 지분의 30%, 그리고 인근의 '북극LNG 2 프로젝트'에서는 지분의 20%를 각각 확보하고, 이를 위해 중·러 합작 해운회사까지 설립했다.

둘째, 미국과 중국은 기후변화와 해빙의 가속화 같은 환경적 측면에서는 협력의 모습을 찾아볼 수 있다. 전 지구적 자연환경과 생태계 파괴가 심각한 문제로 등장하면서 범세계적인 환경보전대책에 대한 국제협약들이 체결되고 있다.[26] 특히 북극해 연안국 정부와 환경단체들은 지구온난화에 따른 기후변화와 자원개발에 따른 환경오염을 경계하고 있다. 북극 관련 기후변화 선언 및 협약은 북극지역 기후변화와 환경보호에 관한 것으로 세계적(global), 지역적(regional) 수준으로 나누어 이루어지고 있다.

셋째, 미중간 무역은 1981년 50억 달러 규모였으나 2020년 100배 이상 증대된 6,000억 달러에 이르렀다. 중국은 미국의 두 번째로 큰 무역국가가 되었고 미국 기업에는 약 2,500억 달러 규모의 시장이다. 중국은 미국에 대해 1조 4천억 달러 규모의 최대 채권국이며, 막대한 규모의 미국 정부 채권을 보유하고 있다. 중국은 미국과 함께 세계 경제의 성장과 발전을 안정적으로 지탱하는 중요한 국가가 되었다.

넷째, 우크라이나 전쟁 발발 후, 중국은 러시아와의 협력과 발전을 지속적으로 강조하고 있고 전쟁을 계기로 북극자원을 저렴하게 구입하고 있다.[27] 2023년 3월 7일 친강(秦剛) 외교부장은 양회 기자회견에서 "중국과 러시아의

---

26) 김종순·강황선,『환경거버넌스: 지속가능한 발전을 위한 환경관리 네트워크의 구축』(서울: 집문당, 2004), p. 187.
27) 박종관, "러시아의 북극 해양 안보정책,"『한국 시베리아연구』제27권 1호 (배재대학교 한국-시베리아센터, 2023), p. 81.

협력이 세계 다극화와 국제관계 민주화에 동력을 제공하고, 글로벌 전략 균형과 안정을 보장할 것이다. 세계가 불안정할수록 중·러 관계는 부단히 발전해야 한다"라면서 중·러관계 발전을 위한 중국의 의지를 재확인했다.[28] 2023년 3월 20일 러시아를 국빈 방문한 시진핑은 '신시대 전면적 전략협력 동반자 관계 심화에 대한 중러공동성명(中華人民共和國和俄羅斯聯邦關於深化新時代全面戰略協作夥伴關係的聯合聲明)'에 합의했는데, 국제정세가 어떠하든지 중국은 러시아와의 우호 관계를 장기적으로 발전시키고 패권주의에 반대해 다극화를 추진해 나갈 것을 강조했다.[29]

북극항로의 가치와 중요성은 중국과 러시아의 블라디보스톡 내륙 중계항의 이용 합의에서 엿볼 수 있다. 중국해관총서는 지린성이 2023년 6월부터 러시아의 블라디보스톡항을 '내물 화물 중계항'으로 사용하게 되었다고 발표했다. 항구가 없는 동북지역 지린성과 헤이룽장성은 블라디보스톡항을 국내 물류 이동의 중계항으로 이용함에 따라 중국 동남부 지역으로 해상 운송이 가능하다. '내륙 중계항'은 중국 내 물류 이동 시 빌려 사용하는 외국 항구를 의미하며, 국내 물류 이동과 동일하게 관세와 세금을 부과하지 않는다.[30]

3. 제3유형 제도적 협력

제3유형 제도적 협력이란 미국과 중국이 편의적이고 일시적인 공조를 넘어 국제적 이슈와 관련하여 보다 지속적으로 협력하는 관계를 상정하는 것으

---

28) "外交部長秦剛就中國外交政策和對外關係回答中外記者提問," 中國外交部 https://www. fmprc.gov.cn/wjbzhd/202303/t20230307_11037046.shtml (검색일: 2023. 9. 9)

29) "中華人民共和國和俄羅斯聯邦關於深化新時代全面戰略協作夥伴關係的聯合聲明," 2023.03.22.

30) 최수범, "북극항로·자원의 패권전쟁은 우리에게 또 다른 기회인가? 위협인가," 제38차 한국-시베리아센터 콜로키움 자료집, 2023.

로 사례는 다음과 같다. 2015년 북극이사회의 회원국 중 캐나다, 덴마크(그린란드), 노르웨이, 러시아, 미국은 지속가능한 어업 및 관리 규칙에 대한 적절한 연구가 마련될 때까지 북극의 280만 평방킬로미터의 공해 지역에서 상업적 어업을 금하는 내용의 'Agreement to Prevent Unregulated high Seas Fisheries in the Central Artic Ocean' 다자 합의에 서명하였다. 그리고 이에 2018년 10월 중국은 한국, 아이슬란드, 일본, 유럽연합과 함께 이에 서명하였다. 이는 일본뿐만 아니라 중국도 북극 정치에 있어 어업산업과 같은 단기적인 경제적 이득보다 더 큰 의미가 있음을 보여주는 한 예이다. 이 협정에 참여함으로써 중국은 적극적인 북극 진출에 대한 주변 국가들의 우려를 감소시키는 전략적 이득과 함께 이후에 발생할 더 큰 북극 거버넌스에 참여할 기회를 얻을 수 있게 되었다.[31)]

중국은 북극권 국가들이 북극 문제에서 더 많은 권리와 책임을 지고 있음을 인정하지만, 기후 변화, 해빙, 환경오염, 생태 위기와 같은 대륙을 초월한 문제는 모두 인류 전체에 심각한 도전을 제기하기 때문에 모든 국가가 함께 협력하여 글로벌 거버넌스와 다자간 참여를 통해 북극문제를 처리해야 한다고 주장한다.[32)]

---

31) C. H. Pursiainen, C. Alden, and R. G. Bertelsen, "The Arctic andAfrica in China's Foreign Policy: How Different Are They and What Does This Tell Us?," *Arctic Review on Law and Politics* Vol. 12 (2021), p. 40.

32) p. W. Lackenbauer et al., *China's Arctic ambitions and what they mean for Canada*, (University of Calgary Pess, 2018), p. 133.

V. 결론

위와 같이 신냉전 시대의 북극해를 둘러싼 미·중 강대국의 패권 경쟁 현상에 대한 이론적 논의를 구체화하고 북극의 지정학적 함의와 이 두 강대국의 패권 경쟁이 어떻게 북극 지역과 세계 정치 경제에 영향을 미치는지 양국의 북극정책을 비교 분석했다. 북극해를 둘러싼 미·중 패권의 유형을 갈등과 협력의 축으로 하여 첫째, 전략적 갈등, 둘째, 복합적 관계, 셋째, 제도적 협력 나누었다.

제1유형인 전략적 갈등은 미국과 중국 양국이 전략적 차원에서 해소하기 어려운 악성 경쟁을 전개하는 상황이다. 제2유형인 복합적 관계는 미국과 중국이 경쟁을 강화하면서도 여전히 협력을 유지하는 상황을 일컫는다. 제3유형인 제도적 협력은 미국과 중국이 편의적이고 일시적인 공조를 넘어 국제적 이슈와 관련하여 보다 지속적으로 협력하는 관계를 상정한다.

북극지역에서 미·중패권은 양국간의 갈등과 협력 특이사항은 제1유형 전략적 갈등이나 제2유형 복합적 관계에서 중국과 러시아의 협력이 미국과의 갈등을 증폭시키고 있다는 점이다. 2019년 11월 핼리팩스 국제안보포럼(Halifax International Security Forum)[33]의 주요 의제는 신흥 강대국인 중국에 대한 열띤 논쟁이 진행됐다. 중국과 러시아의 지배력 향상은 각 국가의 북극 정책 문서에 명기되어 있듯 그들의 북극 이슈의 단호함은 양국 특유의 장기적 시각과 직접적인 연관성이 있다. 두 번째는 북극지역에서 미국은 표면적으로 중국의 '빙상 실크로드'처럼 구체적이고 적극적인 정책을 펼치지 않고 있

---

33) 핼리팩스 국제안보포럼(Halifax International Security Forum)은 미국 워싱턴에 본사를 둔 독립적인 비정당, 비영리 단체로 국제정부 및 군 관련 공무원, 학술전문가, 작가 및 기업가들의 네트워크를 위한 포럼으로 국제 안보이슈에 대하여 논의하는 장소이다.

지만, 일대일로에 대척하는 인도·태평양전략의 큰 틀로 맞서고 있는 점이다.

미국은 국제사회에서 북극정책의 구심점 역할을 하고 있으며, 새로운 북극전략은 안보, 기후변화 및 환경보호, 지속가능한 경제발전, 국제협력 및 거버넌스다. 이에 비해 중국은 북극개발과 정책의 후발국이며 실제로 물리적, 지역적으로 북극과는 떨어져 있는 주변국이라는 사실이 특징이다. 그런데도 정치, 경제, 사회문화 등 전반적인 북극 거버넌스에 영향을 증가시키고 있다. 또한 중국은 북극이사회의 정회원만큼 북극의 글로벌 권리를 강조함으로써 북극권 국가들과의 활발한 협력 활동과 재정적 지원을 하고 있다.

결국 현행 중국의 북극정책은 과학적, 경제적인 관심에 머무는 것이 아니라 향후 북극이 지정학적으로 뜨거워질 경우를 대비하여 존재감을 쌓아가고 있으며 그 존재감을 향후 글로벌 권력으로 전환하고자 하는 전략적 패권의 의미로 해석할 수 있다. 중국의 북극 참여와 북극 정책 방향은 단순히 중국의 경제적 이해뿐만이 아니라 지정학적, 정치 전략적 고려에서 비롯되었으며, 국제사회에서의 패권국으로서의 발전이라는 목표를 위해 중국이 북극 거버넌스에서 영향력 있는 역할을 하도록 촉진되었다고 볼 수 있다.

이 논문은 북극 지역의 미래를 이해하고 지구환경 및 국제정치 경제의 안정과 지속가능성을 논의하는데 기여할 것으로 기대한다. 북극 지역은 우리의 공동 유산이며, 이를 보호하고 지속가능하게 관리함으로써 우리 모두의 이익을 실현하는 데 기여할 수 있을 것이다.

마지막으로, 본 연구는 미중 패권 경쟁이 북극해에서도 보이는 것을 증명하는 연구이기 때문에 연구 범위를 미국과 중국으로 좁혀 러시아와의 관계를 크게 다루지 않았다. 하지만 북극해 지역의 지정학적 상황에서 주요 행위자인 러시아를 배제함으로써 나타나는 연구의 한계점이 있음을 밝힌다.

<참고문헌>

김단비·이상만, "중국의 북극전략 연구: 한국과의 비교를 중심으로,"『현대중국연구』제23권 4호, 현대중국학회, 2022.

김덕기, "미국의 공세적 인도·태평양 전략 관점에서 본 미·중 패권경쟁과 한국의 대응전략,"『군사논단』제100권 특별호, 한국군사학회, 2020.

김민수 외 다수, "새로운 도전에 직면한 북극이사회와 우리나라 북극협력 방향,"『KMI 동향분석』Vol. 120, 한국해양수산개발원, 2019.

김재철,『중국, 미국, 그리고 동아시아: 신흥 강대국의 부상과 지역질서』, 파주: 한울아카데미, 2015.

김종순·강황선,『환경거버넌스: 지속가능한 발전을 위한 환경관리 네트워크의 구축』, 서울: 집문당, 2004.

김태효, "미·중 신냉전 시대 한국의 국가전략,"『신아세아』제28권 2호, 신아시아연구소, 2021.

라미경, "스발바르조약 100주년 함의와 북극권 안보협력 과제,"『한국 시베리아연구』, 제23권 4호, 배재대학교 한국-시베리아센터, 2019.

라미경, "북극해 영유권을 둘러싼 캐나다-미국 간 갈등의 국제정치,"『한국해양안보논총』제3권 2호, 한국해양안보포럼, 2020.

라미경, "세력전이론 시각에서 본 중국 북극정책의 함의,"『한국 시베리아연구』제25권 2호, 배재대학교 한국-시베리아센터, 2021.

박영민, "중국의 해양 정책과 북극 전략 연구,"『대한정치학회보』, 제26집 3호, 대한정치학회, 2018.

박인휘, "강대국정치(Power politics)와 미·중 갈등: 한반도 문제의 연계성,"『국가안보와 전략』제20권 4호, 국가안보전략연구원, 2020.

박종관, "러시아의 북극 해양 안보정책,"『한국 시베리아연구』, 제27권 1호, 배재대학교 한국-시베리아센터, 2023.

반길주, "미·중 구조적 경쟁쟁 시나리오,"『국제관계연구』제26권 2호, 고려대학교 일민국제관계연구원, 2021.

서현교, "미국의 북극정책 역사 고찰과 한국의 북극정책 방향,"『한국 시베리아연구』제20권 1호, 배재대학교 한국-시베리아센터, 2016.

서현교, "중국과 일본의 북극정책 비교 연구,"『한국 시베리아연구』, 제22권 1호, 배재대학교 한국-시베리아센터, 2018.

성지승·김정훈, "북극권 미·중 경쟁 속 한국의 중견국 외교전략 모색,"『한국 시베리아연구』
　　제26권 1호, 배재대학교 한국-시베리아센터, 2022.

신종호 외,『2030 미·중 관계 시나리오와 한반도』, KINU 연구총서 18-26, 서울: 통일연구원,
　　2018.

이영형·김승준, "북극해의 갈등 구조와 해양 지정학적 의미,"『세계지역연구논총』제28집 3
　　호, 한국세계지역학회, 2010.

이재영·나희승, "북극권 개발을 위한 시베리아 북극회랑 연구,"『아시아문화연구』, 가천대학
　　교 아시아문화연구소, 2015.

최수범, "북극항로·자원의 패권전쟁은 우리에게 또 다른 기회인가? 위협인가," 제38차 한국-
　　시베리안센터 콜로키움 자료집, 배재대학교 한국-시베리아센터, 2023.

최정훈, "북극에서도 맞짱 뜨는 미국·중국,"「현대해양」, 2019년 7월 8일.

Foot, Rosemary. "Restraints on Conflict in the China-U.S. Relationship," in Asle Toje.
　　ed. *Will China's Rise Be Peaceful? Security, stability, and legitimacy*, New York:
　　Oxford University Press, 2018.

Lackenbauer, p.W. et al. *China's Arctic ambitions and what they mean for Canada*,
　　University of Calgary Pess, 2018.

Pursiainen, C. H., Alden, C., and Bertelsen, R. G. "The Arctic andAfrica in China's
　　Foreign Policy: How Different Are They andWhat Does This Tell Us?" *Arctic
　　Review on Law and Politics*, Vol. 12, 2021.

Shambaugh, David. "Tangled Titans: Conceptualizing the U.S.-China Relationship,"
　　in David Shambaugh, *Tangled Titans: The United States and China*, Lanham:
　　Rowman & Littlefield Publishers, Inc., 2013.

Stephen, M. D. and Stephen, K. "The integration of emergingpowers into club
　　institutions: China and the Arctic Council," *GlobalPolicy*, Vol. 11, 2020.

The White House, "Unpacking the 2022 US National Strategy for the Arctic Region,"
　　https://www.wilsoncenter.org/event/unpacking-2022-us-national-strategy-
　　arctic-region (검색일: 2023.10.01).

러시아-우크라이나 전쟁과 러시아의 북극 정책

서승현*·양정훈**

I. 서론

　북극권은 전 세계 석유 및 가스 산업, 과학 연구, 어업의 핵심 지역으로 여러 국가에게 경제적, 정치적, 사회적 이유로 매우 중요한 지역이다. 대서양 위원회에 따르면, 북극권은 연구자들에게 극 증폭(기후 변화가 지구 평균보다 극 근처에서 더 광범위한 변화를 일으키는 현상)을 통해 기후 변화의 영향을 거의 예측할 수 있는 수단을 제공하여 미래가 어떻게 될지 보여주고, 엄청난 양의 석유와 천연가스를 보유하고 있으며, 청정에너지를 위한 완벽한 인큐베이터이며, 국제 비즈니스, 여행, 통신에 막대한 도움을 주는 빠른 운송을 가능하게 해준다.[1] 전통적으로 러시아는 지리적, 경제적 및 군사적 이유로 인해 북극 지역에 대하여 많은 관심을 보여 왔다. 현재 러시아는 북극 지역에서의 영토 확장, 자원 개발, 항로 개발, 군사적 증강 등 다양한 영역에서 활동하고 있다.

※ 이 글은『한국 시베리아연구』2024년 제28권 3호에 실린 논문을 수정 및 보완한 글임.
* 동덕여자대학교 교수
** 수원대학교 교수

1) Nesheiwat, Julia, "Why The Arctic Matters," *The Atlantic Council*. 2021. https://www.atlanticcouncil.org/blogs/energysource/why-the-arctic-matters/(검색일: 2024.6.2.)

러시아의 북극정책 방향은 크게 네 가지로 분류할 수 있다. 첫째, 자원 개발에 관하여 북극은 에너지 자원이 풍부한 지역으로 알려져 있다. 러시아는 북극 지역에서 석유, 천연가스 등의 자원 개발을 통해 경제적 이익을 추구하고 있다. 특히 러시아는 북극 해안의 석유 및 가스 추출 가능 지역을 개발하려는 노력을 기울이고 있다. 둘째, 항로 개발로서 기후 변화로 인해 해빙이 줄어듦에 따라 북극 항로가 개방되는 것이 가능해지면서 이 항로를 이용한 선박 운송이 늘어나고 있다. 러시아는 북극 항로를 개발하여 유럽 및 아시아 간 해상 무역로를 단축하고자 하는 목표를 가지고 있다. 셋째, 군사 확장의 측면에서 러시아는 북극 지역에서의 군사적 증강을 추구하고 있다. 이는 북극 지역의 전략적 중요성과 자원 개발 보호를 위함이다. 러시아는 북극 지역 내 군사시설을 확장하고, 새로운 군사 기반을 구축하며, 해군의 활동을 강화하고 있다. 마지막으로, 러시아의 북극 정책은 국제적으로 주목받고 있으며, 이는 북극 지역에 대한 다양한 이해관계자들 간의 협력과 갈등을 불러올 수 있는 요인 중 하나이다. 러시아는 국제 규범과 협력을 강조하면서도, 자국의 이익을 우선시하는 입장을 취하고 있는 것이 사실이다.

이러한 러시아의 북극 정책은 북극 지역의 자원 개발, 환경 보호, 해상 안보 등 다양한 분야에서 국제정치와 경제에 큰 영향을 미치고 있다. 특히, 러시아-우크라이나 전쟁 이후 변화한 러시아의 북극정책에 대하여 여러 학자들이 연구물을 발표하였다. 빈클(Winkel)[2]은 우크라이나 전쟁으로 인해 북극 지역의 군사적 긴장이 증가하고, 외교적 협력이 중단되었으며, 러시아의 하이브리드 전술 사용과 경제적 및 환경적 영향이 심화되었다고 주장한다. 오르

---

2) Winkel, Jonas, "The Impact of the Ukraine Conflict on Russia's Arctic Strategy," *Austria Institut für Europa-und Sicherheitspolitik*, 2023. https://www.aies.at/download/2023/AIES-Fokus-2023-05.pdf (검색일: 2024.9.10.)

퉁(Orttung)[3]은 러시아가 북극을 경제와 군사 전략의 핵심으로 삼고 있지만, 우크라이나 전쟁과 국제 제재로 목표 달성에 어려움을 겪고 있다고 지적하고 있다. 서방 기술과 시장에 대한 접근을 잃은 러시아는 중국에 의존하고 있으나, 양국의 이해관계는 완전히 일치하지 않는다고 주장하며 북극의 미래는 정치, 경제, 환경적 불확실성 속에서 불투명하다고 말하고 있다. 또한, 커닝햄(Cunningham)[4]은 러시아의 우크라이나 침공은 북극 지역에도 심각한 영향을 미쳤으며, 북극 이사회는 러시아와의 협력을 중단하면서 기후 연구와 자원 개발 등의 주요 프로젝트가 중단되었다고 지적하고 있다. 그는 북극 이사회는 러시아를 배제하고 재조직할 필요성이 제기되며, 이는 더 강력한 서방의 통제와 협력을 위한 방안으로 고려해야 한다고 주장하고 있다. 이글에서 필자는 러시아의 북극정책 중에 하나인 북극에서의 정치, 경제, 군사 전략적 방향과 러시아-우크라이나 전쟁과의 상관관계를 연구해 보고자 한다. 러시아는 북극 해안 지역에서의 군사적 및 경제적 활동을 증가시키고 있으며, 이에 따라 북극 지역 내 군사기반을 강화하고 새로운 항로와 기반시설을 개발하는 노력을 보여주었다. 그러나 2014년부터 시작되어 2022년 2월 전면전으로 번진 러시아-우크라이나 전쟁은 러시아의 북극 정책에 많은 영향을 끼치고 있다.

---

3) Orttung, Robert, "Russia's Arctic Ambitions," *Oxford University Encyclopedias*, 2024. https://oxfordre.com/politics/display/10.1093/acrefore/9780190228637.001.0001/acrefore-9780190228637-e-2274 (검색일: 2024.9.10.)

4) Cunningham, Alan, "Shifting Ice: How the Russian Invasion of Ukraine has changed Arctic Circle Governance and the Arctic Council's Path Forward," *Arctic Institute*, 2024. https://www.thearcticinstitute.org/shifting-ice-russian-invasion-ukraine-arctic-circle-governance-arctic-councils-path-forward/ (검색일: 2024.9.10.)

Ⅱ. 러시아-우크라이나 전쟁의 러시아 북극 정책에 대한 영향

1. 러시아 침공에 대한 국제적 반응

전쟁 발발 이후 서방 국가들, 특히 미국과 EU는 러시아에 광범위한 제재를 가했다. 2022년 2월 말부터 지속적으로 가해진 제재는 경제적인 측면에서 러시아 개개인에서부터 국가 금융 시스템에 이르기까지 모든 영역을 대상으로 하고 있다. 예를 들어 주요 러시아 은행은 국제 금융 통신 시스템인 스위프트 (Swift; Society for Worldwide Interbank Financial Telecommunication)에서 제외되어 러시아의 석유 및 가스 대금 지불이 지연되었다.[5] 러시아를 오가는 여행도 훨씬 더 어려워졌다. 여러 서방 국가가 러시아 항공편에 대하여 자국의 영공을 폐쇄했기 때문이다. 러시아도 서방 항공편에 대해서 동일한 조치를 취함으로써 대응했다.[6] 러시아의 침공으로 인해 EU와 다른 국가들은 군사 및 민간 목적으로 다시 사용할 수 있는 재사용 가능 제품, 에너지 부문에서 사용되는 장비 및 첨단 기술을 포함하여 러시아에 대한 여러 가지 제품의 수출을 금지했다. 또한 금, 목재, 술, 해산물과 같은 러시아 상품의 수입이 제재되었다.[7] 가장 많은 관심과 논란을 불러일으킨 것은 유럽 대륙의 주요 공급처인 러시아의 석유 및 가스에 대한 제재이다. EU는 유럽 여러 나라의 겨울철 난

---

5) BBC, "What are the sanctions on Russia and are they hurting its economy?" 2022. https://www.bbc.com/news/world-europe-60125659 (검색일: 2024. 5. 4.)
6) RadioFreeEurope/RadioLiberty, "EU Closes Its Airspace To Russian Planes," 2022. https://www.rferl.org/a/european-union-closing-airspace-russian-airlines/31726709.html (검색일: 2024. 6. 2.)
7) European Council, "EU sanction against Russia explained," 2022. https://www.consilium.europa.eu/en/policies/sanctions/restrictive-measures-against-russia-over-ukraine/sanctions-against- russia-explained/#sanction (검색일: 2024. 6. 2.)

방연료인 러시아 가스에 대해 제재를 가하지 않았지만, 2023년 2월부터 러시아로부터의 석탄, 원유 및 대부분의 정제된 석유 제품의 수입을 모두 중단했다.[8] 몇몇 서구 기업들도 러시아 시장을 포기하거나 러시아와 파트너가 되어 진행한 공동 프로젝트를 중단했다.[9]

군사적 측면에서 러시아는 점점 더 많은 위험에 직면해 있다. 나토(NATO) 동맹국들은 훈련 횟수를 늘리고 그린란드-아이슬란드-영국(GIUK)에 이르는 지역에 대한 대잠(對潛, Anti-submarine) 시설을 개선하려 하고 있다. 나토는 또한 우크라이나 전쟁뿐만 아니라 기후 변화와 북극 자원에 대한 세계적인 경쟁의 증가로 인해 북극에서의 활동을 강화하고 있다. 러시아 군대의 또 다른 문제는 "선박 운항의 자유(Freedom of Navigation Operations)" 프로그램에서 비롯된다. "선박 운항의 자유"의 논리는 분명하다. 그 논리는 "미국은 군사 작전을 위해 영해에서의 '무해한 통행'을 포함한 국제법의 해석을 근거로 연안국의 배타적 경제수역에 대한 자유로운 접근을 주장할 수 있다."는 것이다. 해군과 항공 작전을 통해 미국과 나토군의 존재를 과시하는 것은 예기치 못한 사건의 위험을 높일 것이다. 핀란드와 스웨덴의 나토 합류는 북극과 발트해 지역의 전략적 환경을 크게 바꾸었다. 동맹국들은 이들 국가의 영토에 약 하루면 타격 능력을 갖춘 군사 배치를 할 수 때문이다. 러시아는 분명히 군사력 증강으로 대응할 것이지만, 어떻게 대응할지는 아무도 모른다. 러시아와 나토 간의 불균형 때문에 러시아는 북극 연안 국가에 비해 군사적 위협에 더 민감한 상황이다. 군사적 관점에서 보면, 북극의 상황은 군비 경쟁의 가능성이 증

---

8) European Council, ibid.
9) Reuters Graphics, "Tracking sanctions against Russia," *Reuters*. 2022. https://www.reuters.com/graphics/UKRAINE-CRISIS/SANCTIONS/byvrjenzmve (검색일: 2024. 6. 2.)

가할 것처럼 보인다.[10]

이번 침공은 정치적 차원에서도 러시아에 중대한 영향을 미쳤다. 여러 명의 러시아 외교관이 유럽 국가와 미국에서 추방되었다.[11] 다국적 조직 내의 협력도 영향을 받았다. 예를 들어 북극이사회(Arctic Council)와 바렌츠 유로-북극이사회(Barents Euro-Arctic Council)의 다른 회원국들은 2022년 3월부터 러시아가 참여하는 모든 활동을 중단했다.[12] 러시아는 또한 벨라루스와 함께 국제 인권 기구인 유럽 평의회(Council of Europe)와 발트해 국가 이사회(Council of the Baltic Sea States)에서 추방되었다.[13] 앞서 언급한 제재는 2022년 2월 이후 서방 국가들이 도입한 제재의 극히 일부에 불과하다는 사실은 서방이 이 상황을 얼마나 심각하게 보고 있는지를 보여준다. 나아가 2022년 이후의 다양한 제재들은 2014년 우크라이나 사태[14] 당시의 국제적 대응을

---

10) Konyshev, Valery, "Can the Arctic remain a region of international cooperation in the context of the Ukrainian crisis?" 2022. https://arcticyearbook.com/arctic-yearbook/2022/2022-commentaries/446-can-the-arctic- remain-a-region-of-international-cooperation-in-the-context-of-the-ukrainian-crisis (검색일: 2024. 5. 4.)

11) Gabidullina, R. & Morcos, P., "Curtailing Russia: Diplomatic Expulsions and the War in Ukraine," *Center for Strategic & International Studies*, 2022. https://www.csis.org/analysis/curtailing-russia-diplomatic-expulsions-and-war-ukraine (검색일: 2024. 6. 2.)

12) Barents Euro-Arctic Council, "Statements regarding Barents Euro-Arctic cooperation," 2022. https://www.barents-council.org/news/joint-statement-of-finland-denmark-iceland-norway-sweden-and-the-european-union-regarding-barents-euro-arctic-cooperation (검색일: 2024. 6. 2.)

13) European External Action Service, "Russia/Belarus: Members suspend Russia and Belarus from Council of the Baltic Sea States," 2022. https://www.eeas.europa.eu/eeas/russiabelarus-members-suspend-russia-and-belarus-council-baltic-sea-states_en (검색일: 2024. 6. 2.)

14) 2014년 러시아가 우크라이나의 영토였던 크림반도를 점령한 사건을 말한다. 러시아 측 명분은 우크라이나 정권 교체 과정에서 크림반도의 러시아인을 보호한다는 것이었다.

훨씬 능가하는 국제 사회의 저항을 보여준다.

2. 러시아-우크라이나 전쟁 이후 러시아의 북극정책

러시아의 2020년 최신 북극전략 2020-2035에 따르면 러시아의 대통령이 북극정책 이행에 대한 전반적인 책임을 진다고 명시하고 있다. 그러나 푸틴 대통령은 전쟁 발발 이후 북극 정책과 관련한 활동에 거의 관여하지 않고 있다. 대통령 공식 웹사이트에 따르면 푸틴은 북극 지역 개발과 관련된 회의에 단 한 번만 참석했다. 2022년 4월 열린 그 회의에는 안보리 부의장, 국가 북극개발위원회 위원장, 외무장관, 국방장관, 극동 및 북극개발 장관 등 러시아 정부 고위 인사들과 북극 지역 지도자들이 참석했다. 북극해 항로(NSR; Northern Sea Route) 및 기타 인프라 개발, 과학 기술, 북극 원주민의 생활 조건, 에너지 프로젝트 등 다양한 주제가 논의되었다.[15]

현재 러시아연방 북극지역(AZRF: Arctic Zone of the Russian Federation)의 우선순위는 국내 문제와 관련되어 있는 실정이다. 이와 같은 상황은 이미 2014년 러시아에 대한 서방의 제재로 인해 발생했다. 2022년의 새로운 제재 물결은 북극 지역에서 국제 파트너십의 가능성을 더욱 제한하고 있다. 그럼에도 불구하고 러시아는 러시아연방 북극지역이 국내외의 모든 관심있는 파트너에게 개방되어 있음을 여전히 강조하고 있다. 더욱이, 북극개발 국가위원회 의장(Chairman of the State Commission for Arctic Development)은 러시아가 다른 북극 국가들이 북극위원회 내에서 활동을 재개할 것으로 기대한다고

---

15) Президент России, "Участники совещания по вопросу развития Арктической зоны России (в режиме видеоконференции)," 2022a. http://kremlin.ru/supplement/5790 (검색일: 2024.6.2.)

강조했다.[16] 2022년 2월 24일부터 북극개발 국가위원회는 주로 북극해 항로에 초점을 맞추고 있다. 동년 6월에 위원회는 2035년까지 북극해 항로의 개발계획에 대해 발표했다. 부총리(Deputy Prime Minister of Russia) 알렉산더 노박(Alexander Novak)에 따르면 가장 중요한 임무는 북극해 항로를 통한 정기적이고 안전한 통과를 확보하는 것이다. 또 다른 목표는 향상된 구조(救助) 및 위성 시스템 뿐 아니라 선박과 쇄빙선 선단의 확장을 포함하는 북극해 항로의 전략적 개발이다[17]. 위원회는 이러한 임무들과 함께 러시아연방 북극지역의 현재 주요 우선순위와 프로젝트를 다음과 같이 확인했다: 조선 및 선박수리의 현대화, 북극해 항로 및 이와 관련된 기타 운송 인프라 개발, 국제연구기지 'Snowflake' 설립, 고체 광상(鑛床) 클러스터 개발 프로그램.[18] 또한 위원회는 북극 지역 개발을 위한 국내 기술 기반을 제공할 연구 과제를 공식화하는 것을 주요 임무로 하는 과학 기술위원회를 조직했다. 이 위원회는 주로 북극해 항로 개발과 제재 받고 있는 서방 기술을 대체할 수 있는 북극자원 개발에 중요한 장비 개발과 관련된 연구를 수행할 예정이다.[19]

사실, 전쟁이 시작된 이후 2022년 9월 말까지 러시아 극동 및 북극 개발부는

---

16) Президент России, "Совещание по вопросам развития Арктической зоны," 2022b. http://kremlin.ru/events/president/news/68188 (검색일: 2024.6.2.)

17) Арктическая деятельность, "Александр Новак: «Наша задача - стратегическое развитие Северного морского пути»," 2022a. http://government.ru/news/45688/ (검색일: 2024.6.2.)

18) Арктическая деятельность, "Юрий Трутнев провёл заседание Государственной комиссии по вопросам развития Арктики," 2022b. http://government.ru/news/45812/ (검색일: 2024.6.2.)

19) Арктическая деятельность, "В рамках Госкомиссии по вопросам развития Арктики будет создан научно-технический совет," 2022c. http://government.ru/news/45999/ (검색일: 2024.6.2.)

러시아연방 북극지역 문제에 그다지 관심을 두지 않았다. 러시아 극동 및 북극 개발부의 웹사이트에 게시한 23개의 정치적 활동 중 오직 3개만이 북극과 관련이 있다. 첫 번째는 북극해 항로의 운송 보조금을 위해 연간 5억 6천만 루블을 할당하기로 한 결정이다. 두 번째는 극동 및 북극에서 사업을 시작하려는 기업가에 대한 대출 요건 완화에 관한 것이다. 마지막은 2035년까지 북극해 항로 개발 계획 승인에 관한 것이다. 다른 모든 활동들은 극동에 거주하는 주민들의 생활 조건 개선에 중점을 둔 극동 지역의 사회·경제적 개발에 관한 것이다.[20]

그러나 2022년 7월 푸틴 대통령이 서명한 새로운 해양 독트린(Maritime Doctrine)은 현재 우크라이나 전쟁이 러시아 북극 정책에 미친 영향을 보여주고 있다. 그 독트린에는 북극해 항로뿐만 아니라 러시아연방 북극지역의 발전도 국익 목록에 추가되었다. 북극은 또한 분쟁의 위험이 더 높은 지역으로 인식되고 있다. 그 독트린에 따르면 상승하는 분쟁 위험은 북극 지역에서 외국 해군의 주둔이 증가하고 북극해 항로에 대한 러시아의 통제를 약화시키려는 다른 국가의 시도 때문이라고 한다. 더욱이 이 독트린은 북극을 경제적 맥락뿐만 아니라 군사적 맥락에서도 글로벌 경쟁 지역으로 전환하는 데 초점을 맞추고 있다. 이와 관련하여 러시아 북극지역의 전략적 안정성이 독트린의 최우선 과제 중 하나라는 것은 놀라운 일이 아니다. 또 다른 우선과제는 북극해 항로 수역에서 외국 해군 활동에 대한 통제력을 강화하고, 북극 지역을 군사적 위협으로부터 보호하기 위해 북부 및 태평양 함대의 전투 잠재력을 강화하는 것이다. 우크라이나 전쟁 발발 이후 수행된 다른 많은 북극 정책과 마찬가지

---

20) Министерство Российской Федерации по развитию Дальнего Востока и Арктики, "Правительство запускает механизм субсидирования регулярных грузовых перевозок по Северному морскому пути," 2022 http://government.ru/news/44877/ (검색일: 2024.6.2.)

로 이 독트린은 북극과 관련한 상당 부분을 북극해 항로 개발에 초점을 맞추고 있다.[21]

　이 모든 발표와 계획들은 어떤 측면에서 우크라이나 전쟁의 영향을 받은 북극 정책의 단면을 보여주고 있다. 첫째, 러시아는 아시아 국가들과의 협력과 무역에 훨씬 더 의존해야 하며, 이로 인해 북극해 항로의 개발과 보호에 더욱 집중하게 되었다. 둘째, 서방의 제재로 인해 러시아는 북극의 천연 자원 개발에 필요한 기술을 개발하여 자립을 위한 더 많은 노력을 집중해야 한다. 셋째, 해양 독트린은 북극 지역에 대한 정부의 위협 인식 변화를 나타내며, 이는 해당 지역에 더 많은 군사 주둔으로 이어질 수 있다.

3. 러시아-우크라이나 전쟁이 북극 천연자원 개발에 미치는 영향

　2022년 2월 말 러시아의 우크라이나 침공 이후 천연자원과 관련한 북극 프로젝트는 공식적인 수준에서 많이 논의되거나 언급되지 않았다. 우크라이나 침공이후 러시아 북극 지역의 정책 결정과 관련된 다양한 러시아의 공공기관 및 부처의 공식 웹 사이트를 살펴보면 러시아 북극의 천연자원에 관한 문제를 직접적으로 다룬 것은 국가 행정부와 북극 개발을 위한 국가 위원회뿐임을 알 수 있다. 이 주제는 2022년 4월에 대통령 및 기타 고위 정치인들이 참석한 북극 지역 개발 회의에서 논의되었다.[22] 일반적으로 이 회의는 우크라이나 전쟁이 북극에 미치는 영향이 정치적으로 높은 수준에서 인식되었음을 보여준다.

---

21) Президента Российской Федерации, "Морская доктрина Российской Федерации," 2022. http://static.kremlin.ru/media/events/files/ru/xBBH7DL0RicfdtdWPol32Uek iLMTAycW.pdf (검색일: 2024. 6. 2.)

22) Президент России, "Участники совещания по вопросу развития Арктической зоны России (в режиме видеоконференции)," 2022a. http://kremlin.ru/supplement/5790 (검색일: 2024. 6. 2.)

푸틴 자신도 러시아에 부과된 제한과 제재가 특정 어려움을 야기했음을 인정했지만 동시에 그는 북극 지역의 프로젝트가 그것에 의해 영향을 받을 수 없다고 강조했다.

천연자원에 관하여 러시아 정부는 현재의 북극전략을 계속 실행하기 위해 노력하고 있는 것으로 보인다. 북극에서 사용 가능한 거의 모든 천연가스 및 석유 자원이 이미 탐사 중이지만, 일부는 다양한 개발 단계에 있는 것으로 보고되었다. 지질 연구를 위해 8개의 새로운 가스전(田)과 유전(油田)이 허가되었다. 원래 북극전략 2020-2035에서 수립된 계획이 현재 실행되고 있어 광물 추출도 허가가 나고 있다. 여기에는 톰토르스코예(Tomtorskoye) 희토류 금속 광상과 야쿠티야(Yakutia)에 위치한 여러 다이아몬드 광상이 포함된다. 사실, 광물 채굴에 대한 투자를 늘리기 위한 자금 조달 문제는 전쟁 발발 이후 또 다른 핵심 문제였던 것으로 보인다. 이는 2022년 4월부터 연료 및 에너지 회사가 기업을 유지하기 위해 우대 금리로 대출을 받을 수 있는 특별 프로그램에 1억 2천만 루블 이상이 할당되었다는 사실로 뒷받침된다.[23]

이처럼 투자와 국가적 지원에 대한 관심은 북극전략 2020-2035에서 분명하게 나타난다. 그러나 우크라이나 전쟁으로 인해 투자 필요성이 크게 강화되었다. 2022년 2월 24일 직후 BP(British Petroleum)와 에퀴노르(Equinor; 노르웨이의 에너지 기업)는 모두 러시아 국영 석유 및 가스 회사인 로즈네프트(Rosneft)와의 파트너십을 철회한다고 발표했다.[24] 영국 에너지 회사인 셀

---

23) Министерство Энергетики Российской Федерации, "Правительство дополнительно выделило 127,5 млн рублей на льготные кредиты системообразующим предприятиям ТЭК," 2022. http://government.ru/news/46141/ (검색일: 2024. 6. 2.)

24) Bousso, R. & Zhdannikov, D, "BP quits Russia in up to $25 billion hit after Ukraine invasion." *Reuters*, 2022. https://www.reuters.com/business/energy/britains-bp-says-exit-stake-russian-oil-giant- rosneft-2022-02-27 (검색일: 2024. 6. 2.)

(Shell)은 또한 기단반도의 프로젝트에 영향을 준 러시아의 다른 에너지 회사인 가즈프롬(Gazprom)과의 합작 투자에서 탈퇴한다고 발표했다. [25]

투자 부족과 BP 및 기타 외국 기업의 철수 외에도 우크라이나 전쟁은 러시아 북극지역의 천연자원 개발에 두 가지 다른 방식으로 영향을 미쳤다. 첫째, 러시아의 에너지 수출은 이제 축소하는 유럽 시장 대신 동부와 남부 아시아 국가로 향하고 있다. 이를 위해서는 북극해 항로를 따라 북극 지역 항구의 석유 환적 용량이 증가해야 한다. [26] 북극 탄화수소 개발에 대한 다른 주요 영향은 현재 제재 대상인 장비의 부족이다. 장기적으로 볼 때, 2014년과 마찬가지로 서방 국가들이 러시아에 부과한 제재는 북극 에너지 프로젝트에도 영향을 미치고 있다. 2022년 9월에 노바텍(Novatek)[27]은 자회사 Arctic LNG 2 프로젝트[28]가 최소 1년 지연되었다고 발표했다. 이러한 지연은 주로 EU 기업이 러시아에서 천연가스 액화에 사용하기 위한 제품이나 기술을 수출하는 것을 직접적으로 금지한 EU가 4월에 채택한 제재 때문이다. 이로 인해 프랑스 TotalEnergies, 독일 Linde 및 Siemens와 같은 외국 기업도 프로젝트에서 탈퇴하였다. 이러한 경우 러시아 정부는 제재 대상이 된 부분을 대체할 수 있는

Equinor, "Equinor to start exiting from joint Ventures in Russia," 2022. https://www.equinor.com/news/archive/20220227-equinor-start-exiting-joint-ventures- russia (검색일: 2024.6.2.)

25) Shell, "Shell intends to exit equity partnerships held with Gazprom entities," 2022. https://www.shell.com/media/news-and-media-releases/2022/shell-intends-to-exit-equity- partnerships-held-with-gazprom-entities.html (검색일: 2024.6.2.)

26) Президент России, "Совещание о текущей ситуации в нефтегазовом секторе," 2022c. http://kremlin.ru/events/president/news/68191 (검색일: 2024.6.2.)

27) 노바텍은 가즈프롬에 이어서 러시아 제2위의 천연가스 생산회사이며, 천연가스 생산하는 기업 중에서는 세계적으로 7번째로 큰 상장 기업이다.

28) Arctic LNG 2프로젝트는 우트렌네예(Утреннее, Utrenneye)의 육상 석유 및 가스 응축수 필드와 기단반도의 LNG 액화 공장 개발을 포함하고 있다.

국내 기술 개발 및 생산을 촉진하기 위해 노력하고 있다.[29] 부분적으로 현재 기술 개발에 대한 긴급한 필요성으로 인해 과학 기술위원회가 무엇보다도 광물 채굴 및 탄화수소 추출에 사용되는 새로운 기술 및 장비를 개발할 목적으로 만들어졌다.[30]

북극 지역의 천연자원 개발과 관련하여 러시아의 북극전략은 상당히 일관된 노선을 추구하고 있다. 천연자원 개발과 관련한 키워드는 줄곧 실제 프로젝트와 필요한 기간시설 및 기술에 대한 '개발'이었다. 이러한 노선에서 벗어나게 된 원인은 주로 2014년과 2022년의 서방 제재에 따른 외부적 요인 때문이었다. 서방의 제재로 인하여 러시아는 국내 시장에 더 많이 의존하고 유럽 이외의 지역에서 에너지 시장을 찾게 되었다. 그러나 이것은 쉬운 일이 아니다. 기술 개발의 필요성은 이미 2008년에 언급되었고, 2014년과 2022년의 제재로 인해 이러한 필요성이 더욱 시급해졌음에도 불구하고 현실적인 성과는 없었다. 최근에야 러시아 정부는 이 문제를 다루기 위한 위원회를 만들었다. 달라진 점은 모스크바가 이 문제를 그 어느 때보다 시급한 것으로 보고 새로운 파트너를 찾는 동시에 이 문제를 해결하는 데 더 집중할 것이라는 점이다.

---

29) Humpert, Malte, "Total Announces \$4.1bn. write-off placing Future of Russian Arctic LNG Projects in Further Doubt," *High North News*, 2022a. https://www.highnorthnews.com/en/total-announces-41bn-write-placing-future-russian-arctic-lng-projects-further-doubt (검색일: 2024. 5. 4.)

Humpert, Malte, "Western Sanctions Delay Opening of Arctic LNG 2 Project by One Year," *High North News*, 2022b. https://www.highnorthnews.com/en/western-sanctions-delay-opening-arctic-lng-2-project-one-year (검색일: 2024. 5. 4.)

30) Арктическая деятельность, "В рамках Госкомиссии по вопросам развития Арктики будет создан научно-технический совет," 2022с. http://government.ru/news/45999/ (검색일: 2024. 6. 2.)

Ⅲ. 러시아 북극지역의 기간시설과 군사안보

1. 러시아-우크라이나 전쟁 이후 운송 기간시설의 개발

러시아-우크라이나 전쟁 이후, 북극항로 문제는 북극 정책에서 가장 많이 논의된 주제 중 하나였다. 2022년 4월 13일에 열린 북극 개발 회의에서는 북극전략 2020-2035에서 언급된 여러가지 운송 인프라 문제를 다루었으며, 그 회의에서도 여전히 북극항로가 주요 초점이라는 것이 분명하게 드러났다. 논의된 문제 중에는 항구의 현대화도 있었다. 러시아 정부는 무르만스크에 새로운 터미널과 운송 단지 건설을 포함한 항구의 광범위한 재건을 계획했다. 이러한 계획은 북대서양 해류의 영향을 받아 일년 내내 얼음이 얼지 않는 북극해의 유일한 부동항으로서 무르만스크 항구의 중요성을 강조했다. 이 전략에는 북극권의 가장 서쪽에서 가장 동쪽에 이르는 9개 지역 중 6개 지역에 위치한 항구의 현대화 및 건설이 포함되었다. 예를 들어 아르한겔스크 항구의 현대화, 네네츠의 인디가 심해 항구 건설, 추코트카의 페벡(Pevek) 항구 개발이 여기에 포함되었다.

더 많은 구조 센터 설립을 포함한 긴급 구조 체계의 향상이 주요 과제로 제시되었으며, 북쪽 해안을 따라 항해하기 위한 안정적인 통신 시스템 개발도 제시되었다. 또 다른 우선순위가 높은 분야는 새로운 쇄빙선 건설이었다. 유리 트루트네프(Yury Trutnev) 북극개발위원회 위원장에 따르면 현재 리더급(Leader Class)[31] 쇄빙선 1척을 포함해 4척의 쇄빙선이 건조 중이며, 2030년

---

31) 리더급 쇄빙선은 대형 빙해 쇄빙선의 한 유형을 나타낸다. 이러한 유형의 빙해 쇄빙선은 빙해 지역에서 얼음을 파괴하고 통과할 수 있는 강력한 돌파 능력을 가지고 있으며 주로 얼음이 얇은 해역이나 얼음이 특히 두꺼운 지역에서 활동한다. 리더급 쇄빙선의 크기는 다양할 수 있으며 국가에 따라 다를 수 있다. 그러나 일반적으로 리

그림 1. 아르한겔스크, 인디가, 페벡 지도

까지 6척의 쇄빙선이 추가로 건조될 예정이다.[32)]

2022년 4월 13일의 북극 개발 회의에서는 전반적인 전략의 일관성 외에도 우크라이나 전쟁이 북극의 인프라 개발에 어떤 영향을 미쳤는지를 보여주는 이슈들이 논의되었다. 첫째, 러시아에 대한 제재로 인해 북극 항만, 선박, 항해 개발에 필요한 장비 수입이 어려워져 러시아 정부는 국내의 대체 공급업체를 찾아야 했다. 둘째, 러시아 수출의 방향이 동방으로 바뀌면서 동방으로 향하는 운송 경로 개발에 대한 관심이 높아졌다. 여기에는 바이칼-아무르 본선(철도)과 시베리아 횡단 철도로부터 예상되는 운송 압력을 완화하기 위한 북극해 항로도 포함되었다. 이 회의에서는 북극해 항로 외에도 야말로네네츠 자치구의 서부와 동부를 잇는 북위도 철도(Northern Latitudinal Railway) 건설

더급 쇄빙선은 상당히 큰 선박으로, 길이, 너비, 배수량 등이 대형이다. 예를 들어, 러시아의 빙해 쇄빙선 중 하나인 Arktika는 대표적인 리더급 쇄빙선으로 간주된다. Arktika는 다음과 같은 주요 사양을 가지고 있다: 길이-약 173미터 (567피트), 너비-약 34미터 (111피트), 최대 배수량-약 33,540톤

32) Президент России, "Совещание по вопросам развития Арктической зоны," 2022b. http://kremlin.ru/events/president/news/68188 (검색일: 2024. 6. 2.)

에 대해서도 논의했다. 이러한 어려움에도 불구하고 러시아 정부는 북극해 항로를 상당한 개발 잠재력이 있는 노선으로 간주하고 있음이 분명했다. 그 목표는 여전히 새로운 글로벌 운송 통로를 만드는 것이었다. 이와 관련하여 러시아 국영 원자력 에너지 기업인 로사톰(Rosatom)은 국제 운송량을 2030년까지 3,000만 톤으로 늘릴 수 있는 운송 노선을 2025년에 개통할 계획이다. 또한 이 계획에 따르면 2030년에는 북극해 항로를 통한 러시아내 운송량이 2억 톤을 초과할 것으로 예상된다.[33]

북극해 항로에 대한 야망은 우크라이나 전쟁 발발 이후 북극 인프라와 관련하여 일어난 다른 모든 정치적 활동에도 분명하게 반영되어 있다. 가장 분명한 것은 2022년 8월에 2035년까지 북극해 항로개발 계획을 채택한 것이다. 150개 이상의 주요 사업이 포함된 이 계획에 자금을 지원하기 위해 러시아 정부는 1조 8천억 루블(약 210억 달러)을 할당했다. 이 계획의 주요 목표는 북극전략 2020-2035에 직접 명시된 많은 주요 사업의 실현을 의미한다. 예를 들어 무르만스크 및 딕손 항구 개발, 구조 센터 개선, 항법 지원을 위한 위성 시스템 구축이 이에 해당한다.[34] 이 계획의 또 다른 부분은 쇄빙선 선단의 새로운 건설에 관한 것으로, 정부는 프로젝트 22220에 따라서 쇄빙선을 건설할 계획이다. 이와 관련하여 이러한 사업계획 중 상당수가 이미 실현되고 있다는 점에 유의해야 한다. 무르만스크 항구와 딕손 항구는 모두 재건 중이며 두 대의 쇄빙선이 2021년부터 북극해 항로를 항해하고 있다.[35] 이 계획과 이와 관련된

33) Президент России, ibid.
34) Арктическая деятельность, "Михаил Мишустин утвердил план развития Северного морского пути до 2035 года," 2022d. http://government.ru/news/46171/ (검색일: 2024.6.2.)
35) Арктическая деятельность, "Юрий Трутнев провёл заседание Государственной комиссии по вопросам развития Арктики," 2022b. http://government.ru/

논의를 보면 전쟁으로 인해 러시아 정부가 북극해 항로에 대한 야망을 낮추지 않은 것이 분명하며, 반대로 북극해 항로의 화물 회전율과 수익에 관해서는 현재 상황과 미래에 대해 상당히 낙관적인 것으로 보인다. 북극 개발 국가 위원회에 따르면 2021년 북극해 항로를 통한 화물 운송은 2백 9십만 톤 증가하여 러시아의 목표인 3천 2백만 톤을 초과했다.[36] 2035년까지 북극해 항로로부터 나오는 수익이 러시아 GDP에 기여하는 금액은 35조 루블(약 3,800억 달러)로 추정된다.[37]

북극항로 개발 계획 외에도 우크라이나 전쟁이 북극 인프라 개발에 미친 부정적인 영향에 대한 징후도 나타나고 있다. 제재로 인한 서방과 러시아의 협력에 대한 심각한 제한은 특히 조선 산업에 큰 타격을 입혔다. 외국 장비와 기술에 대한 접근이 제한되면서 건조 비용이 상승하고 조선소들은 많은 선박을 재설계해야 했고, 이로 인해 납기를 연기해야 했다. 이는 쇄빙선 건조에도 영향을 미쳤지만, 쇄빙선의 경우 대부분의 부품이 이미 러시아에서 생산되고 있기 때문에 그 정도는 덜했다.[38] 제재에 대응하기 위해 러시아 정부는 2022년 2월부터 여러 가지 조치를 취하고 있다. 여기에는 조선 및 선박 수리 기업에

news/45812/ (검색일: 2024. 6. 2.)

36) Арктическая деятельность, ibid.

37) Государственная комиссия по вопросам развития Арктики, "Вклад грузопотока по СМП в ВВП до 2035 года за счет уже проинвестированных проектов составит 35 трлн рублей," 2022a https://arctic.gov.ru/2022/06/17/%d0%b2%d0%ba%d0%bb%d0%b0%d0%b4-%d0%b3%d1%80%d1%83%d0%b7%d0%be%d0%bf%d0%be%d1%82%d0%be%d0%ba%d0%b0-%d0%bf%d0%be-%d1%81%d0%bc%d0%bf-%d0%b2-%d0%b2%d0%b2%d0%bf-%d0%b4%d0%be-2035-%d0%b3%d0%be%d0%b4%d0%b0/ (검색일: 2024. 6. 2.)

38) Президент России, "Совещание по вопросам развития судостроительной промышленности," 2022d. http://kremlin.ru/events/president/news/69180 (검색일: 2024. 6. 2.)

대한 국가 지원 프로그램과 극동 및 북극의 모든 민간 선박 수리 서비스에 대한 부가가치세를 면제하는 제안이 포함된다. 또한 정부는 북극 투자 프로젝트의 이자율을 보조하는 프로그램을 개발했다.[39] 2022년 3월에는 해운 회사의 손실이 난 수입 부분을 보상하기 위해 연방 예산으로부터 5억 6천만 루블이 할당된 프로그램이 채택되었다. 또한 국가의 목표에 따라 화물 운송량이 상승할 수 있도록 하는 지원 조치가 시행되었다.[40] 이러한 조치는 모든 낙관론에도 불구하고 북극해 항로를 통한 화물 운송도 새로운 조건 하에서 압력에 직면하고 있음을 나타낸다. 에너지 및 천연자원 분야와 비교할 때, 국가가 인프라 프로젝트에 훨씬 더 높은 수준으로 직접 투자하는 반면 탄화수소 및 광물 부문에서는 민간 투자를 촉진하려고 한다는 점이 흥미롭다.

북극해 항로를 중심으로 한 북극의 운송 인프라 분야는 우크라이나 전쟁의 영향에 대하여 다양한 방식으로 반응하고 있다. 항구 현대화 및 쇄빙선 선단을 포함한 북극전략 2020-2035에 명시된 여러 주요 사업들이 실현되는 과정에 있음에도 불구하고 제재로 인해 일부 가시적인 부정적 효과도 발생하고 있다. 이러한 우크라이나 전쟁의 영향은 북극해 항로의 개발을 촉진하는 동시에 지연시킨다는 점에서 서로 모순되는 것처럼 보인다. 한편으로 정부는 북극해 항로와 동방으로 향하는 다른 운송 경로를 개발하기 위한 노력과 투자를 강화했다. 이는 다소 폐쇄된 유럽 시장으로 인해 아시아로의 수출이 증가할 것이

---

39) Арктическая деятельность, "Юрий Трутнев провёл заседание Государственной комиссии по вопросам развития Арктики," 2022b. http://government.ru/news/45812/ (검색일: 2024. 6. 2.)

40) Министерство Российской Федерации по развитию Дальнего Востока и Арктики, "Правительство запускает механизм субсидирования регулярных грузовых перевозок по Северному морскому пути," 2022. http://government.ru/news/44877/ (검색일: 2024. 6. 2.)

라는 기대에서 이루어지고 있다. 반면에 제재로 인해 선박 건조 산업이 피해를 입고 지연되었으며 북극에 대한 투자 비용이 증가했으며 현재 상황으로 인해 북극해 항로 개발 계획도 압박을 받고 있는 것으로 보인다. 또한 북극전략의 다른 분야에 대한 정부의 재정 조달 방식에도 차이가 있는 것으로 보인다. 에너지 및 천연자원 분야에서는 민간 투자 유치에 중점을 두는 반면, 운송 분야는 대부분 정부가 직접 자금을 조달한다. 이에 대한 가능한 설명은 국가가 가즈프롬(Gazprom)과 로즈네프트(Rosneft)와 같은 에너지 회사의 지분을 통해 북극 에너지 프로젝트에 간접적으로만 관여하고 있기 때문일 수 있다. 하지만 모스크바는 기간시설 개발을 위해 국가 재정에만 의존하는 것이 아니라 남아시아와 동아시아에서도 파트너를 찾고 있다는 점을 인지해야 한다.

2. 러시아의 우크라이나 침공 이후 북극 군사안보 관련 활동

2022년 2월 이후 북극의 군사안보와 관련된 러시아의 성명 및 활동은 러시아가 북극 지역에 있는 다른 국가들로부터 점점 더 위협을 느끼고 있다는 사실을 보여준다. 대규모 훈련의 증가를 포함하여 북극 지역에서 미국과 나토 회원국의 군사 활동 증가에 대한 러시아의 우려가 여러 번 언급되었다. 예를 들어, 안전 보장 이사회 의장인 니콜라이 파트루셰프(Nikolai Patrushev)와 공군 사령관 간의 대화에서 이러한 염려가 나타난다. 그들은 대화에서 "북극을 나토의 관심 영역 안에 포함시키는 것은 이 지역의 정치·군사적 상황을 복잡하게 만들고 갈등의 정도를 높이며 러시아를 포함한 다른 국가들에게 심각한 도전을 야기할 뿐이다."라고 우려를 표명했다.[41] 또한, 나토에 대해 이야기 할

---

41) Министерство иностранных дел Российской Федерации, "Интервью Посла по особым поручениям МИД России Н.В.Корчунова международному информационному агентству «Россия сегодня», 21 сентября 2022 года," 2022a.

때 스웨덴과 핀란드의 나토 가입이 모스크바로 하여금 가장 걱정하는 것 중 하나인 것은 분명하다. [42] 이 두 나라가 나토에 가입하면서 러시아는 나토 동맹 밖에 있는 유일한 북극 국가가 되었기 때문에 북극에서 러시아의 입지에 추가적인 위협이 될 수 있다.

반면에 러시아가 북극의 변화하는 안보 상황에 어떻게 대응할 것인지는 답하기 더 어렵다. 나토의 확장과 관련한 러시아의 대응은 나토가 어떻게 스웨덴과 핀란드에 병력과 무기를 배치할 것인지에 따라 달라진다. [43] 일반적으로 북극에서 나토의 존재감이 커지는 것에 대한 러시아 정치인들의 공통된 반응은 북극에서 러시아의 활동을 보호하기 위해 정치적, 경제적, 군사적으로 필요한 모든 조치를 취할 준비가 되어 있다는 것이다. 여기에는 북극해 항로를 통한 민간 선박의 보호도 포함된다. [44] 이 문제에 대한 많은 진술이 다소 모호하지만 북극에서 러시아의 군사안보를 강화하기 위한 몇 가지 구체적인 정책을 확인 할 수 있다.

---

https://www.mid.ru/ru/foreign_policy/news/1831176/ (검색일: 2024.5.4.)

42) Министерство иностранных дел Российской Федерации, "Интервью директора Второго Европейского департамента МИД России С.С. Беляева международному информационному агентству «Россия сегодня», 6 сентября 2022 года," 2022b. https://www.mid.ru/ru/foreign_policy/news/1829007/ (검색일: 2024.5.4.)

43) Министерство иностранных дел Российской Федерации, ibid.

44) Министерство иностранных дел Российской Федерации, "Интервью Посла по особым поручениям МИД России Н.В. Корчунова международному информационному агентству «Россия сегодня», 21 сентября 2022 года," 2022a. https://www.mid.ru/ru/foreign_policy/news/1831176/ (검색일: 2024.5.4.)
Министерство иностранных дел Российской Федерации, "Интервью директора Второго Европейского департамента МИД России С.С. Беляева международному информационному агентству «Россия сегодня», 6 сентября 2022 года," 2022b. https://www.mid.ru/ru/foreign_policy/news/1829007/ (검색일: 2024.5.4.)

첫 번째 조치는 2022년 9월 국가두마가 채택한 법안으로, 외국의 군함이나 선박이 북극해 항로를 통과할 경우 90일 전에 러시아에 통보해야 한다는 내용이다. 이 요건은 러시아내의 수로에도 적용된다. 또한 이 법안은 러시아가 항해 경고를 통해 내해에서 외국의 비상업용 선박의 통행을 중단시킬 수 있도록 허용하고 있다.[45]

세르게이 쇼이구 전(前)국방부 장관도 러시아 북극지역 방어를 강화하기 위한 여러 조치를 발표했다. 이 조치들에는 전투 능력의 지속적인 증가와 500개 이상의 현대 무기를 지원받게 될 북극에 주둔하는 군대의 재무장이 포함된다.[46] 쇼이구 전(前)장관에 따르면 이러한 조치에는 해안군 및 기타 군사 조직의 전투력 강화, 지속적인 레이더망 운영, 러시아 북극의 영공을 제어하기 위한 대공 미사일 시스템 기능 개선이 포함된다. 외국 국적 선박의 통과에 관한 법안과는 달리, 이러한 조치는 전투력 강화를 우선순위 중 하나로 명시하고 있기 때문에 북극전략 2020-2035의 연속으로 보인다. 현재 전쟁의 영향을 받지 않는 것으로 보이는 북극전략의 또 다른 우선순위는 군사 기간시설의 현대화이다. 쇼이구에 따르면 국방부는 2022년에 시행할 28개 프로젝트를 계획했다. 이는 군사 분야에서의 실행이 북극전략의 다른 분야보다 더 빠르게 진

---

45) Государственная Дума, "Состоялось первое в осенней сессии заседание Комитета по обороне," 2022. http://duma.gov.ru/news/55250/ (검색일: 2024. 5. 4.)
TACC, "Госдума обязала иностранные военные суда уведомлять РФ о проходе по Севморпути за 90 дней" 2022. https://tass.ru/obschestvo/15809103?utm_source=google.com&utm_medium=organic&utm_campaign=google.com&utm_referrer=google.com (검색일: 2024. 6. 2.)

46) Министерство обороны Российской Федерации, "В Москве под руководством главы военного ведомстба прошло заседаие Коллегии Минобороны России," 2022a. https://function.mil.ru/news_page/country/more.htm?id=12418007@egNews (검색일: 2023. 2. 15.)

행되고 있는 것으로 보이는 또 다른 예이다. 이에 대한 가능한 설명은 군사 분야가 또 다른 부처에 속해 다른 예산과 다른 방식으로 일하기 때문일 수 있다. 또한 북극 지역에서 러시아의 위협 인식이 높아짐에 따라 국가 의제에서 북극 안보의 우선순위가 높아졌기 때문에 예산이 더 클 수도 있다.[47]

쇼이구 전(前)장관의 이러한 발표는 러시아의 북극전략이 지속되고 있음을 확인시켜 주지만, 그는 또한 현재 상황으로 인해 북극에서의 군사 정책을 수정해야 할 것이라고 말하기도 했다. 이러한 변화된 접근법의 일부는 2022 해양독트린(2022 Maritime Doctrine)에 명시되어 있다.[48] 이 독트린은 여러 가지 면에서 북극 지역에서 러시아의 증가한 위협 인식을 반영한다. 러시아의 위협 인식은 이 지역에서 외국 해군의 주둔이 증가함에 따라 분쟁의 위험이 높아졌다는 사실에서 분명하게 드러난다. 이러한 상황에 대응하기 위해 이 독트린은 북극해 항로에서 외국 해군 활동에 대한 통제력을 높이고 북방 함대의 전투 잠재력을 강화하고자 한다.[49] 이와 관련하여 새로운 해양 독트린은 우크라이나 전쟁으로 인한 군사 정책의 보다 직접적인 변화 중 하나이다.

2022년 9월에 러시아 군대는 북극 지역에서 군사 훈련을 두 번 실시했다. 북방 함대를 포함한 첫 번째 훈련은 러시아의 해양 및 경제 활동의 안전을 보장하기 위한 목적으로 북극 항로 연안 해상에서 실시되었다.[50] 2척의 핵추진

---

47) Министерство обороны Российской Федерации, ibid.

48) Министерство обороны Российской Федерации, "На открытии X Московской конференции по международной безопасности с приветственным словом выступил Министр обороны России," 2022b. https://function.mil.ru/news_page/country/more.htm?id=12433677@egNews (검색일:2023. 2. 15.)

49) Президента Российской Федерации, "Морская доктрина Российской Федерации," 2022. http://static.kremlin.ru/media/events/files/ru/xBBH7DL0RicfdtdWPol32UekiLMTAycW.pdf (검색일: 2024. 6. 2.)

50) Министерство обороны Российской Федерации, "Арктическая группировка

잠수함이 참여한 두 번째 훈련은 해군의 북극 탐험인 '움카(Umka, Умка)-2022'의 일환으로 진행되었으며 북극 군대의 방어 능력과 준비 태세를 테스트하는 것을 목표로 했다.[51] '움카-2022'가 부분적으로 2022 해양 독트린과 관련하여 실시되었다는 사실에도 불구하고, 이 훈련이 러시아의 우크라이나 침공 이전에 계획된 것인지 아니면 침공 후에 그 대응으로 실시된 것인지는 불분명하지만, 훈련의 목적은 후자일 경우에 세워졌을 가능성이 크다.

비록 군사안보가 우크라이나 전쟁의 영향을 가장 많이 받은 북극 정책 분야 중 하나이지만, 우크라이나 전쟁이 북극의 국방 정책에 어떤 영향을 미쳤는지 정확히 파악하기는 여전히 어렵다. 북극전략 2020-2035와 2022년 2월 24일 이후 수행된 실제 전쟁 상황을 비교할 때, 군사안보 분야의 기밀 특성으로 인해 북극 정책의 다른 분야처럼 명확한 결론을 내리는 것은 불가능하다. 그러나 이용 가능한 정보는 북극 군대의 전투 준비 태세를 지속적으로 발전시키고 그 지역의 군사 인프라를 개선하는 형태로 북극전략 2020-2035가 계속되고 있음을 보여준다. 반면에 북극에서 나토의 존재감을 증가시킨 전쟁으로 인해 러시아의 위협 인식은 2014년 우크라이나 위기 때보다 더 높아졌다. 이로 인해 러시아는 북극함대를 강화하고 북극에서의 외국 해군 활동에 대한 통제를 강화하는 등 이 지역에 대한 군사적 방어를 강화했다.

Северного флота провела противолодочное учение в районе трассы Северного морскоготути," 2022c. https://function.mil.ru/news_page/country/more.htm?id=12437503@egNews (검색일: 2023. 2. 15.)

51) Министерство обороны Российской Федерации, "Атомные подводные крейсеры и БРК "Bastion" ТОФ в ходе комплексной арктической экспедийи "Умка-2022" выполнилипуски крылатых рокет по морской цели," 2022d. https://function.mil.ru/news_page/country/more.htm?id=12438395@egNews (검색일: 2023. 2. 15.)

Ⅳ. 북극관련 기구들과 아시아 국가들과의 협력

1. 러시아-우크라이나 전쟁 이후의 국제 북극 기구들

북극에서 대부분의 국제 협력이 중단된 것은 2022년 2월 말 러시아의 침공이 있은 지 얼마 지나지 않아서 이다. 2022년 3월 3일, 러시아를 제외한 북극이사회 모든 회원국은 러시아 침공에 대한 대응 조치로 추후 공지가 있을 때까지 이사회 활동을 중단하겠다고 발표했다. 북극이사회에 이어 얼마 지나지 않아 북극에서 정부 간 협력을 촉진하는 두 기관인 바렌츠 유로-북극 이사회 (Barents Euro-Arctic Council)와 노던 디멘션(Northern Dimension)의 회원국들도 러시아와 관련된 모든 활동을 중단했다.[52]

물론 러시아 입장에서는 이들 기구의 활동 중단으로 인해 북극의 국제 협력 내에서 러시아가 할 수 있는 활동이 크게 제한되었다. 북극이사회 활동 중단은 러시아가 2022년 당시 의장국을 맡고 있었기 때문에 특히 주목을 받고 있다. 이러한 맥락에서 러시아 정부가 이사회 내 활동을 계속하고 가능한 한 의장국 프로그램을 이행하기로 결정한 것은 주목할 만하다. 유일한 변화는 러시아가 이제 국내 문제에 더욱 집중한다는 것이다. 이는 2022년 4월 북극개발회의와 외무부 대변인 마리아 자하로바(Maria Zakharova)가 2월부터 여러 차

---

52) Barents Euro-Arctic Council, "Statements regarding Barents Euro-Arctic cooperation," 2022. https://www.barents-council.org/news/joint-statement-of-finland-denmark-iceland- norway-sweden-and-the-european-union-regarding-barents-euro-arctic-cooperation (검색일: 2024. 6. 2.)
Northern Dimension, "Northern Dimension Policy: Joint Statement by the European Union, Iceland and Norway on suspending activities with Russia and Belarus," 2022. https://northerndimension.info/northern-dimension-policy-joint-statement-by-the-european-union-iceland-and-norway-on-suspending-activities-with-russia-and-belarus/ (검색일: 2024. 6. 2.)

레 언급한 내용이다.[53] 이미 2022년 3월 북극이사회 고위관리위원회 위원장 니콜라이 코르추노프(Nikolai Korchunov)는 "북극이사회와 그 산하 기구의 공식 회의를 제외한 러시아 의장국의 모든 활동은 승인된 일정에 따라 개최될 예정이다. (…) 러시아 의장국은 북방 영토 개발이라는 국내 과제를 해결하는 데 초점을 맞출 것이다." 이라고 선언했다.[54]

공식 자료에 따르면 모든 북극 기관 중에서 2022년 2월 이후 러시아 정부가 가장 중점을 두고 있는 것은 북극이사회임이 분명하다. 바렌츠 유로-북극 이사회 내 협력은 단 한 번만 언급되었으며, 북극이사회와 달리 이 이사회 구성체의 미래에 대해 훨씬 더 부정적이다. 2022년 9월 인터뷰에서 외교부 제2유럽국 국장은 스웨덴과 핀란드가 나토 회원국이 될 경우 러시아가 이 이사회에 계속 참여할 것인지에 대해 의문을 제기했다.[55]

---

53) Президент России, "Совещание по вопросам развития Арктической зоны," 2022b. http://kremlin.ru/events/president/news/68188 (검색일: 2024. 6. 2.)
Министерство иностранных дел Российской Федерации, "Briefing by Foreign Ministry Spokeswoman Maria Zakharova, Moscow, April 28, 2022," 2022c. https://www.mid.ru/ru/foreign_policy/news/1811231/?lang=en (검색일: 2024. 5. 4.)
Министерство иностранных дел Российской Федерации, "Комментарий официального представителя МИД России М.В.Захаровой в связи с заявлением западных стран- членов Арктического совета," 2022d. https://www.mid.ru/ru/foreign_policy/news/1817228/ (검색일: 2024. 5. 4.)

54) Министерство иностранных дел Российской Федерации, "Обсуждение актуальной арктической повестки в интересах жителей региона продолжится в рамках председательства России в Арктическом совете," 2022e. https://www.mid.ru/ru/about/social_organizations/association/1804009/ (검색일: 2024. 5. 4.)

55) Министерство иностранных дел Российской Федерации, "Интервью директора Второго Европейского департамента МИД России С.С. Беляева международному информационному агентству «Россия сегодня», 6 сентября 2022 года," 2022b https://www.mid.ru/ru/foreign_policy/news/1829007/ (검색일: 2024. 5. 4.)

전쟁 발발 이후 국제 북극 협력에 관한 활동과 성명을 전반적으로 살펴보면 러시아가 현재 상황에도 불구하고 북극전략을 지속하기로 결심했으며 다른 북극 국가와 함께 하던지 또는 그렇지 않던지 간에 러시아의 의장직이 러시아의 북극 정책에 표현된 일부 조치를 구현하는 중요한 수단으로 작용했음이 분명해졌다. 이와 관련하여 대부분의 활동이 토론, 회의 등의 수준에 머물러 있다는 점에 유의해야 한다. 따라서 현재 실제로 얼마나 실현되고 있는지 판단하기 어렵다. 반면에 북극 협력의 상당 부분이 중단된 것은 사실이며, 이는 향후 프로젝트에 상당히 부정적인 영향을 미칠 것이라고 러시아 정치인들은 인식하고 있다.[56] 이러한 이유로 북극에서의 국제 협력은 러시아의 우크라이나 침공으로 인해 가장 큰 피해를 입은 분야 중 하나라고 결론 내릴 수 있다.

한편, Financial Times(2022)[57]와 Friedman(2022)[58]의 논평은 서방이 북극

---

56) Министерство иностранных дел Российской Федерации, "Интервью Посла по особым поручениям МИД России Н.В.Корчунова международному информационному агентству «Россия сегодня», 21 сентября 2022 года," 2022a https://www.mid.ru/ru/foreign_policy/news/1831176/ (검색일: 2024.5.4.)
Министерство иностранных дел Российской Федерации, "Комментарий официальногопредставителя МИД России М.В.Захаровой в связи с заявлением западных стран-членов Арктического совета," 2022d https://www.mid.ru/ru/foreign_policy/news/1817228/ (검색일: 2024.5.4.)
Министерство иностранных дел Российской Федерации, "Обсуждение актуальной арктической повестки в интересах жителей региона продолжится в рамках председательства России в Арктическом совете," 2022e https://www.mid.ru/ru/about/social_organizations/association/1804009/ (검색일: 2024.5.4.)

57) Financial Times, "The west must work with Russia to save the Arctic," 2022. https://www.ft.com/content/c0c3e911-407c-4a93-8258-bd3ed8f43f45. (검색일: 2024.5.4.)

58) Friedman, Burke I, "After Ukraine, Can the Arctic Peace Hold," *Foreign Policy*. 2022. https://foreignpolicy.com/2022/04/04/arctic-council-members-russia-boycott-ukraine-war/ (검색일: 2024.5.4.)

에서 러시아와 협력해야 한다고 주장하고 있다. 이들 전문가들이 러시아-우크라이나 전쟁의 현실을 무시하는 것은 아니지만, 북극에서 오랫동안 존재해 온 현 상황들을 어떻게든 유지하려는 욕구에서 나온 주장으로 보인다. 그러나 북극에서 정상을 회복하거나 활동을 계속하고 싶은 욕구로 활동의 연속성을 보장하는 것도 중요하지만 인권을 보호하고 불법 또는 범죄 활동을 중단할 기미나 의지도 없이 계속하는 집단에 맞서 일하는 것도 중요하다. 북극이사회는 북극권에서 러시아와의 협력을 지속적으로 거부함으로써 국제 사회 및 서방 국가들과 협력하여 러시아 연방에 압력을 가하고 있다. 물론 북극이사회를 구성하는 국가들은 러시아가 참여하지 않는 것이 북극이사회 전체와 북극 지역을 적절히 관리하고 규제하는 데 문제가 있다는 것을 알고 있지만, 러시아가 우크라이나에서 저지른 일이 북극권의 현재 안정성보다 훨씬 더 중요하다는 것을 이해하고 있다. 대다수 개인에게는 인권을 보호하고 전체주의 정권을 막는 것이 지역의 현상 유지보다 더 중요하다.

또한 이 중요한 지역의 안정에 추가적인 위협을 가하고 더 많은 압력과 영향력을 행사하는 중국이나 다른 세계 강대국들을 허용하는 변명이 되어서는 안 된다. 따라서 북극이사회는 중국의 개입을 막고 서구에 해를 끼치면서까지 자국의 힘을 키우려는 국가들에 맞서 북극에 대한 서방의 힘을 공고히 하는 것이 최우선 과제가 되어야 한다(Cunningham, 2024).[59]

2. 러시아-우크라이나 전쟁 이후 아시아 국가와의 협력

아시아 국가와의 협력은 북극전략에 직접적으로 언급되어 있지 않았으나,

---

[59] Cunningham, Alan, "Shifting Ice: How the Russian Invasion of Ukraine has changed Arctic Circle Governance and the Arctic Council's Path Forward," *The Arctic Institute*, May 14, 2024.

그럼에도 불구하고 우크라이나 전쟁의 영향을 많이 받은 영역이기 때문에 여전히 살펴봐야 할 중요한 분야이다.

러시아의 북극 정책이 동방에 관심을 둔 것이 완전히 새로운 현상은 아니지만, 2월 24일 이후 러시아에 부과된 새로운 제재의 물결은 러시아 북극지역 개발에 있어 아시아 국가들과의 협력에 대한 관심과 필요성을 크게 증가시킴으로써 이 지역에 영향을 미쳤다. 푸틴 대통령은 2022년 4월 북극 개발에 관한 회의에서 현 상황에서 북극 밖의 국가(Extra-regional)들이 북극 활동에 더 적극적으로 참여해야 한다고 강조한 바 있다.[60] 아시아 국가들을 참여시키려고 하는 노력이 증가하고 있다는 것은 2월 이후 여러 차례 입증되었다. 러시아 극동 지역에 외국인 투자를 촉진하기 위해 러시아가 주최하는 연례행사인 동방경제포럼이 그 한 예이다. 공식 소식통에 따르면 2022년 포럼의 주요 초점 중 하나는 북극에 대한 아시아 투자를 촉진하는 것으로 보인다. 예를 들어, 포럼 기간 동안 북극 협력에 관한 러시아와 인도 간의 세션이 열린 바 있다.[61] 불과 한 달 전에는 북극이사회 고위관리위원회 의장인 코르추노프(Korchunov)와 인도 외교부 부총리 산제이 베르마(Sanjay Verma)가 만나 북극권에서 경제, 교통, 과학 등의 분야에서 긴밀한 협력의 잠재력을 확인했다.[62] 아시아 국가에 대한 러시아의 관심의 증가를 보여주는 또 다른 사례는

---

60) Президент России, "Совещание по вопросам развития Арктической зоны," 2022b. http://kremlin.ru/events/president/news/68188 (검색일: 2024. 6. 2.)

61) Государственная комиссия по вопросам развития Арктики, "Развитие экономики, креативных индустрий и здравоохранения в Арктике обсудят участники ВЭФ-2022," 2022c. https://arctic.gov.ru/2022/08/26/ (검색일: 2024. 6. 2.)

62) Министерство иностранных дел Российской Федерации, "О российско-индийских консультациях по арктической тематике," 2022f https://www.mid.ru/ru/foreign_policy/news/1824505/ (검색일: 2024. 5. 4.)

동방경제포럼 기간 중 극동 및 북극 개발을 위한 러시아 협력위원회(Russian Cooperation for Development of the Far East and the Arctic)와 베트남 기업 V-EXIMSolutions 간에 체결된 협약이다. 이 협약을 통해 양측은 러시아의 북극 및 극동 지역에서 투자, 무역, 과학 등의 분야에 더욱 긴밀히 협력하겠다는 의사를 밝혔다.[63]

중국은 여전히 북극 문제에서 러시아의 가장 중요한 파트너이다. 이는 전쟁 발발 후에도 입증되었다. 예를 들어, 극동 및 북극 국가 개발을 위한 국가두마 위원회 의장은 러시아와 중국의 협력에 관한 회의에서 이 두 지역을 향후 양국 간의 사회·경제적 협력에 가장 유망한 지역으로 간주한다고 말했다.[64] 시진핑 중국 국가주석을 비롯한 중국 정치인들도 동방경제포럼과 상트페테르부르크 경제포럼에 모두 참가했다.[65] 북극에서 중·러 협력의 규모는

---

63) Государственная комиссия по вопросам развития Арктики, "ВЭФ-2022: регионы Дальнего Востока и Арктики выстраивают партнёрство с Вьетнамом." 2022d. https://arctic.gov.ru/2022/09/08/%d0%b2%d1%8d%d1%84-2022-%d1%80% d0%b5%d0%b3%d0%b8%d0%be%d0%bd%d1%8b-%d0%b4%d0%b0%d0%bb %d1%8c%d0%bd%d0%b5%d0%b3%d0%be-%d0%b2%d0%be%d1%81%d1% 82%d0%be%d0%ba%d0%b0-%d0%b8-%d0%b0%d1%80%d0%ba%d1%82%d0%b8/ (검색일: 2024.6.2.)

64) Комитет Государственной Думы по развитию Дальнего Востока и Арктики, "Николай Харитонов: Мы Мы абсолютно убеждены, что Дальний Восток и Арктика станут ведущей платформой социально-экономического диалога России и Китая," 2022. http://komitet2-1.km.duma.gov.ru/Novosti-Komiteta/item/28486797 (검색일: 2023.2.15.)

65) Президент России, "Пленарное заседание Восточного экономического форума," 2022f. http://kremlin.ru/events/president/news/69299 (검색일: 2024.6.2.) Президент России, "Пленарное заседание Петербургского международного экономического форума," 2022g. http://kremlin.ru/events/president/news/68669 (검색일: 2024.6.2.)

나토의 관심을 끌기까지 하였다. 이러한 맥락에서 옌스 스톨텐베르그(Jens Stoltenberg) 나토 사무총장은 우려를 표명하고 이러한 협력이 이 지역에서 나토의 존재감을 높여야 하는 이유라고 언급했다. 그러나 러시아는 이 파트너십이 투자, 과학, 교육과 같은 민생 문제에만 초점을 맞추고 있다고 주장하고 있다.[66]

　러시아가 북극이사회와 북극경제이사회 의장국의 지위를 이용해 이 기구들의 정식 회원국이 아닌 아시아 파트너를 유치하려는 시도를 했다는 점은 흥미롭다. 러시아와 아시아 국가 간의 관계 증진을 위해 러시아가 이러한 기구들을 활용한 사례로는 러시아, 중국, 인도의 대학들이 참여하는 '북극을 생각하는 프로젝트(Think Arctic Project)'가 있다.[67] 러시아는 또한 북극경제이사회 후원으로 아시아 파트너들과 러시아 북극지역에서 향후 협력 전망을 논의하기 위한 회의를 개최했다.[68] 2월 24일 이후 러시아는 북극이사회와 관련 조직을 활용하여 이러한 국제 포럼을 비(非)북극 외국 파트너를 유치하거나 국내

66) Министерство иностранных дел Российской Федерации, "Интервью Посла по особым поручениям МИД России Н.В.Корчунова международному информационному агентству «Россия сегодня», 21 сентября 2022 года," 2022a. https://www.mid.ru/ru/foreign_policy/news/1831176/ (검색일: 2024. 5. 4.)

67) Государственная комиссия по вопросам развития Арктики, "Стенд «Арктика — территория диалога» стал ключевой площадкой ПМЭФ для обсуждения актуальных вопросов развития Арктики," 2022b. https://arctic.gov.ru/2022/06/22/%d1%81%d1%82%d0%b5%d0%bd%d0%b4-%d0%b0%d1%80%d0%ba%d1%82%d0%b8%d0%ba%d0%b0-%d1%82%d0%b5%d1%80%d1%80%d0%b8%d1%82%d0%be%d1%80%d0%b8%d1%8f-%d0%b4%d0%b8%d0%b0%d0%bb%d0%be%d0%b3%d0%b0/ (검색일: 2024. 6. 2.)

68) Государственная комиссия по вопросам развития Арктики, "Развитие экономики, креативных индустрий и здравоохранения в Арктике обсудят участники ВЭФ-2022," 2022c. https://arctic.gov.ru/2022/08/26/ (검색일: 2024. 6. 2.)

정치 행사에 정당성을 부여하는 데 사용할 수 있는 강력한 '브랜드'로 이용하고 있다. 북극 분야에 대한 언급과 활동을 보면 2월 24일 이후 러시아가 아시아 국가들을 북극 프로젝트에 참여시키려는 시도가 강화되고 있음을 알 수 있다. 아시아 국가들이 특히 관심을 보이는 프로젝트는 새로운 운송 통로, 특히 북극해항로(NSR) 개발을 목표로 하는 것으로 보인다.[69] 이는 아시아 국가들과의 무역을 늘리는 데 도움이 될 것이기 때문에 러시아도 특히 관심을 갖고 있는 분야이다.

전쟁 이후 국제 협력 분야에서 일어난 활동은 북극이사회와 같은 정부 간 조직 내 활동 중단으로 인해 북극 국제협력 분야에서 러시아의 많은 야망들이 분명히 중단되었음을 보여준다. 예를 들어 기후 및 환경 연구 분야에서의 협력이 그러하다. 반면에 러시아가 새로운 조건 하에서 북극 정책을 가능한 한 많이 지속하려고 노력한 것은 분명하다. 비록 형식은 많이 바뀌었지만 북극이사회 내 활동을 여전히 유지하고 있으며, 러시아 북극해 개발에 항상 필수적인 기술 및 과학 등의 분야에서 서구 파트너십을 대체할 새로운 아시아 파트너십을 모색하고 있다.

전쟁 이후에도 러시아는 에너지 및 천연 자원, 운송 인프라, 군사 안보 및 국제협력 분야에서 가능한 활동을 유지하려고 노력했다. 그러나 이것이 우크라이나 전쟁이 이러한 분야에 전혀 영향을 미치지 않았다는 것을 의미하지는 않는다. 에너지 분야에서 전쟁과 그에 따른 제재로 인해 러시아 북극지역 프로젝트에 투자와 기술을 제공할 수 있는 새로운 민간, 특히 외국 파트너를 유치해야 하는 시급한 필요성이 제기되었다. 제재로 인해 인프라도 타격을 입었

---

69) Президент России, "Пленарное заседание Восточного экономического форума," 2022f. http://kremlin.ru/events/president/news/69299 (검색일: 2024.6.2.)

지만, 이러한 상황에서 러시아는 개발을 계속하기 위해 국가 프로그램을 통해 재정 지원을 제공하기로 결정했다. 우크라이나 전쟁으로 인해 러시아는 북극을 잠재적 분쟁 지역으로 분명히 인식하였으며, 이로 인해 북극함대를 포함한 군사 역량을 강화하고 이 지역에서 외국 해군 활동에 대한 통제력을 강화했다. 국제적으로 러시아는 북극 개발을 위한 새로운 파트너를 찾기 위해 아시아 국가들에 더욱 관심을 가지게 되었다.

V. 결론

필자는 2022년 2월 24일 러시아의 우크라이나 침공이 북극에서 러시아의 활동에 어떤 영향을 미쳤는지, 그리고 이로 인해 러시아가 기존의 공식적인 북극전략에서 벗어났는지 여부를 조사하였다. 차르와 소비에트 시대에 북극의 역할에 대한 역사적 검토는 러시아의 역사를 이야기 할 때 북부 영토를 무시할 수 없음을 보여준다. 최초의 정착과 차르 통치 기간 동안의 탐험에서부터 소비에트 시대의 급속한 산업화에 이르기까지 북극은 정도의 차이는 있지만 항상 주요 요소였다. 역사를 통틀어 북극은 미지의 기회의 땅이자 유용한 이데올로기 및 선전 도구로 사용되었으며, 처음에는 소비에트 국가 정체성을, 나중에는 푸틴 치하에서 러시아 국가 정체성을 확립하는 데 중요한 역할을 했다.

2008년 러시아의 북극으로의 '귀환'을 나타내는 'Foundation 2008'의 채택은 현재 북극의 목표와 도전이 소비에트 시대와 크게 다르지 않다는 것을 보여주었다. 주요 초점은 여전히 천연자원과 북극항로의 인프라에 맞춰져 있다. 또한 러시아 정부는 예측할 수 없는 기후, 훈련된 인력과 기술의 부족, 과도한 관료주의로 여전히 어려움을 겪고 있다. 다른 한편으로는 2014년 우크라이나 위기에서 알 수 있듯이 북극전략이 외부의 영향을 완전히 받지 않은 것도 아니다. 이 경우 제재는 주로 외국 기술과 자본의 부족으로 인해 북극 개발 속도를 늦추고 러시아가 북극 프로젝트에서 서방 파트너를 대체 할 파트너를 동방에서 찾도록 강요했다.

러시아의 북극전략을 2월 24일 이후 천연자원, 교통 인프라, 군사 안보, 국제 협력 분야에서 이루어진 공식 성명 및 활동과 비교하면 정부가 전쟁에도 불구하고 정책을 지속하려고 노력했음을 알 수 있다. 예를 들어, 북극항로 개발 계획과 2022년 당시 북극이사회 의장국으로서의 지속적인 업무수행이 이를 증명한다. 이러한 시도에도 불구하고 침공과 그에 따른 제재가 러시아의 북극 활동에 많은 영향을 미쳤다. 천연 자원과 관련하여 서방의 제재는 러시아 북극 에너지 프로젝트를 방해하고 러시아가 새로운 구매자와 투자자를 찾도록 강요했다. 운송 인프라의 경우, 우크라이나 전쟁이라는 변수로 인해 인프라 개발이 동방으로 향하는 동시에 외국 장비 및 공급업체에 대한 접근을 제한함으로써 조선 산업의 개발이 늦춰졌다. 전쟁이 러시아 북극의 군사 전략에 어떤 영향을 미쳤는지 정확히 파악하기는 어렵지만, 이 전쟁으로 인해 이 지역에서 러시아의 위협 인식이 고조되고 외국 해군 활동에 대한 러시아의 통제가 강화되었다는 결론을 내릴 수 있다. 반면에 침공의 영향은 대부분의 활동이 중단된 국제 북극 협력에서도 볼 수 있다. 그럼에도 불구하고 러시아는 여전히 가능한 한 많은 활동을 수행하기 위해 노력하고 있다. 또한 러시아 정부는 금융, 기술 및 과학 등 러시아 북극 개발에 필수적인 모든 분야에서 서방 국가를 대체할 파트너를 찾기 위해 동방을 집중적으로 탐색하고 있다. 이러한 조치와 행동 중 다수는 복잡한 상호 의존성이 러시아의 북극 정책에서 얼마나 중요한 역할을 하는지를 보여주는 좋은 예이다. 예를 들어 모스크바가 탄화수소 제품을 팔기위한 새로운 구매자와 북극 에너지 및 인프라 프로젝트의 파트너를 찾아야 할 필요성이 이를 증명한다.

이 전쟁이 북극에 미친 영향에 대응하는 러시아의 방식은 이미 계획된 주도권 경쟁과 보다 즉각적인 미봉책이 혼합되어 있음을 시사한다. 예를 들어, 북극해 항로 개발 계획에 제시된 낙관적인 전망은 이 계획이 침공 이전에 이미 준비 중이었음을 시사한다. 반면에 사회 기반시설 부문의 재정 지원 조치와 외국 해군 활동을 통제하는 법안은 전쟁에 대한 보다 직접적인 반응으로 보인다. 우크라이나 위기가 북극에 미치는 영향이 상대적으로 적다는 점에서 모스크바는 현재 전쟁의 영향을 어떻게 처리 할 것인지에 대한 준비된 계획을 가지고 있을 것 같지 않다. 아마도 그들은 서방으로부터 그렇게 가혹하고 강력한 반응을 예상하지 못했을 것이다. 전쟁은 그 자체로 비용이 많이 드는 일이며 러시아연방 북극지역의 개발을 더 어렵게 하고 있다. 문제는 모스크바가 새로운 파트너의 도움이나 국가 자금 지원을 통해 북극전략을 계속 추진할 수 있을지 아니면 전쟁으로 인해 속도를 늦추거나 정책을 중단해야만 할 것인지에 대한 여부이다. 모스크바는 국제적인 압력이 큰 시기에도 불구하고 북극전략의 연속성을 최대한 유지하고자 하는 의지가 매우 강한 것이 사실이다. 그러나 러시아와 우크라이나의 군사적 충돌이 그 규모와 기간, 결과를 예측하기 어려운 상황에서 북극 협력 분위기로 회귀할 수 있을지에 대한 명확한 답은 없다. 다만, 북극의 세계사적 중요성과 역사적 협력 경험을 바탕으로 볼 때, 덜 정치화된 과학과 식량 분야에서의 협력은 여전히 가능할 것으로 보인다.

<참고문헌>

Barents Euro-Arctic Council, "Statements regarding Barents Euro-Arctic cooperation," 2022. https://www.barents-council.org/news/joint-statement-of-finland-denmark-iceland-norway-sweden-and-the-european-union-regarding-barents-euro-arctic-cooperation (검색일: 2024.6.2.)

BBC, "What are the sanctions on Russia and are they hurting its economy?" 2022. https://www.bbc.com/news/world-europe-60125659 (검색일: 2024.5.4.)

Bousso, R. & Zhdannikov, D, "BP quits Russia in up to $25 billion hit after Ukraine invasion." *Reuters*, 2022. https://www.reuters.com/business/energy/britains-bp-says-exit-stake-russian-oil-giant-rosneft-2022-02-27 (검색일: 2024.6.2.)

Cunningham, Alan, "Shifting Ice: How the Russian Invasion of Ukrain has changed Arctic Circle Governance and the Arctic Council's Path Forward," *The Arctic Institute*, May 14, 2024.

Equinor, "Equinor to start exiting from joint Ventures in Russia," 2022. https://www.equinor.com/news/archive/20220227-equinor-start-exiting-joint-ventures-russia (검색일: 2024.6.2.)

European Council, "EU sanction against Russia explained," 2022. https://www.consilium.europa.eu/en/policies/sanctions/restrictive-measures-against-russia-over-ukraine/sanctions-against-russia-explained/#sanction (검색일: 2024.6.2.)

European External Action Service, "Russia/Belarus: Members suspend Russia and Belarus from Council of the Baltic Sea States," 2022. https://www.eeas.europa.eu/eeas/russiabelarus-members-suspend-russia-and-belarus-council-baltic-sea-states_en (검색일: 2024.6.2.)

Financial Times, "The west must work with Russia to save the Arctic," 2022. https://www.ft.com/content/c0c3e911-407c-4a93-8258-bd3ed8f43f45. (검색일: 2024.5.4.)

Friedman, Burke I, "After Ukraine, Can the Arctic Peace Hold," Foreign Policy. 2022 https://foreignpolicy.com/2022/04/04/arctic-council-members-russia-boycott-ukraine-war/ (검색일: 2024.5.4.)

Gabidullina, R. & Morcos, P., "Curtailing Russia: Diplomatic Expulsions and the War in

Ukraine," *Center for Strategic & International Studies*, 2022. https://www.csis.org/analysis/curtailing-russia-diplomatic-expulsions-and-war-ukraine (검색일: 2024.6.2.)

Humpert, Malte, "Total Announces $4.1bn. write-off placing Future of Russian Arctic LNG Projects in Further Doubt," *High North News*, 2022a. https://www.highnorthnews.com/en/total-announces-41bn-write-placing-future-russian-arctic-lng-projects-further-doubt (검색일: 2024.5.4.)

Humpert, Malte, "Western Sanctions Delay Opening of Arctic LNG 2 Project by One Year," *High North News*, 2022b. https://www.highnorthnews.com/en/western-sanctions-delay-opening-arctic-lng-2-project-one-year (검색일: 2024.5.4.)

Konyshev, Valery, "Can the Arctic remain a region of international cooperation in the context of the Ukrainian crisis?" 2022. https://arcticyearbook.com/arctic-yearbook/2022/2022-commentaries/446-can-the-arctic-remain-a-region-of-international-cooperation-in-the-context-of-the-ukrainian-crisis (검색일: 2024.5.4.)

Nesheiwat, Julia, "Why The Arctic Matters," *The Atlantic Council*. 2021. https://www.atlanticcouncil.org/blogs/energysource/why-the-arctic-matters/ (검색일: 2024.6.2.)

Northern Dimension, "Northern Dimension Policy: Joint Statement by the European Union, Iceland and Norway on suspending activities with Russia and Belarus," 2022. https://northerndimension.info/northern-dimension-policy-joint-statement-by-the-european-union-iceland-and-norway-on-suspending-activities-with-russia-and-belarus/ (검색일: 2024.6.2.)

Orttung, Robert, "Russia's Arctic Ambitions," *Oxford University Encyclopedias*, 2024. https://oxfordre.com/politics/display/10.1093/acrefore/9780190228637.001.0001/acrefore-9780190228637-e-2274 (검색일: 2024.9.10.)

RadioFreeEurope/RadioLiberty, "EU Closes Its Airspace To Russian Planes," 2022. https://www.rferl.org/a/european-union-closing-airspace-russian-airlines/31726709.htm (검색일: 2024.6.2.)

Reuters Graphics, "Tracking sanctions against Russia," Reuters. 2022. https://www.reuters.com/graphics/UKRAINE-CRISIS/SANCTIONS/byvrjenzmve (검색일: 2024.6.2.)

Shell, "Shell intends to exit equity partnerships held with Gazprom entities," 2022. https://www.shell.com/media/news-and-media-releases/2022/shell-intends-to-exit-equity-partnerships-held-with-gazprom-entities.html (검색일: 2024.6.2.)

Winkel, Jonas, "The Impact of the Ukraine Conflict on Russia's Arctic Strategy," *Austria Institut für Europa-und Sicherheitspolitik*, 2023. https://www.aies.at/download/2023/AIES-Fokus-2023-05.pdf (검색일: 2024.9.10.)

Арктическая деятельность, "Александр Новак: «Наша задача - стратегическое развитие Северного морского пути»," 2022a. http://government.ru/news/45688/ (검색일: 2024.6.2.)

Арктическая деятельность, "Юрий Трутнев провёл заседание Государственной комиссии по вопросам развития Арктики," 2022b. http://government.ru/news/45812/ (검색일: 2024.6.2.)

Арктическая деятельность, "В рамках Госкомиссии по вопросам развития Арктики будет создан научно-технический совет," 2022c. http://government.ru/news/45999/ (검색일: 2024.6.2.)

Арктическая деятельность, "Михаил Мишустин утвердил план развития Северного морского пути до 2035 года," 2022d. http://government.ru/news/46171/ (검색일: 2024.6.2.)

Государственная Дума, "Состоялось первое в осенней сессии заседание Комитета по обороне," 2022. http://duma.gov.ru/news/55250/ (검색일: 2024.5.4.)

Государственная комиссия по вопросам развития Арктики, "Вклад грузопотока по СМП в ВВП до 2035 года за счет уже проинвестированных проектов составит 35 трлн рублей," 2022a https://arctic.gov.ru/2022/06/17/%d0%b2%d0%ba%d0%bb%d0%b0%d0%b4-%d0%b3%d1%80%d1%83%d0%b7%d0%be%d0%bf%d0%be%d1%82%d0%be%d0%ba%d0%b0-%d0%bf%d0%be-%d1%81%d0%bc%d0%bf-%d0%b2-%d0%b2%d0%b2%d0%bf-%d0%b4%d0%be-2035-%d0%b3%d0%be%d0%b4%d0%b0/ (검색일: 2024.6.2.)

Государственная комиссия по вопросам развития Арктики, "Стенд «Арктика — территория диалога» стал ключевой площадкой ПМЭФ для обсуждения актуальных вопросов развития Арктики," 2022b. https://arctic.gov.ru/2022/06/22/%d1%81%d1%82%d0%b5%d0%bd%d0%b4-%d0%b0%d1%80%d0%ba%d1%82%d0

0%b8%d0%ba%d0%b0-%d1%82%d0%b5%d1%80%d1%80%d0%b8%d1%82%d0%b
e%d1%80%d0%b8%d1%8f-%d0%b4%d0%b8%d0%b0%d0%bb%d0%be%d0%b3%
d0%b0/ (검색일: 2024. 6. 2.)

Государственная комиссия по вопросам развития Арктики, "Развитие экономики,
    креативных индустрий и здравоохранения в Арктике обсудят участники ВЭФ-
    2022," 2022c. https://arctic.gov.ru/2022/08/26/ (검색일: 2024. 6. 2.)

Государственная комиссия по вопросам развития Арктики, "ВЭФ-2022: регионы Дальнего
    Востока и Арктики выстраивают партнёрство с Вьетнамом." 2022d. https://arctic.
    gov.ru/2022/09/08/%d0%b2%d1%8d%d1%84-2022-%d1%80%d0%b5%d0%b3%d
    0%b8%d0%be%d0%bd%d1%8b-%d0%b4%d0%b0%d0%bb%d1%8c%d0%bd%d0%
    b5%d0%b3%d0%be-%d0%b2%d0%be%d1%81%d1%82%d0%be%d0%ba%d0%b0-
    %d0%b8-%d0%b0%d1%80%d0%ba%d1%82%d0%b8/ (검색일: 2024. 6. 2.)

Комитет Государственной Думы по развитию Дальнего Востока и Арктики, "Николай
    Харитонов: Мы Мы абсолютно убеждены, что Дальний Восток и Арктика станут
    ведущей платформой социально-экономического диалога России и Китая,"
    2022. http://komitet2-1.km.duma.gov.ru/Novosti-Komiteta/item/28486797 (검색
    일: 2023. 2. 15.)

Министерство иностранных дел Российской Федерации, "Интервью Посла по особым
    поручениям МИД России Н.В.Корчунова международному информационному
    агентству «Россия сегодня», 21 сентября 2022 года," 2022a https://www.mid.ru/
    ru/foreign_policy/news/1831176/ (검색일: 2024. 5. 4.)

Министерство иностранных дел Российской Федерации, "Интервью директора Второго
    Европейского департамента МИД России С.С. Беляева международному
    информационному агентству «Россия сегодня», 6 сентября 2022 года," 2022b
    https://www.mid.ru/ru/foreign_policy/news/1829007/ (검색일: 2024. 5. 4.)

Министерство иностранных дел Российской Федерации, "Briefing by Foreign Ministry
    Spokeswoman Maria Zakharova, Moscow, April 28, 2022," 2022c https://www.
    mid.ru/ru/foreign_policy/news/1811231/?lang=en (검색일: 2024. 5. 4.)

Министерство иностранных дел Российской Федерации, "Комментарий официального
    представителя МИД России М.В.Захаровой в связи с заявлением западных стран-
    членов Арктического совета," 2022d https://www.mid.ru/ru/foreign_policy/
    news/1817228/ (검색일: 2024. 5. 4.)

Министерство иностранных дел Российской Федерации, "Обсуждение актуальной арктической повестки в интересах жителей региона продолжится в рамках председательства России в Арктическом совете," 2022e https://www.mid.ru/ru/about/social_organizations/association/1804009/ (검색일: 2024.5.4.)

Министерство иностранных дел Российской Федерации, "О российско-индийских консультациях по арктической тематике," 2022f https://www.mid.ru/ru/foreign_policy/news/1824505/ (검색일: 2024.5.4.)

Министерство обороны Российской Федерации, "В Москве под руководством главы военного ведомства прошло заседаие Коллегии Минобороны России," 2022a. https://function.mil.ru/news_page/country/more.htm?id=12418007@egNews (검색일: 2023.2.15.)

Министерство обороны Российской Федерации, "На открытии X Московской конференции по международной безопасности с приветственным словом выступил Министр обороны России," 2022b. https://function.mil.ru/news_page/country/more.htm?id=12433677@egNews (검색일: 2023.2.15.)

Министерство обороны Российской Федерации, "Арктическая группировка Северного флота провела противолодочное учение в районе трассы Северного морского тути," 2022c. https://function.mil.ru/news_page/country/more.htm?id=12437503@egNews (검색일: 2023.2.15.)

Министерство обороны Российской Федерации, "Атомные подводные рейсеры и БРК "Bastion" ТОФ в ходе комплексной арктической експедийи "Умка-2022" выполнили пуски крылатых рокет по морской цели," 2022d. https://function.mil.ru/news_page/country/more.htm?id=12438395@egNews (검색일: 2023.2.15.)

Министерство Российской Федерации по развитию Дальнего Востока и Арктики, "Правительство запускает механизм субсидирования регулярных грузовых перевозок по Северному морскому пути," 2022 http://government.ru/news/44877/ (검색일: 2024.6.2.)

Министерство Энергетики Российской Федерации, "Правительство дополнительно выделило 127,5 млн рублей на льготные кредиты системообразующим предприятиям ТЭК," 2022. http://government.ru/news/46141/ (검색일: 2024.6.2.)

Президент России, "Участники совещания по вопросу развития Арктической зоны России (в режиме видеоконференции)," 2022a. http://kremlin.ru/supplement/5790 (검색일: 2024.6.2.)

Президент России, "Совещание по вопросам развития Арктической зоны," 2022b. http://kremlin.ru/events/president/news/68188 (검색일: 2024.6.2.)

Президент России, "Совещание о текущей ситуации в нефтегазовом секторе," 2022c. http://kremlin.ru/events/president/news/68191 (검색일: 2024.6.2.)

Президент России, "Совещание по вопросам развития судостроительнойпромышленности," 2022d. http://kremlin.ru/events/president/news/69180 (검색일: 2024.6.2.)

Президент России, "Рабочая встреча с губернатором Мурманской области Андреем Чибисом," 2022e. http://kremlin.ru/events/president/news/68680 (검색일: 2024.6.2.)

Президент России, "Пленарное заседание Восточного экономического форума," 2022f. http://kremlin.ru/events/president/news/69299 (검색일: 2024.6.2.)

Президент России, "Пленарное заседание Петербургского международного экономического форума," 2022g. http://kremlin.ru/events/president/news/68669 (검색일: 2024.6.2.)

Президента Российской Федерации, "Морская доктрина Российской Федерации," 2022. http://static.kremlin.ru/media/events/files/ru/xBBH7DL0RicfdtdWPol32UekiLMTAycW.pdf (검색일: 2024.6.2.)

ТАСС, "Госдума обязала иностранные военные суда уведомлять РФ о проходе по Севморпути за 90 дней" 2022. https://tass.ru/obschestvo/15809103?utm_source=google.com&utm_medium=organic&utm_campaign=google.com&utm_referrer=google.com (검색일: 2024.6.2.)

북극권 안보정세와
한국해군의 북극정책

하용훈*

Ⅰ. 서론

2022년 2월 발발한 러시아-우크라이나 전쟁은 북극권 안보환경뿐만 아니라 역내·외 국가들의 북극권 활동에 심각한 영향을 미치고 있다. 전쟁으로 인해 북대서양 조약기구(NATO)와 러시아 간의 대립이 심화되면서, 북극권에서의 군사 활동 증가와 함께 군사적 긴장도 고조되었다. 특히, 북극이사회 8개국 중 미국, 캐나다, 노르웨이, 스웨덴, 덴마크, 핀란드, 아이슬란드 등 7개국과 러시아와의 대립으로 북극권의 안보정세는 매우 불안정한 상황으로 전개되었다. 전쟁 이전의 북극이사회는 러시아와 나토 회원국(미국, 캐나다, 노르웨이, 덴마크, 아이슬란드) 그리고 비동맹 국가(핀란드와 스웨덴)로 구성되어 상호 견제와 균형을 이루며 북극에 관한 다양한 이슈들을 다루어 왔다. 그러나, 전쟁 이후 비동맹국가인 핀란드(2023)와 스웨덴(2024)이 NATO(나토)에 가입 신청을 하며 러시아와 나토의 대립 구도가 형성되었다. 이러한 대립 구도는 향후 북극권 내 이해당사국 간의 영유권과 자원 분쟁 등의 충돌 가능성으로도 이어질 수 있으며, 국가 간 협력을 위축시킬 수 있을 것이다. 북극은 북극이사회

※ 이 글은 『한국 시베리아연구』(제28권 3호)에 게재되었던 내용을 수정 보완한 것임.
* 국방대학교 국방과학학부 부교수

회원국뿐만 아니라 옵서버국들도 관심을 두고 있는 미지의 영역이다.[1] 일부 국가들은 세계적인 기후변화로 인해 북극권에서의 과학 활동과 북방항로의 활용에 주목하고 있다. 그러나, 북극권에서의 활동을 보장하기 위해서는 안정된 안보환경이 조성되어야 하며 국제협력과 갈등 관리가 필요한 상황이라 할 수 있다.

한국 정부는 극지의 지속가능한 발전과 극지 연구 및 활동을 체계적으로 지원하고 발전시키기 위해 '극지활동 진흥법'을 제정하였고,[2] 극지활동의 미래 비전 설정과 이를 달성하기 위한 5년간의 세부실천과제를 담기 위해 해양수산부를 중심으로 범정부 차원의 '제1차 극지활동 진흥 기본계획(2023-2027)'을 수립하였다.[3] 이 계획에서 범정부 극지정책 협의체의 주요 역할은 [그림 1]과 같이 규정되어 있으며, 해군은 주요 이슈 중 하나인 위기관리 분야에서 해수부, 외교부, 해경 등과 함께 '극지해역 사고 발생 시 신속 대응 수습 컨트롤타워' 임무에 포함되어 있다.

해군은 상대적으로 남극권보다 북극권에서 더 많은 역할을 수행할 수 있을 것으로 예상된다. 극지는 남극권과 북극권을 총칭하는 것으로, 남극권과 북극권은 각각 남위 60° 이남과 북위 66° 30′ 이북의 육지, 빙붕 및 수역과 그 상공을 의미한다.[4] 남극권에서는 영유권이 인정되지 않고 과학연구를 통해서만 영향력 확대가 가능하여 안보정세 측면에서 매우 안정적이라 할 수 있다. 역내 국가 간 무력 충돌이나 군사적 갈등 요소가 거의 없으며 한국군이 개입할

---

1) 북극이사회 옵서버국은 한국, 영국, 프랑스, 독일, 네덜란드, 폴란드, 스페인, 중국, 이탈리아, 일본, 인도, 싱가포르, 스위스 등 13개 국이다.
2) 법률 제18055호, 2021. 4. 13. 제정, 시행 2021년 10월 14일.
3) 관계부처 합동. 『제1차 극지활동 진흥 기본계획(2023-2027)』(2022).
4) Ibid., p. 4.

[그림 1] 범정부 극지정책협의체 주요 역할[3]

주요 이슈	주요 협의 내용	유관 부처
과학연구	▪ 분야별 연구, 기술개발과 다부처 연구개발사업 발굴·수행	해수부, 과기정통부, 산업부, 환경부 등
산업지원	▪ 북극항로 활용 및 극지해역 수산업 진출·협력 ▪ 극지 탐사 장비 개발, 극한지 운항 선박 기술 개발 등 ▪ 극한지 에너지 및 건설 기술 개발 ▪ 지자체별 극지권 도시 협력 및 지역 산업체 진출 지원 등	해수부, 산업부, 국토부, 농림부, 지자체 등
정책	▪ 범정부 기본계획 수립 및 정책 방향 설정	범정부
국제협력	▪ 국제협의체(북극이사회, CAOFA, ATCM, CCAMLR 등) 의제 대응 ▪ 국제 정세 등 지정학적 변수가 극지 협력에 미치는 상황 감안, 선제적 동향 파악 및 대비 * 북극 지역 군사화, 에너지자원 이권 갈등, 기후변화 등으로 인한 비전통 안보 위협 등 동향 파악	해수부, 외교부, 환경부 등
위기관리	▪ 극지해역 사고 발생 시 신속 대응 수습 컨트롤 타워	해수부, 외교부, 국방부(해군), 해경 등

여지도 상대적으로 매우 낮다. 다만, 남극권에서 한국 국민과 사고 발생 시에는 해수부와 외교부를 중심으로 국가 간 외교협력과 쇄빙선 파견 등을 추진할 수 있고, 해군도 잠수요원과 안전요원을 파견하여 구조작전을 지원할 수 있을 것이다. 반면, 북극권의 82%는 북극이사회국의 영해로 되어 있어 영유권이 인정될 수 있으며,[6] 북극권에서는 과학연구뿐만 아니라 에너지 자원 개발 및 북방항로와 관련된 주요 이슈들이 존재한다. 특히, 지구온난화 가속으로 인해 북극의 해빙(sea ice) 소멸로 북방항로의 전략적 가치가 대두되고 있으며, 북방항로 이용 가능 시 한국의 경우 기존 수에즈 운하를 통한 남방항로 대비 지역에 따라 4,000~7,000㎞ 정도의 수송 거리를 단축할 수 있다.[7] 2023년 10월 발생한 이스라엘과 하마스 간의 전쟁은 예멘 후티 반군의 수에즈 운하 통과 선박에 대한 공격으로 이어졌고, 이로 인해 현재 한국의 주요 해상교통로가

---

5) Ibid., p.43.

6) Ibid., p.7.

7) 정성엽, "북극항로의 전망과 시사점," 『Ocean Insight』(한국수산과학기술원, 2020.7월호), p.2.

위협받고 있으며 향후 북방항로가 남방항로를 대체할 수 있는 가능성도 제기되고 있다.[8] 그러나, 이러한 이슈들은 북극권의 안보정세에 의해 크게 영향을 받을 수 있다. 역내 안보환경이 불안정하면 북극권에서의 활동과 국가 간 협력은 감소할 수 밖에 없을 것이다.

우크라이나 전쟁 이후 북한과 러시아의 밀착은 한국의 미래 북극정책 추진에 중대한 장애물이 될 가능성이 있다. 러시아와 북한은 2023년 9월에 이어 2024년 6월 두 차례의 정상회담을 통해 '포괄적인 전략적동반자관계에 관한 조약'을 수립하고, 전쟁 등 유사시 양국 간 상호 군사지원 제공에 합의하면서 군사적 협력을 한층 더 강화하였다.[9] 더욱이, 한국의 정보당국은 2024년 10월 18일 북한이 러시아에 1만 2천여명에 이르는 병력을 파견하였다고 발표하였다.[10] 우크라이나 전쟁에 북한이 깊게 관여함으로써 한반도 안보정세는 불안정해지고 한국과 러시아의 관계는 더욱 냉각될 수 밖에 없는 실정이다. 이러한 안보 상황을 고려 시, 현시점에서 한국의 북극정책, 나아가 한국해군의 북극정책을 논하는 것이 비현실적일 수도 있다.

그러나 북극정책은 중·장기적 관점에서 바라보아야 하는 정책이다. 거시적 안목을 가지고 안보정세와 국가 간 협력 관계를 고려할 수 있는 접근법이 필요하다. 불안정한 북극권의 안보상황이 이어지고 있으나, 기후변화로 인해 북극의 환경이 변화하고 있다는 과학적 명제 하에서 한국은 이미 수립된 북극정책을 지속 추진하며 발전시켜야 한다. 해군도 이를 지원할 수 있는 정책을 수

---

8) "홍해 사태가 극동 등 러시아 물류에 미치는 영향,"「Kotra 해외시장뉴스」, 2023년 12월 29일.
9) "[전문] 북한·러시아 '포괄적인 전략적 동반자 관계에 관한 조약'"「뉴스핌」 2024년 6월 20일.
10) ""첫 대규모 참전"…외신 '북, 1만2천명 우크라전 파병' 긴급타전,"「연합뉴스」, 2024년 10월 18일.

립할 수 있도록 노력해야 한다. 북극권에서의 한국해군의 역할과 관련된 선행연구들은 주로 우크라이나 전쟁 이전에 수행되었거나 이를 고려하지 않고 수행된 연구이다. 지영[11]은 한국의 북극정책을 군사적으로 지원하는 측면에서 한국해군이 북극해에서의 작전특성을 구현하기 위한 정책을 제시하였으나 북극해에서 한국해군의 작전특성과 당위성이 충분히 설명되지는 못하였다. 신장이[12]는 한국의 경제 및 안보 측면을 고려하여 북방항로 개발을 위한 해군의 역할을 단편적으로 제시하였다. 기존 선행연구와 달리 현재 직면하고 있는 북극권 안보정세의 불안 속에서도 미래 한국의 극지정책 추진을 지원하기 위해 해군은 이를 현실적이고 실질적인 측면에서 대비해야 할 필요가 있다. 이에 본 연구는 제1차 극지활동 진흥 기본계획에 명시된 해군의 임무 수행을 위한 한국해군의 북극정책을 제시하고자 한다. 이를 위해 북극 환경과 북방항로의 활용 가능성을 고찰하고 우크라이나 전쟁 이후 북극권 안보정세를 전망한다. 그리고 이를 기반으로 향후 북극권 내 군사협력이 요구되는 국가를 대상으로 군사외교적 역할을 중심으로 한국해군의 북극정책을 제시한다.

II. 북극 환경과 북방항로의 활용

1. 북극 환경 전망

북극의 환경변화는 북극 해빙(sea ice)의 감소나 소멸 시기를 통해 파악할

---

11) 지영, "한국 해군의 북극해 진출과 발전방안에 대한 고찰: 작전환경(SWOT) 분석을 중심으로", 해양안보, 제1권 제1호, pp.332-337, 2020.
12) 신장이, "북극항로의 시대와 해군의 역할", 한국해양안보포럼(Online), 제56호(4-5월), 2022.

수 있는데, 이는 기후변화의 속도, 대기 중 CO_2 농도, 해수면 온도, 인간의 탄소배출 감소 의지와 역량 등 다양한 요인에 의해 결정될 수 있다. 기후변화에 관한 정부 간 협의체인 IPCC(Intergovernmental Panel on Climate Change)는 보고서를 통해 기후변화 완화 노력이 저조한 경우, 2050년경 북극의 9월 해빙은 소멸하며 이후 점차 확대될 것으로 평가하였다.[13] 국내에서도 북극의 해빙 소멸 시기에 관한 연구가 제시되었는데, 2020년 국립기상과학원에서는 『전지구 기후변화 전망보고서』를 통해, 2015~2100년 동안의 북극 해빙 면적의 변화를 예측하였다. 이 연구에서는 8~10월 북극 해빙이 21세기 중반 (2041~2060년) 이후 사라질 것으로 전망하였다.[14] 또한, 김연희 등(2023)은 인류의 온실가스 감소 노력과 무관하게 2030년대 후반 이후 9월 북극의 해빙이 소멸할 수 있다는 결과를 제시하였다. 이 연구는 기존 IPCC의 예측 결과의 오류로 추정되는 입력자료를 일부 보정하여 시뮬레이션하였으며 기존 연구 결과보다 시기적으로 조금 더 빨리 북극의 해빙이 소멸할 수 있음을 보여주었다.[15]

북극의 해빙 감소 및 소멸에 관한 연구에서 한가지 주목할 것은 기후변화에 관한 모델링 및 시뮬레이션의 조건이다. 일반적으로 이 같은 모델링은 기후변화를 설명할 수 있는 지배방정식을 기반으로 다양한 조건의 입력값에 따라 시뮬레이션 결과에 편차가 발생할 수 있다. 과학자들은 산출된 결과에서 가장

---

13) IPCC, *Technical Summary* (Climate Change 2021: The Physical Science Basis, 2021), *p. 34*.
14) 국립기상과학원, 『미래 시나리오 4종에 따른 기후변화 전망』(전지구 기후변화 전망보고서, 2020), pp. 11-12.
15) Yeon-Hee Kim, Seung-Ki Min, Nathan p. Gillett, Dirk Notz, Elizaveta Malinina, "Observationally-constrained projections of an ice-free Arctic even under a low emission scenario," *Nature Communications(online 2023), pp. 5-6*.

의미 있는 결과를 중심으로 현상을 해석하기도 한다. 따라서 이러한 시기를 정량적으로 정확히 산출하는 것은 불가능하며 정성적인 분석에도 한계가 있으므로 북극 환경을 전망하는 데에 있어 다양한 가능성을 고려해야 한다.

그럼에도 불구하고 본 연구 목적상 북극정책 방향을 제시하기 위해 앞서 소개한 선행연구를 기반으로 북극 환경을 다음과 같이 전망한다. 첫째, 21세기 중반(약 2040년 이후) 인류의 온실가스 배출 감소 역량이 저조한 상황에서 9월을 중심으로 극지의 해빙 감소가 뚜렷하게 나타날 수 있다. 둘째, 2040년 이후 북극해를 연하는 국가의 연안을 따라 9월을 중심으로 선박 항해의 안전성과 선박의 통항량은 증가할 가능성이 있다.

2. 북방항로의 활용 가능성

러시아의 물류 운송로로써 러시아 무르만스크로부터 카르스키에 해협을 통해 카라해 연안을 따라 이어지는 북방항로(NSR: Northern Sea Route)를 선박이 항해하기 위해서는 자체적으로 특정한 쇄빙 능력을 갖추거나 쇄빙선을 동반해야만 가능하다. 러시아는 북방항로를 운항할 수 있는 선박에 대해 내빙 및 쇄빙 등급으로 세분화하여 북극 운항 해역 및 시기, 해빙 상태, 독립 운항 또는 쇄빙선 호위 필요성에 따라 선박 운항 가능 여부를 결정한다.[16] 선박이 북방항로를 항해하기 위해서는 러시아의 북방항로 전담 기구인 북방항로관리국의 규제와 허가를 받아야 하며, 동 기관으로부터 북방항로 이용에 필요한 지침과 지원을 받는다.

러시아는 2008년 '2020 북극정책 기본원칙'을 수립하면서 북극지역을 전략

---

16) Russian Maritime Register of Shipping, *Rules for the Classification and Construction of Sea-Going Ships (Saint-Petersburg Edition 2019)*, pp. 11-14.

적 자원개발기지로 활용하고, 북방항로를 국가 해상교통로로 활용하는 방안을 국가이익으로 규정하였다.[17] 이후 2019년 12월에 '2035 북방항로 인프라 개발 계획'을 발표하며 항만터미널 등의 인프라와 쇄빙선 개발에 관한 중장기 인프라 개발 추진 기반을 마련하였다.[18] 2020년 3월에는 기존 '2020 북극정책 기본원칙'을 수정한 '2035 북극정책 기본원칙'을 제정하였으며,[19] 동년 10월 '2035 북극 개발 및 안보전략'에서는 교통 및 물류 인프라 미비, 쇄빙선 부족, 북극권 내 군사갈등 가능성 등의 문제 해결을 위한 3단계(2020~2024년, 2025~2030년, 2031~2035년) 목표를 제시하였다.[20]

러시아 정부는 2023년 8월 1일 '2035년까지의 북방항로 개발계획'을 승인하였는데, 이 계획에는 다섯 가지 주요 이니셔티브가 포함되어 있으며, 이는 ① 화물 기반 마련, ② 수송 인프라 구축, ③ 화물선 및 쇄빙선 건조, ④ 북방항로 상의 항행 안전 보장, ⑤ 북방항로 상의 항해 관리 및 항해 발전 등이다.[21] 이 계획은 앞서 2023년 5월 러시아 국무회의에서도 언급된 바 있다. 여기서 러시아의 북극극동개발부 장관인 체쿤코프는 푸틴 대통령이 북방항로의 중요성을 강조한 것과 관련하여 2024년 초에 북방항로 동부의 연중 항해를 시작할 준비가 되어 있고, 이는 북극권 지역 발전에 매우 중요한 결정이며, 특히 러시아 경제에 매우 중요하다고 강조하였다. 또한, 153척의 쇄빙 선박 건조와 관련하여

---

17) 서현교, "러시아 북극정책의 시대적 특성과 함의,"『한국시베리아연구』제25권 3호(배제대학교 한국-시베리아센터, 2021), p.23.

18) 대한무역투자진흥공사, 『러시아의 북극항로 개발 동향과 계획』(Global Market Report, 2022), p.17.

19) '2020 북극정책 기본원칙'에서는 북방항로를 국가 차원의 물류 경로로 인식하였으나, '2035 기본원칙'에서는 글로벌 물류 경로로서 인식하고 활용 범위를 확장하였다.

20) Ibid., pp.18-19.

21) 북극물류연구소, "특집 1 : 러시아정부, 2035년까지의 북방항로 개발계획 승인,"『북극물류동향』(영산대학교, 2022. 7월호), pp.1-2.

서방의 제재로 인한 장비 수급의 문제가 선박 건조 작업을 늦추지는 않았으나, 조선 산업은 적대적인 국가(서방 제재 국가)에서 유래한 여러 기술을 대체하는 데 어려움을 겪고 있다고 언급하였다.[22]

결국, 러시아는 2035년에 이르러 북방항로를 경쟁력 있는 운송 회랑으로 만드는 것으로 보이며, 북방항로의 성공적 운용을 위해서는 러시아의 쇄빙선 건조 능력이 매우 중요하다는 사실을 알 수 있다. 현재의 북방항로는 일부 구간에서 두꺼운 얼음으로 인해 몇 달 동안 폐쇄되기도 한다. 러시아가 공개한 바와 같이 북방항로의 동부해역에서 연중 항해가 가능해지려면 쇄빙선의 지원 없이는 불가능하다. 체쿤코프 장관이 제시한 이니셔티브에 포함된 153척의 신규 쇄빙선 또는 내빙선 건조 계획은 러시아의 조선 산업과 그 외 타 산업에 도전이 될 것이다.[23]

북방항로의 성공 여부는 기존에 이용하던 항로 대비 얼마나 경제적으로 활용할 수 있느냐에 달려 있다고 할 수 있다. 즉 항로를 단축함으로써 기존 대비 더 빠르게 목적지에 도달함으로써 얼만큼의 운송비용을 감소시킬 수 있는가이다. 아무리 항로가 짧더라도 해빙으로 인해 선박이 저속으로 운항하여 지체되던가 혹은 해빙에 갇히기라도 하면 선사로서는 아무런 경제성이 없는 것이며, 오히려 안전 운항의 위험성으로 선박의 보험료 상승 등의 문제도 발생할 수 있어 경제성이 낮아질 가능성도 존재한다. 이러한 측면에서 북방항로의 상

---

22) "Russia Details NSR Growth with Year-Round Service to Begin in 2024," *The Maritime Executive, May 24, 2023.*

23) 체쿤코프 장관이 선박 건조와 관련하여 언급은 서방국가의 제재로 인해 선박 건조에 서방 장비와 부품을 대체하는 것이 매우 어려우나 장비 수급 문제로 선박 건조 작업이 지체되는 상황은 없다는 것인데, 우크라이나 전쟁으로 인한 제재로 많은 장비 및 부품들이 군사적으로 사용할 수 있는 이중용도 품목일 가능성이 커 향후 이를 확보하는 데에는 어려움이 클 것으로 예상된다.

세한 운항실태는 미래 북방항로의 성공 가능성을 엿볼 수 있는 기준이 된다. 국내 북극물류연구소의『북극물류동향』(2023년 8월호)에 실린 북방항로 운항 실태는 다음과 같다.[24)]

첫째, 서방의 경제제재로 인해 러시아는 중국과의 무역과 경제협력에 의존할 수밖에 없는 상황 속에서 중국의 컨테이너선, 원유/석유 운반선, LNG 운반선, 벌크선 등 다양한 화물 운송 선박의 북방항로 통항이 활발하게 진행되고 있다. 북극을 통해 중국으로 향하는 러시아 원유의 흐름이 계속 이어지고 있는데, 전문가들은 러시아가 발트해와 북극해를 통해 중국으로 원유공급을 가속화 할 것이라고 추측하고 있다.[25)]

둘째, 북방항로 통항 시 적절한 쇄빙 지원 여부가 항해 일정을 계획하는 데 매우 중요하다. 북방항로 운송에 나섰던 두 척의 중국 선박이 축치해에서 쇄빙 지원을 기다리다 목표 대비 5~6일 지연된 바 있다. 통상, 7~8월에 운항 시즌이 시작되나 연안에 여전히 해빙이 남아있어 내빙 등급이 낮은 선박은 반드시 쇄빙선의 쇄빙 지원을 받아야 한다. 특히, 아시아 방면 선박은 카라해 동부해역에서, 유럽 방면 선박은 축치해에서 원자력 쇄빙선을 기다려야 하는데, 이는 선박의 북방항로 통과 기간을 증가시킬 수 있다. 또한, 원자력 쇄빙선의 유지보수 등으로 쇄빙선 투입이 지연될 수도 있다.[26)] 따라서, 러시아의 쇄빙선 건조계획이 예상대로 잘 진행되어야 향후 북방항로의 활용성을 보장할 수 있을 것으로 보인다.

셋째, 북방항로에서 해빙으로 인한 통항 지연 문제도 발생하였다. 2023년 7

---

24) 북극물류연구소, "특집 : 2023년 북극항로 국제통과 운송 사례 분석."『북극물류동향』(영산대학교, 2023. 8월호), pp. 2-9.
25) Ibid., pp. 2-8.
26) Ibid., p. 9.

월 러시아 유조선 2척이 상트페테르부르크를 출발하여 중국으로 향해 8월 목적지에 도착할 예정이었으나, 랍테프해를 지나 동시베리아해를 횡단하는 중 해빙 문제로 인해 그 일정이 10일 이상 지연된 바 있다. 당시 연안 해빙이 감소하는 시기임에도 이러한 지역에서는 기후변화가 급변할 수 있고, 해풍이 해빙을 해안 쪽으로 이동시켜 항로상에 해빙이 갑작스럽게 출현하기도 하여 선박의 항해를 방해할 수도 있다. 내빙 등급이 낮은 선박의 경우 북방항로 상의 복잡한 해로가 있는 해역에서는 쇄빙선의 지원을 기다려야 하는 등 대기 시간이 발생할 수 있으며, 쇄빙선 호위가 있더라도 해빙의 상태에 따라 장기간 대기할 수 있고, 러시아 정부의 통항 허가 문제도 발생할 수 있다.[27]

지금까지 러시아의 북방항로에 관한 정책 및 관리, 북방항로 개발 상황 및 운영 실태에 대해 살펴보았는데, 이 내용만으로 향후 한국의 북방항로 활용 가능성을 언급하는 것은 무리이다. 그러나, 러시아는 북방항로 개발에 많은 투자와 노력을 기울이고 있으며, 정치·외교·경제·안보 등 대내외적 여건만 조성된다면 러시아가 목표로 하고 있는 2035년에 북방항로 개발에 성공할 수 있을 것이다. 더욱이 현재 북방항로의 항해 가능 시기는 주로 여름과 가을철이나 앞서 제2장 1절 '북극환경 전망'에서 언급한 바와 같이 2040년대 이후 북극의 해빙 감소가 뚜렷해진다면 북방항로의 활용성은 더욱 증가할 수 있을 것으로 예상된다.

---

27) "A month after they set out on Arctic voyage, two Russian oil tankers still battle with sea-ice," *The Independent Barents Observer,* Aug. 11, 2023.

Ⅲ. 우크라이나 전쟁 전후 북극권 안보정세

1. 우크라이나 전쟁 이전 북극권 안보정세

1996년 북극이사회가 창설된 이래 북극이사회국 간 해양영토 분쟁이나 다양한 이슈에 대해 개별 국가 간 갈등은 있었으나,[28] 비교적 안정적인 안보정세가 이어졌다. 그러나, 2014년 러시아의 크림반도 합병과 중국의 북극권 진출 노력은 역내 안보정세를 불안하게 만들었다. 러시아의 크림반도 합병 이후, 러시아와 서방국가와의 관계는 악화되었으며 양측 관계에 긴장이 조성되었다. 나토 회원국들은 러시아의 군사 행동을 유럽 안보 질서에 대한 직접적인 위협으로 간주하였고, 이에 대응하기 위해 나토는 동유럽 회원국들의 군사 대비태세 강화를 지원하였다.[29] 또한, 유럽연합은 러시아의 크림반도 합병을 국제법 위반으로 간주하고 러시아에 다양한 제재를 가하였다.[30] 그러나, 유럽연합의 대러 제재는 일부 금융 및 에너지 기업에 한정되었고, 유럽연합은 대러시아 교역의 핵심인 에너지 협력을 지속하는 등 제재와 대화의 양면 전략을 구사하였다.[31][32]

2010년대 중반 이후 북극권의 안보정세를 불안하게 만드는 외부 요인은 중

---

28) 이송·김정훈, "러시아·우크라이나 사태 전후의 북극권 상황 분석과 한국 역할 모색", 『중소연구』 제46권 제3호(한양대학교 아대지역연구 센터 2022), pp. 235-236.

29) "Opinion | Yes, Russia Might Invade a NATO Country. Here's How the Alliance Should Prepare," *Politico, Mar. 4, 2022.*

30) "Europe to Russia: We won't forget Crimea," *Politico, Mar. 18, 2016.*

31) 강윤희, "우크라이나 전쟁의 현재와 미래: 우크라이나 전쟁과 러시아-EU, 러시아-NATO 관계," 강윤희(편), 『한반도 포커스』(경남대학교 극동문제연구소, 2023), pp. 18~19.

32) 윤영민, "EU의 탈 러시아산 천연가스 정책과 러시아의 에너지 안보: 러시아 천연가스 산업의 유럽 의존성과 취약성," 『러시아연구』 제32집 제2호(서울대학교 러시아연구소, 2022), p. 187.

국의 북극권 진출 전략이다. 중국은 2017년에 발표한 '일대일로 구상에서의 해양협력 비전'을 발표하면서 일대일로 구상에 북극항로의 이용과 투자를 포함한 해양협력 비전을 포함시켰고,[33] 2018년 1월에 발표한 북극정책백서에서 스스로를 '近북극국가'로 자칭하며 북극의 이해당사국으로 규정하였다. 중국의 북극정책 목표는 "북극 거버넌스의 이해, 보호, 발전 및 참여"이며, 5대 세부과제로서 '북극에 대한 탐사와 이해 심화', '북극의 생태환경 보호 및 기후변화 대처', '합법적이고 합리적인 방식의 북극 자원 활용', '북극 거버넌스 및 국제협력에 적극적 참여', '북극의 평화와 안정 촉진'을 선정하였다.[34] 중국은 다양한 방법을 통해 비북극권 국가로서 법적·제도적 제약을 극복하고, 북극에서 이익을 얻기 위한 전략을 고안하기 위해 노력하고 있는 것으로 보이며, 이를 위해 러시아와의 협력을 강화하였다. 이와 같은 북극에 관한 중국의 전략적 관심 증대로 인해 러시아를 제외한 북극이사회국은 2010년대 후반부터 러시아와 함께 중국을 경계하기 시작하였으며 다음과 같이 대응하였다.

미국은 2019년 국방수권법 내 북극 관련 조항을 다수 반영하였는데, 특히 국방부의 러시아와 중국의 북극 군사활동에 관한 보고 등이 포함되었다.[35] 같은 해 발표된 국방부 북극전략에서는 중국이 북극에 영유권이 없음에도 북극 거버넌스에서 역할을 모색하고 있다고 언급하며 러시아와 중국의 위협을 제

---

33) The State Council of the People's Republic of China, *The Vision for Maritime Cooperation under the Belt and Road Initiative*, https://english.www.gov.cn/archive/publications/2017/06/20/content_281475691873460.htm (검색일: 2024. 2. 20).

34) The State Council of the People's Republic of China, *China's Arctic Policy*, https://english.www.gov.cn/archive/white_paper/2018/01/26/content_281476026660336.htm (검색일: 2024. 2. 20).

35) "NDAA Shines Spotlight on Great Power Competition in the Arctic." *American Security Project*, Dec. 13, 2019.

한하기 위해 국가 안보와 번영에 대한 주요 과제로 중국과 러시아 견제에 중점을 두었다.[36] 노르웨이는 북극정책에서 러시아의 우크라이나 크림반도 병합으로 인해 나토와 러시아의 관계가 악화되었고 러시아의 군사력 증강이 노르웨이의 안보에 도전이 되고 있음을 지적하며 노르웨이 방위 역량을 강화하고 미국 등 동맹국과 협력을 강조하였다.[37] 스웨덴은 2020년 북극전략을 발표하였는데, 러시아와 중국의 영향력 확대를 경계하고 있으며, 유럽연합 및 미국과의 협력 강화를 목표로 하고 있다.[38] 북극권에 그린란드와 페로제도를 자치령으로 두고 있는 덴마크는 북극 안보 강화를 위해 그린란드에 장거리 드론과 레이더를 배치하는 계획을 2021년 발표하였는데,[39] 덴마크 정부의 이러한 움직임은 러시아가 북극 지역에서 군사력을 강화하고 있고 중국의 북극 진출이 활발해짐에 따라 자국 안보 강화 차원으로 해석된다. 2021년 핀란드는 '북극정책전략'을 발표하였는데,[40] 핀란드의 우선 목표는 건설적인 협력을 통해 평화로운 북극 지역을 만드는 것이며, 이를 위해 북극 지역의 갈등과 긴장이 고조되는 것을 막아야 한다고 강조하였다. 특히, 러시아의 크림반도 병합과 북극에서의 군사력 증강 그리고 중국의 북극권 활동 강화가 역내 긴장을 고조시키고 있다고 평가하였다.

---

36) US DOD Office of the Under Secretary of Defense for Policy, *Department of Defense Arctic Strategy (US DOD, Report to Congress, 2019), pp. 2-5.*

37) The Norwegian Government, *The Norwegian Government's Arctic Policy(Jan. 26, 2021).* https://www.regjeringen.no/en/dokumenter/arctic_policy/id2830120/#tocNode_16 (검색일: 2024. 2. 22).

38) Government Offices of Sweden, *Sweden's strategy for the Arctic region, (2020), pp. 18-23.*

39) "Denmark to spend more on Arctic defence as melting sea ice prompts jostle for control," *Reuters, Dec. 12, 2021.*

40) Finish Government, *Finland's Strategy for Arctic Policy, (2021), p. 18.*

지금까지 살펴본 바와 같이 2014년 러시아의 우크라이나 크림반도와 돈바스 지역 병합으로 인한 러시아 제재에도 불구하고 서방국가들은 러시아와의 교류를 이어 갔으나 러시아를 제외한 북극이사회국은 북극권에서의 러시아의 영향력 확대 노력과 군사력 증강을 주시하였다. 또한, 중국의 적극적인 북극권 진출 의지와 러시아와의 협력 강화를 견제하기 위한 정책 및 활동을 추진하였다. 이러한 상황 속에서 2022년 러시아의 우크라이나 침공은 기존과는 다른 양상으로 전개되었다.

2. 우크라이나 전쟁 이후 북극권 안보정세

2년 5개월 간 우크라이나 전쟁의 전선이 루한스크주 동부에서 남부 크림반도로 이어지는 회랑을 중심으로 구축되며 양측의 대치가 지속되는 상황에서 2024년 8월 6일 우크라이나가 러시아의 본토 쿠르스크주를 침공하며 전황은 더욱 복잡해지고 있다([그림 2] 참조). 우크라이나는 쿠르스크주 침공을 통해 동부지역 러시아군을 분산함으로써 불리한 전세를 극복하고 향후 종전을 대비한 새로운 협상 카드를 얻고자 한 것으로 보인다.

이번 전쟁으로 인해 유럽연합은 러시아에 대한 인식과 정책에 커다란 변화를 주게 된다.[41] 전쟁 이전, 러시아의 에너지에 의존하는 유럽 국가들은 러시아와의 경제 교류 및 협력이 러시아의 서구화와 긍정적인 변화로 이어질 수 있다는 믿음이 있었는데, 이번 전쟁은 이러한 접근법의 한계와 취약성을 드러내었다.[42] 유럽연합은 러시아의 행동에 대한 대응에서 예상보다 더 높은 수준

---

41) Stefan Meister, "A Paradigm Shift: EU-Russia Relations After the War in Ukraine," (Carnegie Europe, 2022). https://carnegieeurope.eu/2022/11/29/paradigm-shift-eu-russia-relations-after-war-in-ukraine-pub-88476 (검색일: 2024. 3. 2).
42) 강윤희(2023), p.19.

의 회원국 간의 단합을 보여주며 러시아에 여러 강력한 제재를 가하였고 이는 러시아의 예상을 뛰어넘는 수준이었다. 결국, 유럽연합은 러시아를 유럽의 평화와 안정에 대한 주요 위협으로 보고, 새로운 대러시아 정책의 개발 필요성을 느끼게 된 것이었다. 이러한 인식의 변화는 상호 협력적이고 경제적 의존을 통한 관계 형성에 중점을 둔 이전의 정책 접근법에서 벗어난 것이며, 대러 정책에서 명백한 패러다임의 변화가 발생했다는 의미로 해석할 수 있을 것이다.[43]

따라서 우크라이나 전쟁으로 촉발된 유럽연합의 대러 정책변화는 다수가

그림 2. 우크라이나 전쟁 전황('24. 11. 2.)[44]

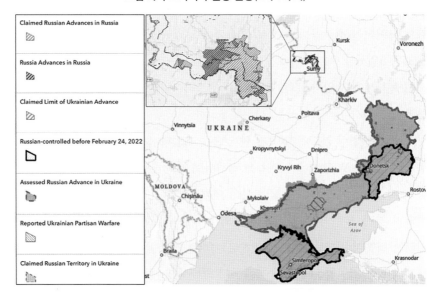

---

43) Stefan Meister(2022).
44) Institute for the Study of War(ISW), *Interactive Map: Russia's Invasion of Ukraine*, https://storymaps.arcgis.com/stories/36a7f6a6f5a9448496de641cf64bd375(검색일: 2024. 11. 2.)

유럽 국가인 북극이사회의 안보정책에도 영향을 미쳤을 것으로 판단된다. 이에 동 전쟁이 북극권 내 안보환경에 미치는 영향을 크게 정치·외교와 군사 분야로 나누어 분석하고자 한다.

먼저 정치·외교 분야이다. 우크라이나 전쟁은 러시아와 북극이사회 7개국 간의 관계에 깊은 균열을 발생시켰다. 이들 7개국은 러시아의 침공 직후 공동 성명을 통해 러시아를 강력히 비난하였으며, 러시아의 행동이 북극권에서의 국제협력에 심각한 장애를 초래한다는 점을 강조하며, 러시아를 보이콧 하였다.[45] 이는 2014년 러시아의 크림반도 침공 때와는 완전히 다른 양상을 보여주는 것이며,[46] 러시아와 7개국의 기존 관계가 재설정된 것으로 보인다. 북극이사회는 환경 보호 및 지속 가능한 발전과 같은 북극 지역의 공동 관심사에 관한 협력을 촉진하는 역할을 해왔으나, 이번 갈등으로 인해 그 기능에 중대한 변화가 발생하게 된 것이다.

이러한 협력 중단은 북극이사회가 견지한 평화와 협력을 유지하고자 하는 거버넌스 메커니즘이 무너진 것이라 할 수 있으며,[47] 북극 지역의 안보와 북극이사회의 주요 기능에도 영향을 미쳤다. 2022년 6월부터 이사회의 활동이

45) Government of Canada, *Joint statement on Arctic Council cooperation following Russia's invasion of Ukraine*, (Mar. 3, 2022). https://www.canada.ca/en/global-affairs/news/2022/03/joint-statement-on-arctic-council-cooperation-following-russias-invasion-of-ukraine.html (검색일: 2024. 3. 2).
46) Joanna Hosa, "Feeling the chill: Navigating Arctic governance amid Russia's war on Ukraine," (European Council on Foreign Relations, 2023). https://ecfr.eu/publication/feeling-the-chill-navigating-arctic-governance-amid-russias-war-on-ukraine/ (검색일: 2024. 3. 3).
47) Elizabeth Wishnick, "The Russian Invasion of Ukraine Freezes Moscow's Arctic Ambitions," Cameron Carlson, *Journal of Indo-Pacific Affairs* (September-October 2022) *p. 53*.

일부 비정치적 워킹그룹을 통해 있었으나 매우 제한적이었다. 2023년 5월 북극이사회 의장국이 러시아에서 노르웨이로 변경된 후 러시아와의 관계는 더욱 악화되었다.[48] 러시아는 의장국에서 물러난 직후 외교부를 통해 러시아의 활동이 러시아의 국익에 부합하지 않을 경우 북극이사회를 탈퇴할 수도 있다고 밝히면서, 다양한 행동 옵션의 중요성을 강조하고 북극이사회의 활동이 북극에서 러시아의 목표를 촉진하는 데 실패한다면, 러시아가 북극이사회에 남는 것은 의미가 없을 것이라고 하였다.[49] 또한, 북극이사회의 미래는 북극을 평화, 안정, 건설적 협력의 지역으로 보존하기 위한 문명화된 대화의 지속 가능성에 달려 있다고 강조하였다. 이처럼 양측의 대립은 북극이사회의 협력을 단절시켰으며, 전쟁 이전과 같이 정상적인 이사회 운영으로 회귀하는 것은 당분간 어려울 것으로 예상된다.

다음은 군사 분야이다. 전쟁 이전 러시아를 제외한 북극이사회국 중에서 나토에 가입되지 않은 국가는 핀란드와 스웨덴이며 이 두 국가는 러시아와 군사적으로 직접 대립하지 않는 중립국이었다. 전쟁 이전의 북극이사회는 러시아, 나토 5개국, 중립 2개국이 혼합되어 있어 명백한 대립 관계는 아니었다. 그런데 전쟁이 발발하고 역내 안보환경에 대한 우려가 커지면서 두 국가의 안보전략에 중대한 변화가 초래되었다. 핀란드와 스웨덴은 안보를 강화하고 지역 안정성을 유지하기 위해 나토의 집단방위 체제에 통합되기를 희망하게 되는데, 나토 가입을 통해 동맹국들과의 협력과 함께 자국의 국방 능력을 강화함으로써 강력한 안전 보장을 확보하려 하였다.[50] 2022년 5월 18일 핀란드와 스웨덴

---

48) "Future of Arctic Council in doubt after end of Russian chairship," *CBC, May 11, 2023*.
49) "Russian Foreign Ministry does not rule out Russia's withdrawal from Arctic Council," *The Arctic, May 12, 2023*.
50) Robin Forsberg, "Implications of a Finnish and Swedish NATO Membership for

은 나토 가입을 신청하였으며, 핀란드는 2023년 4월 4일, 스웨덴은 2024년 3월 7일에 나토의 정식 회원국이 되었다. 이로써 북극이사회는 '러시아 vs 나토'의 양자 구도로 재편되었으며, 이는 북극에서의 신냉전시대가 전개되는 것이라 할 수 있다.

러시아의 입장에서 두 국가의 나토 가입은 북극권에서 최악의 안보환경이 조성된 것이다.[51] 북극해 해안선의 많은 영역을 차지하고 있는 러시아는 북극권내 북방함대와 핵미사일을 배치하는 등 군사 안보에 힘 써왔다. 그러나 완충지대 역할을 해왔던 핀란드에 이어 스웨덴까지 나토 회원국이 되면서 나토는 역내 군사력 증강과 더불어 집단방위 체제의 결속과 안정을 도모할 수 있을 것이다. 러시아로서는 길어진 국경을 방어해야 하고 나토의 억지력은 한층 강화될 것으로 예상된다.[52]

북극이사회의 나토 회원국들은 북극권에서 러시아에 대응하기 위해 군 전력 증강에 노력하고 있다. 나토 회원국들의 방위비 지출 목표는 GDP 대비 2%이나, 전쟁 이전에 이를 지키는 나라는 북극이사회 나토 회원국 중 미국뿐이었고, 전쟁 이후 나토 회원국들에 방위비 증가 압력이 가해지고 있다.[53] 노르웨이와 덴마크는 방위비를 기존 1%대에서 2%로 증액하였는데, 노르웨이는

Security in the Baltic Sea Region", Aku-M. Kähkönen and Janna Öberg, *Wilson Center, (Jun. 29, 2022)*.

51) "Russia says Sweden and Finland joining NATO could accelerate militarization of Arctic region," *Arctic Business Journal Nov. 30, 2022.* https://www.arctictoday.com/russia-says-sweden-and-finland-joining-nato-could-accelerate-militarization-of-arctic-region/ (검색일: 2023.12. 5).

52) "Four maps explain how Sweden and Finland could alter NATO's security." *The Washington Post, Jul. 11, 2023*.

53) "NATO: Why is spending 2% of GDP on defence so controversial?" *Euronews,* Apr. 7, 2023.

현재 212급 잠수함 4척의 획득 사업을 진행하고 있으며, 덴마크도 신형 잠수함 확보 계획을 세우고 있다.[54] 현재 5척의 잠수함을 운영 중인 스웨덴은 2척의 신형 A26급 잠수함 2척을 2028년까지 확보할 예정이다.[55] 핀란드는 2024년 방위비 예산을 나토의 권고 목표를 상회하는 GDP 대비 2.3%로 증액하였다.[56] 특히, 2030년까지 총 64대의 F-35 전투기 획득을 추진하고 있다. 캐나다는 기존 보유하고 있던 빅토리아급 잠수함 4척을 대체하기 위해 신형 잠수함 도입을 추진하고 있으며 발주 규모는 총 12척에 이를 것으로 예상된다.[57] 이처럼, 우크라이나 전쟁은 북극이사회 나토 회원국들의 군비 증강과 군사대비태세를 강화하는 결과를 초래하였다.

지금까지 우크라이나 전쟁이 진행되면서 전개된 북극권의 안보정세를 정치외교 분야와 군사 분야로 나누어 살펴보았다. 이번 전쟁으로 촉발된 북극이사회의 진영 변화는 북극권 안보환경에 커다란 영향을 미칠 것으로 예상되며, 향후 전쟁의 향방은 역내 안보정세의 변곡점으로 작용할 수 있을 것이다. 그러나, 전쟁이 언제까지 이어질지 알 수 없다. 두 국가가 종전 압박으로 협상에 내몰리더라도 이것이 순조롭게 진행될지에 대해 분석하고 판단하는 것은 매우 어렵다. 따라서, 유럽의 불안하고 불투명한 안보정세가 상당 기간 이어질 가능성이 있고, 이는 북극권의 안보정세 불안으로도 이어질 것이다. 종

54) Conrad Waters, "Scandinavian Naval Procurement - Status Report," *European Security & Defense,* (Jul. 3, 2023). https://euro-sd.com/2023/07/articles/31829/scandinavian-naval-procurement-status-report/ (검색일: 2023. 3. 17).

55) "Swedish military sharpens its focus on submarine tech in 2024," *Defense News,* Dec. 9, 2023.

56) "Finland's 2024 defense budget targets arms restocking, border security." *Defense News,* Oct. 14, 2023.

57) "[단독] 캐나다軍 10월 K잠수함 실사…韓 '80조 수주전' 올라탔다," 「서울경제」2023년 7월 16일.

전 전까지 러시아와 북극이사회 7개국의 협력 단절과 대립은 지속될 가능성이 크며, 전쟁 이전과 같이 정상적인 이사회 운영으로 회귀하는 것은 당분간 어려울 것으로 보인다. 이러한 상황은 대러시아 제재가 지속되는 것을 의미하며, 러시아의 북방항로 개발 난항으로 이어지고 2035년까지의 북방항로 개발 계획에도 차질이 발생할 수 있다. 한국의 북극권 내 활동을 위해서는 러시아와의 협력이 가장 중요한데, 대러 제재가 지속될수록 러시아와 협력은 지연될 것이다. 또한, 북방항로의 개발이 지연된다면 북방항로의 안전성과 활용성이 보장되는 시기도 지연되는 것을 의미하므로 한국 선박의 북방항로 활용 시기도 지연될 수 있을 것으로 예상된다.

서론에서 언급한 바와 같이 북·러의 밀착으로 인해 한국과 러시아의 관계는 우크라이나 전쟁 이후 더욱 경색될 수밖에 없는 상황이며, 한국의 북극정책 추진은 당분간 어려울 것으로 예상된다. 그러나 북극정책은 단기성 정책이라기보다는 중·장기적 특성이 있는 정책이다. 거시적 안목을 가지고 안보정세와 국가 간 협력 관계를 고려할 수 있는 접근법이 필요하다. 그리고, 불투명한 역내 안보정세 속에서 안보 상황의 호전 가능성도 배제할 수 없다. 북극권 안보 정세의 안정화 가능성을 대비해 한국해군은 북극정책의 추진 방향을 사전에 정립할 필요가 있다.

IV. 한국해군의 북극정책

북극권에서의 한국 국민의 활동이 보장되기 위해서는 북극이사회 회원국과의 협력이 중요하다. 북극에서 국민의 조난이나 선박 사고가 발생 시 가장 신속하게 대응할 수 있는 방안은 사고 발생 관련 주재국[58]과의 긴밀한 외교협력이다. 정부 차원에서는 외교부가 주재국 한국대사관을 통해 상황을 파악하고 주재국 정부와의 협력 대응방안을 모색할 수 있다. 해군은 정부의 극지정책 협의체 내에서 외교부, 해수부, 해경 등과 협력하면서, 해군에 부여된 임무를 성공적으로 수행하기 위해 북극에서의 국방외교 협력 강화를 북극정책 목표 중 하나로 설정하고 외교 채널을 통한 지원 가능 방안을 모색해야 한다.

이를 위해 한국해군은 북극권 내 사고 발생 가능 해역에 인접한 북극이사회 회원국과의 국방외교 협력이 중요하다. 향후 한국의 북방항로 활용을 가정할 경우, [그림 3]에서 보는 바와 같이 북극의 중앙 해빙을 고려하여 선박은 러시아와 노르웨이의 연안을 따라 이동해야 하므로 베링해협을 통과해 축치해, 동시베리아해, 랍테프해, 카라해, 바렌츠해, 노르웨이해를 따라 이동할 수 있다. 베링해 북단으로부터 노르웨이해 북단에 이르는 해역에서 사고 발생 시 현 한국해군의 함정이 접근하는 것은 매우 제한된다.[59] 이때 해군은 사고 발생 해역에 인접한 국가의 국방부(해군)와 긴밀히 협력해야 한다. 협력 대상국으로서 가장 가능성 있는 국가는 러시아와 노르웨이이며,[60] 이 두 국가와의 국방외교 협력이 매우 중요할 것으로 판단된다. 따라서 북극에서의 국방외교 협력 강화를 달성하기 위해 러시아 및 노르웨이와의 국방외교 협력을 중심으로 한국해군의 북극정책 방향을 제시하고자 한다.

---

58) 사고가 발생한 곳을 영해로 두는 국가, 사고 발생 인접국, 또는 사고와 직·간접 관련국을 의미한다.

59) 현재 운용 중인 한국해군의 함정 무기체계(선체뿐만 아니라 탑재 무장, 각종 탐지장비 등)은 획득단계에서 북극권 환경을 고려하여 건조되지 않았다.

60) 노르웨이령인 스발바르 제도는 한국 다산과학기지가 있어 주변 해역에서 사고 발생 가능성이 존재하나, 아이슬란드와 덴마크령 페로제도 및 그린란드 주변에서의 사고 발생 가능성은 상대적으로 낮을 것으로 판단된다.

그림 3. 북극해 환경과 북방항로 관련 해역

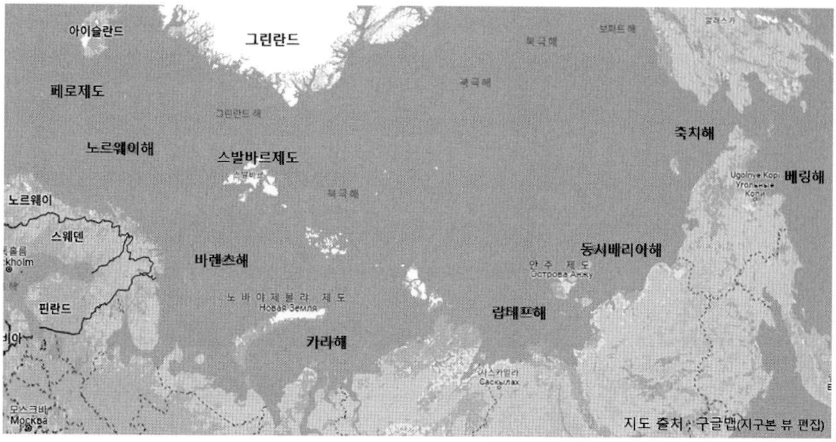

지도 출처 : 구글맵(지구본 뷰 편집)

1. 러시아와의 국방외교 협력

미래 한국의 북극 활동을 위해서는 러시아와의 협력이 가장 중요하다. 러시아는 북극권에서 긴 해안선을 보유하고 있으며, 가장 활발한 해운 항로인 북방항로를 운용하고 있다. 부산항을 출항한 한국 선박이 북방항로를 경유하여 네덜란드 로테르담 항구로 향할 경우 가장 연안 항해를 많이 하는 구간은 러시아의 연안 해역이며, 사고 발생 위험이 가장 많은 곳이기도 하다. 통항을 위해서는 러시아의 북방항로관리국으로부터 통항 허가를 받아야 하고 특정 조건의 쇄빙선이 아닌 이상 러시아의 쇄빙선 지원을 받아야 한다. 이와 같이 북방항로를 활용하기 위해 러시아의 협조가 필수적이며, 사고 발생 시에도 긴밀한 외교협력이 요구된다.

러시아는 현재 우크라이나와의 전쟁으로 인해 미국을 비롯하여 서방국가들로부터 다양한 제재를 받고 있어 한국으로서는 외교협력을 강화하기가 쉽지 않다. 또한, 2024년 6월 러시아는 북한과 양국이 전쟁상태에 처하면 지체없이 군사 원조를 하겠다는 조약을 체결하고,[61] 2024년 10월에는 북한이 우크라이나 전쟁에 무기 지원을 넘어 병력 파병까지 나서며 러시아를 지원함으로써 한반도 안보 상황에도 영향을 미치고 있다.[62] 이와 같이 군사 분야에서의 양국 간 밀착 관계는 한·러 간 협력의 장애물이 될 것으로 예상된다. 그럼에도 불구하고 한국해군은 국가의 미래 북극활동 지원을 위해 러시아 해군과의 국방협력을 대비해야 한다. 만약 유럽의 안보정세가 안정화되고 러시아의 '2035년까지의 북방항로 개발계획'이 순조롭게 진행되는 상황을 고려해야 할 것이다. 이러한 상황을 가정하여 러시아 해군과의 국방외교 협력을 위한 한국해군의 북극정책 추진 방향은 다음과 같다.

첫째, 한국해군은 협력 가능한 시기에 북방항로 상에서의 사고대책 마련을 위한 기반을 조성해야 한다. 이를 위해 기존에 수립된 양국 해군의 '해군대해군 회의'와 같은 정례 협의체를 활용할 수 있다. 이 협의체를 통해 북극해 환경 전반, 북방항로 운용실태, 러시아 해군의 북방항로 지원사항 등의 정보를 요구할 수 있을 것이다. 또한, 북극해 상에서의 한국 국민과 한국 국적 선박의 사고 발생 시 협력방안을 의제로 상정해야 할 것이다.

둘째, 해군 간부를 러시아 해군의 쇄빙선에 편승하여 항해 실습을 추진하는 것이다. 현재 해군에서는 2017년 이후 국내 쇄빙선인 아라온호 편승 항해실습뿐만 아니라 캐나다, 페루 등의 국가들과 협력하여 해군 간부의 극지 항해실습을 추진하고 있다. 이러한 실습은 극지에서의 항해작전능력을 배양시킬 수

---

61) "북러 '사실상 군사동맹' 협정문 공개… "지체없이 군사지원"", 「한국일보」, 2024년 6월 20일.
62) Karolina Hird, Daniel Shats, and Alison O'Neil, "North Korea Joins Russia's War Against Ukraine: Operational and Strategic Implications in Ukraine and Northeast Asia," *ISW Press Online*, (Nov. 1, 2024).

있는 소중한 경험을 제공할 수 있다. 러시아 해군의 쇄빙선에 편승 실습을 할 수 있다면, 우선 낯선 북극의 혹독한 환경과 해빙 상태를 직접 경험할 수 있고, 구조훈련과 쇄빙선의 실질적인 역할을 확인할 수 있을 것이다. 실습 참가 간부들은 향후 해군의 북극정책 수립과 추진을 위한 전문가로서 활동할 수도 있을 것으로 예상된다. 그리고, 미래에 해군이 북극에 함정을 파견하는 상황이 온다면, 실습 파견을 경험한 간부들이 항해 계획수립, 항해작전 및 구조작전 수행 등에서 다양한 역할을 할 수 있을 것으로 기대된다.

셋째, 2035년 이후 한국해군의 북극에 파견 가능한 함정을 보유하는 상황을 가정하여 양국 해군 간 연합구조훈련을 추진할 수 있다. 먼저 러시아의 블라디보스톡 주변 해역에서 태평양함대 사령부 소속 함정과 연합구조훈련을 추진하고 이후 북극권에서의 활동 상황이 조성되면 북방항로 상에서의 연합구조훈련을 단계적으로 추진하는 것이다. 이러한 연합구조훈련은 북극해 사고 발생 시 한국해군의 위기 대응능력을 강화할 수 있는 실질적인 훈련이 될 수 있을 것으로 판단된다.

2. 노르웨이와의 국방외교 협력

노르웨이는 북극해에 매우 긴 해안선을 가지고 있다. 한국이 북방항로를 활용하게 된다면 한국에서 북유럽 항구로 항해하는 선박들은 러시아 연안을 거쳐 노르웨이해 연안을 따라 항해할 것이다. 또한, 한국의 북극다산과학기지가 있는 스발바르제도는 노르웨이령으로서 한국 국민이 활동하고 있다.

북방항로가 활성화되면 한국 국적의 선박 활동이 증가할 수 있고 노르웨이해와 스발바르제도 인근 해상에서 사고 발생 가능성도 증가할 수 있다. 이 해역에서 사고 발생 시 한국으로서 가장 협조가 필요한 국가는 노르웨이인데, 한국해군은 노르웨이 해군과의 직접적인 국방외교 협력 채널이 없다. 러시아에는 국방무관부[63]가 설치되어 있으며 국방무관뿐만 아니라 해군무관도 임무를 수행하고 있어 해상 사고가 발생하더라도 양국 해군 간 협력 채널을 통해 상황 파악이 용이하고 신속 대응이 가능하다. 그러나, 노르웨이의 경우 겸임을 맡고 있는 스웨덴 국방무관을 통해 사고 상황을 파악해야 하므로, 실질적인 양국 해군 간 협력에 여러 제한사항이 있을 것으로 판단된다. 이러한 문제를 해결하기 위한 한국해군의 북극정책 추진 방향은 다음과 같다.

첫째, 노르웨이와 국방외교 채널을 구축하기 위해 해군장교를 국방무관으로 하는 국방무관부를 개설해야 한다. 북방항로의 활용이 활성화되는 시점이 2030년대 중반 이후로 가정하더라도 국방외교 협력 채널을 조기에 구축함으로써 양국 해군 간 관심 의제를 상정하여 논의하고 협력을 위한 신뢰를 쌓는 노력이 필요하다. 국방무관부의 주요 임무[64]는 국방외교 및 국방교류협력, 국가 안보에 영향을 미치는 자료의 수집으로써, 북극해와 관련된 다양한 정·첩보를 수집·분석하고 주재국과의 협의 등 초기 대응을 신속히 처리하기 위해서는 해군 국방무관이 필요하다. 특히, 노르웨이는 북방항로에서 러시아를 제외하고 가장 넓은 해역을 배타적경제수역으로 두고 있으므로 해양의 특성과 항해 및 구조작전과 같은 해군작전을 이해할 수 있고 노르웨이 해군과 국방외교 측면에서 긴밀히 협력할 수 있는 해군 국방무관이 업무를 수행해야 한다. 따라서, 국방무관의 주요 임무를 고려 시, 노르웨이 주재 한국대사관에 해군 장교를 국방무관으로 하는 국방무관부 신실을 추진해야 하며, 이를 위해 제1차

---

63) 재외공관 주재무관에는 국방무관, 각군 무관, 각군 무관보좌관 등이 있는데, 세부사항은 '재외공관주재무관의 대외직명에 관한 규칙'(외교부령 제1호, 2013. 3. 23. 시행)에 있다. 국가에 따라 다수의 무관이 있는 복수 무관부와 국방무관 단독으로 운용되는 단수 무관부가 있다.

64) 『재외공관 무관주재령 시행규칙』 국방부령 제965호, 2018. 7. 4. 일부개정. 국방무관부의 임무에는 방산 수출입 지원도 포함되어 있다.

극지활동 진흥 기본계획 기간('23~'27) 중 정부 협의체에 관련 의제를 제시하고 외교부와 협의를 거쳐 무관부 개설을 목표로 준비해야 할 것이다.

둘째, 노르웨이에 국방무관부가 개설되면 양국 해군 간 '해군대해군 회의' 협의체를 구성하고 관심 의제를 상정할 수 있을 것이며, 북극해 해양정보 공유 방안, 해군 간부의 노르웨이 함정 파견 실습, 연합해군훈련 등을 포함시킬 수 있다. 공유가 필요한 북극해 해양정보에는 북극해의 연중 기상 상태, 수심별 수온, 지형 및 저질, 해류 및 조류, 북극해 해빙의 변화 등 북극해 사고 발생 상황을 대비한 항해작전과 구조작전의 기반이 되는 환경정보를 포함할 수 있다. 해군 간부의 노르웨이 함정 파견 실습은 미래 해군의 북극권 활동을 위한 기반이 되는 인적자원 확보 측면에서 적극적인 추진이 필요하다. 연합해군훈련은 한국해군의 함정이 노르웨이를 방문하는 계기에 연합기회훈련을 추진할 수 있으며, 정기적으로는 해군 잠수사 요원으로 구성된 구조 지원팀의 노르웨이 파견을 통해 연합구조훈련을 추진함으로써 합동 수중탐색, 구조전술 및 잠수기법 공유 등을 통해 북극해에서의 상호운용성과 연합구조작전 능력을 강화할 수 있을 것으로 기대된다.

V. 결론

한국 정부는 2021년 제정된 '극지활동 진흥법'을 기반으로 '제1차 극지활동 진흥 기본계획'을 마련하였으며, 여기에는 '극지해역 사고 발생 시 신속 대응 지원'과 같은 해군의 임무가 명시되었다. 극지해역 중에서도 북극해는 과학연구 중심의 남극해와 달리 역내 안보정세에 크게 영향을 받으며 자원 개발과 북방항로 등 국가이익과 관련된 주요 이슈들이 존재한다. 이에 본 연구는 정부의 정책을 지원하기 위한 한국해군의 북극정책 추진 방향을 북극권의 안보 정세와 국방외교를 중심으로 다루었다.

북극의 해빙은 인류의 탄소배출 감소 노력이 부진할 경우 대략 2050년을 기준으로 9월에 급격한 감소 또는 소멸이 나타날 가능성이 있으며 일부 연구에서는 그 시기가 더 앞당겨질 수 있음을 보여주고 있다. 북극의 기후변화로 인해 북방항로의 활용성이 높아질 것으로 예상되는데, 러시아는 2035년을 목표로 북방항로와 관련된 인프라 개발에 많은 자원을 투자하고 있다. 대내·외 지정학적 여건이 조성된다면 러시아는 북방항로의 개발 성공과 함께 북방항로의 시대를 개척할 수 있을 것으로 예상된다.

비교적 안정적인 안보정세가 이어졌던 우크라이나 전쟁 이전과 달리 전쟁 이후 서방 진영의 대러시아 인식과 정책에 커다란 변화가 발생하였다. 북극이사회는 러시아 대 나토의 대결 구도로 변화하며, 7개 회원국과 러시아와의 협력은 중단되었다. 우크라이나 전쟁으로 야기된 북극이사회의 진영 변화는 북극권의 안보정세를 급격히 불안정하게 조성하였다. 현재 종전 시점은 불투명하며 종전이 되더라도 일정 기간 역내 불안정한 안보정세가 이어질 것으로 예상된다. 불안정한 안보정세가 이어지더라도 2030년대 이후에도 이같은 불안정한 안보환경이 이어질지는 불확실하다. 북방항로의 활성화는 북극해 환경과 안보상황의 영향을 받겠지만 시간이 흐를수록 가능성은 커질 것으로 예상된다.

따라서, 한국해군은 정부의 극지정책을 지원하기 위해 대비해야 한다. 특히, 향후 북방항로에서 발생할 수 있는 사고에 신속히 대응하기 위해서는 항로와 잇닿아 있는 러시아 및 노르웨이와의 국방외교 협력이 가장 중요하다고 할 수 있다. 러시아와는 양국 해군의 협의체인 '해군대해군회의'를 통해 북극해와 북방항로에 대한 정보, 북극해에서의 인명 및 선박 사고 발생 시 협력 방안 등을 의제로 다룰 수 있으며, 러시아 해군 쇄빙선 편승 항해 실습을 협의하고, 가능한 시기에 연합구조훈련을 추진할 수 있을 것이다. 노르웨이와는 국방무관부 설치를 최우선 목표로 설정하고 양국 해군 간 정례 협의체를 구성해야 한다. 이후 이 협의체를 통해 북극해 환경과 북방항로에 관한 정보 수집과 사고 대응 협력방안을 논의할 수 있을 것이며, 러시아와의 협력과 동일하게 노르웨이 해군 함정 실습과 연합훈련을 추진할 수 있을 것이다. 이와 같이 러시아 및 노르웨이와의 국방외교 협력을 추진하는 것은 정부의 극지 정책에 명시된 해군의 임무를 수행하기 위한 가장 현실적이고 효과적이며 우선적으로 시행할 수 있는 정책 방향이 될 것으로 판단된다.

현재의 북극권 안보정세 속에서 한국해군의 북극정책 방향을 설정하기는 쉽지 않다. 해군이 '극지해역 사고 발생 시 정부의 신속 대응 지원'이라는 임무를 수행할 수 있는 여건 자체가 조성되기 어려운 상황이다. 우크라이나 전쟁이 2025년에 종료되더라도 우크라이나와 러시아, 그리고 미국, 나토, 유럽연합 등과 러시아 간 전후 처리해야 할 다양한 문제들이 발생할 수 있다. 예를 들면, 러시아 제재 등의 문제도 그중 하나가 될 것이다. 단기간 내 이러한 문제들이 관련국들의 이익에 모두 부합하는 방향으로 처리되기는 어려울 것으로 예상되나, 국가 간 갈등은 서서히 진정국면으로 진행될 가능성이 있다. 북극정책은 장기적인 관점에서 긴 호흡으로 미래를 바라보며 현재 우리가 준비해야 할 정책이다.

〈참고문헌〉

강윤희, "우크라이나 전쟁의 현재와 미래: 우크라이나 전쟁과 러시아-EU, 러시아-NATO 관계," 강윤희(편). 『한반도 포커스』(경남대학교 극동문제연구소, 2023).

관계부처 합동, 『제1차 극지활동 진흥 기본계획(2023-2027)』(정부, 2022년).

국립기상과학원, 『미래 시나리오 4종에 따른 기후변화 전망』(전지구 기후변화 전망보고서, 2020).

대한무역투자진흥공사, 『러시아의 북극항로 개발 동향과 계획』(Global Market Report, 2022).

북극물류연구소, "특집 1 : 러시아정부, 2035년까지의 북방항로 개발계획 승인," 『북극물류동향』(영산대학교, 2022. 7월호).

북극물류연구소, "특집 : 2023년 북극항로 국제통과 운송 사례 분석." 『북극물류동향』(영산대학교, 2023. 8월호).

서현교, "러시아 북극정책의 시대적 특징과 함의," 『한국시베리아연구』 제25권 3호(배제대학교 한국-시베리아센터, 2021).

신장이, "북극항로의 시대와 해군의 역할", 『한국해양안보포럼(Online)』, 제56호(4-5월)(한국해양안보포럼 E저널 2022).

윤영민, "EU의 탈 러시아산 천연가스 정책과 러시아의 에너지 안보: 러시아 천연가스 산업의 유럽 의존성과 취약성," 『러시아연구』 제32집 제2호(서울대학교 러시아연구소, 2022).

이송·김정훈, "러시아·우크라이나 사태 전후의 북극권 상황 분석과 한국 역할 모색," 『중소연구』 제46권 제3호(한양대학교 아태지역연구센터 2022).

정성엽, "북극항로의 전망과 시사점," 『Ocean Insight』(한국수산과학기술원, 2020. 7월호).

지영, "한국 해군의 북극해 진출과 발전방안에 대한 고찰: 작전환경(SWOT) 분석을 중심으로", 『해양안보』, 제1권, 제1호(한국해양전략연구소 2020).

"[단독] 캐나다軍 10월 K잠수함 실사⋯韓 '80조 수주전' 올라탔다," 「서울경제」, 2023년 7월 16일.

"[전문] 북한·러시아 '포괄적인 전략적 동반자 관계에 관한 조약'" 「뉴스핌」, 2024년 6월 20일.

"북러 '사실상 군사동맹' 협정문 공개⋯ "지체없이 군사지원"", 「한국일보」, 2024년 6월 20일.

""첫 대규모 참전"⋯외신 '북, 1만2천명 우크라전 파병' 긴급타전", 「연합뉴스」, 2024년 10월 18일.

"홍해 사태가 극동 등 러시아 물류에 미치는 영향," 「Kotra 해외시장뉴스」, 2023년 12월 29일.

Arctic Business Journal. "Russia says Sweden and Finland joining NATO could accelerate militarization of Arctic region," (Nov. 30, 2022). https://www.arctictoday.com/russia-says-sweden-and-finland-joining-nato-could-accelerate-militarization-of-arctic-region/ (검색일: 2023. 12. 5).

Finish Government, *Finland's Strategyfor Arctic Policy* (2021).

Forsberg, Robin. "Implications of a Finnish and Swedish NATO Membership for Security in the Baltic Sea Region", Aku-M. Kähkönen and Janna Öberg, *Wilson Center*, (Jun. 29, 2022).

Government of Canada, *Joint statement on Arctic Council cooperation following Russia's invasion of Ukraine* (Mar. 3, 2022). https://www.canada.ca/en/global-affairs/news/2022/03/joint-statement-on-arctic-council-cooperation-following-russias-invasion-of-ukraine.html (검색일: 2024. 3. 2).

Government Offices of Sweden, *Sweden's strategy for the Arctic region* (2020).

Hird, Karolina, "North Korea Joins Russia's War Against Ukraine: Operational and Strategic Implications in Ukraine and Northeast Asia," *ISW Press Online*, (Nov. 1, 2024).

Hosa, Joanna. "Feeling the chill: Navigating Arctic governance amid Russia's war on Ukraine," (European Council on Foreign Relations, 2023). https://ecfr.eu/publication/feeling-the-chill-navigating-arctic-governance-amid-russias-war-on-ukraine/ (검색일: 2024. 3. 3).

Institute for the Study of War(ISW), *Interactive Map: Russia's Invasion of Ukraine*. https://storymaps.arcgis.com/stories/36a7f6a6f5a9448496de641cf64bd375 (검색일: 2024. 11. 2.).

IPCC, *Technical Summary* (Climate Change 2021: The Physical Science Basis, 2021).

Kim, Yeon-Hee, "Observationally-constrained projections of an ice-free Arctic even under a low emission scenario," Seung-Ki Min, Nathan p.Gillett, Dirk Notz, Elizaveta Malinina, *Nature Communications*(online 2023).

Meister, Stefan. "A Paradigm Shift: EU-Russia Relations After the War in Ukraine." (Carnegie Europe, 2022). https://carnegieeurope.eu/2022/11/29/paradigm-shift-eu-russia-relations-after-war-in-ukraine-pub-88476 (검색일: 2024. 3. 2).

Russian Maritime Register of Shipping, *Rules for the Classification and Construction of Sea-Going Ships* (Saint-Petersburg Edition 2019).

The Norwegian Government, *The Norwegian Government's Arctic Policy* (Jan. 26, 2021). https://www.regjeringen.no/en/dokumenter/arctic_policy/id2830120/#tocNode_16 (검색일: 2024. 2. 22).

The State Council of the People's Republic of China, *China's Arctic Policy*. https://english.www.gov.cn/archive/white_paper/2018/01/26/content_281476026660336.htm (검색일: 2024. 2. 20).

The State Council of the People's Republic of China, *The Vision for Maritime Cooperation under the Belt and Road Initiative*. https://english.www.gov.cn/archive/publications/2017/06/20/content_281475691873460.htm (검색일: 2024. 2. 20).

US DOD Office of the Under Secretary of Defense for Policy, *Department of Defense Arctic Strategy* (US DOD, Report to Congress, 2019).

Waters, Conrad. "Scandinavian Naval Procurement - Status Report," *European Security & Defense*, (Jul. 3, 2023). https://euro-sd.com/2023/07/articles/31829/scandinavian-naval-procurement-status-report/ (검색일: 2023. 3. 17).

Wishnick, Elizabeth, "The Russian Invasion of Ukraine Freezes Moscow's Arctic Ambitions," Cameron Carlson, *Journal of Indo-Pacific Affairs*, (September-October 2022).

"A month after they set out on Arctic voyage, two Russian oil tankers still battle with sea-ice," *The Independent Barents Observer*, Aug. 11, 2023.

"Denmark to spend more on Arctic defence as melting sea ice prompts jostle for control," *Reuters*, Dec. 12, 2021.

"Europe to Russia: We won't forget Crimea," *Politico*, Mar. 18, 2016.

"Finland's 2024 defense budget targets arms restocking, border security." *Defense News*, Oct. 14, 2023.

"Four maps explain how Sweden and Finland could alter NATO's security." *The Washington Post*, Jul. 11, 2023.

"Future of Arctic Council in doubt after end of Russian chairship," *CBC*. May 11, 2023.

"NATO: Why is spending 2% of GDP on defence so controversial?" *Euronews*, Apr. 7, 2023.

"NDAA Shines Spotlight on Great Power Competition in the Arctic." *American Security Project*, Dec. 13, 2019.

"Opinion | Yes, Russia Might Invade a NATO Country. Here's How the Alliance Should Prepare," *Politico*, Mar. 4, 2022.

"Russia Details NSR Growth with Year-Round Service to Begin in 2024," *The Maritime Executive*, May 24, 2023.

"Russian Foreign Ministry does not rule out Russia's withdrawal from Arctic Council," *The Arctic*, May 12, 2023.

"Swedish military sharpens its focus on submarine tech in 2024," *Defense News*, Dec. 9, 2023.

새로운 정치지리 공간으로서의 북극해

이재혁*

2014년 우크라이나의 영토였던 크림반도를 러시아가 점령한 이후, 2022년 전면전으로 번진 러시아와 우크라이나 간의 전쟁은 지난 세기 세계 갈등[전쟁]의 이론이자 전략의 기초가 되었던 지정학 이론이 여전히 살아있는 느낌이 들게 된다.

고전적 지정학 이론은 하트랜드(Heartland)와 림랜드(Rimland) 이론, 해양세력과 대륙세력의 충돌 등을 들 수 있다. 이들 이론은 오랫동안 변화되고 단점을 노출하고 있지만, 여전히 연구되고 있으며 세계 각국의 새로운 지정학적 전략을 만들기 위한 기초이론으로 채택되고 있다.

지정학이론은 정치지리의 공간을 기본으로 한다. 최근 급격히 진행되고 있는 북극해의 해빙(解氷)은 고전적 지정학 공간에서 제외되었던 북극해를 새로운 정치지리 공간으로 만들고 있다.

1. 정치지리학의 공간

정치지리학(Political Geography)은 인문지리학의 하위 분야로서 권력과

---

* 배재대학교 한국-시베리아센터, (전) 북극학회 회장

공간의 관계, 즉 자연적 공간 조건과 행위자의 정치적 행위 간의 상호 관계, 사회적 과정과 관계를 연구한다. 특히 이 하위 분야는 지정학(Geopolitics)으로 발전하였다. 지정학의 하위 분야로는 지리전략(Geostrategy)을 들 수 있다.

인문지리학(Anthropogeography) 용어의 창시자인 프리드리히 라첼(Friedrich Ratzel)은 공간 조건과 국가 조직 간의 상호작용을 명시적으로 다루어 정치지리학 분야를 최초로 확립한 사람이었다. 1897년에 나온 그의 주요 저술 "정치지리학(Politische Geographie)"에서, 공간과 영토 분할은 자연법칙에 의해 주어진다는 지리결정론(geodeterministische Vorstellung; 자연결정론, 환경결정론이라고도 함)이 우세하다. 또한 민족국가는 일종의 유기적 전체(국가 유기체주의)로 설명하고 있다. 생명체의 생존을 위한 투쟁에 비유하자면, 한 민족의 생존은 영토 확장과 다른 민족에 대한 사회적 억압에 의해서만 보장된다.[1] 라첼의 뒤를 이어 스웨덴의 루돌프 옐렌(Rudolf Kjellén, 1864-1922)은 지정학(Geopolitik)의 정의를 만들었고, 뮌헨대학의 지리학 교수 칼 하우스호퍼(Karl Haushofer, 1869-1946)는 이러한 지리결정론적 아이디어를 더욱 발전시켰다. 정치지리적 공간에 대하여 칼 하우스호퍼(Karl Haushofer)는 "지정학은 정치 과정의 지상적 성격에 관한 연구이다. 그것은 지리학, 특히 정치 공간 유기체와 그 구조에 관한 연구로서의 정치지리학의 광범위한 기초를 기반으로 한다. 지리학에 의해 파악되는 지구 공간의 본질은 정치 과정이 장기적으로 성공하기 위해 반드시 이루어져야 하는 지정학의 틀을 제공한다

---

1) J. Lossau: *Anderes Denken in der Politischen Geographie. Der Ansatz der Critical Geopolitics.* In: Paul Reuber, G. Wolkersdorfer (Hrsg.):*Politische Geographie: Handlungsorientierte Ansätze und Critical Geopolitics.* Geographischen Instituts der Universität Heidelberg, Heidelberg 2001, S. 57-76(재인용: https://de.wikipedia.org/wiki/Politische_Geographie).

.... "고[2] 주장하였다.

그림 1. 프리드리히 라첼(Friedrich Ratzel)[3]

그림 2. 랏첼의 정치지리학 표지[4]

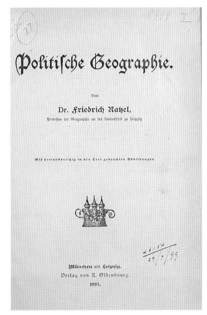

2) Karl Haushofer, Grundlage, Wesen und Ziele der Geopolitik. In: Ders.,Erich
   Obst;Hermann Lautensach und Otto Maull, Bausteine zur Geopolitik, K.
   Vowinckel, Berlin 1928, S. 2-48, S. 27. (https://de. wikipedia. org/wiki/Geopolitik.
   검색일 2024. 5. 11.)
3) 출처 https://de. wikipedia. org/
4) 출처 https://openlibrary. org/books/OL6912167M/Politische_Geographie.

Ⅱ. 고전적 정치지리학과 지정학 이론

1. 해양세력

'해양력이 역사에 미치는 영향(The Influence of Sea Power upon History)'
은 앨프리드 세이어 머핸(Alfred Thayer Mahan)에 의해 1890년에 간행된 해
군 전략에 관한 서적이다. 이 책에서 머핸은 해군이 강력한 나라가 세계 전역
으로 뻗어나가 군사 전쟁뿐 아니라 경제 전쟁에서도 우위를 차지하여 강대
국이 될 수 있다는 '해양력'(Sea Power) 개념을 고안했다. 이 사상은 지금까
지 세계 각국의 해군 교리에 큰 영향을 미치고 있으며, 당대에는 해군 군비 경
쟁을 정당화하는 데 사용되어 제1차 세계 대전의 원인 중 하나를 제공하게 된
다. 머핸의 사상은 지금도 미국 해군 교리 곳곳에 남아 있다.

그림 3. 앨프리드 세이어 머핸(Alfred Thayer Mahan)[5]   그림 4. 해양력이 역사에 미치는 영향[6]

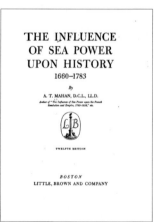

---

5) 출처 https://de.wikipedia.org/
6) 출처 https://de.wikipedia.org/

2. 중심축과 심장지대, 대륙세력

핼포드 존 매킨더(Sir Halford John Mackinder, 1861-1947)는 영국의 지리학자이다. 그는 지정학적 하트랜드 이론(Heartland-Theori)을 발전시켰다. 1904년 매킨더는 지리학 저널(Geographical Journal)에 발표된 그의 논문 '역사의 지리적 중심축(The Geographical Pivot of History)'에서 중심축(Pivot) 개념을 창안하였고, 그후 지정학의 하트랜드 이론으로 발전시켰다. 유라시아의 심장부를 지배하는 것이 세계 지배의 열쇠이며, 영국은 주요 해양 강국으로서 대륙의 고립성으로 인해 이 지역을 지배할 수 없으므로 대륙에서 위험한 팽창주의 세력의 출현을 고려해야 한다는 것이다. 그의 하트랜드 이론은 처음에는 영국 밖에서는 거의 주목받지 못했지만, 1930년대에 독일의 칼 하우스호퍼(Karl Haushofer)를 중심으로 국가사회주의자들에 의해 인용되었다. 그의

그림 5. 핼포드 존 매킨더(Sir Halford John Mackinder)[7]   그림 6. 매킨더 논문[8]

7) 출처 https://de.wikipedia.org/
8) 출처 https://www.jstor.org/stable/1775498

하트랜드 개념은 지정학에서 역사상 가장 중요한 아이디어로 평가되고 있다. 알프레드 세이어 머핸(Alfred Thayer Mahan)의 해군력의 유일한 역사적 지배이론과는 대조적으로, 매킨더는 역사의 과정에서 육지와 해상력이 결정적인 요인으로 작용해 왔다고 강조한다. 해상력과 육상력의 대립은 해양세력과 대륙세력의 개념으로 발전하기도 하였다.

3. 림랜드

하트랜드 이론과는 반대로 1942년 니콜라스 스파이크먼(Nicholas Spykman)이 주장한 림랜드(Rimland)가 있다. 미국이 제2차 세계대전에 참전하기 직전에 미국 지리학자 니콜라스 J. 스파이크먼(Nicholas J. Spykman)이 제시한 테제는 매킨더의 세계섬(World-Island) 패러다임에 기초하고 있다. 스파이크먼은 미국이 해양 강국으로서의 안보와 독립을 보장하려면 북아시아의 심장부에서 세계섬을 계속 통제하는 것을 막아야 한다고 주장했다. 그는 '세계정치 속의 미국 전략'이라는 책을 집필하면서 자신의 이론을 설명했다. 림랜드이론은 주요 세력이 유럽과 아시아의 가장자리 주변 국가에 속하므로 하트랜드를 통제한다고 주장한다. 제2차세계대전 중에 전략가들은 림랜드지역의 해군과 육군이 연합하여 소련에 대한 통제권을 유지할 수 있다는 지배적인 의견과 함께 그의 이론을 적용했다.

극동아시아에서 동남아시아, 인도, 중동, 남유럽과 서유럽을 거쳐 뻗어 있는 림랜드를 둘러싸고 있는 이 벨트는 바다와 육지 사이를 오가는 세계 화물의 대부분을 통과하고 있다. 스파이크먼은 해안 국가와 바다의 통제가 육지 자체의 통제보다 유리하다고 생각했다.

그림 7. 하트랜드와 림랜드[9]

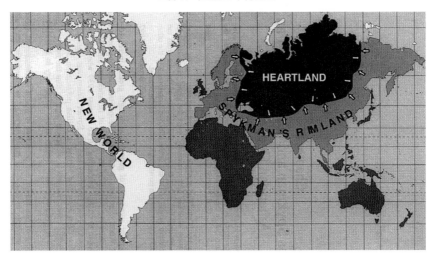

4. 레벤스라움

독일의 지리학자 프리드리히 라첼은 미래의 세계 질서가 영토공동체에 기반을 둘 것이라고 믿었고, 이웃 경쟁자들에 맞서 공간과 권력을 위한 싸움이라고 믿었다. 그러나 낭만적 민족주의는 이 치열한 경쟁에 맞서기에는 충분하지 않았으며, 대신 '토지와 관련된' 지리학적 정치를 주장했다.[10] 라첼의 생활공간 개념인 레벤스라움(독일어:Lebensraum, "생활권")은 "국가의 생물지리학적 개념"의 결과이며, 국가는 생물학적 의미에서 진화의 대상이 되고 성장

---

9) https://www.bing.com/images/search?view=detailV2&ccid=https://www.bing. com/images/search?view=detailV2&ccid=(검색일 2025. 5. 11)

10) Simone Pelizza, 2015, Geopolitics, Sea Power, and War: The Historical Context of Halford Mackinder's "The Geographical Pivot of History", p.4. (https://www. academia.edu/10359439/Geopolitics_Sea_Power_and_War_The_Historical_ Context_of_Halford_Mackinders_The_Geographical_Pivot_of_History_ 검색일 2024. 5. 18.)

하기를 원하는 유기체로 간주된다. 1901년에 레벤스라움을 인문지리학 용어로 사용했고, 독일의 국가사회주의에서는 이 단어를 대게르만제국을 위한 독일의 공격적인 확장을 뜻하는 단어로 사용했다. 나치 독일 기간 동안 레벤스라움은 독일인의 정신적 건강을 좌우하는 도시-농촌 간 균형을 유지하기 위한 농경지 확보의 필요성을 등에 업고 동유럽 방향으로 독일의 팽창을 주장하는 민족사회주의의 주요 구성 요소 중 하나가 되었다.

Ⅲ. 세계의 세력갈등

20세기의 전쟁 대부분이 림랜드벨트에서 벌어졌다는 사실은 부인할 수 없다. 카르파티아 산맥 뒤의 평원지역에서 1914년에 제1차 세계 대전이 시작되었고, 그 후 유고슬라비아에서 유럽 땅에서 마지막 전쟁이 시작되었다. 오늘날에도 나토와 러시아가 발칸반도에서 영향력을 행사하기 위한 정치적 게임을 벌이고 있으며, 러시아는 나머지 발칸국가들이 북대서양 동맹에 통합되는 것을 막기 위해 공개적으로 군사력을 행사하고 있다. 그 경쟁 이면에는 고전적 지정학의 윤곽이 보인다.

림랜드벨트에서의 갈등 사례 :
- 나폴레옹 전쟁: 1803 5월 18일-1815년 7월 8일
- 아편 전쟁: 1839 9월 4일-1842년 8월 29일
- 제1차 영국-아프가니스탄 전쟁: 1839 5월 4일-1842년 9월 15일
- 크림 전쟁: 1854년
- 프로이센-오스트리아 전쟁: 1866년

- 프로이센-프랑스 전쟁: 1870 7월 19일-1871년 5월 10일
- 제2차 영국-아프가니스탄 전쟁: 1878-1880년
- 태평양 전쟁: 1879-1883년
- 청일 전쟁: 1894 7월 25일-1895년 4월 17일
- 제1차 발칸 전쟁: 1912-1913년
- 콘테스타도 전쟁: 1912-1916년
- 제2차 발칸 전쟁: 1913년
- 제1차 세계 대전: 1914-1918년
- 만주사변: 1931년
- 제2차 세계 대전: 1939-1945년
- 제1차 인도차이나 전쟁: 1946-1954년
- 6.25 전쟁: 1950-현재(휴전)
- 중국의 티베트 침공: 1950-1951년
- 제2차 인도차이나 전쟁: 1954-1975년

IV. 북극해의 해빙

북극해에 떠있는 얼음이 소멸하는 시기가 기존 예측보다 빨라질 것이라는 전망이 나왔다. 평균기온 상승이 현 추세대로 이어진다면 2035년에서 2067년 사이 북극해는 9개월 동안 얼음 없는 바다가 되리라 전망했다. 기존 예측보다 10년 이상 앞당겨진 것이다. 이 지역이 기후 변화로 개방됨에 따라 세계 각국은 해군과 전략프로그램을 확장하고 있다.

그림 8. 시뮬레이션 상 소멸한 여름철 북극해 해빙[11]

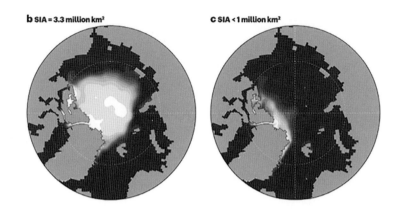

V. 새로운 정치지리 공간

1. 지도에서 보는 지정학의 공간 변화

20세기 초에 형성된 지정학은 국가와 대륙의 지리적 위치를 정치적으로 해석하고자 했다. 이것은 지구가 1900년경에 완전히 지도에 그려진 후에야 가능해졌다.

맥킨더는 1904년 지리학 저널(The Geographical Journal)에 실린 논문에 원통형 메르카토르 투영법에 의한 지도로 세계의 세력 분포를 설명하였다. 이러한 이유로 북아시아의 피벗 지역이 더 크게 보인다.

---

11) https://www.businesspost.co.kr/〈네이처리뷰〉(https://www.businesspost. co.kr/BP?command=article_view&num=344614&key=북극해%20해빙 검색일 2024.5.11.)

그림 9. 매킨더의 세력 분포도(1904년)[12]

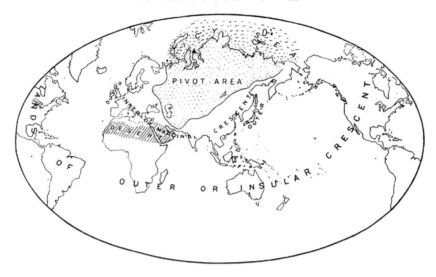

　　1920년에 Charles Redway Dryer는 두 개의 아메리카, 북극, 남극을 포함하는 "세계반지(world ring)"의 공간적 표현을 개발했다. 이 지도는 몰바이데(Mollweide) 투영법으로 지구를 시각화하여 맥킨더의 '세계섬'을 '세계반지' 안에 담았다. 심장부의 공간적 창안이 텍스트가 아니라 지도에 의해 인식되었는데, 심장지역의 상상력을 대중화하는 데 영향을 미쳤다. [13]

---

12) Mackinder, H. J.: The geographical pivot of history, Geogr. J., 23, 421-444, 1904.

13) Krause, Oliver : Mackinder's "heartland" - legitimation of US foreignpolicy in World War II and the Cold War of the 1950s, Geogr. Helv., 78, 183-197, 2023 (https://doi.org/10.5194/gh-78-183-2023), 187.

그림 10. 드라이어의 세계섬과 세계반지(1920년)[14]

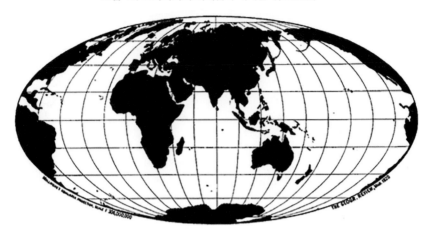

1940년대 미국에서 매킨더의 이론에 대한 관심이 높아졌다. 미국에서의 적응 과정에서 두 개념은 서로 얽혀 있었고 그 결과 두 개념은 단일한 블록으로 인식되었다. 독일과 미국에서 대륙 간 수용과 적응의 다층적 과정을 통해 "심장지역"이라는 용어는 원래 규정된 지리적 지역에서 분리되어 상상된 세계 질서의 중심으로서 다양한 지정학적 개념과 통합될 수 있는 일반적인 공간 명칭이 되었다. 텍스트를 지도로 번역하여 이론의 복잡성을 줄임으로써 1940년대와 1950년대에 미국 대중들 사이에서 대중화되었다.[15]

---

14) Dryer, C. R. : Mackinder's 'world island' and its American 'satellite', Geogr. Rev., 9, 205-207, 1920. (재인용 : Krause, 187.)

15) Krause, Oliver : Mackinder's "heartland" - legitimation of US foreignpolicy in World War II and the Cold War of the 1950s, Geogr. Helv., 78, 183-197, 2023 (https://doi.org/10.5194/gh-78-183-2023), 184.

조셉 J. 손다이크(Joseph J. Thorndike)는 1942년 12월 21일 자 라이프 (Life) 잡지에서 하우스호퍼(Haushofer)의 이론 아래 독일군이 이미 군사행동의 기초로 삼은 후 미국인들이 매킨더의 심장부 이론으로부터 무엇을 배울 수 있는지의 문제를 제기하였다. Thorndike의 기사에 있는 지도는 하트랜드와 신대륙 사이의 북극해가 지정학 공간으로 표현된다.

그림 11. 서방세계와 세계섬(Thorndike, 1942)[16]

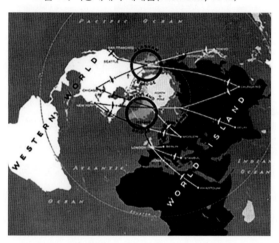

1945년 한스 W. 바이거트(Hans W. Weigert)와 리처드 E. 해리슨(Richard E. Harrison)은 방위각등거리 투영법의 지도로 맥킨더의 심장지역을 표현하였다.

---

16) Thorndike, J. J.: Geopolitics: The lurid career of a scientific system which a Briton invented, the Germans usedand Americans need to study, in: Life, 21 December 1942. 106-115, (https://books.google.de/books?id=NVEEAAAAMB AJ&pg=PA106&hl=de&source=gbs_toc_r&cad=2#v=onepage&q&f=false, 검색일: 2024. 5. 20.)

1950년대 미국의 해군 대학의 지정학 자료 등에서 북극해를 중심으로 한 지도를 사용하여 항공 시대를 통해 변화하는 전략을 묘사했다.

그림 12. 방위각등거리 지도의 맥킨더의 심장부
(Weigert and Harrison, 1945)[17]

그림 13. 카쩬바흐의 해군 전략 지도
(Katzenbach, 1955)[18]

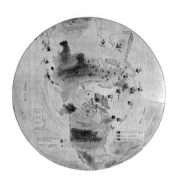

알프레드 세이어 마한(Alfred Thayer Mahan)이나 핼포드 맥킨더(Halford Mackinder)와 같은 정치적 감각을 형성하는 데 도움을 준 지정학의 가장 잘 알려진 대표자들의 영향은 제2차 세계대전 이후에도 부분적으로 유지되었지만, 고전적 지정학의 의미에서 필요한 광범위한 국가 정책의 아이디어는 시대에 맞게 조정되고 더욱 발전했다.

---

17) Weigert, H. and Harrison R. E.: World View and Strategy, in: Compass of the World, edited by: Weigert, H, Stefansson, V., and Harrison, R. E., Macmillan, New York, 74-88, 1945. (재인용 : Krause, 193.)
18) Katzenbach Jr., E. J.: Astigmatism and Geopolitics, Naval War College Review, 21-40, December 1955, 39. (https://digital-commons.usnwc.edu/nwc-review/vol8/iss10/3/ 검색일: 2024.5.20.)

그러나, 오랫동안 지정학의 공간은 북극해를 제외한 하트랜드와 태평양, 인도양 대서양 중심의 공간개념으로 지도화되었다.

그림 14. 유라시아의 지정학 지도 (Spykman and Nicholl, 1969)[19]

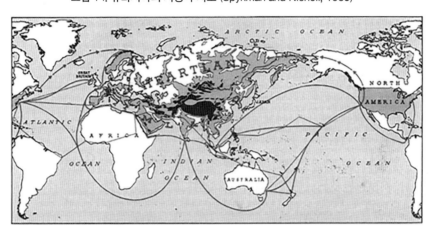

기후온난화에 의한 북극해의 해빙으로 북극해는 자원과 물류 등 경제적 이익을 추구하는 공간으로서뿐 아니라 군사적인 갈등공간으로 급격히 부상하고 있다. 미국을 중심으로 한 서방국들과 러시아는 북극해를 중심으로 대립을 구체화하고 있다.

---

19) Spykman, N. J. and Nicholl, H. R.: The Geography of the Peace, in: New Edn., Archon Books, Hamden, Conn.,ISBN 9780208006547, 1969, 38. (재인용 : Krause, 194.)

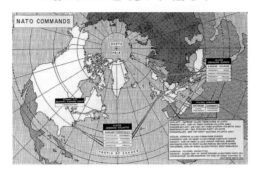

그림 15. NATO 군사령부와 책임 영역[20]

그림 16. 북극해에서의 러시아 군사력[21]

2. 러시아 : 대륙세력에서 해양세력으로

매킨더는 하트랜드는 남쪽의 산맥과 북쪽의 바다로 보호되기 때문에 성공적인 침공을 수행하기가 어렵다고 보았다. 그에 따르면, 러시아는 피벗 존 또는 하트랜드를 통제하기 때문에 지리적 위치로 인해 세계의 중심국가라 할 수 있다.

그러나, 북극해의 해빙으로 고전적 지정학 이론에서 대륙세력의 중심이었던 러시아는 해양세력으로 변화되고 있다. 또한 대륙과 해양을 통합하는 중심세력을 형성하고 있다고 볼 수 있다.

현재 러시아 지정학의 중요한 인물은 알렉산드르 겔리예비치 두긴(Алекса́ндр Ге́льевич Ду́гин)을 들 수 있다. 그는 러시아의 극우 철학자이자 정치학자로 하우스호퍼의 연구에 영향을 받았다고 평가된다. 정치적으로는

---

20) Establishing an Arctic Security Institution: Essentials from NORAD and NATO Arctic Security(https://thestrategybridge. org/the-bridge/2020/3/3/establishing-an-arctic-security-institution-essentials-from-Nord-and-NAT 검색일 2024. 5. 21.)

21) https://www. researchgate. net/figure/Russian-military-power_fig1_359921074(검색일 2024. 5. 21.)

유라시아주의를 표방하며, 유라시아 국가들이 러시아를 중심으로 연합해 미국을 위시한 서방 진영을 붕괴시켜야 한다고 주장한다.

1997년 그의 사상을 보여주는 대표적 저서인 '지정학의 기초: 러시아의 지정학적 미래(Основы геополитики : геополитическое будущее России)'를 출판하였고, 신유라시아주의 이론을 주도적으로 수립하였다. 2003년에는 유라시아주의를 표방하는 유라시아당을 창당하였다. 그의 저서에는 '우크라이나는 러시아에 합병되어야 한다; 일본에서는 반미주의가 강화될 것이며 '협력'에 대한 감사의 표시로 일본은 쿠릴 열도를 받게 된다; 중국과 몽골 영토의 완충 국가 설립을 제안하고 그 대가로 러시아는 중국이 동남아시아에서 패권을 장악할 수 있도록 도와야 한다' 등의 러시아의 전략적 방안을 제시하기도 한다.[22]

두긴의 지정학에서 북극해는 러시아의 해양중심의 개념을 나타낸다. 러시아 북극권의 지정학적 과제는 이들 지역에 대한 전략적 통제를 최대한 강화하는 것이다. 툰드라지대로 불리는 북극권의 육지부는 인구밀도가 낮고, 그곳에 사는 소수민족의 정치적, 국가의 전통이 발달하지 않았다는 점을 고려할 때 문화적, 정치적 측면은 뒷전으로 물러난다. 가장 중요한 측면은 해안(군사, 공군 및 해군 기지)에 대한 군사적 통제, 정보 통신, 에너지 공급, 식량 및 주거지 확보를 우선에 두고 있다.[23]

---

22) 참고 - Александр Дугин, Основы геополитики (сборник), 2020. (https://www.livelib.ru/book/1000225003-osnovy-geopolitiki-sbornik-aleksandr-duginA. : https://ia802807.us.archive.org/16/items/20200110_20200110_1050/08.%20%20Дугин%20А.%20Г.%20-%20%20Основы%20геополитики.pdf); - https://tec.fsi.stanford.edu/docs/aleksandr-dugins-foundations-geopolitics(검색일 2024.5.12.)

23) Дугин, Александр Гельевич, 1997, Основы геополитики : геополитическое будущее России, Arktogeja Verlag, ISBN 978-5-85928-019-3. p. 175.

러시아는 2007년 북극 잠수함에서 러시아 국기가 담긴 통을 해저에 떨어뜨려 북극 해저에 대한 영유권을 주장한 바 있고, 2004년 초에는 러시아군은 북극에서 38,000명의 군인, 50척 이상의 수상함 및 잠수함, 110대의 항공기가 동원된 훈련을 실시하기도 했다.[24] 북극해를 러시아의 해양공간으로 확보하려는 러시아의 노력은 지속적으로 이어지고 있다.

그림 17. 알렉산드르 겔리예비치 두긴
(Алекса́ндр Ге́льевич Ду́гин)

그림 18. 지정학의 기초[25]

---

24) https://www.bbc.com/news/world-europe-33777492
25) https://www.livelib.ru/book/1000225003-osnovy-geopolitiki-sbornik-aleksandr-dugin

3. 2D에서 3D로의 공간 변화

기존의 고전적 지정학의 공간개념은 동-서방향으로 펼쳐진 평면상의 공간으로 표현되곤 했다. 북극해를 중심으로 한 지리공간의 표현은 남-북-남방향 중심의 공간개념으로 형성되고 있다. 또한, 상대적으로 극지역의 좁은 표면면적에 비하여 자연적 요소와 정치 경제적 요소가 밀집된 북극해 공간을 표현하고 분석하는데는 공간에 집중된 밀도를 고려한 3차원적 분석이 필요할 것이다.

그림 19. 동심원에서 원자 단위의 공간 밀도 함수[26]

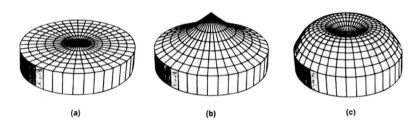

(a) 균일 밀도 함수, (b) 음의 지수 밀도 함수, (c) 2차 밀도 함수

VI. 새로운 정치지리 공간 북극해

맥킨더는 저서 '민주주의의 이상과 현실'에서 "동유럽을 지배하는 자는 심장지대를 지배한다. 심장지대를 지배하는 자는 세계섬을 지배한다. 세계섬을 지배하는 자는 세계를 지배한다"라고[27] 하였다. 새로운 정치지리 공간으로서

---

26) Atsuyuki Okabe, Naoto Tagashira, 1996, *Spatial Aggregation Bias in Regression Moder Containing a Distance Variable*, Geographical Systems, Vol. 3, pp. 77-99, 87.
27) Mackinder, Halford J.:Democratic Ideals and Reality, Washington, DC:National

의 북극해는 고전적 지정학에 비추어 "북극해를 지배하는 자가 세계를 지배한다."라고 표현될 수도 있을까?

고전적 지정학 이론들은 주로 국가의 공간에 대한 지리전략(geostrategy)에 중점을 두고 발달했고, 현재에도 국제적 공간은 각국의 정치적 경제적 이익을 위한 전략적 공간개념을 적용하고 있다. 그러나, 근래에는 여러 학문 분야에 걸쳐 사회 현상의 공간적 관계를 연구하는 경향이 뚜렷해졌다.

정치지리학의 공간연구도 주목받고 있다. 냉전의 종식과 그에 따른 국가 체제의 재편성, 그리고 국제 정치에서 변화되고 점점 더 탈국가화된 분쟁 분야는 새로운 정치적, 지리적 연구에 관심을 갖게 되었다. 기존의 지리결정론적 모델을 해체하고 갈등 당사자들 간의 더 나은 이해에 기여할 수 있다. 또한 지리적 갈등 연구는 다양한 이해 상충의 동기와 원인을 파악하는 데 사용되며, 다양한 행위자 자체에 점점 더 중점을 둘 것이다. 독일의 지리학자 로이버(Reuber)는 '생태 자원을 둘러싼 정치적 갈등 (정치생태학 포함); 영토 통제와 국경을 둘러싼 정치적 갈등; 공간 정체성을 둘러싼 정치적 갈등; 정치권력의 상징적 표현; 세계화와 새로운 국제관계; 지역갈등과 새로운 사회적 변화'를 정치지리학의 6가지 핵심 영역으로[28] 기술하고 있다.

항공운송의 발달과 장거리 유도무기의 발달은 지구 표면의 공간을 대기권을 포함한 입체공간으로 분석하게 되고, 지구온난화로 급변하는 북극해 공간

Defense University Press, 1962, 재발간 1996, Stephen V. Mladineo의 소개글 포함, S. 106.(재인용 :https://de.wikipedia.org/wiki/Heartland-Theorie#cite_note-5, 검색일 2024.5.19.)

28) Reuber P, Wolkersdorfer G. 2001. *"Die neuen Geographien des Politischen und die neue Politische Geographie. Eine Einführung."* In *Politische Geographie. Handlungsorientierte Ansätze und Critical Geopolitics*, herausgegeben von Reuber P, Wolkersdorfer G, 1-16.

은 각국의 경제적 군사적 이익을 다투는 공간으로 나타나고 있다. 새로운 정치지리 공간인 북극해는 국제적 협력을 통해서, 지구적 공생을 위한 화합의 공간으로 발전할 수 있는 '세계의 바다'가 되어야 한다.

그린란드 크기의
허상과 실상

한종만*

I. 그린란드 면적의 허상

1. 메르카토르 지도 투영법

지도는 세계에 대한 우리의 이해를 반영한다. 점점 더 상호 연결되고 세계화된 경제에서 이러한 지리적 지식, 특히 지도는 그 어느 때보다 중요하다. 지도는 A 지점에서 B 지점으로 여행하거나 지정학과 공간 환경에 대한 전반적 인식을 형성하는 등 일상생활에서 매우 중요한 도구다.

모든 지도는 투영 스타일에서 가장 큰 과제는 구형 물체를 2D 그래픽으로 표현하는 것이다. 모든 지도 스타일에는 다양한 장단점이 있으며, 이러한 장단점은 지도를 사용하는 방법에 따라 달라질 수 있다.

교실 벽 지도에서 내비게이션 앱에 이르기까지 거의 모든 곳에서 사용되는 메르카토르 투영은 대부분 인류가 지구 대륙의 위치와 크기를 인식하는 방법으로 사용되고 있다. 그러나 안타깝기도 전 세계 수십억 명의 사람들이 메르카토르 투영이라는 지도 제작 기술 덕분에 국가의 실제 크기에 관한 왜곡된 인식이 있다. 많은 사람에게 지구는 메르카토르 투영법에 크게 영향을 받고

※ 이 글은 "그린란드 면적의 실상과 허상," (*The Journal of Arctic*, No. 37, Aug. 2024)에서 게재된 내용을 수정/보완한 것임.
* 배재대학교 명예교수

있다. 이 투영법은 항해에서 사용되는 도구로 세계에서 가장 널리 알려진 지도가 되었다. 세계지도는 교실이나 아틀라스에서 메르카토르 투영법에 기반한 지도들이 배치되어 있다. 실제로 초등학교 시절 교실에 걸린 세계지도 혹은 지리 수업 혹은 벽면 세계지도에서 그려진 그린란드의 크기에 매우 놀랍다는 인상을 한 번쯤 경험했을 것으로 판단된다. 필자도 유라시아에 넓게 펼쳐진 소련 크기에 관한 부러움과 그리고 어린 시절 그린란드가 아프리카보다 더 크다고 생각한 기억이 있다. 또한 역사 시간에서 고구려의 광개토대왕과 장수왕 때 가장 넓은 국토 이후 한국의 영토가 작아지면서 역사와 지리에 흥미를 한동안 잃었던 것으로 기억된다.

1569년 위대한 지도 제작자 네덜란드(프랑드르: 현재 벨기에 위치) G. 메르카토르(1512-94년)는 원통 투영법(cylindrical projection)을 기반으로 한 혁신적인 지도를 만들었다. 이 투영법은 구형 지구를 평평하게 만들어 2D 지도로 만든 지리적 차트로 위도와 경도선이 직선 격자로 그려져 있다. 메르카토르 도법의 가장 큰 특징은 위도와 경도가 지도상에 평면 좌표계의 X축과 Y축으로 나타난다는 점이다. 따라서, 메르카토르 도법은 두 지점 사이의 직선이 위도 또는 경도와 이루는 '각'을 정확하게 보여준다. 대신에 면적, 거리, 방향은 보장할 수 없다. 적도 부근은 거의 정확하게 투영되지만, 고위도로 갈수록 간격이 실제보다 확대되면서 면적이나 형상이 크게 왜곡된다. 이는 실제 경도선의 간격이 고위도로 갈수록 좁아지는 것에서 기인한 것으로, 고위도로 갈수록 실제에 비해 가로로 늘어나 길쭉하게 된다. 게다가 가로로만 늘어나는 게 아니라 세로도 늘어난다.

메르카토르 도법으로 그려진 지도에서 두 점을 이은 선은 지구 경선에 대해 항상 같은 각도를 유지한다는 특징 때문에 등각 항로용 지도로 항해에 널리 이용되었으며, 대항해시대 이후 전문가와 대중을 막론하고 가장 보편적인

그림 1. 메르카토르 세계 전도

자료: Nick Routley, "The Problem With Our Maps," *Visual Capitalist*, Nov. 11, 2021.

지도투영법으로 자리 잡았다.[1] 이 지도는 수 세기 동안 이어져 오늘날에도 항해사들에게 도움이 되고 있다. 메르카토르 투영법을 사용한 이 지도는 선원들

---

1) 투영 원리: "지구를 표면이 유리인 구슬이라고 가정하자. 직사각형의 커다란 종이로 지구를 적도를 따라 감싼 다음에 중심에서 전구를 켜면, 지구 표면의 그림자가 종이에 비치게(투영되게) 된다. 이 그림자를 그대로 따라 그린 다음에 말았던 종이를 펴면 원통 중심 도법 지도가 만들어진다. 이 방법은 이해하기는 가장 쉬우나 극 방향으로 갈수록 지도가 대책 없이 커지다가 극에서 넓이가 무한대가 된다. 때문에 이 방법으로 그린 지도는 양극지방이 생략되어 있다." 메르카토르 도법 - 나무위키 (namu.wiki)(검색일: 2024년 7월 26일).

이 지구를 항해하는 데 도움이 되도록 설계되었다. 선원들은 위도와 경도선을 사용하여 직선 경로를 표시할 수 있었다. 메르카토르 투영법은 지구를 원통의 평평한 버전으로 배치했다. 모든 위도와 경도선은 90도 각도로 교차했다. 투영법은 육지 지리가 아닌 항해를 위한 참고 자료로 의도되었기 때문에 지도의 육지는 반드시 실제 크기에 비례하지 않는다. 위도가 높을수록 육지는 실제 크기보다 더 크게 보이며, 남극대륙은 〈그림 1〉에서 보는 것처럼 무한대로 커진다. 이러한 왜곡에도 불구하고 메르카토르 투영법은 오늘날에도 여전히 많이 사용된다.

2. 메르카토르 지도법의 실상과 허상

메르카토르 지도법은 지역적 방향과 모양을 유지하면서 북쪽을 위로, 남쪽을 아래로 표현한다. 메르카토르 투영법은 수학적으로 도출되며, 경선은 수직선과 동일 간격으로 배치되고 위도는 적도와의 거리가 멀어질수록 간격이 더 멀어지는 평행한 수평 직선이다. 이 지도법은 항해에 사용되는 선을 보존하면서도 적도에서 더 멀리 있는 대륙과 바다의 실제 크기를 끔찍하게 왜곡하고 있다. 그 결과 그린란드가 아프리카만큼 크고, 시베리아와 캐나다가 비례적으로 거대하며, 남극대륙이 끝없이 이어진다는 널리 퍼진 오해를 증폭시켜왔다. 단점에도 불구하고 이 투영법은 항해사가 직선 항로를 표시할 수 있게 해주기 때문에 항해의 표준 지도가 되었고, 거의 모든 해상 차트가 이를 기반으로 한다. 또한 Google Maps, Bing Maps, MapQuest 등의 거리 매핑 서비스는 지도 이미지에 Web Mercator라는 메르카토르 투영법를 사용하고 있다. 메르카토르 투영은 1960년대 판구조론의 수학적 발전에 필수적이었다.[2] 현대에 와서

---

2) Aidan Strong, "Why all World Maps are Wrong," *Tom Rocks Maths*, Feb. 28, 2023.

는 온라인 지도 애플리케이션에서 지구를 매끄럽게 표현할 수 있기 때문에 특히 유용하다.

세계지도를 보면 그린란드는 대륙(호주)보다 큰 섬처럼 보인다. 물론 그린란드는 세계에서 가장 큰 섬이며 그린란드(217만 5,600㎢)보다 큰 면적은 대륙이라고 불린다. 그러나 실제 면적은 호주 대륙(769만 2,000㎢)이 그린란드보다 3배 이상이나 크다(<그림 2> 참조).

그림 2. 그린란드와 호주 대륙의 면적 비교

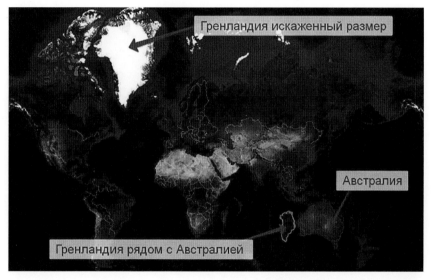

자료: ""Что больше по площади: Гренландия или Австралия? Россия или Африка?," *Дзен (dzen.ru)*, 21 декабря 2020.

이러한 왜곡은 구에서 평면으로 이미지 전송 방법으로 16세기(1569년) 네덜란드 Gerardus Mercator가 개발한 원통형 메르카토르 투영법에 기인한다. 이 투영법은 방향 사이의 모든 각도는 이 투영에서 유지되며 항해에 편리하므로 사용되어왔다. 적도에서 북쪽으로 멀어질수록 왜곡이 심화한다. 메르카토르 지도의 유용성에 대한 큰 단점은 유럽과 북미의 크기가 커진다는 것이다. 시각적으로 볼 때 캐나다와 러시아는 지구 육지의 약 25%를 차지하는 것처럼 보이지만 실제로는 불과 5%에 불과하다. 남극대륙을 제외하면 캐나다와 러시아의 시각적 육지 점유율은 약 40%를 차지한다. 또한 북극권 국가와 지역이 실제 면적보다 크게 보인다. Nick Routley는 이러한 시각적 현상을 '지리적 인플레이션(Geographic Inflation)'이라고 지적했다.[3]

그림 3. 그린란드, 러시아와 아프리카 면적의 실상과 허상

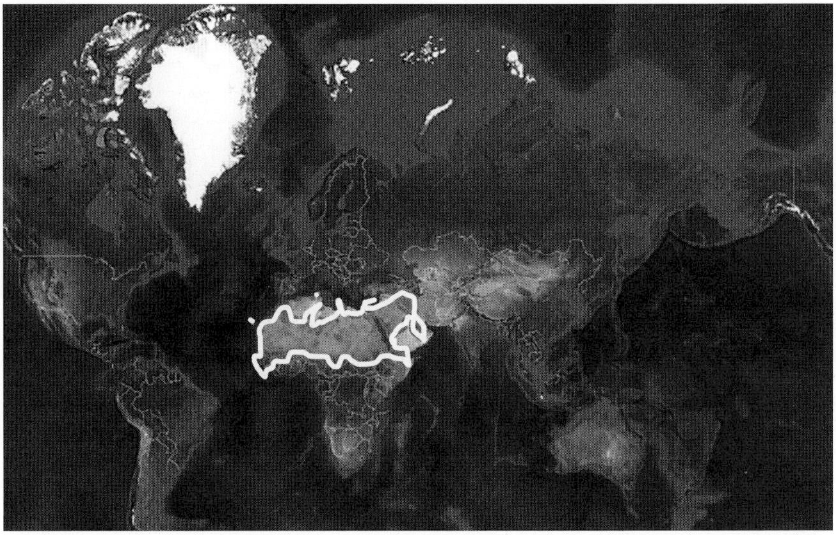

자료: "Что больше по площади: Гренландия или Австралия? Россия или Африка?," *Дзен (dzen.ru)*, 21 декабря 2020.

---

3) Nick Routley, "Mercator Misconceptions: Clever Map Shows the True Size of Countries," *Visual Capitalist*, Aug. 21, 2021.

호주, 아프리카, 중국은 실제 면적보다 작게 보이지만 그린란드, 러시아, 캐나다는 실제보다 훨씬 크게 보이는 점을 그림으로 서술한다.

〈그림 3〉과 〈그림 4〉는 아프리카 대륙이 러시아보다 훨씬 작게 보인다. 그러나 실제 면적은 러시아는 아프리카보다 훨씬 적다는 사실이다. 세계 최대의 영토 대국 러시아의 면적은 1,709만 8,242㎢ 반면 아프리카 면적은 섬을 포함하면 3,037만 ㎢로 러시아보다 1.78배나 크며 세계 육지 면적의 20.4%를 차지하고 있다.

유라시아 대륙의 핵심 국가인 러시아는 중국보다 몇 배나 클까? 〈그림 4〉에서 보는 것처럼 메르카토르 지도는 러시아가 중국보다 무려 6배나 크게 보인다. 실제 면적은 러시아(1,709만 ㎢)는 중국(967만 ㎢)의 2배를 상회하지 못

그림 4. 그린란드, 러시아와 중국 면적의 실상과 허상

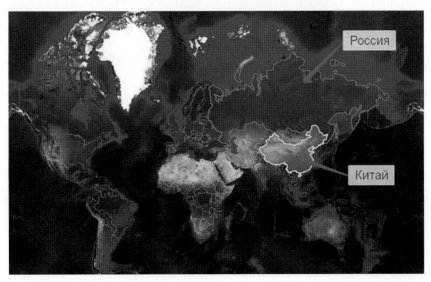

자료: Людмиила Троценко,
"Россия и Гренландия меньше, чем считалось ранее - ученые,"
Korrespondent.net, 24 апреля 2023.

하고 있다.

세계지도에서 러시아와 캐나다(약 1,000만 ㎢)는 지구 표면의 1/4을 차지하지만, 실제 지구 표면의 5%를 차지할 뿐이다. 또한 알래스카는 미국의 가장 큰 주로서 미국 본토의 1/2만큼 크게 보이지만 실제 면적은 하위 48개 주의 1/5에 불과하다. 호주는 알래스카보다 훨씬 작아 보이지만 실제로 세계 6위의 영토 대국이며, 알래스카 면적의 4.5배나 크다.

메르카토르 지도 투영법은 모양과 비율은 상당히 좋은 편이지만 크기를 왜곡시면서 지나치게 유럽 중심적이고 '제3세계'[4] 혹은 글로벌 사우스(Global South)[5]를 축소 시키는 의도가 있다는 음모론을 제기하고 있는 것도 사실이다. 이는 백인 예외주의의 신화를 강화하고 식민지 역사에 뿌리를 둔 세계관을 묘사한다는 것이다.

아프리카의 14분의 1 크기에 불과한 그린란드가 아프리카보다 더 크게 그려진 것에 분노하고 있다. 또한 아프리카는 거의 3배나 더 큰데도 유럽과 거의 같은 크기로 보이며, 알래스카는 브라질과 같은 면적인 것처럼 보이지만

---

4) 제3세계 개념은 냉전 시대에 북미와 유럽을 중심으로 하는 민주주의와 자본주의 진영의 제1세계 그리고 소련을 중심으로 공산주의 진영을 의미한 제2세계에 속하지 않은 국가들을 일컬어 사용되어 왔다.
5) 이 개념은 북반구에 위치한 글로벌 노스에 대비되며, 대체로 남반구나 북반구 저위도에 위치한 제3세계 개발도상국을 지칭하고 있음. 글로벌 사우스에 참가한 125국(인도, 동남, 중앙, 서남아시아, 중동, 아프리카, 멕시코와 남미 등)의 GDP는 20024년 기준 11.9%로 중국을 능가하고 있음. 2020년 9조 6,200억 달러에서 2028년 거의 2배 증가한 18조 6,000억 달러에 이를 것으로 IMF는 추정하고 있음. 미국과 중국은 글로벌 사우스 국가를 각각 자기 진영으로 품기 위해 노력하고 있음. 권위주의 국가인 중국과 러시아가 주축인 브릭스와 달리 인도 중심의 글로벌 사우스는 민주적 체제를 지향하고 있으며, 실제로 침공하거나 위협하고 있다는 점을 들어 중국/러시아에 대해 반감을 지니고 있지만 실리도 함께 추구하고 있음.

실제는 남미 국가의 면적이 미국(알래스카 제외)보다 5배나 크다.[6] 실제 브라질의 면적은 851만 4,877㎢로 알래스카(117만 8,000㎢)보다 무려 거의 7.23배 이상이나 크다.

영국 국가 기상청인 Met Office의 기후 데이터 과학자인 닐 카예(Neil Kaye)은 메르카토르 지도의 왜곡을 시정하기 위해 2차원적 지도를 작성했다 (〈그림 5〉와 〈그림 6〉 참조.[7]

〈그림 6〉에서 보는 것처럼 국가/지역 면적 순위는 1위 러시아, 2위 남극대륙, 3위 캐나다, 4위 중국, 5위 미국(알래스카 배제), 6위 브라질, 7위 호주, 8위 인도, 9위 아르헨티나, 10위 카자흐스탄, 11위 알제리, 12위 콩고민주공화국, 13위 그린란드, 14위 사우디아라비아, 15위 멕시코, 16위 인도네시아, 17위 수단, 18위 리비아, 19위 이란, 20위 몽골, 21위 페루, 22위 차드, 23위 니제르, 24위 앙골라, 25위 말리, 26위 남아프리카공화국, 27위 콜롬비아, 28위 에티오피아, 29위 볼리비아, 30위 모리타니, 31위 이집트 순이다. 지역으로 그린란드는 덴마크령이며 남극은 어느 국가의 소유도 인정되지 않는 얼음 대륙이다.

갈-피터스(Gall-Peters) 혹은 피터스 지도 투영법은 메르카토르 투영법에 불만을 품은 독일 역사가 아르노 피터스에 의해 대중화되었다. 피터스는 메르카토르 투영법이 남미, 아프리카, 남아시아의 글로벌 사우스 국가들을 희생시키

---

6) "True Scale Map of the World Shows How Big Countries Really Are," *Newsweek*, Oct. 23, 2018.

7) Людмиила Троценко, "Россия и Гренландия меньше, чем считалось ранее - ученые," Korrespondent.net, 24 апреля 2023. Neil의 작업은 기후 연구를 위한 프레젠테이션의 시각화와 명확성을 개선하는 것을 목표로 한다. GIS 전문가인 그는 GIS 플랫폼에서 기후 모델 결과를 시각화하고 분석하기 위한 다양한 도구와 기술을 개발했다. 현재 그는 기후 영향 평가를 용이하게 하기 위해 기후 모델, 사회 경제 및 환경 데이터를 저장, 표시 및 검색할 수 있는 데이터베이스를 만들고 있다. "Neil Kaye," Met Office, Neil Kaye - Met Office(검색일: 2024년 8월 2일).

그림 5. 메르카토르 원통 투영법의 지도의 왜곡과 실제 보정(Neil Kaye 제작)

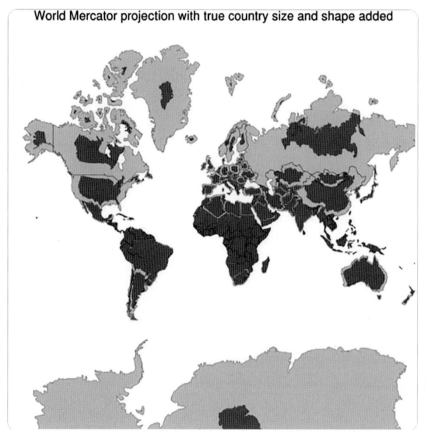

주: 색상이 진한 면이 실제 크기.
자료: Neil Kaye, "This animated map shows the true size of each country,"
Nature Index, Aug. 14, 2019.

면서 북반구 국가, 잘 발달하고 산업화한 국가의 중요성을 크게 과장한다고 주장했다. 이 투영법은 면적의 왜곡을 최소화하기 위해 양 극점으로 갈수록 좌우를 늘리는 대신 그만큼 위아래를 축소해서 그려진 결과 세계 각지의 육지 면적의 비율은 비교적 정확했지만, 육지의 모양과 비율이 왜곡된다. 〈그림 7〉에

그림 6. 실제 100만 ㎢ 이상의 면적을 지닌 국가(지역) 순위의 세계 전도

Mosaic of world countries with correct size and shape, largest countries shown in bar graph (each block = 1 million sq km)

@neilrkaye

자료: "Map Projections: Mercator Vs The True Size of Each Country,"
Brilliant Maps, Mar. 3, 2023.

그림 7. 갈-피터슨 지도 투영법

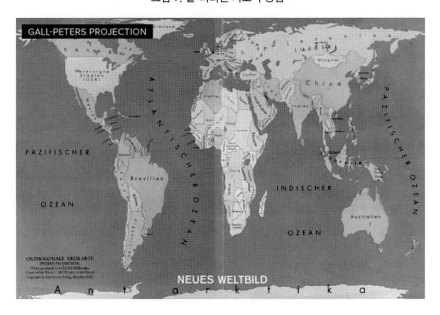

자료: Nick Routley, "The Problem With Our Maps," *Visual Capitalist*, Nov. 11, 2021.

서 보는 것처럼 언뜻 보기에 모양이 너무 왜곡되어 마치 놀이공원에서 거울 앞에 서 있는 것과 비슷하다는 느낌을 받는다. 아프리카의 경우 실제 모양보다 훨씬 남북으로 길쭉하게 묘사되고, 그린란드는 실제보다 훨씬 납작하게 그려지고 있다. 이 투영법의 최대 약점은 모양이 영 아니라는 점이다. 교육 및 비즈니스계에서 널리 사용하는 갈-피터스 투영법은 각 국가와 대륙의 상대적 크기를 정확하게 보여주지만, 적도에서 뻗어 있고 극지방으로 갈수록 좁아진다.

피터스가 자신의 투영법을 제시한 직후, 세계 교회 협의회, 유네스코, 유니세프와 같은 여러 사회 기관에서 사회 및 인구 통계적 데이터보다 공평한 분포를 그래픽으로 표현하기 위해 지도에 사용하기 위해 채택되었다. 이 투영법의 영문판에는 '표면적에 따라 국가를 정확하게 표현하는 지도'라는 부제가 있다.

로빈슨 지도 투영법(Robinson projection)은 1963년 Arthur H. Robinson이 상업용 아틀라스 출판사인 Rand McNally의 요청에 따라 만들었다. 수많은 시행착오를 거친 컴퓨터 시뮬레이션을 사용하여 지도 제작자가 Robinson 지도의 적도에서 특정 위도선이 얼마나 위나 아래에 있는지 조회한 다음 이 선을 따라 특정 경도가 떨어질 위치를 (간단한 보정 프로세스를 통해) 추정할 수 있는 지도 개발했다. 적도에서 북쪽 또는 남쪽으로 약 45° 이내 또는 지도의 중앙 자오선에서 약 45° 이내에서 모양이 심하게 왜곡되지 않지만 이러한 한계를 벗어나면 모양 왜곡이 상당히 심각할 수 있다. 주요 목적은 시각적으로 매력적인 전 세계지도를 만드는 것이다. 이것은 타협 투영이다. 어떤 유형의 왜곡도 제거하지 않지만, 대부분 지도에서 모든 유형의 왜곡 수준을 상대적으로 낮게 유지한다(<그림 8> 참조). 이 충실한 세계지도를 만들려는 시도는 구를 모방하기 위해 지도의 가장자리를 뽑아내는 사인파와 비슷한 방식을 취했다. 그러나 로빈슨은 그렇게 극단적이지 않고 훨씬 더 부드러운 타원 형태를 취한다. 이 지도는 대륙의 면적과 좌표 선의 각도를 왜곡하는 것 사이에서

그림 8. 로빈슨 도법(Robinson projection) 세계 지도

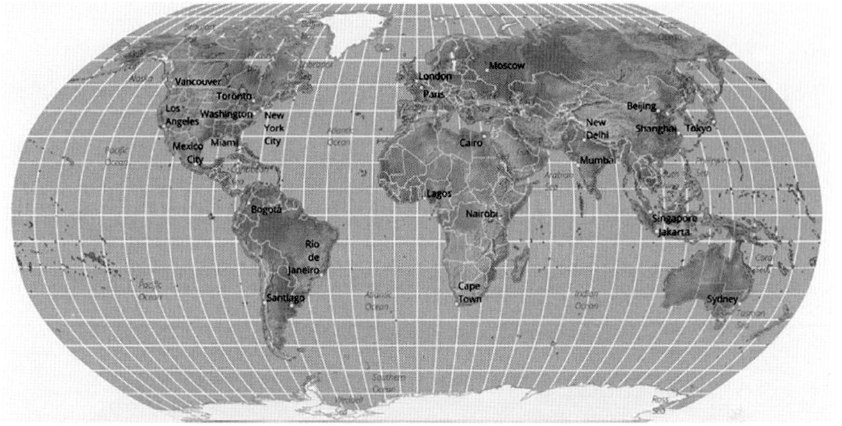

자료: Caitlin Dempsey, "Robinson Map Projection," *Geography Realm*, Jun. 24, 2021.

타협을 시도한 것이다. Robinson 지도 투영은 축척에 맞게 그려지지 않았으며, 왜곡에서 벗어나 있지 않으며 가장 심한 왜곡은 극 근처에 있다. 또한 투영은 거리, 면적, 모양 및 방향을 왜곡한다. 지역 변경 경도가 아닌 위도, 고위도에서 심한 과장이 있다. Robinson 투영은 주제별 데이터를 표시하기 위한 것이며 면적 또는 거리 측정에 사용할 수 없다. 따라서 대부분의 테마별 지도에 대한 최상의 '절충' 맵 투영 중 하나로 일반적으로 권장된다. 미국 중앙정보국(CIA) Word Factbook에서 일반적으로 물리적 및 정치적 세계지도에서 투영을 사용하고 있다.

내셔널 지오그래픽 협회 (National Geographic Society)는 1988년에서 1998년 사이에 로빈슨 맵 투영법 (Robinson Map Projection)을 사용했으며, 그 후 Winkel tripel 투영법을 채택했다(<그림 9> 참조).[8] 국토교통부 국토

---

8) 빈켈 트리펠(Winkel Tripel) 지도법은 수정된 방위 투영이다. 본질적으로 평평한 표면

지리정보원의 로빈슨 도법의 세계지도는 2011년부터 최근 데이터를 한글, 영문, 기타 언어로 제공하고 있다.[9]

여러 세계지도의 장단점 그 보정도 분명히 정확성과 엄밀성을 완전 보장하지 못한다. 그 어떤 지도 제작 투영법도 완벽하지는 않다. 수 세기 동안 지도 제작자들은 가장 정확한 지구 지도를 재현하려고 하면서 불일치를 설명하기

그림 9. 빈켈 트리플 투영법

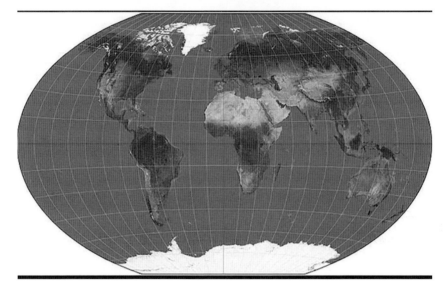

자료: "Top 10 World Map Projections," *The Future Mapping Company*, Aug. 31, 2019.

에 투영된 지구본으로, 위도 곡선과 경선이 곡선으로 표시된다. 1921년 오스발트 빈켈이 세 가지 왜곡, 즉 면적, 방향, 거리를 최소화하는 것을 목표로 이 투영을 개발했다. 따라서 트리펠 투영(독일어로 삼중)이 되었다. 이 투영은 면적이 같거나 정형적이지 않으며, 주요 특징은 직선 극과 적도를 제외한 모든 평행선이 곡선이라는 것이다. 이는 이 2차원 지도에 아름다운 구형 느낌을 준다(〈그림 9〉 참조).

9) (국토교통부 국토지리정보원_세계지도_로빈슨도법_20220816 | 공공데이터포털 (data.go.kr) 2024년 8월 12일 참조.

위해 수많은 시도를 했다. 지도는 위도와 경도선의 각도와 대륙과 해양의 상대적 면적을 왜곡하는 것의 절충안이다. 일부는 특정 목적을 위해 만들어졌고, 다른 일부는 지도학의 최적 지점을 찾으려고 했다.

세계에서 가장 정확한 지도가 존재할까? 디자이너들은 구형 세계를 직사각형 상자로 변환하는 방법을 알아냈다. 일본의 권위 있는 굿 디자인(Good Design) 2016년 수상자로서 도쿄에 거주하는 건축가이자 예술가인 하지메 나루카와(Hajime Narukawa)는 지구를 96개 지역으로 나누고 사면체로 접은 다음 피라미드로 접은 다음 마지막으로 2차원 시트로 평평하게 만들었다.[10]

그림 10. Narukawa의 AuthaGraphas 세계 지도

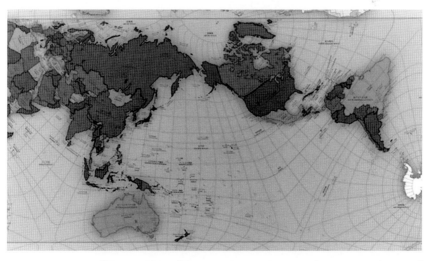

자료: Anna Todd, "The AuthaGraph Is The World's Most Accurate Map," *Discovery*, Aug. 1, 2019.

---

10) 도쿄에 있는 게이오 대학교 대학원생인 하지메 나루카와는 6년간 노력하여 2016년에 공개한 AuthaGraph 세계지도는 다양한 부문에서 1,000개가 넘는 작품을 제치고 일본의 Good Design Award 대회에서 대상을 받았다. 그의 지도는 대륙의 상대적 크기와 대륙 간 거리를 정확하게 표시하는 방식으로 대륙을 각도를 조정하여 2D 왜곡

지도는 문자 그대로 영토가 아니다. 투사와 관점은 많은 공통점이 있다. 전자는 표면에 어떤 것을 어떻게 매핑할지 선택하고, 후자는 현상을 어떤 각도에서 볼지 선택한다. 하지만 때때로 관점에 의문을 제기하더라도 지도에 의문을 제기하는 경우는 드물다. 여러분 대부분은 아마 이 사실을 알고 있다. 우리 모두 학교에서 지도를 배웠다. 국가를 정확히 찾아야 할 때 온라인이나 뉴스에서 여전히 보는 지도다. 그러니 세상이 그렇게 보이는 거죠?

하지만 또 다른 질문이 있다. 아주 간단하지만, 우리가 절대로 묻지 않는 질문이다. 왜 북쪽이 위일까요? 아주 타당한 질문이다. 우주에는 '위'가 없기 때문이다. 그저… 상대적 방향이 있을 뿐이었다. 또한 오랫동안 북쪽은 지도에 위가 아니었다. 동쪽으로 태양이 뜨는 곳이기 때문이었다. 왜 북쪽일까요?

다시 한번 말하지만, 이 선택은 주로 16세기 유럽 제국주의에 기인한다. 유럽인들은 주로 북극성을 사용하여 항해했고 나침반이 등장했을 때 방향을 가리키는 방향으로 북쪽을 선택하는 것이 합리적이었다. 그리고 나침반이 북쪽을 가리켰기 때문에, 지도에서도 북쪽을 위로 선택하는 것이 가장 쉬웠기 때문이다.

남쪽을 위로 향하게 하는 지도를 만들려는 시도가 있었다(〈그림 11〉 참조). 가장 유명한 것 중 하나는 '맥아더의 세계 교정 지도(McArthur's Universal Corrective Map of the World)'로, 호주인 맥아더가 '아래'에서 사는 것에 지쳐서 '위'에서 살고 싶어서 만든 것이다. 이런 것의 대부분은 관습일 뿐

을 극복했다(〈그림 10〉 참조). Good Design Award는 Narukawa의 AuthaGraphas 가 "모든 바다와 대륙, 방치된 남극대륙을 포함하여" 충실하게 표현되었다고 설명하며, 이 지도는 "우리 행성에 대한 진보된 정밀한 관점"이라고 말했다. Nathaniel Scharping, "Finally, an Accurate World Map That Doesn't Lie," *Discover Magazine*, Nov. 29, 2022.

이지만, 우리는 그 의미가 있다는 것을 인정해야 한다. 서방 국가가 위에 있고 (실제보다 상대적으로 더 큼), 심지어 지도 편향, 이는 지도가 개인이 국가 간의 권력 균형과 중요성을 인식하는 방식을 왜곡할 수 있다는 것을 의미한다.

따라서 어떤 의미에서 우리의 지도는 세상을 형성하고 있지만, 사실은 그 반대여야 한다. 이제 우리가 더 정확한 투영을 사용하고 상황을 바꾸기로 했다면, 세상은 이렇게 보일 것이다. 훨씬 더 불안! 호주와 남미가 이제 세계의 꼭대기에 있다! 그리고 유럽 국가와 미국 등 북반구 국가들이… 그 아래에 있다?! 상상도 할 수 없다![11] 그러나 그런 날이 안 온다고 확신할 수 없으며, 열린 마음으로 새로운 세계관으로 바라보는 것이 제일 바람직하다고 본다.

그림 11. 남반구 중심의 세계 전도

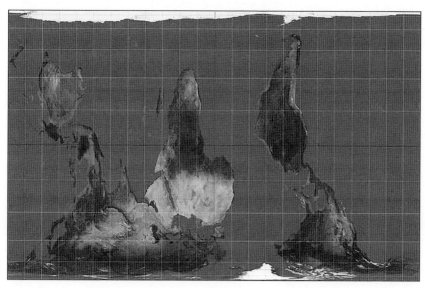

자료: Uku Talmar, "Wait, Our Maps Are Wrong?," *Medium*, Mar. 25, 2024.

---

11) Uku Talmar, "Wait, Our Maps Are Wrong?," *Medium*, Mar. 25, 2024.

Ⅱ. 그린란드의 위치와 크기

그린란드는 217만 5,600㎢의 크기로 세계에서 가장 큰 섬이며, 이 면적은 프랑스, 독일, 스페인, 영국, 이탈리아, 그리스, 스위스, 벨기에 국가를 합친 것보다 크며, 한반도의 영토(22만 3,403㎢)보다 거의 10배나 크다. 그린란드의 영유권을 가진 덴마크(페로 제도 제외)보다 거의 50배에 이르고 있다. 그린란드보다 큰 면적을 지닌 지역을 대륙이라고 불리고 있다. 그린란드와 페로 제도(1,399㎢)를 포함한 덴마크왕국의 면적은 221만㎢로 세계 11위 영토 대국이며, 북극 국가의 지위뿐만 아니라 유럽에서 러시아에 이어 제2위의 영토 대국이다. 그린란드가 독립국이 되면 사우디아라비아(220만 7,651㎢)에 이어 세계에서 12번째 영토 대국이 된다. 또한 180m 내 해저 능선이 북미 북극권과 연결되어 있어 대륙붕 확장(89만 5,000㎢, 캐나다 대륙붕과 러시아 로모노소프해령과 중복) 가능성도 있다.

그린란드는 북아메리카 북동쪽 섬으로 북극해와 북대서양 사이, 캐나다 북동쪽, 아이슬란드 북서쪽에 있다. 이 영토는 그린란드섬과 100개 이상의 다른 작은 섬(주로 중부해안에서 남해안까지)으로 구성되어 있다.

그린란드는 〈그림 12〉에서 보는 것처럼 그린란드의 65%는 북극권이며 북쪽에서 남쪽까지의 거리는 2,670㎞, 동서로 1,050㎞다. 가장 가까운 국가는 캐나다 엘즈미어섬에서 26㎞ 떨어져 있다. 한스섬 내 캐나다와 육상 국경(2022년)을 이루고 있으며 가장 가까운 유럽 국가는 덴마크 해협을 건너 아이슬란드로 약 320㎞ 떨어져 있다.

그린란드는 서부 해양 국경은 캐나다 북극권 배핀만(Baffin Bay)과 데이비스해협(Davis Strait), 남부와 동남부는 북대서양, 중서부는 아이슬란드와 덴마크해협, 북동부는 노르웨이령 스발바르제도 사이 그린란드해를 맞대고 있다.

그림 12. 그린란드 전도

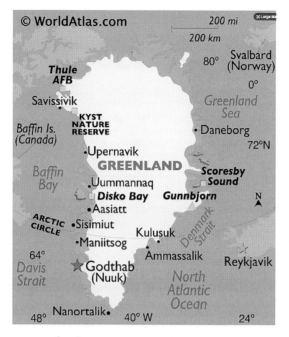

자료: "Maps of Greenland," Greenland Maps & Facts - World Atlas

그린란드의 최남단은 노르웨이의 오슬로와 같은 위도에 있고 가장 서쪽 지점은 뉴욕과 같은 경도다. 그린란드에서 가장 높은 지점은 동해안을 따라 이어지는 왓킨스산맥(Watkins Range)에 위치하는 3,733m의 군비욘(Gunnbjorn Fjeld)산이며 그린란드의 최남단은 케이프 페어웰(Cape Farewell), 본토에서 최북단은 북극에서 불과 740㎞ 떨어진 케이프 모리스 제섭, 그린란드의 가장 동쪽 지점은 노르도스트룬딩겐이다.

그린란드의 약 80%가 영구적으로 얼음에 덮여 있다. 빙상은 거대한 섬의 중앙을 덮고 있으며 세계에서 가장 큰 빙하이다. 두께가 수 킬로미터에 달하며 어떤 곳에서는 너무 무거워서 본토의 일부를 해수면 아래로 밀어 넣고 있다.

〈표 1〉 그린란드(부속 도서 포함) 동서남북 지점

그린란드(부속도서 포함)			
북쪽 최북단	Kaffeklubben Island	북위 83도 40분	북쪽에 이동하는 자갈 막대도 있으며, 가장 북쪽에서 발견된 것은 83도 42분
남쪽 최남단	Egger Island	북위 59도 44분	Cape Farewell에서 남쪽으로 2.3㎞ 떨어진 이름 없는 섬, Kujalleq 지자체
서쪽 최서단	Nordvestø, Carey Islands	서경 73도 10분	Carey 섬은 배핀만 Avannaata 지자체
동쪽 최동단	Nordostrundingen	서경 11도 19분	그린란드 북동쪽 위치, 행정적으로 북동국립공원
최고점	Gunnbjørn Fjeld	3,733m	
그린란드 본토 기준			
북쪽 최북단	Cape Morris Jesup	북위 83도 39분	Peary Land의 갑(岬)
남쪽 최남단	Kujalleq의 Tasiusaq 반도	북위 59도 58분	2020년 기준 인구 53명
서쪽 최서단	Cape Alexander	서경 73도 8분	버핀만의 headland 갑(岬)

주: 필자가 도표화함.
자료: "Geography of Greenland," From Wikipedia, the free encyclopedia,
https://en.wikipedia.org/wiki/Geography_of_Greenland

그린란드의 아이스/빙하 면적은 175만 5,637㎢, 아이스/빙하가 없는 면적은 41만 449㎢, 삼림지 1㎢, 농경지 0.6%, 목초지 0.6%(2018년 추정)다.[12]

그린란드 빙상에 관한 4가지 사실: ① 면적은 180만㎢, ② 부피는 285만㎢(녹을 때 해수면 6m 상승; 연간 2,000억 톤 얼음 상실, 금세기 말까지 해수면 30㎝ 증가 예상), ③ 그린란드 빙상은 지구상의 모든 담수 매장량의 약 7%를 보유; ④ 가장 두꺼운 지점인 그린란드 빙상은 3,500m다.[13]

그린란드는 겨울 기온이 영하 50도까지 내려가고 여름 기온이 10-15도의 극지 기후대다. 2020년 누크의 평균 온도 영하 0.7도(최고 18.4도, 최저 영하

---

12) "Geography of Greenland," From Wikipedia, the free encyclopedia; "Greenland-Inuit, Norse, Arctic," *Britannica*, 2024.
13) Nordic Co-operation, "Facts about Greenland, Climate and Environment," *Nordic Statistics Database*, 2024.

19도)며, 2006년 강우량은 누크 781mm, 아시아트(Aasiaat) 352mm, 타실라크(Tasiilaq) 742mm로 집계됐다.[14]

1990년대 기후변화와 지구온난화의 가속화 그리고 과학기술 발전의 증대로 인해 북극의 접근성이 쉬워지면서 자원 개발과 항로 가능성이 증대했다. 실제로 그린란드는 지구 평균기온보다 4배나 빠르게 상승하고 있다. 기후변화와 북극의 빙하 손실의 영향을 측정하는 사람들에게 그린란드는 영원한 '탄광 속의 카나리아'와 같은 지위 때문에 글로벌 관심의 중심이 되고 있다.

그린란드 면적보다 큰 지역을 보통 대륙이라고 불린다. 메르카토르 지도에서는 호주 대륙보다 더 큰 섬처럼 보인다. 그린란드 덕택으로 덴마크는 육상 국경을 가진 국가로 변모했다. 1721년부터 그린란드를 소유하고 있는 덴마크왕국은 유럽 제2의 영토 대국이며, 북극 연안국(A5) 지위를 가지게 됐다. 2022년 6월 그린란드 북부와 캐나다 엘스미어(Ellesmere/타르투팔루크)섬 사이의 '위스키 전쟁'에 휘말렸던 한스섬(1.2㎢)의 영유권 분쟁이 평화적으로 해결되면서 캐나다와 육상 국경을 이루고 있다.[15] 또한 러시아 로모노소프 해령과 중첩되지만 89만 5,000㎢에 이르는 북극 대륙붕 확장 가능성도 있다. 해안선의 길이는 지구 둘레 길이와 맞먹는 4만 4,087㎞다.

그린란드의 지경학적 가치는 그 크기에 걸맞게 세계 담수 자원의 7% 빙상, 연료(석탄, 석유, 천연가스)와 희토류, 우라늄, 금, 알루미늄 등 원료자원 매장량을 갖고 있다. 또한 모든 북극항로(특히 북서항로)의 허브이며, 항공과 해저 케이블 잠재력을 보유하고 있다.

2022년 2월 러시아와 우크라이나 전쟁 이후 세계는 신냉전 시대의 초입이

---

14) Ibid.
15) Matt Murphy, "Whisky Wars: Denmark and Canada strike deal to end 50-year row over Arctic island," BBC News, Jun. 15, 2022.

나 권위주의 진영과 자유민주 진영 간 경쟁과 갈등을 예방하거나 혹은 자국의 실리를 실현하는 데 있다. 지금까지 평화 공간이었던 '북극의 예외주의'도 사라지면서 그린란드의 지정학적 가치는 전략적으로 중요한 GIUK gap(그린란드/아이슬란드/영국)의 북서쪽에 있어 과거 냉전 시대뿐만 아니라 현재에도 중요하다. 해군 전쟁 대학(Naval War College)의 월터 버브릭(Walter Berbrick)은 2019년에 "그린란드를 보유한 사람은 북극을 보유할 것이다. 이곳은 북극과 세계에서 가장 중요한 전략적 위치"라고 강조했다.[16]

그린란드와 덴마크의 거리(수도 간 거리 약 3,532㎞)에도 불구하고 그린란드는 정치적, 문화적 측면에서 천 년 동안 덴마크와 연관되어 있다. 1953년까지 덴마크의 식민지, 1979년 제한된 자치, 2009년 확대된 자치정부 법 이후 주권/독립을 꿈꾸고 있다. 그린란드 안팎의 많은 문제점에도 불구하고 독립/주권국가로의 여정은 그린란드인의 결정에 달려 있다.

---

16) "Trump's Greenland gambit finds allies inside government," *Politico*, Aug. 24, 2019.

〈참고문헌〉

Dempsey, Caitlin, "Robinson Map Projection," *Geography Realm*, Jun. 24, 2021.

"Geography of Greenland," From Wikipedia, the free encyclopedia; "Greenland-Inuit, Norse, Arctic," *Britannica*, 2024.

Kaye, Neil, "This animated map shows the true size of each country," *Nature Index*, Aug. 14, 2019.

"Neil Kaye," *Met Office*, Neil Kaye - Met Office(검색일: 2024년 8월 2일).

"Map Projections: Mercator Vs The True Size of Each Country," *Brilliant Maps*, Mar. 3, 2023.

Murphy, Matt, "Whisky Wars: Denmark and Canada strike deal to end 50-year row over Arctic island," *BBC* News, Jun. 15, 2022.

Nordic Co-operation, "Facts about Greenland, Climate and Environment," *Nordic Statistics Database*, 2024.

Routley, Nick, "The Problem With Our Maps," *Visual Capitalist*, Nov. 11, 2021.

Routley, Nick, "Mercator Misconceptions: Clever Map Shows the True Size of Countries," *Visual Capitalist*, Aug. 21, 2021.

Scharping, Nathaniel, "Finally, an Accurate World Map That Doesn't Lie," *Discover Magazine*, Nov. 29, 2022.

Strong, Aidan, "Why all World Maps are Wrong," *Tom Rocks Maths*, Feb. 28, 2023.

Talmar, Uku, "Wait, Our Maps Are Wrong?," *Medium*, Mar. 25, 2024.

Todd, Anna, "The AuthaGraph Is The World's Most Accurate Map," *Discovery*, Aug. 1, 2019.

"Top 10 World Map Projections," *The Future Mapping Company*, Aug. 31, 2019.

"True Scale Map of the World Shows How Big Countries Really Are," *Newsweek*, Oct. 23, 2018.

"Trump's Greenland gambit finds allies inside government," *Politico*, Aug. 24, 2019.

Троценко, Людмила, "Россия и Гренландия меньше, чем считалось ранее - ученые," Korrespondent.net, 24 апреля 2023."

Что больше по площади: Гренландия или Австралия? Россия или Африка?," Дзен (dzen.ru), 21 декабря 2020.

경제의 공간

북극권의 경제활동과
한국의 북극협력 강화방안

서현교*

I. 서론

 북극은 이누이트 등 6개 원주민그룹을 포함하여 북극권 8개국 내 400여만 명 인류의 터전이다.[1] 그래서 사람이 살지 않는 남극에서는 주로 과학연구가 중심인데 반해, 북극에서는 과학뿐만 아니라 정치, 경제, 군사, 문화·예술, 종교, 인권/복지, 원주민 등 다양한 이슈가 맞물려 있다. 그리고 이렇게 다양하고 복잡한 이슈를 해결하기 위해서는 어느 한 분야의 연구가 아닌 과학-산업-인문·사회 학제 간 융복합 연구가 중요하다.

 이러한 관점에서 우리나라 상황을 볼 때, 극지연구소(KOPRI)는 우리나라 남북극 과학연구를 선도하는 연구기관으로 자리매김하였으나, 그 외의 북극 융복합 연구를 주도할 만한 국내 별도의 조직은 없었다. 이러한 인문·사회-과학-산업을 연계하는 융복합 연구 수행과 북극권 네트워크와의 연계 및 협력을 조율하는 제3의 플랫폼이 필요를 공감한 우리나라 정부는 북극이사회 옵서버

※ 본 원고는 극지연구소 연구사업(PE24140)의 지원을 받아 작성되었음. 본 원고는 서현교, "한국의 북극협력 네트워크 강화방안 분석과 정책적 시사점",『한국 시베리아 연구』제28권 2호, 배재대 한국-시베리아센터, 2024 논문을 근간으로 하여 추가·보완됨.
* 극지연구소(KOPRI) 정책개발실(Ph.D. 극지정책 전공), 한국외대 객원교수.

1) Mary Durfee & Rachael Lorna Johnstone., *Arctic Governance in a Changing World*, (London: Rowman & Littlelfield, 2019.), p.1.

가입의 후속조치로 2013년에 수립된 북극정책기본계획에서 '북극연구컨소시엄 구축'이라는 정책적 화두를 포함시켰다. 이와 관련하여 북극정책수립기본계획 수립 배경과 북극연구 네트워크 관련 국내외 사례를 통한 시사점을 도출하고자 한다.

본론에 들어가기에 앞서 우리나라 북극활동 관련 국내 법·정책 동향을 살펴보고자 한다. 2022년 우리나라 극지정책 분야의 기념비적인 일이 일어났다. 2021년 제정된 극지활동진흥법[2]을 근간으로 이듬해에 '제1차 극지활동진흥기본계획'이 수립된 것이다. 사실 한국의 북극정책 연혁을 살펴보면, 이미 두 차례 북극정책이 수립된 사례가 있다. 2013년 5월 우리나라의 북극이사회(Arctic Council) 옵서버 가입 후속조치로 수립된 '북극정책기본계획'(1차 북극정책에 해당)과, 5년 뒤인 2018년 수립된 북극활동진흥기본계획(2차 북극정책에 해당)이 바로 그것이다. 그러나 이 두 기본계획 모두 법적인 기반을 갖지 못한 '비법정 계획'이었다. 따라서 이 기본계획을 구성하는 세부 시행계획들은 실행 추진력이 약할 수밖에 없었다.

그럼에도, 극지활동의 법적 근거를 갖추고자 정부는 지속적으로 노력해 왔다. 먼저 2002년 제정된 해양수산발전기본법(제20조 해양과학기지 설치 및 조사·연구와 21조 국제협력 추진)[3]가 그 시초라고 할 수 있다. 그리고 가장 최근인 2021년 극지활동진흥법 제정을 통해 마침내 극지연구·활동을 정부가 지원할 수 있는 법적 근거가 명확해졌다. 그리고 동 법 제6조에 '극지활동진흥기본계획 및 극지활동진흥시행계획 수립과 시행'이 명시되면서, 마침내 해양수

---

2) 극지활동진흥법 관련 세부내용은 아래 웹사이트 참조(검색일 2024.11.13.). https://www.law.go.kr/lsInfoP.do?lsiSeq=231495&efYd=20211014#0000

3) 해양수산발전기본법 원문은 웹사이트 참조 (검색일: 2024.11.11.). https://www.law.go.kr/lsInfoP.do?lsiSeq=246865&efYd=20230328#0000

산부는 남북극 연구 및 활동을 진흥하는 기본계획을 5년마다 수립할 수 있는 근거를 갖게 되었다. 이 기본계획을 통해 수립해야 할 항목들도 짜임새 있게 구성됐다. 법 6조의 내용을 보면 △북극에서 경제활동 진흥과 지속가능발전, △극지연구의 추진목표 및 재원확보 사항, △극지 과학기술 발전방안, △극지연구를 위한 첨단연구장비 개발, △극지통합정보시스템 구축운영 등 경제·산업, 과학기술, 인프라 등 정부가 수립해야 할 항목이 11가지에 달한다. 그리고 이 기본계획을 바탕으로 매년 세부 시행계획을 수립하여 세부사업이 실행된다. 이 극지활동진흥법을 기반으로 해양수산부는 관계부처 합동으로 2022년 '제1차 극지활동진흥기본계획(2023-2027)'을 수립했다. 이 기본계획은 정부가 우리나라 역사상 처음으로 남북극을 아울러 극지활동을 진흥하는 내용을 중심으로 수립한 5년 계획이다. 정부의 북극정책이라는 측면에서 보면, 이 극지활동진흥기본계획이 북극정책기본계획(2013)과 북극활동진흥기본계획(2018)에 이은 세 번째 계획에 해당한다.

극지활동진흥기본계획의 내용 면에서도 도전적인 주제들이 포함됐다. '프런티어 과제'라는 9개의 우선순위 과제가 선정되었다. 먼저, '과학분야'에서는 기존의 쇄빙연구선 아라온(Araon) 외에 △차세대 쇄빙연구선 건조 및 북위 90도의 '북극점'(North Pole) 탐사, △남극 빙하 밑의 호수인 '빙저호'까지 뚫어 내려가는 빙하시추기술 개발, △세계 6번째 남극내륙기지 구축 등 3건이 선정되었다. 그리고 '기후변화 대응' 부문에서 △북극 전역을 실시간 관측할 수 있는 초소형위성 개발, △남극전역 빙상의 융해(녹는 것)로 인한 2050년경의 지구 해수면 상승 시나리오 제시, △북극발 한반도 재해기상 예측 등 3건이 선정되었다. 마지막으로 극지 신기술 분야에서 △친환경 쇄빙컨테이너선 건조기술 확보, △북극 친환경 수소에너지 기반 탄소제로 연구인프라 조성, △극지 생물자원 활용 신규 의약물질(항균 면역기능조절물질) 등 3건이 선정됐다.

II. 우리나라 북극협력 네트워크(KoARC) 활동

우리나라 북극활동을 지원하기 위한 우리나라의 북극협력 네트워크로 앞서 소개한 '한국북극연구컨소시엄(Korea Arctic Research Consortium, KoARC)' 이 있다. 이 KoARC은 2015년 출범부터 거의 10 여 년간 활동을 해왔는데, 그 연혁을 살펴보면 다음과 같다. 우리나라는 2013년 5월 북극이사회 정식옵서 버가 되면서 이에 대한 후속조치로 우리나라 정부는 우리나라 첫 북극정책인 '북극정책기본계획'(2013-2017)을 수립하였다. 이 기본정책에는 30여 개 세부 시행계획이 반영되어 있는데, 그중 하나가 KoARC의 구축이었다. 정부는 당 시 일본, 중국이 연구기관별로 북극 과학연구 정보공유 및 융합연구 활성화를 위한 여건이 이미 조성되었다고 진단하면서, 우리나라는 그간 분야별 소규모 북극연구 및 연구자 간 네트워크 부족의 해결 방안으로서 KoARC 구축을 세 부 과제에 포함됐다. 그래서 동 기본계획에서 KoARC 추진단 설치와 연구기 관, 관련대학, 민간기업 및 정부부처 등 산·학·연·관으로 KoARC 구성 및 국제 심포지엄 개최 등을 계획으로 제시했다.[4] 이를 기반으로 해양수산부는 2015 년 9월 15일 한국북극연구컨소시엄(KoARC)[5] 구축 및 운영계획을 공식 승인 하고, 극지연구소에 사무국을 개소 요청을 하여, 같은 해 9월 30일 극지연구소 내에 사무국 설치를 알리는 현판식을 개최하였다.[6] 이어 같은 해 11월 3일, 극 지연구소를 포함하여 23개 기관 대표(KoARC 운영위원)가 참가하여 창립총

---

4) 관계부처 합동 "제1차 북극정책기본계획" http://www.mof.go.kr/article/view.do?me nuKey=386&boardKey=22&articleKey=4638 (검색일: 2024.11.7).

5) KoARC: Korea Arctic Research Consortium(한국북극연구컨소시엄)

6) 보도자료, "북극연구 역량강화를 위한 산학연 협력 첫발 - 북극연구 컨소시엄 구축을 위한 사무국 설치", 「해양수산부」, 2015년 9월 25일. https://www.korea.kr/briefing/ pressReleaseView.do?newsId=156077474#pressRelease (검색일: 2024.11.1.)

회를 개최하여 본격 출범했다.[7] 이어 산·학·연 회원기관 간 협력을 통해 '2030 북극연구 중장기 로드맵 수립연구'(2017) 등 다양한 성과를 내기 시작했다.

이후 정부는 제2차 북극정책기본계획인 '북극활동진흥기본계획'(2018-2022)에서 KoARC에 대한 세부 시행계획으로 (1)'북극연구 중장기 융복합 연구 지원'을 목표로 구체적인 융복합 기획과제 도출과 (2)'KoARC 중장기 발전 전략 수립·추진'이라는 세부 과제가 포함됐다.[8] 이러한 계획 하에 KoARC사무국은 해수부 용역사업으로 2018년 북극항로 활성화 대비 '북극해빙변화와 북극항로 운항조건 분석 연구'를 수행했다. 그리고 2019년부터는 극지이슈리포트 발간 용역사업을 주도하며 매년 융복합 관점에서 주목할 만한 북극 이슈들을 발굴하고 있다.[9] 또한 회원기관 대상 과학, 산업, 정책 분야 융복합 기획연구를 발주·지원하고 있다.[10] 또한, 해수부 발의로 2021년 4월에 제정된 극지활동진흥법[11]에서는 KoARC과 직·간접적으로 관련된 조항들이 포함되었다. 먼저 제8조 '연구개발 등의 지원'의 2항에서는 '국가는 극지 관련 연구개발의

---

7) 김진석 외, 『북극연구 컨소시엄 사무국 설치와 운영지원』(극지연구소 정책보고서 BSPE15290-090-11, 2016) pp. 12-17.

8) 관계부처 합동, "북극활동진흥기본계획" p. 56. https://www.korea.kr/news/pressReleaseView.do?newsId=156283878 (검색일: 2024. 11. 15).

9) 극지이슈리포트 발간사업은 2019년부터 해수부 지원 하에 KoARC 사무국이 회원기관 전문성을 바탕으로 매년 6~8건의 북극의 최신 이슈를 발굴하여 책자·시각자료 제작을 통해 극지이슈 저변확대와 정책 제안을 하는 용역사업임. 이 사업을 통해 매년 열리는 북극협력주간(Arctic Partnership Week/부산)에서 KoARC세션(세미나)을 개최함. 극지이슈리포트 발간물은 극지연구소 웹사이트 "극지정책아카이브" 참조. https://polararchive.kr/ (검색일: 2024. 10. 29).

10) KoARC은 일례로 2022년 '친환경쇄빙컨테이너선 개발 기획연구'를 발주 및 주도하여 동 주제가 제1차 극지활동진흥기본계획(2022)에서 동 과제가 9대 프런티어 사업 중 하나로 선정되는 데 이바지함. (아래 각주 14번 참조)

11) "극지활동진흥법" https://www.law.go.kr/LSW/lsInfoP.do?efYd=20211014&lsiSeq=231495#0000 (검색일: 2024. 11. 13).

활성화를 위해 대학·연구기관·기업 간의 협력 및 공동 연구개발 등의 사업을 예산의 범위에서 지원할 수 있다'고 명시돼 있다. 또한, 제10조(북극의 경제활동 진흥)에서는 '국가는 북극항로 개척 등 북극에서의 경제활동을 진흥하기 위한 필요 시책을 수립·지원해야 한다'고 명시돼 있다. 이는 KoARC이 추구하는 산·학·연 융복합 연구 및 협력과 함께 극지과학연구 외의 정부가 국내 산업계의 북극활동 지원을 할 수 있는 법적 기반이 마련된 셈이다. 또한 같은 해인 2021년 11월 해수부를 포함한 관계부처 합동이 수립한 '2050북극활동전략'[12]에서는 과학·산업·정책 등 균형 잡힌 북극연구와 산·학·연 연구 참여를 확대하기 위해 KoARC의 독립법인화('22~)가 포함되었다.

한편, 극지활동진흥법 6조는 5년마다 '극지활동진흥기본계획'을 수립하도록 명시하고 있다. 이러한 법적 근거에 의해, 해수부를 포함한 다양한 부처들이 참여하여 2022년 제1차 극지활동진흥기본계획을 수립했다.[13] 이로써 우리나라 최초로 법적 근거를 가진 북극관련 기본계획이 마련된 셈이다. 이 1차 기본계획에서 해수부는 KoARC에 대해 '국내 산업계의 북극권 진출을 위한 교두보'로서의 역할을 하도록 사업을 담았다. 구체적으로 △KoARC에 수산, 해운, 에너지 등 KoARC의 기업회원 수를 확대하고, △한국해운협회와 같은 산업체 협회와 MOU 등을 통한 협력관계 구축, △기업 수요 기반의 과학·산업·정책 간 융복합 연구 확대, △북극경제이사회(Arctic Economic Council: AEC)[14]와 협력하여 북극 진출을 지원하는 창구역할 수행 등이 포함되었다.

---

12) 관계부처 합동, "2050 북극활동전략" p. 17. https://www.korea.kr/news/policyNewsView.do?newsId=148896255 (검색일: 2024. 10. 29).
13) 인터넷: 관계부처 합동 "제1차 극지활동진흥기본계획"(2022년 11월) https://www.mof.go.kr/synap/view.do?fn=MOF_ARTICLE_48185_2022121218503f0968e120&fd=202404 (검색일: 2024. 11. 3).
14) 북극경제이사회(Arctic Economic Council: AEC)는 2014년 1월 북극이사회 고위관

1. KoARC 주도 '친환경 쇄빙컨테이너선 개발'

특히, 극지활동진흥기본계획 내 9개 우선순위 과제 중에 '친환경 쇄빙컨테이너선 건조기술 확보'가 선정된 배경에도 KoARC이 깊숙이 관여했다. 필자가 한국북극연구컨소시엄(이하 컨소시엄) 사무총장(임기 '19.9.-'24.6.)으로 임무를 수행하던 2022년 초에 당시 컨소시엄 41개 회원기관을 대상으로 기획연구 수요조사를 시행했다. 그 결과 많은 건이 접수되었는데, 회원기관인 '한화오션'(당시 대우조선해양)이 제안한 주제인 「친환경연료를 활용하여 바다 얼음을 깨는 컨테이너 운반선을 개발하는 '친환경 쇄빙컨테이너선 개발」이 눈에 들어왔다. 대우조선해양이 러시아에 북극해 운항용 쇄빙LNG탱커 15척을 수출하면서, 북극에서조차 세계 1위의 극한분야의 조선기술력을 과시하던 때이다. 현재는 미래 기후변화로 인한 북극해의 얼음 감소(해빙 감소)와 수에즈 운하 쪽의 국제정세 불안으로 컨테이너 물류가 본격적으로 북극해를 다니기 시작할 때 본격적인 '북극항로 시대'를 열릴 것이라고 전문가들이 보고 있다. 이러한 미래 북극항로 시대에도 한국의 조선업 기술력이 유지되어야 한다는 기조 하에, 극지연구소 간부들을 찾아가 동 사업의 필요성을 피력하였다. 그러나, 과학연구기관인 극지연구소 예산으로 우리나라 조선기술 개발 기획연구를 지원하는 것에 대한 이견이 있었으나, 산·학·연 협력사업 일환으로 KoARC 사무국 주관으로 하여 동 사업 기획연구를 발주하기로 결정됐다. 다만 조건이 있었다. 사무국 책임자인 필자가 기획연구 사업 발주부터 수행까지 모두 주도해야 하므로 제안요청서(RFP)를 직접 작성하라는 것이었다. 틀린

료회의(SAOs)에서 의결되어, 같은 해 9월 창립총회를 거쳐 출범한 독립기관임. AEC는 북극의 지속가능한 비즈니스, 책임있는 경제개발과 커뮤니티 구축을 목적으로 함. AEC와 관련 세부 내용은 웹사이트 참조. https://arcticeconomiccouncil.com/ (검색일: 2024. 10. 29).

이야기는 아니었다. 과제의 세부 내용도 모르면서 무슨 과제발주란 말인가. 이에 기술과는 다소 거리가 있는 극지정책 연구자인 필자가 친환경 쇄빙컨테이너선 개발 기획 관련 핵심 내용을 이해하고, 관련 전문가들과 협의를 거쳐 RFP를 완성하여 과제발주를 할 수 있었다. 이어, 극지기술연구회, 한화오션, 선박해양플랜트연구소(KRISO), 한국해양수산개발원(KMI) 등이 함께 기획연구에 참여하여 공동연구를 하던 중, 같은 해 문재인 대통령에서 윤석열 대통령으로 정부로 바뀌면서 극지산업 부문의 중요성이 더욱 부각되었다. 그러면서 그해 하반기 극지활동진흥기본계획 수립을 주도하던 해양수산부는 동 기획과제 주제를 극지활동진흥기본계획의 9대 우선순위 과제에 포함시켜 2022년말 부산에서 열린 북극협력주간 행사에서 발표했다. 극지활동진흥기본계획을 염두하고 과제기획을 한 건 아닌데, 마치 미리 준비한 것처럼 쇄빙컨테이너선 개발이 동 기본계획의 우선 과제에 이름을 올리게 된 것이다. 기획연구와 함께 우리나라 쇄빙컨테이너선 기술개발 기획연구 성과를 국제사회와 공유하기 위한 노력도 펼쳤다. 매년 10월 아이슬란드 수도 레이캬빅(Reykjavik)에서 '북극서클 총회(Arctic Circle Assembly)'가 열리는데 전 세계 2,000여 명의 북극전문가들이 참가하여 북극을 주제로 하는 국제행사 중 가장 큰 규모를 자랑한다. 이 행사에서 컨소시엄 주관으로 쇄빙컨테이너선 개발을 주제로 하여 세션을 개최하고, 국외참가자들에게 관련 연구를 소개했다. 이러한 성과들이 기반이 되어 국내 글로벌 조선 3사 모두 컨소시엄 회원으로 유치할 수 있게 되었다.

2. 북극경제이사회(AEC)와 아시아 첫 협력창구 마련

이와 함께 필자가 KoARC 사무총장 재직 시절 또 하나의 가시성과가 있었다. 바로 아시아 최초로 우리나라가 북극권과 경제협력기구와 협력창구를 개척한 것이다. 2023년 5월 컨소시엄과 북극경제이사회(Arctic Economic Council) 간 MOU를 체결하였는데, 필자는 사무총장 자격으로 노르웨이 트롬소에서 열린 AEC 연례총회에 직접 참석하여 MOU 서명에 참여하는 영예도 얻었다. 이런 성과를 얻기까지 AEC의 메즈 프레드렉슨(Mads Frederiksen) 사무국장과 친분을 쌓으며, KoARC을 소개할 기회를 가질 수 있었다. AEC 측은 특히 컨소시엄 내 국내 조선 3사를 비롯해 산업계가 회원사로 들어와 있는 것에 크게 관심을 가졌다. 그래서 2022년 말 부산에서 열린 국내 최대의 북극 행사인 '북극협력주간'에 메즈 사무국장을 초청하여 특별강연과 조선 3사 등 우리 컨소시엄 회원사들과 업계간담회도 가질 수 있었다. 그리고 이듬해인 2023년 5월 컨소시엄과 AEC간 협력약정(MOU)이 체결된 것이다. 이때 국내 언론사에서 "韓 북극연구컨소시엄, 북극경제이사회와 MOU…아시아 최초" (이데일리 2023.5.10. 일자) 등 다양한 보도가 이어졌다.[15]

그림 1. KoARC과 AEC 간 MOU(2023.5.)

오른쪽이 필자, 왼쪽이 메즈 프레드렉슨 AEC 사무국장(필자 제공)

---

15) 신문: "韓 북극연구컨소시엄, 북극경제이사회와 MOU…아시아 최초". 이데일리 2023

북극경제이사회는 2014년 북극이사회의 고위관료회의(SAOs)에서 의결되어 2014년 9월 창립총회를 시초로 발족한 독립기관이다. 북극 경제개발을 촉진하고 북극을 북극권 커뮤니티와 비즈니스를 위한 최적지로 만드는 것을 주요 임무로 한다. 세부 목표로 북극권 시장 접근성을 지원하고, 북극권 비즈니스와 경제개발 촉진제 역할, 경제활동을 위한 최적 이행방안(Best Practice), 기술적 솔루션과 기술적 표준 공유와 지원 등이 주요 활동 목표이다. 또한 AEC산하에 분야별 특별작업반을 두어 전문적인 대응을 하는데 △해운 작업반, △투자 및 인프라 작업반, △자원개발 작업반, △연결성(Connectivity) 작업반 등 4개 작업반을 가동 중이다.

이상과 같이 북극경제이사회는 북극권 시장 접근성 지원에 방점을 두고 있어, 우리나라 기업들이 북극권 시장에 진출하거나 투자할 때, 직접 하기보다 북극경제이사회를 통하면 보다 유연하고 리스크를 줄이도록 다양한 지원을 받을 수 있다. 또한 작업반 운영에서 드러났듯이, 북극 해운이나 인프라 투자, 자원개발, 연결성(Connectivity: 디지털 통신망) 등의 분야에 AEC가 방점을 두고 있어, 북극경제 및 산업분야 진출을 고려하는 국내기업들이 북극경제이사회와 연결을 협력을 한다면 매우 유익할 것이다.

한편, 북극경제이사회 의장(Chair)에는 2023년 5월 트롬스 크래프트(Troms Kraft)[16]사의 임원인 잉어 존슨(Inger Johnsen) 씨가 취임했다. 트롬소 크래프트는 노르웨이 북부/북극권 지역을 대상으로 10개의 수력발전 시설과 1개의 풍력발전 시설을 통해 전기를 생산하고 공급하는 독점 국영회사이

년 5월 10일. https://www.edaily.co.kr/news/read?newsId=03329206635607608&mediaCodeNo=257&OutLnkChk=Y (검색일: 2024.10.29).

16) 트롬스 크래프트 사 관련 정보는 웹사이트 참조 https://www.tromskraft.no/ (검색일 2024.11.19.).

다. 노르웨이 북부지역 트롬스 주 관내 기업들이 신규로 전기증설이나 전기설치를 신청하려면, 이 전기회사에 사전 신청서를 제출하여 허가를 받아야 한다. 즉, 전기공급을 받고자하는 기업의 대기 명단이 있는 셈이다. 트롬스 크래프트는 이 명단 기업 중 정부 기후목표(탄소중립 정책: 온실가스 총배출량을 0으로 하는 정책)를 이행하는 기업에 우선적으로 전기공급을 한다. 또한 정부 기후목표를 이행한다고 해도 신규 사업장보다는 기존 시설을 증설하는 데 먼저 전기를 공급한다는 원칙을 갖고 있다. 따라서 노르웨이 정부의 기후목표를 이행하지 않는 기업은 전기를 통한 제품생산을 할 수 없도록 강제 장치가 마련되어 있는 셈이다.

여기서 노르웨이 에너지 개발에 대해 한 가지 소개를 더하면, 노르웨이는 유럽의 사우디라고 불릴 만큼 유럽 1위의 화석에너지(석유가스) 개발 및 수출국이다. 노르웨이 국영에너지 기업인 에퀴노르(Equinor)는 자국의 해안에서 100㎞ 이상 떨어진 바다에서 석유를 탐사 및 채굴할 때, 신재생에너지를 활용한다. 즉 오프쇼어 발전이라고 하는데 북해 석유·가스 광구에서 석유를 뽑을 때 물에 뜨는 부유식 풍력발전 설비를 사용한다. 즉 튜브처럼 물에 뜨는 형태의 풍력발전 바람개비가 바다 한가운데 떠서 바람에 의해 돌아가면 전기가 생산된다. 이러한 전기는 바다 깊은 해저 표면 밑에 묻혀있는 석유를 채굴하기 위해 드릴링(Drilling)을 할 때 사용한다. 이렇게 되면 육지에서 멀리 떨어져 있는 바다 광구까지 전기를 끌어올 필요 없이 현장에서 전기를 생산하여 직접 해저 드릴링을 위한 전기를 공급할 수 있게 된다. 육상(온쇼어) 풍력발전과 해상(오프쇼어) 풍력발전으로 나뉘는데, 해상 풍력발전 중 해저 밑에 기둥을 세워 고정시키는 고정식과 바다 위에 배처럼 띄우는 부유식으로 다시 나뉜다. 에퀴노르는 현재 전 세계 상업용 부유식 해상풍력 발전설비의 절반 이상을 운영하고 있다. 에퀴노르는 노르웨이 해안에서 140여 ㎞ 떨어진 석유가스

전에 '하이윈드 탐펜'(Hywind Tampen)이라는 세계 최초이자 세계 최대 규모의 부유식 해상풍력 발전단지(Floating Offshore wind farm)를 노르웨이 북해(North Sea) 스노레(Snorre)와 굴곽(Gulfaks) 해상광구에 설치했다. 이 단지에는 11기의 풍력설비가 설치되었다. 앞으로 육상 해안에서 100㎞ 내외 떨어진 지역(섬이나 오지 등) 사람들에게 부유식 해상풍력은 주요 전기공급원이 되고, 2030년이 되면 부유식 해상 풍력발전 설비가 유럽의 120만 가구에 전기를 상시 공급할 원천이 될 것으로 전망된다.[17]

3. 북극 디지털 인프라(Connectivity) 구축 가속화

앞서 북극경제이사회가 방점을 두고 있는 이슈 하나가 '연결성'(Connectivity)이라고 소개하였다. 이 연결성은 디지털 광대역망 인프라 구축을 통한 '통신 및 정보망 구축'이 핵심이다. 이를 통해 북극권 산간마을, 툰드라, 원주민 마을, 바다 등 어느 곳에서나 통신이나 인터넷을 자유자재로 할 수 있는 디지털 인프라를 구축하는 것이다. 북극 원주민 사회는 부족 구성원간 일정 거리를 두고 살기 때문에 대면 접촉을 위해서는 이동에 많은 시간이 필요하다. 그런데 이런 디지털 인프라를 활용하면, 멀리 떨어져도 안부 확인이나 의사소통 등이 수월해진다. 교육이나 원격의료도 가능하다. 일례로 그린란드의 지자체는 코로나 기간부터 아이패드를 활용한 온라인 원격교육으로 평등교육을 실현하고 있다. 2020-2021년 기간 중 그린란드 내 전역의 77개 초등학교를 대상으로 일명 키빗시사(Kivitsisa) 프로젝트를 추진하였으며, 이 인프라를 활용하여 초중등 교육을 하고 있다.[18] 키빗시사는 그린란드어로 우리를 높이자

---

17) 하이윈드 탐펜 풍력발전단지 관련 세부 정보는 웹사이트 참조 https://www.equinor.com/energy/hywind-tampen (검색일 2024. 11. 19.).

18) 그린란드 키빗시사 프로젝트 관련 세부 정보는 웹사이트 참조 https://kivitsisa.gl/en/

(Let us elevate)는 의미이다. 이 프로젝트에 그린란드 내 5개 모든 지자체, 그린란드 대학교(Univ. of Greenland) 그리고 그린란드 교육청 등이 참여하였다. 이 프로젝트는 동기부여 학습과 아이패드 기반 원격교육의 새로운 협업을 포함하고, 특히 지리적으로 이동이 어려운 물리적 한계를 극복하는 데에도 초점이 맞춰져 있다. 이 사업을 위해 관련 지역에 새로운 디지털 인프라를 구축하였다. 2018년에 처음 시작되어 지금은 그린란드 내 모든 초중등 학교가 참여하고 있다. 이러한 디지털 인프라 구축으로 그린란드 지자체들이 그린란드 내 모든 초중등생 대상 원격교육의 신기원을 연 것이다.

'연결성' 관련 대표적인 북극권 프로젝트로 '폴라 커넥트'(Polar Connect) 프로젝트가 있다.[19] 이 프로젝트는 NordUnet에 기반을 두고 있으며, NordUnet은 쉽게 말하면 스웨덴, 노르웨이, 핀란드, 덴마크, 아이슬란드 등 북유럽 5개국 간 연구 및 교육을 목적으로 하는 디지털 연결망 협력이다. 좀 더 풀어보면 노르딕 5개국은 개별 연구·교육 디지털망(Nordic NREN 〈National Research and Education Network〉)[20]을 갖고 있는데, 이는 Deic(덴마크), RHnet(아이슬란드), Uninett(노르웨이), SUNET(스웨덴), and Funet(핀란드)으로 각각 불린다. 이 5개국의 디지털 네트워크망의 연계 체제를 NORDUnet[21]이라고

(검색일 2024. 11. 19.).

19) 폴라 커넥트 프로젝트 관련 세부 정보는 웹사이트 참조. https://nordu.net/polar-connect/ (검색일 2024. 11. 19.).

20) 북유럽(노르딕) 5개국의 국가 연구교육 연결망(NREN)은 덴마크(Deic), 아이슬란드(RHnet), 노르웨이(Uninett), 스웨덴(SUNET), 핀란드(Funet) 등이 있음. NERN에 대한 세부 정보는 웹사이트 참조. https://www.deic.dk/en/about-deic/International-collaboration/NORDUnet (검색일 2024. 11. 19.).

21) NORDUnet은 '교육 및 과학을 위한 노르딕 게이트웨이'(Nordic Gateway for Research and Eduction)라고도 통칭됨. NORDUnet 관련 세부 정보는 웹사이트 참조. https://nordu.net/ (검색일 2024. 11. 19.).

할 수 있다. 이러한 5개국의 교육연구 디지털망 협력체인 NDRDUnet은 2030년까지 신규 프로젝트를 추진하고 있는데 앞서 말한 '폴라 커넥트 프로젝트'(2030 Polar Connect)가 바로 그것이다. 이 프로젝트는 EU 및 EU의 중심협력국을 해저케이블로 연결하여 글로벌 교육·과학 디지털 네트워크망을 구현하는 사업이다. 즉, 2030년까지 북극점과 북극해를 거쳐 유럽과 북미, 아시아를 잇는 해저 데이터케이블 시스템을 구축하는 것이다. 여기서 대륙을 연결하기 위해 짧은 거리의 네트워크망을 구현하는데, 하나는 북극점 해빙 밑으로 직접 연결하는 것이고, 다른 하나는 캐나다와 미국 북쪽 바다를 지나는 북서항로(Northwest Passage)를 연결하는 것이다. 즉, 바다 밑 해저를 통해 광케이블이 노르웨이와 아이슬란드, 그린란드와 미국, 캐나다, 일본 그리고 한국까지 이어지도록 기획되었다. 현재는 1단계 사업으로 2026년까지 북유럽 중심으로 해저케이블 망을 구축하고 있다. 이 프로젝트를 통해 국가 간 빅데이터 공유 및 관리 수요에 대응하고, 4차 산업혁명에 따른 낙후된 지역의 디지털 전환에도 기여하게 된다. 또한, 해저케이블망 구축으로 북유럽-유럽-북미-아시아 간 과학 및 교육 분야에서 빅데이터 교류를 통한 혁신과, 디지털 인프라에 기반을 둔 지역개발이나 신규 비즈니스 창출 등 경제 활성화도 기대된다. 북극해는 대륙 간 디지털 정보 이동의 핵심지역으로 부상한다. 또한 이 프로젝트가 완성되면 유럽은 디지털 바다의 고립된 섬이 아닌 디지털 정보 교환의 대문 역할을 하는 것을 꿈꾸고 있다.

한편, 이 프로젝트와는 별개로 파-노스-파이버(Far North Fiber)라는 연결성 프로젝트도 추진되고 있다. 이 프로젝트는 북극해의 북서항로를 따라 노르웨이, 아일랜드에서 그린란드, 캐나다 북부, 알래스카를 지나 베링해를 통해 일본까지 연결하는 해저 광케이블 구축사업으로 빅데이터 이동은 물론 통신까지 유럽-북미-아시아를 브로드밴드로 직결하는 시스템 구축이라고 할 수 있다. 폴라 커넥트 프로젝트는 교육과 과학 등에 중점을 두는 반면, 이 프로젝트는 상업적 용도에 중점을 두고 있다. 핀란드의 시니아(CINIA), 일본의 마루베니(Marubeni) 사를 모기업으로 둔 아테리아 네트웍스(ARTERIA Networks) 사가 참여하고 있다. [22]

4. 그린란드, 경제의 門 열린다

덴마크령 그린란드는 그 면적이 2.1 백만 km로 세계에서 가장 큰 섬이다. 그리고 육지의 80%는 얼음으로 덮여 있으며 기후는 아북극 권부터 북극권까지 다양하다. 이렇게 광활한 면적에도 현재 인구는 5만 6천여 명에 불과하고, 수도인 누크(Nuuk)에만 1만 9천여 명이 살고 있다. 2009년에 덴마크 왕국으로부터 자치령이 되었다.

그린란드는 최근 공항 재정비를 통한 경제도약을 꿈꾸고 있다. 일례로 현재 그린란드 수도 누크 공항의 경우 항공기 이착륙용 활주로가 1,000m 미만으로 짧아 아이슬란드 레이캬빅이나 덴마크 코펜하겐(Copenhagen) 등에서 소형 경비행기만이 왕래하고 있으며, 기상에 따라 취소나 연기되는 경우도 잦았다. 이에 따라 그린란드 국영 칼라잇 에어포트(Kalaallit Airports) 사는 그린란드 내 3개 공항의 리뉴얼부터 활주로 건설을 맡아 공사를 주도하고 있다. [23] 이를 통해 누크의 누크공항을 시초로 그린란드 중부의 일루리삿(Ilulissat) 공항, 그리고 그린란드 남부의 콰코르톡(Qaqortoq) 공항들이 차례로 리뉴얼 또는 신규 건설을 마치면 국제공항의 위용을 갖추게 된다. 가장 먼저 2024년 말 누크

---

22) 파-노스-파이버 프로젝트 관련 세부 정보는 웹사이트 참조 https://www.farnorthfiber.com/ (검색일 2024. 11. 19.).
23) 칼라잇 에어포스 사의 그린란드 공항 건설 사업 세부 정보는 웹사이트 참조. https://kair.gl/en/ (검색일 2024. 11. 19.).

공항 건설이 끝나는데, 활주로 길이만 2,200m로 대형 항공기 이착륙이 가능하고, 콰코르톡 공항은 활주로가 1,500m로 역시 유럽 및 북미와 직결 항로가 가능하다. 이렇게 되면 워싱턴, 뉴욕, 밴쿠버 등 북미 주요 공항이나 파리, 런던 등 유럽의 주요 공항과의 직항로가 열린다. 이렇게 될 경우 관광객 방문 자수가 급증할 것이며, 관광객들을 위한 카페/음식점, 식품점, 상점, 호텔숙박업 등의 증가로 인해 그린란드 경제도 급성장할 것이다. 이처럼 항공로 연결에 따른 그린란드의 경제 활성화에 대비하여, 우리나라 경제계가 그린란드 진출을 적극 검토가 필요하다.

Ⅲ. 북극협력 네트워크 국내·외 사례

KoARC 발전을 위해서 국외사례 검토가 필요하다. 해외 컨소시엄 사례로서 우리나라보다 역사가 오래된 미국과 일본의 컨소시엄을 꼽을 수 있다. '미국북극연구컨소시엄'(Arctic Research Consortium of the United States, ARCUS)는 기관회원 중심 운영과 독립기관 형태로 운영하고 있으며, '일본 북극환경연구컨소시엄'(Japan Consortium for Arctic Environmental Research, JCAR)은 개인회원 중심 운영이라는 차별성이 있다. 이 각각의 사례를 살펴보면 다음과 같다.

첫째, 미국 ARCUS[24]는 1988년 설립된 비영리 독립기관(Not-for profit

---

24) '미국 북극연구컨소시엄'(ARCUS)은 미국 알래스카 주 페어뱅크스(Fairbanks)에 위치해 있음. 동 컨소시엄은 북극 관련 다학제 사업으로 Navigating the New Arctic 등 11개 프로그램 운영 중. 인터넷: "미국 북극연구컨소시엄"(ARCUS) https://www.arcus.org/ (검색일: 2024. 10. 1).

organization)이며, 미국의 북극 과학/교육자와 해외 과학자들과의 연결(Bridge) 기능을 하고 있다. 국립과학재단(NSF) 등 미 정부기관으로부터 예산지원을 받고 있다. ARCUS는 북극 원주민 커뮤니티의 참여와 커뮤니티에 대한 기여를 강화하고자 노력하고 있다. ARCUS는 지식공유, 투명성, 다학제 협력, 정책결정에 기여, 참여와 평등 등을 가치(Value)로 내세우고 있으며, 비전은 '변화하는 북극의 이해 증진을 위해, 미국 및 국제사회 연구자, 교육자, 원주민 및 전통지식 보유자, 북극 거주민, 북극지역 전문가 및 이해당사자(Stakeholder) 간 강력하고 건설적인 연결(Connections)'이다. ARCUS의 기능(Mission)은 미국 내 및 해외 파트너와 북극에 대한 지식, 연구, 교육에 대한 상호경계(Cross-boundary)를 초월하는 소통/협력 활성화이다. 주요 사업으로 △북극 다학제 연구사업 발주·관리, △북극해빙 전망 보고서 발간 및 제공 △교육사업 및 콘텐츠 제공, △워크숍·세미나 주최, △정보제공(Arctic Info: 행사, 뉴스 등), △북극연구자 목록 및 북극 연중행사 계획(Arctic Calendar)[25] 공유 등이다. ARCUS의 재원은 미국의 과학기술부 격인 국립과학재단(National Science Foundation) 등 연방기관에서 프로그램별 예산과 함께 기관 및 개인회비로 구성된다. ARCUS 조직은 최종결정권을 가진 이사회(Board of Directors, 13명), 이사회가 지정한 운영위원회(Membership Committee, 9명: 전략목표 수행 등 세부사업 운영 책임) 그리고 각 회원기관 대표로 구성된 회원이사회(Member's Council), 그리고 사무국에는 사무국장 1인과 프로젝트 매니저 4명을 포함하여 총 12명이 근무하고 있다. ARCUS의 2021-2025년 4대 전략목표와 전략목표별 4대 세부과제는 아래 〈표 1〉과 같

---

25) 인터넷 '북극 연중행사계획표'인 북극 캘린더 "Arctic Calendar" Arctic Calendar"
https://www.arcus.org/events/arctic-calendar (검색일: 2024. 11. 10).

다. 또한 ARCUS에는 현재 32개 회원기관('24.3.1. 기준)과 별도의 기업회원 (Corporation), 원주민그룹 회원(Indigenous Group), 및 개인회원이 등록되어 있다. 기관회원 중에는 미국의 대학 및 연구기관뿐만 아니라 핀란드 라플란드대학교 북극연구센터(Arctic Center, Univ. of Lapland)[26], 노르웨이극지연구소(NPI)[27], 캐나다 '노던 브리티시 컬럼비아대학교'[28] 등 해외 유수 연구기관들도 포함돼 있다.

〈표 1〉 ARCUS의 2021~2025 전략목표(Goal)와 세부과제(Objectives)[29]

전략목표 1	북극연구협력 지원 및 활성화 (연구활동 지원)
세부과제1.1	'협력'과 '학제간 연구'를 위한 자원 및 혁신적 실행수단 제공
세부과제1.2	상호 관심주제에 대한 북극 연구 커뮤니티 간 연결 및 지원
세부과제1.3	네트워크 촉매 및 기회 확대를 위한 다른 북극기관과의 파트너 연결
세부과제1.4	ARCUS 커뮤니티와 미국 내 북극원주민 커뮤니티 간 협력 및 교류 증진
전략목표 2	북극연구 커뮤니티의 효율성 증진 (협력 허브)
세부과제2.1	ARCUS 커뮤니티 내에서 정보교환 및 지식공유 증진
세부과제2.2	다양한 청중(Audiences)과 연계된 북극연구 및 지식과 이슈의 공유와 확대
세부과제2.3	ARCUS커뮤니티 니즈에 대한 우선순위화 및 이에 대한 해결을 위한 회원기관과 협업
세부과제2.4	ARCUS 회원과 파트너 간 상호 이해제고 및 그룹의 정체성 함양
전략목표 3	북극에 대한 학생과 교육자 교육 및 북극연구 참여 유도 (아웃리치)

---

26) 인터넷: 핀란드 라플란드 대학교 "북극연구센터"(Arctic Center, Univ. of Lapland) https://www.arcticcentre.org/EN (검색일: 2024.11.4).
27) 인터넷: "노르웨이극지연구소"(Norwegian Polar Institute) https://www.npolar.no/en/ (검색일: 2024.11.18).
28) 인터넷: 캐나다 "노던 브리티시 컬럼비아 대학교"(Univ. of Northern British Columbia) https://www.unbc.ca/ (검색일: 2024.11.17).
29) 인터넷: ARCUS의 "2021~2025 전략목표 및 세부과제" https://www.arcus.org/files/page/images/6310/arcusgoals2022print.png (검색일: 2024.11.18).

세부과제3.1	북극교육자들을 위한 전문훈련 기회 개발
세부과제3.2	문화적으로 대응하는 북극 교육 및 봉사(Outreach) 활동
세부과제3.3	북극시민과학 및 커뮤니티 기반 연구 강화
세부과제3.4	북극연구활동 및 학습에서 북극청년(Youth) 참여 권장
전략목표 4	ARCUS 미션을 지원하기 위한 자원의 보장 (조직 강화)
세부과제4.1	다양하고 포용적인 ARCUS 멤버십의 유지 및 확대
세부과제4.2	ARCUS조직의 능력 강화
세부과제4.3	ARCUS 자금원(Funding Source)의 다양화
세부과제4.4	새로운 기회에 적응하고 대응하기 위한 예비금(Reserve) 확대

다음으로 일본의 JCAR는 일본 내에서 북극 환경연구를 증진하기 위한 전문가 네트워크로 2011년 5월 11일 창립되었다.[30] JCAR는 비영리(Non-profit) 연구자단체(Organization)로 운영규정 기반으로 운영된다. 회원은 북극 연구에 종사하거나 관심있는 개인회원(전문가)으로 구성되어 있으며, 현재 약 480명의 회원이 등록되어 있다. JCAR의 목표는 △일본에서 북극 환경연구에 대한 장기(Long-term) 연구계획 및 연구인프라 계획(Infra-structure plan) 수립(Development) 및 검토(Examine), △일본 국내 및 해외와의 협력과 조율 증진, △인적자원개발 증진, △과학 커뮤니티 및 관련기관 대상 북극환경연구 계획서 주도, △과학 커뮤니티 및 일본 국내 또는 국외의 공공을 대상으로 한 정보공유 등이다. 조직 구성은 의장(1명)과 부의장(3명), 그리고 운영위원회(Steering Committee. 16명), 그리고 사무국장(Executive Director, 1명)으로 되어 있으며, 사무국은 일본 동경의 일본국립극지연구소(NIPR)[31] 내에 있다. 또한 산하에 개별 워킹그룹(WG)을 통해 장기 연구계획

---

30) 인터넷: "일본 북극환경연구컨소시엄"(JCAR) https://www.jcar.org/e/ (검색일: 2024.11.4).
31) JCAR의 주요 기능은 북극환경연구에 종합적 연구계획 검토 및 정부 자문, 인재육성,

(Long-term Planning)[32], 연구자 간 교류, 신진연구자 발굴, 공공 및 정보 확산, 데이터 아카이브 등의 6대 기능을 수행하고 있다. JCAR 운영비는 NIPR이 지원하고 있으며, 주요 사업으로 JCAR는 매년 일본 지구물리연합(Japan Geophysical Union) 연례총회에서 세션 개최, 격년으로 국제북극연구심포지엄 (International Symposium on Arctic Research: ISAR)을 주최한다.[33]

본 문부과학성(MEXT), 연구자, 국제기구 및 조직, 대중(Public)을 대상으로 자문(Recommendation) 또는 연구 및 성과에 대한 정보공유를 하고, JCAR 홈페이지를 통해 북극지도도 제공하고 있다. ARCUS와 JCAR의 주요 사항을 비교하면 아래 <표 2>와 같다.

국제협력, 자료보급 및 정보공유, 관계기관과 단체, 개인 간 교류역할 등임: 서현교, "중국과 일본의 북극정책 비교 연구",『한국 시베리아연구』제22권 1호 (배재대 한국-시베리아센터 2018), p.134. 인터넷: 일본국립극지연구소(National Institute of Polar Research: NIPR) https://www.nipr.ac.jp/english/ (검색일: 2024.11.1).

32) JCAR가 2015년 발표한 장기연구계획에 이어 10 여년 만에 2024년 1월 9일 발표한 장기연구계획에는 대기(Atmosphere), 눈과 얼음(Snow and Ice) 등 북극의 자연환경 분야별 미래 전망과 이에 대응하기 위한 우선순위 연구과제와 Engineering, 고고학과 문화/정체성, 원주민, 정치/경제, 법, 자원 개발과 재난적응 등 자연과학부터, 공학, 인문사회, 인프라, 융복합 분야 등 일본에 북극에서 수행가능한 미래사업군 등이 총망라되어 있음. 인터넷: JCAR "장기연구계획" https://www.jcar.org/longterm/executive_summary20240109.pdf (검색일: 2024.11.4).

33) 가장 최근의 심포지엄은 2023년 3월 일본 동경에서 개최된 '제7차 ISAR (ISAR-7)'이며, 이 행사에 21개국의 300여 명의 전문가들이 온오프라인 회의에 참가했음. 특히 외국인 전문가들이 100 여 명이 참여하여 아시아에서 가장 규모가 큰 북극 관련 행사로 자리매김함. 인터넷: "ISAR-7" https://www.jcar.org/isar-7/ (검색일: 2024.11.14).

그림 2. 일본북극환경연구컨소시엄(JCAR)의 6대 기능과 주요 활동 (2024년 기준)

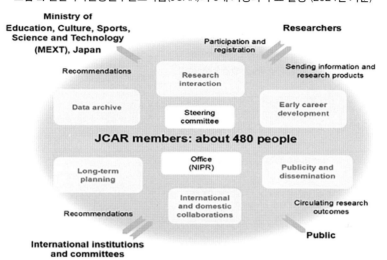

출처: https://www.jcar.org/e/about/ (검색일: 2024.11.4.)

〈표 2〉 미국 ARCUS, 일본 JCAR. 비교표

구분	ARCUS(미국)	JCAR(일본)
조직	비영리 독립기관 (법인)	비영리 연구자단체 (운영규정 기반)
설립	1988년	2011년
회원자격	대학/연구기관, 기업, 원주민그룹, 개인	개인회원
회원수	노르웨이, 캐나다 등 해외기관 포함 32개 회원기관, 개인회원	개인회원 약 480명
재원	기관·개인회원 회비, 연방기관(NSF) 사업비	NIPR 지원금 및 개인회비
조직구성	이사회, 운영위원회, 회원이사회, 사무국	의장, 부의장, 운영위원회 사무국(사무국장)
주요사업	북극 관련 다학제 대형연구사업 발주 및 관리 (프로젝트매니저 담당) 교육사업 및 콘텐츠 지원, 워크숍·세미나 개최, 북극관련 정보 제공 (Arctic Info. 행사, 뉴스 메일링 등), 연중행사표(Arctic Calendar) 제공, 북극해빙전방보고서 발간 등	장기연구계획 수립/조사, ISAR 심포지엄 및 JCAR세션 개최, 데이터 아카이브, 신진연구자 발굴, 연구자 교류, 공공 및 정보확산 등

| 특징 | • 30년 이상 역사
• 독립법인, 국제협력 초점
• 5년 단위계획(16대 전략목표) 기반 세부
  사업 추진
• 국가 융복합과제 발주 및 관리
• 북극해빙전망 보고서 발간 등 연구성과
  공유
• 해외기관도 회원 유치 등 국제협력 기반
  강화-회비 기반 운영비 확보
• Arctic Calendar, Arctic Info 등 미국 및 해
  외 북극 통합정보 제공 등 | • 국가적 차원의 북극 자연과학, 인문사회,
  인프라 등의 전 범위를 포괄하는
  장기연구계획 수립(10년 단위)
• 학자 중심의 개인(연구자)단체
• ISAR 등 대형 북극국제심포지엄 주최
  (격년)
• 공공 소통도 중시
• 회비를 통한 운영비 확충 |

    이상으로 2개 해외 컨소시엄의 특징을 비교해보면, 상기 〈표 2〉와 같다. 이러한 해외 컨소시엄과의 비교분석을 통해 시사점을 살펴보면, 첫째로 다양한 회원기관 또는 회원들의 전문성에 바탕을 둔 성과 창출 극대화이다. ARCUS와 같이 독립기관 운영 및 연방기관 등 다양한 기관으로부터 사업예산을 확보하고, 3~4명의 프로젝트 매니저를 통해 대형 융복합 과제 발주부터 과제진도 관리 등 과제 전반을 주도하는 체계가 구축되어 있다. 또한 JCAR와 같이 집단지성을 기반으로 10년 단위 중장기 연구계획 수립을 통해 국가 장기 북극연구를 제시하는 집단지성의 역할을 하고 있다. 그리고 〈표 1〉에서와 같이 5년 단위 운영목표와 세부목표를 수립하고, 이를 기반으로 사업을 체계적으로 수행하고 있다는 점도 특징으로 꼽을 수 있다. 또한 ARCUS는 미국뿐만 아니라 전 세계를 대상으로 북극정보의 구심점(구축, 관리, 배포) 역할을 하고 있으며, JCAR도 주도하는 일본의 대표적인 국제북극컨퍼런스(ISAR) 등을 통해 조직의 위상강화를 이끌고 있다. 그리고 ARCUS와 JCAR 모두 교육프로그램 등을 통한 후학 양성에 힘쓰고 있다. 또한 미국과 일본의 컨소시엄 모두 회비 기반 운영비 확충과 ARCUS의 경우 해외기관까지 회원기관 대상으로 하고 있다는 점이다.

    다음은 KoARC과 다른 성격의 국내 북극전문가 네트워크로 '한국북극협력

네트워크'(KoNAC[34])를 들 수 있으며, 정부의 중장기 기본계획에 출범 근거를 두고 있다.[35] KoNAC은 해양수산부가 북극이사회(Arctic Council)의 6개 워킹그룹[36]이 수행 중인 100여 개 이상의 사업[37]에 대한 전략적 대응 강화와 기후변화 문제에 적극 대응하기 위해 기존 북극현안 대응 네트워크인 KAEN (Korea Arctic Experts Network)을 개편·강화한 국내 전문가 네트워크이다.[38]

---

34) 2022년 출범한 한국북극협력네트워크(Korean Network for the Arctic Cooperation: KoNAC)에는 '배재대 한국-시베리아센터'를 비롯한 25개 국내기관 50여 명의 북극 전문가들이 전문가로 위촉되어 활동 중임. 인터넷: "한국북극협력네트워크" https://www.koreapolarportal.or.kr/coop/KAEN.do (검색일: 2024.11.18).

35) 2018년 수립된 북극활동진흥기본계획(2018-2022)의 "북극이사회 전문가 네트워크 운영"파트에서는 기존의 KAEN을 '북극이사회 전문가 네트워크'(일명 KONACC: Korean Network for Arctic Council Cooperation)로 확대·전환하여 운영 상설화 및 기능 강화 추진 계획 포함.(동 계획 p.33). 인터넷: "북극활동진흥기본계획" https://www.korea.kr/news/pressReleaseView.do?newsId=156283878 (검색일: 2024.11.15).
또한 "2050 북극활동전략"의 '북극협력 거버넌스 체계 정비' 파트에서도 북극이사회와 협력 내실화를 위해 산하 6개 워킹그룹과 공동협력사업을 지원하는 민관산학 전문가 협의체를 2022년부터 구축···운영하겠다는 계획이 포함됨. 관계부처 합동 "2050 북극활동전략" op.cit., p.17.

36) 북극이사회 산하 6개 워킹그룹은 △북극오염조치 프로그램(Arctic Contaminants Action Program, ACAP), △북극모니터링평가 프로그램(Arctic Monitoring and Assessment Programme, AMAP), △비상사태 예방준비대응(Emergency Prevention, Preparedness and Response, EPPR), △북극해양환경보호(Protection of the Arctic Marine Environment) △북극동식물보존(Conservation of Arctic Flora and Fauna, CAFF), △지속가능개발 워킹그룹(Sustainable Development Working Group) 등임. (문진영·김윤옥·서현교, 『북극이사회 정책동향과 시사점』, (대외경제정책연구원, 2014), pp.22-36. 인터넷: "북극이사회"(Arctic Council) https://arctic-council.org/ (검색일: 2024.11.18).

37) 북극이사회 산하 6개 워킹그룹 사업 리스트: 서현교, "북극이사회 활동전망과 우리나라 대응방안", 배재대 한국-시베리아센터 편『지금 북극은: 제6권 북극, 한국과 급변하는 성장공간』(서울: 학연문화사, 2024) pp.69-74.

38) 인터넷 해수부 보도자료 "KoNAC 출범" https://eiec.kdi.re.kr/policy/materialView.

KoNAC의 사무국이 현재 한국해양수산개발원(KMI)이 맡고 있으며, 회의개최 등 관련 예산도 지원하고 있다.

KoNAC의 주요 활동으로는 △북극이사회 산하 6개 워킹그룹 주요 의제 분석, △6개 워킹그룹 관련 회의 참가, △6개 워킹그룹의 사업 참여를 위한 협력사업 발굴 및 수행 등이다. 현재 북극이사회 워킹그룹 사업 참여를 위한 국내 사업의 예로, 북극이사회 지속가능개발 워킹그룹(SDWG)의 대표사업인 One Arctic One Health[39] 사업에 참여하기 위해 극지연구소에서는 관련 연구사업[40]을 수행 중이며, 국제사회와 연구 협력네트워크를 넓혀나가고 있다. 다만 이러한 KoNAC 전문가 지정에도 불구하고, 2022년 2월 러시아-우크라이나 사태가 발발하면서, 당시 북극이사회 의장국이었던 러시아에 대항하는 뜻으로 나머지 북극이사회 7개 회원국이 북극이사회 활동 중단을 선언했다.[41] 이에

---

do?num=227151&topic= (검색일 2024. 11. 18).

39) 북극이사회 워킹그룹 SDWG는 북극에서 코로나 바이러스 등의 감염병 이슈와 팬데믹 등의 체계적 대응을 위해 '인간의 건강', '환경의 건강', '동·식물의 건강'을 하나(One)로 통합하여 고려하는 원헬스 (One Arctic One Health) 사업을 수행하고 있으며, 이 프로젝트는 북극이사회 8개 회원국 중 미국, 핀란드, 캐나다, 덴마크, 노르웨이 등이 공동 주도하고 있음: 서현교, 『흥미진진 북극전략』(서울: 지식노마드, 2021), pp 94-95.

40) 본 과제명은 "온난화로 인한 극지 서식환경 변화와 생물 적응진화 연구"(PE24140, 연구책임자 김상희 박사)로 2024년 2단계 연구가 착수됨. 이 사업과 관련하여 연구팀은 북극이사회 'One Arctic One Health' 사업을 주도하는 미 알래스카 주 페어뱅크스대학교의 원헬스연구센터(Center for One Health Research)와 시료·데이터 및 연구성과 공유 등의 협력방안 모색을 위해 2023년 현지에서 첫 회의를 개최함. 또한 본 논문 저자는 이 과제의 핵심연구원이자 KoNAC의 SDWG전문가로 활동 중. 인터넷: 미국 페어뱅크스대 "원헬스연구센터" https://www.uaf.edu/onehealth/ (검색일 2024. 11. 18).

41) 북극이사회 8개 회원국 중 러시아를 제외한 캐나다, 덴마크(그린란드), 핀란드, 아이슬란드, 노르웨이, 스웨덴, 미국 등 7개국은 러-우크라이나 전쟁 발발 후인 2022년 3월 3일 "러시아의 우크라이나 침략에 따른 공동성명(Joint Statement on Arctic

북극이사회 100여개 사업이 사실상 중단되면서, 이에 대응하는 KoNAC의 활동도 매년 전문가 회의만 2-3 차례 열렸을 뿐, 실질 활동에 제약이 많았다.[42] 이후 노르웨이가 2023년 5월 러시아에 이은 신규 의장국이 되면서[43] 북극이사회 활동 재개 노력을 해왔고, 그 결과 2024년부터 북극이사회 워킹그룹이 활동을 시작하면서 KoNAC 전문가 활동도 재개되었다. 다만, 앞으로 KoNAC이 실질적 성과를 창출하기 위해서는 회의 참여는 물론 워킹그룹 대응사업 발굴과 수행 등을 위한 국가예산 확보와 예산지원 따른 객관적인 성과평가 등의 후속조치가 필요한 상황이다. 이상에서 소개된 KoNAC과 KoARC을 비교하면 아래 〈표 3〉과 같다.

〈표 3〉 KoNAC과 KoARC간 비교표

	한국북극협력네트워크(KoNAC)	한국북극연구컨소시엄(KoARC)
설립근거	• 북극활동진흥기본계획(2018) • 2050북극활동전략(2021)	• 북극정책기본계획(2013)
출범	2022년	2015년
대상	전문가(개인)	기관회원(기관)

Council Cooperation Following Russia's Invasion of Ukraine"을 발표하며 관련 회의 참여 및 북극이사회 사업 참여 중단을 선언함. 인터넷: "러시아의 우크라이나 침략에 따른 북극이사회 7개 회원국의 공동성명" (2022년 3월 3일) https://www.state.gov/joint-statement-on-arctic-council-cooperation-following-russias-invasion-of-ukraine/ (검색일: 2024. 11. 18).

42) 서현교(2024), op, cit., pp. 55-65, 서현교 "북극이사회 활동 방향과 대응방안: 북극이사회 사업을 중심으로", 『북극연구』제33호, (배재대 한국-시베리아센터/북극학회, 2023), pp. 4-6.

43) 인터넷: 노르웨이 북극이사회 신임의장국 지위 "Norway takes over presidency of Arctic Council from Russia" (미국 AP통신 2023년 5월 11일) https://apnews.com/article/norway-russia-arctic-council-ukraine-84c595b4a0afef03ab2d053bf8b659b6 (뉴스검색일: 2024. 11. 14.).

주요기능	• 북극이사회 워킹그룹 대응 주요의제 분석 및 관련회의 참가 • 북극이사회 워킹그룹 사업 참여를 위한 협력사업 발굴 및 수행	• 융복합 북극연구과제 발굴 및 제안과 사업 수행 • 북극연구기관 간 연구정보 공유 및 일반대중 프로그램 확산, 홍보 • 상기 연구활동과 관련한 국제북극활동 참여 및 지원·대정부 정책 제언 등
주요분야	과학, 산업, 정책(전문분야별 대응)	과학, 산업, 정책(융복합 협력)
주요사업 (현재 기준)	• 워킹그룹 회의 참가 및 전문가 활동 • 북극이사회 워킹그룹 대응활동 현황 공유 (국내 KoNAC 분과별 회의) • KoNAC세션 개최(북극협력주간) 등	• KoARC세션(북극협력주간), 회원기관 정기세미나 개최 • 회원기관 소식 공유 • 융복합 기획연구, 정책연구 등 • 극지이슈리포트 발간 및 홍보전시 등
협력방안 (예시)	• 북극이사회 워킹그룹 참여활동 및 아젠다 발굴 후 KoARC에 정보 공유	• KoNAC에서 분석한 북극이사회 워킹그룹별 주요의제를 KoARC 사무국에서 회원기관 대상으로 공유하여, 회원기관별 대응사업 발굴 및 수행 활성화에 기여

위의 〈표 3〉에서 제시된 바와 같이 KoNAC은 '북극이사회 대응'이라는 명확한 목표를 가진 조직인 반면, KoARC은 북극 융복합연구 협력을 위한 협의체로서 연구 수행이나 활동을 통한 의제 발굴이나 정책제언, 정부정책 실현, 홍보 등 다양하고 포괄적인 성과목표를 추구하고 있다. 또한 회원 대상이 각각 '개인'과 '기관'이라는 차이가 있다. 그래서 두 조직 간 경쟁이 아닌 협력의 측면에서, 〈표 3〉의 협력방안 파트에 제시된 바와 같이 KoNAC이 북극이사회 각 워킹그룹 대응을 위한 아젠다를 발굴하면, KoARC이 해당 아젠다를 대응하는 과제(사업)을 수행하여 북극이사회 관련 정부의 정책 실현에 기여하는 형태가 바람직하다고 할 수 있다. 물론 이 표에서 KoNAC의 주요 기능에 '워킹그룹 사업 참여를 위한 협력사업 발굴 및 수행'으로 명시되어 있으나, 연구사업은 개인이 아닌 기관 차원에서 수행하므로, 기관회원을 대상으로 하는 KoARC과 협력을 통해 추진하는 게 합리적이고, 두 조직을 유기적으로 연계하는 방안이라 할 수 있다.

Ⅳ. 결론

인간이 살고 있는 북극을 이해하고, 기후변화, 생태계는 물론, 에너지, 안보, 종교, 인프라, 원주민 등 다양하고 복잡한 이슈에 대응하며 한국의 국위선양과 국익 제고에 이바지하기 위해서는 과학과 인문·사회 분야가 협력하는 융복합 연구가 필수적이다. 앞에서도 살펴보았듯이 북극권은 디지털 네트워크 구축 강화는 물론 직항로 연결을 통한 경제 활성화, 신재생에너지를 통한 탄소제로 정책 강화 등 다양한 경제활동이 이뤄지고 있다. 이러한 관점에서 우리나라는 과학과 산업, 정책 등이 서로 협력하여 북극의 이슈에 종합적으로 대응하고 북극 진출을 준비해야 하겠다.

이러한 관점에서 산·학·연 간 긴밀한 협력이 중요한데, 그러한 관점에서 북극협력네트워크를 운영하는 미국과 일본의 사례를 검토했다. 우리나라도 2015년부터 KoARC을 구심점으로 하여 북극의 과학, 산업, 정책 이슈들을 기관 간 협력을 기반으로 대응해왔다. 본 연구에서는 KoARC의 발전방안 도출에 앞서 지금까지의 연혁과 성과를 검토하였다. 그리고 그러한 현 위치에서 향후 발전방안을 모색하기 위해 ARCUS와 JCAR 등의 해외사례와 KoNAC 국내사례 분석을 통해 시사점을 도출했다. 특히, JCAR가 집단지성을 활용하여 10년 단위로 발간하는 북극분야별 장기연구계획 수립을 벤치마킹하여 KoARC도 회원기관 전문성을 활용하여 해당 보고서를 발간하여, 북극 과학, 인문사회, 인프라 등 분야별 10년 후 미래전망과 이에 따른 우선순위 후보과제를 각각 3-4개를 발굴하는 노력이 필요할 것으로 판단된다. 이러한 보고서 발간은 해당 조직의 역량과 위상을 제고하고, 신뢰를 주는 역할을 한다는 점에서 매우 의미 있는 작업이라고 할 수 있다.

또한 비전을 달성하기 위한 세부목표와 구성사업은 개별사업별 계획수립 및 추진이 아닌 〈표 1〉과 같이 ARCUS처럼 조직의 전체 활동 측면에서 5

년 단위 계획으로, 전략목표와 하위 구성 세부과제들을 체계적으로 발굴하고 수행하는 방식이 검토될 필요가 있다. 여기서 해당 구성사업들은 JCAR와 ARCUS의 사업을 검토하여 선별적으로 추진하는 게 바람직할 것이다. 일례로, ARCUS와 같이 국내외 북극정보의 온라인 구심점 역할 사업이나 교육사업, JCAR의 국제 컨퍼런스 주최 데이터 아카이브 주도 등도 KoARC이 아직 실행하지 않은 사업들로서 향후 고려될 후보사업 군이다. 또한, KoARC은 극지연구소 출연금(또는 해수부)에 의존하고 있는데, 이를 다양화하여 다른 정부부처나 지자체 등 KoARC 운영자금 확보 대상을 넓혀나가야 새로 발굴될 사업들을 수행할 기반이 될 것이다. 그리고 KoARC과 KoNAC 간 협력시너지 창출을 통해 북극이사회 워킹그룹의 실질적 대응으로 이어지기 위해 극지연구소의 One Health 대응과 같이 구체적인 사례 발굴이 활성화되어야 하고, 또한 워킹그룹 대응 사업 수행을 위한 예산확보와 지원도 필요하다.

　마지막으로, 한국에서는 북극권 지역에 대한 종합적이고 체계적인 정보관리와 기후환경 변화로 인한 북극권 환경, 경제활동의 관심 확대로 인한 국내의 다양한 정보 수요에 대처할 수 있는 하나의 구심점이 필요하다. 이를 통한 북극권 인문, 사회, 경제, 관광, 항로 등의 관련 정보와 함께, 북극권 이용의 정책 자료의 제공과 함께 관심있는 기업이나 차세대 연구자들도 쉽게 접근할 수 있는 정보제공 시스템도 구축되어야 한다. 특히, 북극에서 지리, 역사, 법, 정치, 경제, 문화, 원주민 등의 북극 인문·사회 영역과 자연과학, 기술분야가 상호 연계되는 융복합 학제간 협력이 글로벌 트렌드로 자리매김하는 추세에서, 북극 인문·사회-자연과학-산업 간 융복합 연구를 개발하고 수행할 수 있는 지원체계 마련이 요구된다. 또한 국제적으로는 '국제협력 공간'으로서의 북극을 지향하는 공감대를 형성하고 협력을 강화해야 한다. 이러한 관점에서 한국의 북극협력 네트워크가 성장하길 기대해 본다.

<참고문헌>

1. 한국어 자료

김진석 외, 『북극연구 컨소시엄 사무국 설치와 운영지원』, 극지연구소 정책보고서 (BSPE15290-090-11), 2016.

문진영, 김윤옥, 서현교, 『북극이사회 정책동향과 시사점』, 대외경제정책연구원(KIEP, 연구자료 14-06), 2014.

서현교, "한국의 북극협력 네트워크 강화방안 분석과 정책적 시사점", 『한국 시베리아 연구』 제28권 2호, 배재대 한국-시베리아센터, 2024.

서현교, "중국과 일본의 북극정책 비교 연구", 『한국 시베리아연구』, 제22권 1호, 배재대 한국-시베리아센터, 2018.

서현교, "북극이사회 활동전망과 우리나라 대응방안", 배재대 한국-시베리아센터편, 『지금 북극은: 제6권 북극, 한국과 급변하는 성장공간』, 서울: 학연문화사, 2024.

서현교, "북극이사회 활동 방향과 대응방안: 북극이사회 사업을 중심으로", 『북극연구』, 제33호, 배재대 한국-시베리아센터/북극센터, 2023.

서현교, 『흥미진진 북극전략』, 서울: 지식노마드, 2021.

보도자료, "북극연구 역량강화를 위한 산학연 협력 첫발-북극연구 컨소시엄 구축을 위한 사무국 설치". 『해양수산부』, 2019년 9월 25일.

2. 외국어 자료

Mary Durfee & Rachael Lorna Johnstone, *Arctic Governance in a Changing World*, London: Rowman & Littlefield Publishing Group, 2019. (ISBN-13 978-1-4422-3563-2)

3. 인터넷 자료

"극지이슈리포트"
https://polararchive.kr/ (극지정책아카이브 웹사이트) (검색일: 2024. 10. 29).

"제1차 북극정책기본계획" http://www.mof.go.kr/article/view.do?menuKey=386&boardKey=22&articleKey=4638 (검색일: 2024. 11. 9.).

관계부처 합동 "북극활동진흥기본계획" https://www.korea.kr/news/pressReleaseView.do?newsId=156283878 (검색일: 2024. 11. 15).

"극지활동진흥법" https://www.law.go.kr/LSW/lsInfoP.do?efYd=20211014&lsiSeq=23149
      5#0000(검색일: 2024.11.13).

관계부처 합동 "2050북극활동전략" https://www.korea.kr/news/policyNewsView.
      do?newsId=148896255 (검색일: 2024.10.29).

관계부처 합동 "제1차 극지활동진흥기본계획" https://www.mof.go.kr/synap/view.
      do?fn=MOF_ARTICLE_48185_2022121218503f0968e120&fd=202404 (검색일:
      2024.11.3).

"북극이사회"(Arctic Council) https://arctic-council.org/ (검색일: 2024.11.18).

"러시아의 우크라이나 침략에 따른 북극이사회 7개 회원국의 공동성명"(2022년 3월 3일
      발표) https://www.state.gov/joint-statement-on-arctic-council-cooperation-
      following-russias-invasion-of-ukraine/ (검색일: 2024.11.18.).

"미국 북극연구컨소시엄"(Arctic Research Consortium of the United States, ARCUS)
      https://www.arcus.org/ (검색일: 2024.10.1.).

"미국 북극연구컨소시엄(ARCUS)의 2021-2025 전략목표 및 세부과제" https://www.arcus.
      org/files/page/images/6310/arcusgoals2022print.png (검색일: 2024.11.18.).

북극 캘린더 "Arctic Calendar" https://www.arcus.org/events/arctic-calendar (검색일:
      2024.11.10.).

미국 알래스카 주 페어뱅크스대학교 "원헬스연구센터"(Center for One Health Research)
      https://www.uaf.edu/onehealth/ (검색일 2024.11.18).

캐나다 "노던 브리티시 컬럼비아 대학교" (Univ. of Northern British Columbia) https://
      www.unbc.ca/ (검색일: 2024.11.17.).

"노르웨이극지연구소" (Norwegian Polar Institute, NPI) https://www.npolar.no/en/ (검색
      일: 2024.11.18.).

핀란드 라플란드 대학교 "북극연구센터"(Arctic Center, Univ. of Lapland) https://www.
      arcticcentre.org/EN (검색일: 2024.11.4).

"제7차 일본 국제북극연구심포지엄" (ISAR-7) https://www.jcar.org/isar-7/ (검색일:
      2024.11.14).

"일본 북극환경연구컨소시엄" (Japan Consortium for Arctic Environmental Research:
      JCAR) https://www.jcar.org/e/ (검색일: 2024.11.4).

"일본 북극환경연구컨소시엄(JCAR)의 6대 기능과 활동" https://www.jcar.org/e/about/ (검
      색일: 2024.11,4).

JCAR "북극 장기연구계획"(Arctic Research - its current status and future plans), (2024년

1월 9일 발간) https://www.jcar.org/longterm/executive_summary20240109.pdf
(검색일: 2024.11.4).

"일본국립극지연구소"(National Institute of Polar Research, NIPR), https://www.nipr.
ac.jp/english/ (검색일: 2024.11.1).

"북극경제이사회"(Arctic Economic Council) https://arcticeconomiccouncil.com/ (검색일:
2024.10.29).

신문: "韓 북극연구 컨소시엄, 북극경제이사회와 MOU…아시아 최초", 「이데일리」2023년 5월
10일. https://www.edaily.co.kr/news/read?newsId=03329206635607608&media
CodeNo=257&OutLnkChk=Y (검색일: 2024.10.29).

노르웨이 북극이사회 신임의장국 지위 "Norway takes over presidency of Arctic Council
from Russia" (미국 AP통신 2023년 5월 11일) https://apnews.com/article/norway-
russia-arctic-council-ukraine-84c595b4a0afef03ab2d053bf8b659b6 (검색일:
2024.11.14).

해양수산부 보도자료, "북극연구 역량강화를 위한 산학연 협력 첫발 - 북극연구 컨소시
엄 구축을 위한 사무국 설치", 2015년 9월 25일 .https://www.korea.kr/briefing/
pressReleaseView.do?newsId=156077474#pressRelease (검색일: 2024.11.1).

해양수산부 보도자료, "한국북극협력네트워크 (KoNAC) 출범" https://www.
koreapolarportal.or.kr/coop/KAEN.do https://eiec.kdi.re.kr/policy/
materialView.do?num=227151&topic= (검색일: 2024.11.18.).

해양수산발전기본법 원문은 웹사이트 참조 (검색일: 2024.11.11.). https://www.law.
go.kr/lsInfoP.do?lsiSeq=246865&efYd=20230328#0000

트롬스 크래프트 사 관련 정보는 웹사이트 참조 https://www.tromskraft.no/ (검색일
2024.11.19.)

하이윈드 탐펜 풍력발전단지 https://www.equinor.com/energy/hywind-tampen (검색일
2024.11.19.).

그린란드 키빗시사 프로젝트 https://kivitsisa.gl/en/ (검색일 2024.11.19.)

폴라 커넥트 프로젝트 https://nordu.net/polar-connect/ (검색일 2024.11.19.).

북유럽(노르딕) 5개국의 국가 연구·교육 연결망(NREN) https://www.deic.dk/en/about-
deic/International-collaboration/NORDUnet(검색일 2024.11.19.).

NORDUnet https://nordu.net/ (검색일 2024.11.19.).

파-노스-파이버 프로젝트 https://www.farnorthfiber.com/ (검색일 2024.11.19.).

칼라잇 에어포스 사 https://kair.gl/en/ (검색일 2024.11.19.).

러·우 전쟁 이후 '북극 LNG-2' 프로젝트에 대한 제재의 의미와 영향: LNG 가치사슬을 중심으로

박찬현*

I. 서론

2022년 2월 발발한 러시아·우크라이나 전쟁의 장기화는 글로벌 무역구조와 공급망의 변화 등 세계경제 전반에서의 많은 영향은 물론 글로벌 에너지 시장에서도 큰 지각변동을 일으키고 있다. 지정학적 긴장의 고조 속에서 전쟁이라는 직접적인 충돌이 발생함에 따라 글로벌 에너지 시장의 불확실성과 변동성이 크게 확대되었다. 특히, 러시아·우크라이나 전쟁은 에너지 가격의 급등, 공급 위기에 따른 수급 안정성 문제 등 기존 에너지 공급망의 취약성을 그대로 드러냈고, 유럽을 시작으로 전 세계적 에너지 안보를 위협하였다. 이처럼 지정학적 리스크에 따른 에너지 안보의 중요성이 높아지면서 각국은 안정적 에너지 공급과 자립도의 확대 등을 목적으로 에너지 공급망 다변화, 에너지 믹스(Energy Mix) 변화를 비롯한 에너지 정책의 전환을 서두르고 있으며 이로 인해 글로벌 에너지 지형도 빠르게 변화하고 있다. 특히 천연가스 시장의 경우, 러시아·우크라이나 전쟁 이후 에너지 시장의 흐름과 역학관계의 구조적인 급변이 진행 중이다. 서방의 대러시아 경제제재로 인해 유럽으로의 러시아산 천연가스 공급이 중단되면서 에너지 공급망에 큰 충격을 받은 유럽국가들은

* 한양대학교 아태지역연구센터 HK연구조교수

그동안의 러시아에 대한 높은 의존도 문제를 해결하기 위해서 미국, 노르웨이, 중동과 아프리카 등 제3국으로의 천연가스 공급원 다변화를 빠르게 추진해가고 있다.

오랜 기간 러시아는 유럽의 천연가스 핵심공급자로서 높은 시장지배력을 지속해왔다. 러시아는 여러 루트의 파이프라인을 통해서 유럽으로 천연가스를 수출하면서 유럽 최대 가스 공급원으로서의 지배적 위치를 공고히 해왔다. 파이프라인을 통한 천연가스(PNG) 수출과 함께 러시아는 자국의 첫 번째 북극권 천연가스 개발 프로젝트인 '야말(Yamal) LNG'를 성공시키면서 2018년부터 유럽시장으로의 액화천연가스(LNG) 공급을 시작했다. '야말 LNG'의 성공적 추진은 북극 천연가스 개발을 위한 신호탄으로서 러시아 정부는 추가적인 개발사업을 통해 유럽은 물론, 글로벌 LNG 시장에서의 점유율과 지배력을 높여간다는 전략적 목표에 한 걸음 다가설 수 있게 되었다. 이런 전략하에서 러시아는 북극 천연가스 개발의 후속 사업으로서 '북극(Arctic) LNG-2' 프로젝트를 의욕적으로 추진해왔다.

그러나 러시아·우크라이나 전쟁 이후 유럽 천연가스 시장에서 러시아의 공고한 입지가 흔들리는 모습이다. 전쟁 발발 이후 유럽은 파이프라인을 통한 러시아산 천연가스의 수입을 큰 폭으로 줄였으며 전쟁 초기 러시아에 대한 높은 천연가스 의존도를 고려해 제재목록에 올리지 않았던 천연가스 수입에 대해서도 부분적인 금지조치를 단행하였다.[1] 이에 러시아도 최대 시장인 유럽으로의 천연가스 공급을 일부 중단했다. 브뤼겔(Brugel) 연구소의 자료에 따르면 실제 러시아의 유럽으로의 파이프라인 천연가스 수출은 2021년 155bcm

---

1) 러시아는 2022년 중반 북서유럽으로 연결된 파이프라인을 통한 가스 공급을 중단하였으나 우크라이나와 튀르키예를 통과하는 파이프라인을 통해 여전히 유럽국가들에 천연가스를 공급하고 있음.

에서 2023년 27bcm으로 대폭 감소한 것으로 나타나고 있다.[2] 반면 같은 기간 러시아의 對유럽 LNG 수출은 오히려 37.7%가량 증가하면서 이와는 사뭇 다른 양상을 보였다. 이는 유럽이 러시아산 PNG와는 달리 LNG에 대해서는 별다른 제재조치 없이 수입을 계속해왔기 때문인데 이처럼 서방의 경제제재 속에서 수출에 타격을 입은 러시아의 PNG와는 달리 LNG 프로젝트들의 경우, 향후 운영이나 수출에 있어 큰 차질이나 심각한 위기가 없는 것처럼 보였다.

그러나 최근 미국이 그동안 직접적인 제재대상으로 삼지 않았던 '북극 LNG-2' 프로젝트를 제재 리스트에 올리면서 해당 사업은 물론 러시아의 신규 LNG 프로젝트들의 진행에도 제동이 걸리는 모습이다. 특히 러시아의 북극 천연가스 개발전략의 핵심이라 칭할 수 있는 '북극 LNG-2' 프로젝트에 대해 미국의 전방위적인 제재조치가 행해지면서 해당 프로젝트의 향후 추진 전망도 매우 불투명해진 상황이다. 또 이번 제재와 함께 추가적인 규제조치들이 취해질 수도 있는 점에서 러시아의 여타 북극 에너지 개발 사업들 역시 추진에 난관이 예상되고 있다. 한편 이번 '북극 LNG-2'에 대한 제재가 유럽 가스 시장의 재편 속에서 對유럽 LNG 수출을 두고 러시아와 경쟁 관계에 있는 미국에 의해 전방위적으로 행해졌다는 점에서 그 의도도 주목받고 있다.

위와 같은 배경에서 본 연구는 러시아 북극 LNG 전략의 핵심이라 할 수 있는 '북극 LNG-2'에 대한 제재의 의미와 그 영향을 파악해보고자 한다. 러시아의 '북극 LNG-2' 사업을 다루고 있는 기존의 연구들을 살펴보면 대부분 러시아의 에너지나 북극에 대한 전략을 다룸에 있어 북극 LNG 사업들을 간략히 소개하고 있거나 2014년 우크라이나 사태 이후 서방제재의 러시아 북극개발

---

2) B. McWilliams, G. sgaravatti, S. Tagliapietra, G. Zachmann, "The European Union-Russia energy divorce: state of play", *Brugel Analysis* (2024). https://www.bruegel.org/analysis/european-union-russia-energy-divorce-state-play (검색일: 2024.11.10).

에 대한 영향을 다룸에 있어 다른 사업들과 같이 포괄적으로 분석하고 있다. [3) 최근 연구인 서승현과 양정훈(2024)의 연구는 러시아·우크라이나 전쟁의 러시아 북극 정책에의 영향을 다루면서 서방제재의 북극 에너지 프로젝트에 대한 영향을 다루고 있으나 큰 틀에서의 영향과 그에 따른 변화에 집중하고 있어 '북극 LNG-2'와 같은 세부적 사업에 대한 내용은 구체적으로 다루지 못하고 있다. [4) 이처럼 러시아의 북극개발정책에 있어서 '북극 LNG-2' 프로젝트가 가지는 중요성에도 불구하고 아직은 이에 대한 미국의 제재나 그 영향을 자세히 다루고 있는 연구가 이루어지지 못하고 있다. 이에 본 연구는 러시아의 '북극 LNG-2' 프로젝트에 대한 제재의 내용과 의도, '북극 LNG-2'의 가치사슬 전반에 대해 제재가 어떤 영향을 미쳤는지를 구체적으로 분석하고자 한다. 동시에 제재 속에서 사업을 지속시키려는 러시아의 대응과 향후의 과제들을 살펴보고자 한다.

II. '북극 LNG-2' 제재: 내용과 의도

1. '북극 LNG-2' 프로젝트와 제재

'북극 LNG-2' 프로젝트는 '야말 LNG'에 이은 러시아의 두 번째 북극지역 천

---

3) 주요 연구로는 김상원, "서방의 경제제재와 러시아의 북극개발: 천연가스를 중심으로,"『슬라브학보』제34권 4호 (한국슬라브유라시아학회, 2017), pp. 27-58; 윤성학, "세계 LNG 시장의 변화와 러시아의 도전,"『Acta Russiana』제11호 (고려대학교 러시아 CIS 연구소, 2019), pp. 41-60; 고주영, "러-동북아 국가 간 천연가스 협력과 한국에의 시사점,"『슬라브연구』제37권 2호 (한국외국어대학교 러시아연구소, 2021), pp. 57-90. 등이 있다.

4) 서승현, 양정훈, "우크라이나 전쟁이 러시아의 북극 정책에 미친 영향,"『한국 시베리아 연구』제28권 3호 (배재대학교 한국-시베리아센터, 2024), pp. 1-41.

연가스 개발 프로젝트이자 '사할린(Sakhalin)-2'와 야말에 이은 러시아의 세 번째 규모 LNG 개발사업이다. 이 프로젝트는 야말 프로젝트를 성공적으로 수행한 노바텍(Novatek)의 또 다른 LNG 생산사업으로 야말반도 맞은편에 위치한 기단(Gydan)반도에서 추진되고 있다. '북극 LNG-2'는 기단반도 내의 우트렌네예(Utrenneye) 육상 석유·가스전을 기반으로 660만 톤의 LNG 트레인 3개를 건설하여 연간 1,980만 톤 규모의 천연가스 생산을 목표로 계획되었다. '북극 LNG-2' 프로젝트는 북극 LNG-2(OOO Arctic LNG 2)社에 의해 운영이 이루어지게 되며 지분 구조는 사업 주체인 노바텍이 60%, 나머지 40%를 프랑스 Total, 중국 CNPC와 CNOOC, 일본의 Japan Arctic LNG 컨소시엄(Mitsui & JOGMEC) 4곳이 각각 10%씩 나누어 가지게 된다. 프로젝트 자금조달의 경우, 총 210억 달러 규모가 투입예정이었으며 지분 투자와 러시아 및 국제은행들의 대출로 95억 유로(107억 달러) 상당의 금액이 조달될 계획이었다.[5] 이를 바탕으로 노바텍은 2023년 '북극 LNG-2'의 첫 번째 트레인 가동을 시작으로 2024년 두 번째 트레인, 2026년 세 번째 트레인을 순차적으로 가동하여 LNG 생산을 본격화하고 이를 유럽과 아시아로 수출할 예정이었다. 이처럼 '북극 LNG-2'는 러시아 에너지전략의 핵심 사업으로서 러시아는 해당 프로젝트를 바탕으로 2030년까지 LNG 생산을 연간 1억 톤으로 늘리고 글로벌 LNG 시장에서의 점유율을 20%까지 끌어올릴 계획이었다.[6]

---

5) "Arctic LNG 2 secures project financing lifeline," *upstream*, Dec. 1, 2021. https://www.upstreamonline.com/lng/arctic-lng-2-secures-project-financing-lifeline/2-1-1109454 (검색일: 2024.11.12).

6) "Russia to boost LNG output therr-fold to 100 mln tons by 2030-Novak," *Tass*, Nov. 21, 2023. https://tass.com/economy/1709391 (검색일: 2024.11.12).

그림 1. '북극 LNG-2' 프로젝트 위치

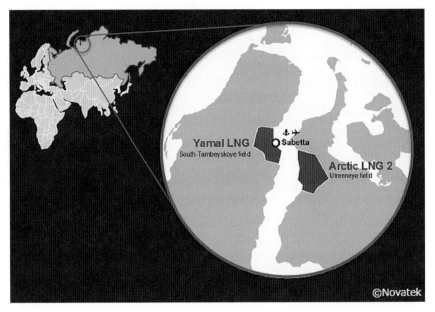

그러나 이 같은 일련의 계획들은 2022년 2월 24일 러시아·우크라이나 전쟁의 발발과 함께 발목이 잡히는 모습이다. 이후 미국과 유럽연합(EU)은 러시아의 북극 LNG 개발사업들에 대해 일련의 제재들을 부과했다. (표1 참고) 유럽연합은 2022년 3월과 4월, 각각 4차와 5차 제재 패키지를 통과시키며 러시아의 에너지 부문에 대한 최초의 직접적인 제재조치를 단행하였다.[7] 이에 따라서 에너지 부문에 대한 신규 투자가 금지되었고, 에너지 산업을 위한 장비와 기술 및 서비스에 대한 수출이 전면 금지되었다. 이로 인해 '북극 LNG-2'를

---

7) European Council, "Timeline-Packages of sanctions against Russia since February 2022," https://www.consilium.europa.eu/en/policies/sanctions-against-russia/timeline-packages-sanctions-since-february-2022/ (검색일: 2024.11.12).

비롯한 기존 사업의 추진에 있어 유럽이나 미국으로부터의 부품과 기술 공급, 사업 협력에 차질이 발생하였다.

이듬해인 2023년 9월, 미국은 기존 제재 속에서 러시아의 '북극 LNG-2' 프로젝트에 대한 1차 제재를 발표했다. 해당 조치는 '북극 LNG-2'를 포함한 러시아의 주요 에너지 프로젝트 및 관련 인프라 개발에 관여하는 개인과 단체, 이를 위한 자재 및 첨단기술 조달에 연계된 기관을 포함하는 제재로 러시아의 에너지 생산과 수출 역량 확대를 제한하여 미래 에너지 수익을 억제코자 하는 목적으로 시행되었다.[8] 이 조치로 인해서 '북극 LNG-2' 프로젝트의 기본설계를 제공하는 Nova Energies, 환적터미널 역할을 위해서 설계된 2척의 부유식 저장·환적 설비(FSU: Floating Storage Unit)를 운영하는 Arctic Transshipment, 프로젝트 개발을 지원하는 건축 및 건설 회사인 JSC Energies와 Arctic Energies 등과의 거래 및 서비스 제공이 전면 금지되었으며 '북극 LNG-2'에 기술과 엔지니어링 서비스를 제공하는 UAE 협력사인 Green Energy Solutions 등과의 모든 거래도 금지되었다.

뒤이어 같은 해 11월, 미국은 '북극 LNG-2' 프로젝트 운영자인 'Arctic LNG-2'社를 추가 제재대상에 포함하는 2차 제재를 단행했다.[9] 해당 제재는 미국의 러시아 LNG 공급에 대한 직접제재로서 'Arctic LNG-2'社와의 거래 종료 기한을 2024년 1월 31일까지로 지정하였다. 이에 따라서 프로젝트에 참여한 외국 투자사들의 경우, 지정된 거래 종료 기한까지 투자를 마무리해야 하는 상황을

---

8) U.S. Department of State, "Imposing Further Sanctions in Response to Russia's Illegal War Against Ukraine," https://www.state.gov/imposing-further-sanctions-in-response-to-russias-illegal-war-against-ukraine/ (검색일: 2024.11.12).

9) U.S. Department of State, "Taking Additional Sweeping Measures Against Russia," https://www.state.gov/taking-additional-sweeping-measures-against-russia/ (검색일: 2024.11.12).

맞이하였다. '북극 LNG-2' 사업에 대한 이번 2차 제재는 러시아 LNG 수출·생산 시설에 대한 미국의 첫 제재조치로 이로 인해 러시아는 프로젝트의 본격적 시작 전부터 큰 난관에 봉착하게 되었다. 특히, 프로젝트 자체에 대한 직접적인 제재의 영향으로 투자 자금조달부터 LNG 생산 이후 공급까지 전반적인 계획에 문제가 생기면서 사업 자체가 좌초할 수도 있는 위기에 처한 것이다.

이러한 상황에서 2024년 6월, 러시아 LNG의 유럽연합 내 환적 및 재수출의 금지, 북극 및 발트해 지역에서의 LNG 프로젝트(북극 LNG-2, 무르만스크 LNG 등)에 대한 신규투자 금지조치 등을 포함하는 유럽연합의 14차 제재안이 추가되면서 '북극 LNG-2' 사업을 포함한 러시아의 향후 LNG 개발 프로젝트들의 추진이 더욱 어려워지게 되었다.[10]

〈표 1〉 유럽연합과 미국의 '북극 LNG-2' 프로젝트 제재 상황

구분	내용	제재대상
EU 4차 제재	• 러시아 에너지 부문 신규 투자 금지 • 에너지 관련 장비 및 기술, 서비스 수출 제한	프로젝트 계약 유럽社 영향
EU 5차 제재	• 러시아 선박의 EU 항구 입항 금지 • LNG 관련 장비 및 기술 수출 제한	프로젝트 계약 유럽社 영향
미국 1차 제재	• 프로젝트 및 관련 인프라 개발 관여 기관 제재	Nova Energies JSC Energies Arctic Energies Arctic Transshipment (Koryak FSU, Saam FSU) Green Energy Solutions 등
미국 2차 제재	• 프로젝트 개발, 운영, 소유자 제재	'Arctic LNG-2'社
EU 14차 제재	• 러시아 LNG 환적 및 재수출 금지 • 북극 및 발트해 LNG 프로젝트 신규 투자 금지	'북극 LNG-2' 프로젝트 '무르만스크 LNG' 프로젝트

자료: European Council, U.S. Department of State 기반 필자 작성.

---

10) "EU adopts new sanctions against Russia, including LNG," *Reuters*, Jun. 24, 2024. https://www.reuters.com/world/europe/eu-adopts-new-sanctions-against-russia-including-lng-2024-06-24/ (검색일: 2024. 11. 12).

2. '북극 LNG-2' 제재의 의도

위와 같은 유럽연합과 미국의 러시아 '북극 LNG-2' 프로젝트에 대한 일련의 제재에는 각국 나름대로의 의도가 반영되어 있다. 이들의 제재가 가지는 최우선적인 의도는 러시아의 에너지(석유·가스) 수출을 제한함으로 에너지 부문에서 전쟁 자금이 추가적으로 공급되는 것을 차단해 러시아의 전쟁 수행 능력을 제한하고자 함이다. 이는 러시아·우크라이나 전쟁 발발 이후 순차적으로 대러시아 에너지 금수조치들이 취해진 것과 같은 맥락에서 이해 가능하며 동시에 이번 기회에 유럽연합의 러시아에 대한 높은 에너지 의존도를 낮추어 각국의 에너지 안보를 강화하는 계기로 삼겠다는 분명한 입장의 연장선에서 바라볼 수 있다.

한편 유럽연합의 입장과 달리 미국의 경우, 제재 속에 또 다른 의도를 내포하고 있다고 할 수 있다. 미국은 '북극 LNG-2' 프로젝트의 제재를 통해서 러시아의 북극지역 천연가스 개발 프로젝트의 가동을 막고, 글로벌 LNG 공급망을 재편하여 LNG 패권 전쟁에서 승리하고자 한다. 여기에는 '야말 LNG'의 성공으로 확인된 러시아 북극 LNG의 상당한 잠재력과 본격 개발을 바라보는 미국의 입장이 반영되어 있다.[11] 러시아 정부는 야말에 이어 '북극 LNG-2' 프로젝트와 같은 북극지역의 대규모 LNG 개발이 본격화되면 2035년까지 러시아의 LNG 수출량이 최대 연간 1억 4천만 톤에 이를 수 있을 것이라 발표한 바 있다.[12] 만일 이 같은 상황이 현실화되면 셰일 가스 수출을 바탕으로 글로벌

---

11) 백근욱, "전쟁 안의 전쟁: 우크라이나 전쟁이 LNG 패권의 판도를 바꾼다.," 국가미래연구원 ifs POST, https://www.ifs.or.kr/bbs/board.php?bo_table=News&wr_id=4338 (검색일: 2024.11.14).

12) "Russia plans to increase LNG output to 120-140 mln tonnes by 2035, says Putin," *Tass*, Oct. 2, 2019. https://tass.com/economy/1081035 (검색일자: 2024.11.15).

LNG 시장에서의 영향력 강화를 목표로 하는 미국에게 있어 북극지역의 LNG 프로젝트들은 실질적인 위협의 대상이 되게 된다. 동시에 러시아산 LNG의 對 유럽 수출이 본격화되면 러시아는 기존의 파이프라인과 더불어 LNG의 시장 점유율 확대를 통해 천연가스 핵심공급자로서의 지위를 보다 확고히 할 수 있게 되는데 이는 유럽시장으로의 LNG 수출 확대를 도모하는 미국에게 큰 부담이 되는 것이다. 이러한 요인들에 따라서 미국은 금번 '북극 LNG-2'에 대한 제재를 시작으로 러시아의 LNG 생산과 수출능력을 제한함과 함께 유럽 가스 시장에서 러시아의 지배적인 역할을 해체하고자 하는 명확한 의도가 있다고 할 수 있을 것이다.

이러한 미국의 의도는 제프리 파이어트(Geoffrey Pyatt) 국무부 에너지·자원담당 차관보의 발언에서 분명하게 드러난다. 그는 의회증언에서 미국의 '북극 LNG-2'에 대한 제재 결정과 관련해 "미국은 북극의 한 프로젝트인 북극 LNG-2에 대한 새로운 제재를 가했습니다. 이는 노바텍의 주력 LNG 프로젝트로, 러시아를 세계 최대의 LNG 수출국으로 발전시키려는 열망으로 시작되었습니다. 미국의 목표는 그 프로젝트를 없애는 것입니다. 그리고 미국은 G7 및 다른 파트너들과 협력하여 이를 실현하고 있습니다."라며 제재의 목적을 매우 분명하고 솔직한 태도로 밝혔다.[13]

또 파이어트 차관보는 미국 정부의 러시아 '북극 LNG-2' 프로젝트에 대한 제재 발표 이후 열린 한 연설에서 "러시아가 석유·가스 자원으로부터 얻는 수익을 줄이는 것이 우리의 목표라는 점에 모두 동의한다고 생각한다. 우리는

---

13) "New US Sanctions Target Russia's Arctic LNG-2: "Our Objective is to Kill that Project"," *High North News*, Nov. 13, 2023. https://www.highnorthnews.com/en/new-us-sanctions-target-russias-arctic-lng-2-our-objective-kill-project (검색일자: 2024. 11. 15).

또 러시아의 미래 에너지 역량을 줄이기 위해서 제재를 이용하겠다는 결단을 분명히 했습니다."라며 제재에 대한 결의와 지속 필요성을 밝혔다.[14] 동시에 그는 "현재 미국은 세계 최대의 LNG 생산국으로 미국의 LNG 생산능력은 2025년까지 50% 증가할 것이다. 미국은 유럽 파트너와 긴밀히 협력하고 있으며 앞으로도 유럽의 강력한 파트너가 되겠다."며 미국의 유럽과의 에너지 협력에 대한 확고한 의지를 표명하기도 했다. 파이어트 차관보의 해당 발언은 러시아 에너지에 대한 제재로 발생하게 될 러시아의 영향력 약화로 말미암아 유럽 가스 시장에서 주요 공급국으로 올라서고자 하는 미국의 진정한 속내를 드러낸 것으로 볼 수 있다. 언급했듯 유럽에서의 미국과 러시아 사이의 가스 경쟁 속에서 미국의 제재에는 유럽국가들이 러시아산 LNG를 줄이고, 이를 미국산 LNG로 전환해가도록 강요하는 목표가 반영되었다고 할 수 있다.[15] 즉 미국의 '북극 LNG-2' 제재는 유럽에서 러시아 가스를 몰아내고 그 자리를 차지하겠다는 미국의 경제적 이해관계가 적극 반영된 결과인 것이다.

실제 러시아·우크라이나 전쟁으로 미국은 자연스레 유럽뿐만 아니라 글로벌 LNG 시장에서의 최대 수혜자로 자리하였다. 유럽이 러시아의 파이프라인 가스에 대한 금수 조치 이후 공급부족분을 보상하기 위해 제재에 포함하지 않았던 러시아 LNG를 추가로 수입하자 미국은 그동안의 태도에서 벗어나 러시아의 '북극 LNG-2' 프로젝트에 대한 직접적 제재를 부과하는 등 러시아의

---

14) U.S. Department of State, "Assistant Secretary Geoffrey Pyatt's Remarks at the 8th HAEE Energy Transition Symposium: "The Complex Geopolitical Reality & the Energy Transition"," https://www.state.gov/assistant-secretary-geoffrey-pyatts-remarks-at-the-8th-haee-energy-transition-symposium-the-complex-geopolitical-reality-the-energy-transition/ (검색일자: 2024.11.15).

15) 배규성, "'북극 LNG-2' 2차 제재: 미국의 의도와 러시아의 대응," 『Russia·Eurasia FOCUS』 제768호 (한국외국어대학교 러시아연구소, 2023).

LNG 수출길을 차단하고자 하고 있다. 동시에 유럽으로의 LNG 수출을 크게 늘리면서 제재로 인해 對유럽 가스 수출이 급감한 러시아의 공백을 상당 부분 메웠다. 그 결과로 이제 미국은 유럽의 가장 중요한 LNG 공급국이 되었고, 유럽은 미국에게 가장 중요한 LNG 수출시장이 되었다. 2021년에서 2023년 기간, 유럽연합이 수입한 러시아 가스의 비중은 전체의 45%에서 14.8%로 크게 하락하며 그동안의 공고했던 지위를 내준 반면 같은 기간 미국산 가스의 수입 규모는 18.9bcm에서 56.2bcm으로 증가했고, 비중 역시 전체의 5.7%에서 19.4%로 크게 확대되면서 유럽의 두 번째 가스 공급국으로서 러시아의 빈자리를 상당 부분 대체해가고 있는 모양세다.[16] (그림2 참고) 특히, LNG 부문의

그림 2. 유럽연합의 천연가스 수입구조 변화(2021-2023)

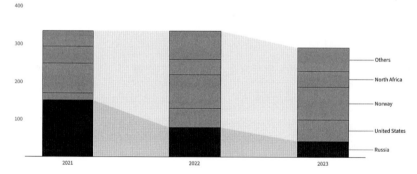

Source: European Commission based on ENTSO-G and Refinitiv

출처: European Council(consilium.europa.eu).

---

16) 2023년 기준, 유럽연합의 천연가스 공급은 노르웨이가 30.3%, 미국이 19.4%, 북아프리카가 14.1%, 러시아가 14.8%, 영국이 5.7%, 카타르가 5.3%, 기타국가가 10.3%의 비중으로 이루어지고 있다. European Council, "Where does the EU's gas come from?," https://www.consilium.europa.eu/en/infographics/eu-gas-supply/#0 (검색일자: 2024.11.15).

경우, 미국은 2023년 對유럽 LNG 수출을 2021년 대비 3배가량 증가시키며 유럽 총 LNG 수입의 절반 가까이를 담당하는 유럽의 가장 큰 LNG 공급국으로 부상하였다.

Ⅲ. 제재의 러시아 북극 LNG-2 가치사슬에의 영향

1. LNG 가치사슬(LNG Value Chain)과 '북극 LNG-2'

LNG 가치사슬(LNG Value Chain)은 천연가스가 생산, 처리 및 LNG로의 전환과 운송의 과정을 통해 최종 소비되기까지의 일련의 부가가치 창출과정 전반을 일컫는다. 즉 LNG의 개발, 운송, 최종 소비단계까지 공급하는 과정이다. 일반적으로 LNG 가치사슬은 크게 상류 부문(Upstream), 중류 부문(Midstream), 하류 부문(Downstream)의 3단계로 나누어진다. 상류 부문의 경우, 천연가스 개발 프로젝트의 설계 및 투자를 바탕으로 실질적인 천연가스

그림 3. LNG 가치사슬의 구조

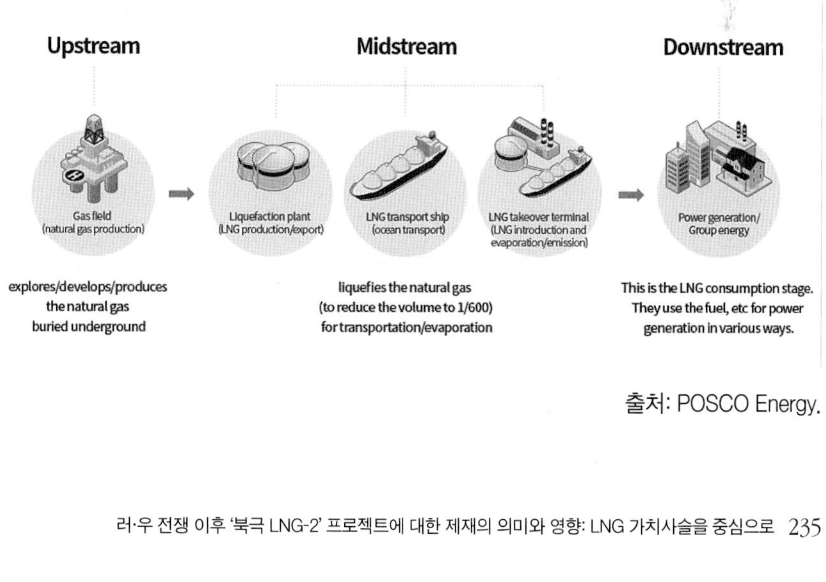

출처: POSCO Energy.

의 탐사, 개발, 생산이 이루어지는 과정을 의미하며 중류 부문은 생산된 천연가스의 액화(liquefaction), 환적을 포함한 운송 과정 전반, 하류 부문은 액화된 천연가스의 재가스화(regasification) 및 유통 과정을 통한 최종사용자까지의 천연가스 공급이 이루어지는 단계를 지칭한다.[17] (그림3 참고)

'북극 LNG-2' 프로젝트 역시 위와 같은 일련의 LNG 가치사슬로 구성된다. '북극 LNG-2'의 대략적인 가치사슬을 살펴보면 프로젝트의 추진을 위한 사업 설계와 파이낸싱(Project Financing) 단계를 시작으로 LNG 생산을 위한 플랜트 건설과 우트렌네예 유가스전에서의 천연가스 생산, 환적을 비롯한 LNG의 운송 과정, 최종 수입국에 대한 판매까지의 과정으로 이루어진다. 이를 LNG 가치사슬의 3단계로 재구성해본다면 상류 부문의 설계와 파이낸싱, 플랜트 건설과 LNG 생산, 중류 부문의 LNG 운송, 하류 부문의 판매로 구분해볼 수 있다. (표2 참고)

〈표 2〉'북극 LNG-2' 가치사슬의 구분

	부문	단계
LNG	상류(Upstream)	사업설계 및 파이낸싱
		플랜트 건설과 가스 생산
	중류(Midstream)	환적 및 운송
	하류(Downstream)	판매 및 공급

자료: 저자 작성

2. '북극 LNG-2' 제재의 가치사슬에의 영향

글로벌 LNG 시장의 판도를 바꾸어보고자 하는 미국의 의도 속에서 이루어

---

17) American Bureau of Shipping(ABS), "LNG Value Chain," *ABS Publication* (2023).

진 '북극 LNG-2'에 대한 일련의 제재들은 프로젝트의 추진과 해당 가치사슬에 대해 분명한 영향을 미쳤다. 제재를 통해 프로젝트의 가동을 막고, 글로벌 LNG 시장에서의 경쟁우위를 점하고자 하는 미국의 의도처럼 현재까지 러시아 정부와 노바텍의 '북극 LNG-2' 프로젝트의 계획들은 가치사슬의 각 단계마다 일정한 타격을 입고 있으며 동시에 북극개발을 통한 LNG 혁명이라는 야망 달성에도 큰 장애물로 작용하고 있다. 아래의 각 단계별 제재의 영향을 보게 되면 미국의 '북극 LNG-2'에 대한 제재는 LNG 가치사슬을 따라 상당히 정밀하게 이루어졌음을 확인할 수 있다.

1) 상류 부문(Upstream)에 대한 제재

① 프로젝트 파이낸싱

'북극 LNG-2'는 전체 프로젝트 참여 기업들의 보유 지분에 따라 생산된 가스를 공급하는 구조로 이루어져 있다. 사업 주체인 노바텍이 전체 지분의 60%를 갖고 나머지 지분 40%를 프랑스 에너지 기업인 토탈에너지(TotalEnergies), 중국천연가스공사(CNPC)와 중국해양석유그룹(CNOOC), 일본의 Japan Arctic LNG 컨소시엄(미쓰이(Mitsui) & 에너지·금속광물자원기구(JOGMEC)) 등 4곳이 각각 10%씩 보유하고 있다. 프로젝트는 이 기업들의 지분 투자금액과 더불어 러시아 은행 컨소시엄(Sberbank, Gazprombank, VEB Bank, FK Otkrytiye Bank), 국제은행들(중국의 CDB와 China EXim, 일본의 JBIC, 기타)의 대출 95억 유로를 합해 총 210억 달러 상당의 금액이 투입되는 대규모 에너지 개발사업이다. 사업의 외부 자금조달은 2014년 우크라이나 사태 이후 서방제재의 영향으로 상대적으로 높은 이자율로 대출이 이루어졌다. 이렇듯 2022년도 초만 해도 자금 확보를 바탕으로 '북극 LNG-2'의 진행이 일정대로 이루어질 것 같이 보였다.

그러나 러시아·우크라이나 전쟁과 대러제재로 인해 프로젝트 파이낸싱은 완전히 상반된 상황에 처하게 되었다. 미국의 제재에 따라서 외부 금융기관으로부터의 자금조달이 난항을 겪게 되었고, 프랑스와 일본 측이 신규투자의 동결을 발표하였다. 재원확보의 어려움 속에서 미국의 2차 제재로 '북극 LNG-2'의 프로젝트 운영사인 'Arctic LNG-2'社가 제재, 특별지정제재대상(SDN: Specially Designated Nationals) 목록에 이름 올리면서 이와 관련된 모든 거래가 금지되었다. 그 결과로 노바텍을 제외한 4개 투자사가 사업의 자금조달 및 구매계약에 대한 파기 의사를 밝혔고 노바텍 역시 장기구매 계약을 맺은 에너지 기업들에 대해서 '불가항력' 의사를 통보했다.[18] 불가항력 선언은 기업 간 거래에서 천재지변 등 예기치 못한 상황의 발생으로 계약 이행 의무를 피할 수 있는 조치로 그만큼 프로젝트의 진행에 있어서 노바텍이 외부 자금조달에 심각한 어려움을 겪고 있음을 보여준다. 제재의 영향으로 투자사들이 모두 발을 빼며 자금줄이 말라버렸고 러시아 내부 금융기관으로부터의 추가적인 자금조달 역시 어려운 상황에서 러시아 정부와 노바텍 입장에서는 자체적인 단독 자금조달이나 사업의 축소를 우려해야 하는 상황에 봉착하게 되었다.

② 플랜트 건설과 가스 생산

'북극 LNG-2'는 러시아 북극 기단반도 내의 우트렌네예 유가스전을 기반으로 660만 톤의 LNG 트레인 3개를 건설해 연간 1,980만 톤 규모의 천연가스

---

18) "Foreign Shareholders Suspend Participation in Russia's Arctic LNG 2 Project-Kommersant," *The Moscow Times*, Dec. 25, 2023. https://www.themoscowtimes.com/2023/12/25/foreign-shareholders-suspend-participation-in-russias-arctic-lng-2-project-kommersant-a83553 (검색일자: 2024. 11. 18).

를 생산하는 것을 목표로 하고 있다. 프로젝트는 중력기반구조(GBS: Gravity-Based Structure)라는 혁신적 공법으로 건설되고 있는데 이는 '야말 LNG'와 같이 육상에 직접 플랜트를 건설하는 방식이 아닌 오비(Ob)만에 콘크리트 구조물을 설치한 후 그 위에 모듈식으로 LNG 생산 플랜트 등의 상부 구조물을 탑재하는 방식이다. 이 방식은 야말 프로젝트에 비해 자본비용과 프로젝트의 면적을 최소화시켜 LNG 생산에서의 자본 지출을 줄이는 등 경쟁력 확보를 가능케하는 것으로 알려졌다.[19] GBS 구조물의 경우, 무르만스크 인근 벨로카멘카(Belokamenka)에서 조립된 후 기단반도로 이동하여 육상의 인프라와 연결돼 가스를 생산하게 된다. (그림4 참고)

그림 4. '북극 LNG-2' 프로젝트의 트레인

출처: Новатэк.

---

19) "Arctic LNG 2 Project, Russia," *Offshore Technology*, Aug. 18, 2023. https://www.offshore-technology.com/projects/arctic-lng-2-project-russia/?cf-view (검색일: 2024. 11. 18).

당초 계획에 의하면 '북극 LNG-2'의 GBS 구조물과 트레인은 미국과 유럽 등의 서방기업과 이들의 장비 및 기술로 건설될 예정이었다. GBS 구조물의 설계 및 건설의 경우, 노바텍은 튀르키예의 르네상스 중공업(Renaissance Heavy Industries)과 이탈리아의 사이펨(Saipem)의 합작회사인 사렌(SAREN)社, 프랑스의 가즈트랑 스포르 에 떼크니가즈(GTT)와 계약을 체결해 진행할 계획이었다. 상부 구조물을 비롯한 트레인의 경우, 프랑스의 테크닙(Technip), 이탈리아의 사이펨(Saipem), 독일의 지멘스(Siemens)와 린데(Linde), 미국의 베이커 휴즈(Baker Hughes) 등에 의해 부품의 조달과 건조가 이루어질 예정이었다. 그러나 2022년 유럽연합의 4차 및 5차 제재조치가 발효되며 설계 및 건설에 필요한 부품과 기술의 조달이 어려워졌고 제재에 대한 우려 속에서 서방 업체들의 프로젝트 철수, 노바텍과의 협력 중단을 발표함에 따라 계획의 추진에 차질이 발생하게 되었다.

그럼에도 불구하고 러시아는 프로젝트를 완료하기 위해서 사업에서 이탈한 서방 기업들을 대신할 새로운 협력 파트너들을 찾기 위해 노력해왔다. 현재 이들 기업들의 빈자리는 러시아 국내 업체를 비롯해 중국, 터키, UAE 등 소위 우호국들의 기업들이 대체하고 있다. 서방 기업들이 철수한 자리는 JSC Energy, 노바 에너지(Nova Energy), 니피가즈(NIPIgaz) 등의 러시아 국내 기업들과 UAE의 그린 에너지 솔루션(Green Energy Solution)과 중국기업들로 성공적으로 이전되었다. 특히 우호국들과의 협력은 '북극 LNG-2' 사업의 진행에 있어 매우 중요한 부분으로 작용하고 있다. 노바텍은 제재에 참여하지 않고 있는 UAE의 Green Energy Solution과의 협력을 통해 프로젝트에 필요한 서방의 장비나 기술들을 우회적으로 공급받을 수 있게 되었다.[20] 또한 플랜트

---

20) "Russia's Novatek to Use Closer Ties with UAE to Secure Key Technology for Arctic

건설에서 가장 중요한 과제 중 하나인 가스터빈의 경우, 당초 미국의 Baker Hughes에서 조달받을 예정이었으나 계약했던 75W급 20기 중 4개만을 공급한 후 사업에서 철수함에 따라 노바텍은 터빈 조달에 어려움을 겪었는데 이에 결국 중국으로부터 가스터빈을 공급받기로 하였다. 이에 현재 중국의 생산업체인 광한연기 (Harbin Guanghan Gas Turbine Company)가 터빈을 조달하고 있다.[21] 또 다른 중국의 기업인 위슨(Wison)도 터빈의 조달 및 트레인 모듈을 제작하는 중책을 맡게 되었다.

한편 '북극 LNG-2'에 대한 제재는 러시아와 노바텍에 있어 에너지 개발에서의 수입대체 산업화나 기술 주권의 어려움을 다시 한번 상기시켜 주었다. 앞서 노바텍은 서방의 경제제재 속에서 야말 프로젝트를 진행하며 LNG의 생산과 운영 과정에서 서방의 장비와 기술이 가지는 중요성을 인식하였다. 이에 제재가 진행되는 당시의 상황에서 생산량의 정체 등 발생할 수 있는 여러 문제들을 극복하기 위해 자체 부품이나 기술 개발을 위한 노력을 경주 한 바 있다.[22] 이런 연장선에서 노바텍은 '북극 LNG-2'를 추진하기에 앞서 LNG 관련 장비와 기술의 국산화를 강조하였으며 자국산 대체 비중 확대를 전략적인 목표로 삼아 사업에 착수하였다.[23] 그럼에도 이번 서방의 연속적 제재 속에서

　　LNG Project," *High North News*, Oct. 17, 2022. https://www.highnorthnews.com/en/russias-novatek-use-closer-ties-uae-secure-key-technology-arctic-lng-project (검색일자: 2024.11.18).

21) 러시아 신문 Kommersant에 따르면 Harbin Guanghan Gas Turbine Company에 의해 조달되는 GT-25000 터빈은 1980년대 우크라이나에서 개발된 터빈으로 중국이 이를 국산화한 것으로 알려졌음. "НОВАТЭК нашел решение для энергоснабжения ≪Арктик СПГ-2≫," Коммерсантъ, Мая. 16, 2023. https://www.kommersant.ru/doc/5986377 (검색일: 2024.11.18).

22) 김상원(2017), op. cit., p. 49.

23) 성진석, "러시아 에너지 산업의 수입 대체 전략," 『Russia·Eurasia FOCUS』 제590호 (한

여전히 가스터빈 등 플랜트 건설의 핵심 부품 조달에 큰 차질을 겪으며 다시 한번 LNG 사업의 현지화 어려움에 그대로 직면하는 모습이다. 비록 서방 기업들의 빈자리를 우호국들의 기업들이 대체해가고 있는 형국이지만 그 장비나 기술이 가지는 신뢰성과 안정성 측면에서 여전히 여러 문제의 발생 가능성을 내재하고 있다고 할 수 있다. 이에 애당초 설정된 프로젝트의 생산계획이나 생산능력의 달성에도 차질이 생길 여지가 충분해 보이며 추가적인 비용의 부담도 있을 것으로 예상된다.

2) 중류 부문(Midstream)에 대한 제재

① 환적 및 운송

러시아는 '북극 LNG-2'에서 생산된 천연가스를 북극항로(NSR)를 통해 유럽과 아태지역으로 수출할 계획이었다. 이를 위해 노바텍은 북극항로의 유럽과 아시아로의 중간 기착지인 무르만스크와 캄차카에 두 개의 LNG 환적터미널 건설을 추진하였다. 이 LNG 환적터미널은 부유식 저장·환적 설비(FSU: Floating Storage Unit)로 불리는데 기존의 LNG 운반선에 저장 및 육상공급을 위한 장치를 얹어 제작한 것으로 해상의 LNG 운반선으로부터 가스를 받아 저장한 뒤 다시 LNG 운반선으로 하역해주는 기능을 한다. '북극 LNG-2'에서 생산된 가스를 최종 수요처까지 공급하기 위해 쇄빙 LNG선으로 북극의 빙하지대 밖으로 옮긴 후 FSU를 활용하여 상대적으로 단가가 저렴한 일반 LNG선으로 가스를 환적한 후 이를 공급하는 방식인 것이다. FSU는 해빙과 빙하 등 북극의 환경적 조건을 감안할 때, '북극 LNG-2' 프로젝트의 운영에서 핵심적인 역할을 하는 부문이라고 할 수 있다. 더불어 쇄빙 LNG와 일반 LNG선의 유기

국외국어대학교 러시아연구소, 2020).

적인 연계를 통한 물류 부문에서의 LNG 운송 최적화를 이루고, FSU가 가지는 천연가스 재액화(re-liquefaction) 시스템을 활용한 LNG 운반의 운영적 효율 향상, 천연가스 공급의 시간과 비용 절감을 가능케 해준다.[24)]

이들 두 척의 FSU는 러시아 연방 교통부 산하 국영 리스회사인 GTLK과의 계약에 따라 한국의 대우조선해양(DSME)에서 건조된 후 러시아 측에 인도되었다. 현재 사암(Saam) FSU는 북극 콜라(Kola)반도의 우라 구바(Ura Guba)만, 코랴크(Koryak) FSU는 캄차카의 베체빈스카야(Bechevinskaya)만에 각각 설치되어 있다. 그러나 위에서 언급하였듯이 미국이 '북극 LNG-2' 프로젝트에 대한 1차 제재에서 이들 FSU를 운영하는 Arctic Transshipment를 제재 대상으로 지정함에 따라서 이들과의 거래 및 서비스 제공이 전면 금지되었다. 미국의 제재는 미국 내 제재대상 법인의 재산을 제재함과 함께 미국의 개인 및 법인과의 거래를 금지하고 있는데 이에 대해서 일부 전문가들은 미국 이외의 지역에 등록된 쇄빙 LNG선을 활용하면 제재의 직접적 영향이 제한적일 것이라는 의견도 있지만 그럼에도 상당수의 외국 LNG선들이 제재에 대한 우려로 러시아의 FSU를 활용하는 선적 옵션을 배제할 것으로 보여진다. 이에 따라 현재 러시아는 두 척의 FSU를 사용치 못하는 실정이며 언제부터 실질적 운영을 시작할 수 있을지도 미정인 상황에서 '북극 LNG-2'의 운송 효율성도 상당 부분 제약을 받게 되었다. 결과적으로 러시아가 당장 '북극 LNG-2'의 생산 가스를 수출하기 위해서는 제재에 직접 대응하는 그림자 함대(shadow fleet)의 이용 방식을 포함해 선박 간 운송(STS: Ship to Ship) 방식에 의존하거나 쇄빙 LNG선을 통한 최종 수요처까지의 직접 운반이라는 제한적인 옵션을 선택할

---

24) LNG는 선박으로 장시간 운송되는 과정에서 자연 기화 현상에 의한 손실이 발생한다. 이에 기화되는 천연가스를 모아 다시 액체로 만들어 저장 탱크로 보내주는 작업을 'LNG 재액화(re-liquefaction)'라고 한다.

수밖에 없게 되었다.

이는 결국 LNG를 운송하는 선박의 문제로 연결된다. '북극 LNG-2'의 성공적인 추진에 있어 LNG 운반선의 확보는 또 다른 매우 중요한 과제이다. 북극권에서 이루어지는 에너지 개발의 특성상 사업의 원활한 운영을 위해서는 더 많은 수의 아크(Arc)-7급 쇄빙 LNG 운반선이 필요하다. 북극에서 생산된 가스는 북극항로를 통해 운송되는데 연중 운항이 어려운 현재의 상황에서 Arc-7급의 강력한 쇄빙 능력을 가진 특수 LNG 선박을 바탕으로 안정적인 운송이 요구되기 때문이다. 애당초 '북극 LNG-2' 프로젝트에 투입될 Arc-7급 쇄빙 LNG선은 총 21척으로 러시아 즈베즈다(Zvezda) 조선소에서 건조될 계획이었던 15척과 러시아 소브콤플로트(Sovcomflot)와 일본 미쓰이 O.S.K. 라인스 (Mitsui O.S.K. Lines)가 각각 동시에 발주한 3척, 총 6척의 유조선이 한국의 대우조선해양(現 한화오션)에서 추가로 건조될 예정이었다. 그러나 미국의 '북극 LNG-2'에 대한 제재를 비롯한 일련의 서방제재는 러시아의 추가 LNG 운반선의 건조와 확보를 매우 복잡하게 만들었다.

러시아 소브콤플로트가 미국에 의해 제재대상에 오르면서 대우조선해양 (DSME)과의 계약이 점진적으로 모두 해지되었다. 이 배경에는 선박의 발주처에 대한 직접제재와 경제제재로 인한 러시아 금융기관들과의 중도금 미납문제가 작용했다. 대우조선해양은 계약 해지된 3척의 쇄빙 LNG선을 자체비용으로 계속 건조한 후 새로운 선주사를 찾아 판매할 계획임을 밝혔다. 일본이 발주한 나머지 3척에 대한 주문계약은 계속 유지되고 있으며 현재 한 척이 건조되어 시험 운항 중인 것으로 알려졌다. 그러나 이들 선박들 역시 제재로 인해 러시아 측에 용선될 수 없는 상황이며 매각에도 어려움이 있는 것으로

드러났다.[25] 러시아 연해주의 즈베즈다 조선소에서 건조될 나머지 15척의 쇄빙 LNG선 역시 건조에 차질이 발생했다. 서방의 대러제재로 이전에 SMART LNG(소브콤플로트와 노바텍의 합작社)와 계약을 체결했던 외국 기업들의 선박 건조 참여가 어려워졌기 때문이다. GTT를 비롯한 유럽기업들의 계약은 유럽연합 제재 패키지에 따라 중단되거나 최소한으로만 유지되게 되었다.[26] 이와 함께 미국의 제재로 즈베즈다 조선소가 SDN에 이름 올리며 기술파트너로서 건조에 참여하고 있던 삼성중공업은 15척의 LNG 운반선 중 10척의 선박 블록 장비 제단을 중단하였다. 삼성중공업은 즈베즈다 조선소와 선박의 건조에 필요한 기자재를 블록 형태로 받아 현지에서 건조하는 방식의 계약을 체결하였는데 5척의 LNG 운반선은 이미 해당 방식으로 러시아에 인도되었다. 이들 5척 중 2~3척가량이 2024년 말에서 2025년 초 즈음에 운항 가능할 것으로 예측된다.[27] (표3 참고) 이처럼 '북극 LNG-2'에 대한 제재로 건조 및 용선될 계획이었던 선박들의 러시아로의 인도가 사실상 불가능해졌고, 그 과정에서 특히 상당수의 선박 건조 계약을 체결했던 한국 기업들이 막심한 피해를 입었다.

---

25) "US Sanctions Halt Delivery of New Vessels to Russian LNG Plant," *Bloomberg*, Feb. 6, 2024. https://www.bloomberg.com/news/articles/2024-02-06/us-sanctions-halt-delivery-of-new-vessels-to-russian-lng-plant (검색일자: 2024. 11. 20).

26) "GTT to pull out of Russia," *SeatradeMaritime NEWS*, Jan. 3, 2023. https://www.seatrade-maritime.com/tankers/gtt-to-pull-out-of-russia (검색일자: 2024. 11. 20).

27) Vitaly Yermakov, "The litmus test for sanctions against Russian LNG," *The Oxford Institute for Energy Studies(OIES)* (2024).

〈표 3〉 '북극 LNG-2'프로젝트와 Arc-7급 LNG 운반선

선박 이름	선박 소유자	운항 예상 시기
Alexey Kosygin	SMART LNG	2024-2025
Pyotr Stolypin	SMART LNG	2024-2025
Sergei Witte	SMART LNG	2025-
Konstantin Posyet	SMART LNG	2025-
Viktor Chernomyrdin	SMART LNG	2025-
Pyotr Kapitsa	한화오션(舊 DSME)	계약 해지
Zhores Alferov	한화오션(舊 DSME)	계약 해지
Lev Landau	한화오션(舊 DSME)	계약 해지
Ilya Mechinikov	MOL	용선 불가
Nikolay Basov	MOL	용선 불가
Nikolay Semenov	MOL	용선 불가

자료: Vitaly Yermakov(2024), p. 9.

현재 제재의 영향으로 '북극 LNG-2'의 운영에 필수적인 쇄빙 LNG 운반선
이 상당히 부족한 상황에서 프로젝트의 운영과는 별개로 운송과 물류 측면에
서의 매우 큰 불확실성이 제기되고 있다. 당초 계획으로 러시아는 '북극 LNG-
2' 사업을 위해 쇄빙 LNG선 함대를 건설하고자 했으나 현 상황에서 운송에 적
합한 유조선의 규모는 겨우 2~3척밖에 미치지 못하고 있다. 이에 러시아 측
은 자체의 역량을 통한 선박 건조를 진행한다는 계획이지만 이마저도 광범
위한 제재로 인해 난관에 부딪히고 있다. LNG 선박 건조와 관련된 멤브레인
과 방위각 추진 장치 등 핵심 기술의 제공이 금지되었고, 기자재와 블록의 대
체 공급업체 모색도 쉽지 않은 상황 때문이다.[28] 이와 관련 러시아 국책은행

28) "Arctic LNG-2 Facing Vessel Shortage as Zvezda Shipyard Delays Delivery,

인 대외경제은행(VEB)의 수석 이코노미스트인 안드레이 클레파흐(Andrei Klepach)는 러시아가 2030년 이후에야 적절한 쇄빙 LNG 운송 인프라를 갖출 가능성이 있다고 밝히기도 했다.[29] 이런 점에서 '북극 LNG-2'에 대한 제재는 러시아의 북극 LNG 가치사슬에서도 특히 운송 부문으로 대표되는 중류 부문에 매우 큰 타격을 입혔다고 할 수 있다.

한편 LNG 유조선의 절대적 부족으로 인해서 발생할 '북극 LNG-2'의 운송과 물류에서의 제약은 앞으로 프로젝트의 장기적이고 안정적 천연가스 생산에도 영향을 미칠 것이다. 러시아는 '북극 LNG-2'의 지속적이고 원활한 생산과 함께 안정적인 운송을 희망하지만 현재와 같은 운송수단의 제약이 존재하는 상황에서는 운송 및 물류의 최적화가 어려워져 가스의 수출 물량 감소와 재고 적체가 발생해 생산감소를 고려해야 할 수 있기 때문이다. 한편으로는 러시아의 북극 및 북극항로의 개발이 상당 부분 천연가스를 비롯한 에너지자원의 개발과 수출과정을 중심으로 진행되고 있다는 점에서 향후 러시아 정부의 관련 계획들도 추진에 충분한 어려움을 겪을 수 있다.

3) 하류 부문(Downstream)에 대한 제재

① 판매 및 공급

'북극 LNG-2'에 대한 제재는 러시아의 LNG 판매와 공급과정에 대해서도 영

Japanese MOL Exits Charter Contract," *High North News*, Nov. 16, 2024, https://www.highnorthnews.com/en/arctic-lng-2-facing-vessel-shortage-zvezda-shipyard-delays-delivery-japanese-mol-exits-charter (검색일자: 2024. 11. 20).

29) "Lack of Arctic tankers puts Russia's LNG development dreams on ice," *Reuters*, Dec. 23, 2023, https://www.reuters.com/markets/commodities/lack-arctic-tankers-puts-russias-lng-development-dreams-ice-2023-12-22/ (검색일자: 2024. 11. 20).

향을 미쳤다. 앞서 언급한 바처럼 '북극 LNG-2' 프로젝트는 투자자들의 보유 지분에 따라 생산된 가스를 배분하는데 제재의 영향으로 투자자들이 계약 파기나 불가항력 의사를 밝히며 천연가스의 장기계약에 따른 판매가 어려워지게 되었다. 또한 미국의 러시아산 LNG 수입 금지조치와 함께 유럽연합의 러시아 북극 LNG에 대한 추가 수입 제재의 가능성도 있는 상황이다. 이에 따라 러시아가 '북극 LNG-2'에서 생산된 가스를 판매하기 위해서는 상당 기간 기존 계약 물량들을 새로운 현물시장에서 크게 할인된 가격으로 판매할 수밖에 없을 것으로 보인다. 그러나 현시점에서 '북극 LNG-2'의 제재 및 향후 제재 범위의 확대에 대한 우려로 할인된 가격임에도 현물거래에 임하는 구매자를 찾기는 쉽지 않을 것으로 예상된다.

IV. 러시아의 대응과 과제

러시아는 '북극 LNG-2' 프로젝트를 직접 제재하려는 미국의 일련의 조치들에 대해 "받아들일 수 없는 조치"라며 강하게 반발하였다. 러시아 외무부 대변인인 마리아 자하로바(Maria Zakharova)는 미국의 2차 제재 발표 직후 "러시아는 많은 국가의 에너지 균형에 영향을 미치는 북극 LNG-2와 같은 대규모 국제 상업 프로젝트와 관련한 이런 조치를 용납할 수 없다. 미국은 세계 경제 안보에 파괴적인 역할을 하고 있으며 자신들의 이익 추구를 위해서 경쟁자를 몰아내고 글로벌 에너지 안보를 파괴하려 하고 있다."는 성명을 발표했다.[30]

---

30) "Russia says US will destroy global energy security' with Arctic LNG 2 sanctions," *upstream*, Dec. 27, 2023. https://www.upstreamonline.com/lng/russia-says-us-will-destroy-global-energy-security-with-arctic-lng-2-sanctions/2-1-1576605 (검색

동시에 자하로바 대변인은 브리핑에서 LNG 개발은 러시아의 에너지 부문 우선순위라면서 "러시아는 북극 LNG-2와 같은 대규모 계획을 포기하지 않을 것이며 러시아의 기업들이 이미 여러 난관에도 불구하고 장애물들을 성공적으로 극복해가고 있다는 것을 증명했다."고 덧붙이며 미국의 제재에도 불구하고 프로젝트의 추진이나 LNG 생산량 확대 계획을 포기하지 않을 것임을 강조하였다.[31]

실제 러시아의 '북극 LNG-2' 프로젝트는 지금까지의 일련의 제재들에도 불구하고 현재 실질적으로 생산을 시작하였다. 3개의 트레인 중 완공된 1개의 트레인이 가동을 시작하였고 나머지 1개의 트레인은 완공 후 시운전을 앞두고 있으며 다른 하나의 트레인은 아직 모듈 건설 중인 것으로 알려졌다. 완공된 트레인의 가동과 관련해 알렉산더 노박(Alexander Novak) 러시아 부총리겸 에너지부 장관은 연초에 오는 2월부터 '북극 LNG-2'에서 첫 화물 선적을 시작할 수 있을 것이라 밝히기도 했다.[32] '북극 LNG-2'는 첫 트레인의 가동과 함께 생산을 시작했으나 최근 몇 달 동안 가스 생산량을 대폭 줄여왔다. 2024년 11월 현재, '북극 LNG-2'의 시스템 활성화 및 안정성을 유지하기 위한 소량의 가스만을 생산할 뿐 사실상 상업적인 생산이 중단된 상태로 알려지고 있다.[33]

최근 '북극 LNG-2' 프로젝트가 사실상 생산의 중단에 가까운 상황에 이르기

일: 2024. 11. 21).

31) "Russia says It won't ditch plans to boost LNG output due to US sanctions," *Reuters*, Nov. 9, 2023. https://www.reuters.com/world/europe/russia-says-it-wont-ditch-plans-boost-lng-output-due-us-sanctions-2023-11-09/ (검색일: 2024. 11. 21).

32) "Arctic LNG 2 expected to dispatch first shipment in Feb-Novak," *interfax*, Jan. 26, 2024. https://interfax.com/newsroom/top-stories/98783/ (검색일자: 2024. 11. 21).

33) "Russia Arctic LNG 2 Project Stalls as Sanctions Disrupt Exports," *EU Today*, Oct. 28, 2024. https://eutoday.net/russias-arctic-lng-2-project-stalls-due-to-sanctions/ (검색일자: 2024. 11. 21).

전까지 러시아와 노바텍은 '북극 LNG-2'에 가해진 제재의 장벽을 상당 부분 극복해나가고 있는 것처럼 보였다. 유럽연합과 미국의 제재 속에서 노바텍은 '북극 LNG-2'의 플랜트 건설을 시작으로 결국 천연가스의 생산까지 계속 추진 해올 수 있었고, 현재의 위기 속에서도 언젠가 사업을 재개해나갈 것이다. 그 배경에는 서방의 제재에 맞서 사업을 계속 추진하기 위한 러시아의 몇 가지 대응이 존재하는데 이는 앞으로의 프로젝트 추진에 있어 러시아의 기회요인 이기도 하다. 먼저, 노바텍은 일부 LNG 관련 장비와 기술에서 서방의 지식을 대체하는 나름의 국산화를 달성해가고 있다. 끊임없는 국산화의 노력 속에서 노바텍은 자체 액화 공정 사용을 목표로 연간 300만 톤의 생산용량을 갖춘 아틱 캐스케이드(Arctic Cascade)와 연간 600만 톤의 생산용량을 갖춘 아틱 믹스(Arctic Mix)에 대한 특허를 획득했다.[34] 이 기술들은 서방의 기술만큼 효율적이지는 못하나 여러 국내 장비들과의 호환을 통해 LNG 생산에서의 에너지 소비와 자본비용을 줄이게 도움을 줄 것이다. 특히 아틱 캐스케이드의 경우, 이미 '야말 LNG'의 트레인 4에서의 시범 운행이라는 귀중한 경험을 했다는 점에서 향후 활용 가능성도 크다고 할 수 있다. 이처럼 러시아의 LNG 관련 장비와 기술의 국산화 노력은 추가적인 기술 개발의 기회를 마련해줄 수 있을 것으로 보이는데 향후 지금과 같은 제재 환경 속에서 '북극 LNG-2'를 비롯한 여타 북극 프로젝트의 지속에 투입될 경우 일부 도움을 줄 수 있을 것으로 예상된다.

다음으로, '북극 LNG-2' 프로젝트의 전반에서 중국기업들의 지원과 협력이

---

34) Anne-Sophie Corbeau, Tatiana Mitrova, "Russia's Gas Export Strategy: Adapting to the New Reality," *Center on Global Energy Policy at Columbia* (2024). https://www.energypolicy.columbia.edu/publications/russias-gas-export-strategy-adapting-to-the-new-reality/ (검색일자: 2024.11.21.).

이루어졌으며 제재 속에서 노바텍의 자회사나 협력 파트너社들이 북극 LNG 사업들에 대한 귀중한 경험을 획득해가고 있다. 서방의 제재로 프로젝트의 진행에 차질이 생기자 러시아는 중국이라는 우호국 기업들을 중심으로 새로운 협력방안을 지속적으로 모색해가고 있다. 플랜트 건설의 핵심인 터빈 조달이 중단되자 중국기업으로부터 다른 터빈을 공급받았으며 서방 기업들의 철수로 GBS 모듈 건설에 문제가 생기자 중국업체의 모듈 건설과 조달로부터 도움을 받고 있다. 동시에 서방 기업들의 지원이 불가능해진 상황에서 노바텍의 러시아 자회사 및 해외의 협력업체들로 사업이 진행되어 가고 있다는 점도 주목해볼만 하다. 특히 GBS의 건설과 설치와 관련된 부분의 경우, 프로젝트의 진행을 통해 이들 기업들이 귀중한 경험을 얻게 되면서 향후 북극 지역에서의 동일한 방식을 통한 LNG 개발을 보다 수월하게 추진해나갈 수 있을 것으로 보인다. 이 같은 점들은 러시아가 앞으로 북극에서의 LNG 사업들을 진행해감에 있어 서방 중심의 기존 가치사슬에서 점차 벗어나 자국 기업들과 중국을 비롯한 우호국을 중심으로 새로운 LNG 가치사슬을 형성해나갈 수 있음을 보여준다. 이 경우, 러시아는 향후 프로젝트를 계획 및 추진하는데 상대적으로 제재의 영향을 덜 고려할 수 있다.

위와 같은 러시아의 대응과 기회요인에도 불구하고 '북극 LNG-2'를 운영해 자국의 전략적 목표를 달성하기 위해서는 지금까지 명확히 제시된 과제들을 풀어가야 한다. 러시아가 가지는 과제로는 먼저, 제재로 인해 가중되고 있는 프로젝트 자체의 불확실성을 해결해야 한다는 점이다. 당초 계획과 달리 현재 '북극 LNG-2'는 2대의 생산 트레인만을 갖추고 있다. 1대의 트레인은 제재 부과의 위협 속에서 중국기업의 자발적인 협력 중단과 회수조치로 인해 언제 전달될 수 있을지조차 모르는 상황이다.[35] 이로 인해 프로젝트가 계획한 생산라인 자체를 아예 갖추지도 못할 가능성도 커지고 있다. 또 설치된 두 대의 트레인마저도 서방의 철수로 러시아 국내 및 중국의 장비나 기술들이 상당 부분 투입되는 결과를 불러왔다. 이는 장기적으로 트레인의 가동과 관리에서 신뢰성이나 안정성의 문제를 야기할 충분한 가능성을 가진다. 이는 향후 본격적인 가스의 생산과정에서 계획보다 적은 생산량을 기록해 생산량 증대에 상당한 시간과 비용이 소요되는 등 추가적인 문제를 양산할 수 있다. 결국 이런 점들은 프로젝트의 가동 자체뿐 아니라 관련해 추가적인 문제를 일으킬 수도 있어 불확실성을 더욱 가중시키고 있는 것이다.

다음으로, 해당 프로젝트의 핵심이라고 할 수 있는 가스의 운송과 판매에 대한 해결책이 없다는 점이다. 언급한 바처럼 러시아는 앞으로 쇄빙 LNG선의 부족 문제로 '북극 LNG-2'의 수출에 상당한 차질을 겪게 될 것이다. 무르만스크와 캄차카 해상에 설치된 2개의 환적 허브는 사용이 어려워졌고, 계획된 Arc-7급 선박의 용선이나 건조 협력도 사실상 불가능하게 되었다. 물론 러시아와 노바텍은 사업의 지속을 위해서 이 문제를 해결하기 위한 적극적인 노력을 기울일 것이다. 이 과정에서 러시아는 다시 중국에 손을 내밀 수도 있지만 이 경우 대중국 의존도를 더욱더 심화시키는 결과를 초래해 장기적으로 부정적 결과를 가져올 수 있다. 이런 점들을 고려한다면 결국 앞으로 러시아는 선박 건조의 모든 측면을 국산화해나가는 것 외에 다른 뚜렷한 대안이 부재한 상황이다. LNG의 판매 역시 마찬가지 상황이다. 현 상황에서 '북극 LNG-2'의

---

35) "Chinese contractor completes exit from Russia's Arctic LNG 2 project and returns key modules," *upstream*, Sep. 23, 2024. https://www.upstreamonline.com/rigs-and-vessels/chinese-contractor-completes-exit-from-russias-arctic-lng-2-project-and-returns-key-modules/2-1-1713493 (검색일자: 2024.11.21).

가스를 안정적으로 판매할 수 있는 수요처를 찾기는 쉽지 않아 보인다. 러시아·우크라이나 전쟁 이후 러시아의 석유·가스를 대량으로 수입해준 중국과 인도를 중심으로 하는 저렴한 현물거래의 가능성과 극히 일부 물량의 유럽 수출을 제외한다면 다른 마땅한 옵션이 없는 형국이다. 그러나 이마저도 힘든 상황으로 Kpler의 자료를 보면 '북극 LNG-2'의 화물을 실은 4척의 유조선은 구매자를 찾지 못해서 여전히 해상 위에 떠 있는 것으로 알려졌다.[36] 심지어 그림자 함대 등을 통한 LNG의 수출도 여의치 않은 상황이다. 노바텍의 부인에도 불구하고 미국 정부의 제재 문서는 북극 LNG의 그림자 함대 운영과 노바텍과의 관련성을 보여주고 있는 등 그림자 함대의 은밀한 이동도 추적 감지되고 있는 모양이다.[37] 결국 이처럼 '북극 LNG-2' 프로젝트의 운송수단과 판매처가 확보되지 않고는 천연가스의 생산을 포함한 사업의 원활한 진행이 사실상 불가능하다. 즉 현시점에서 '북극 LNG-2' 사업의 정상화를 위해서는 상당한 시간과 비용이 필요할 것으로 보인다.

---

36) "Four tankers still at sea with unsold cargoes with Russia's Arctic LNG 2, Kpler says," *Natural Gas News*, Oct. 14, 2024. https://www.naturalgasworld.com/four-tankers-still-at-sea-with-unsold-cargoes-with-russias-arctic-lng-2-kpler-says-118430 (검색일자: 2024.11.22).

37) "Novatek Denies Involvement With Arctic 'Shadow Fleet', Official Records Suggest Otherwise," *High North News*, Sep. 16, 2024. https://www.highnorthnews.com/en/novatek-denies-involvement-arctic-shadow-fleet-official-records-suggest-otherwise (검색일자: 2024.11.22).

V. 결론

　'북극 LNG-2' 프로젝트는 2030년까지 LNG 생산량을 연간 1억 톤으로 늘려서 글로벌 LNG 시장의 점유율을 8%에서 20%로 높이려는 러시아 에너지 전략의 핵심 사업이다. 이를 바탕으로 러시아는 북극의 천연가스 잠재력을 실현시킴으로서 글로벌 LNG 시장의 리더로 자리매김하려는 계획을 마련하였다. 그러나 이런 러시아의 야망은 2022년 러시아·우크라이나 전쟁의 발발과 경제제재로 시작도 하기 전에 크나큰 장애물을 마주하게 되었다. '북극 LNG-2'에 대한 서방, 특히 미국의 제재는 프로젝트 전반의 가치사슬에 상당한 타격을 주었으며 사업의 향후 운영과 성공의 불확실성을 크게 증대시켰다. 미국의 '북극 LNG-2'에 대한 제재조치들은 LNG 가치사슬을 따라서 매우 정밀하게 설계되어 각 단계의 연결고리를 하나씩 끊어내며 사업 자체를 위기에 몰아넣고 있는 모양새다.

　실제 '북극 LNG-2' 프로젝트는 사업 전반에서 심각한 피해를 입고 있다. 상류 부문에서는 구매계약 파기와 자금조달의 문제가 발생하였고, 서방의 수출통제와 기업들의 철수로 플랜트 건설에 어려움이 발생하였다. 중류 부문에서는 환적 터미널의 제재와 쇄빙 LNG선의 계약 파기와 건조 중단으로 운송에 심각한 차질이 생겼다. 하류 부문에서는 제재에 따른 수입금지와 생산 차질 및 운송수단의 부재로 가스의 판매가 어려워졌다. 즉 제재로 인해 '북극 LNG-2' 프로젝트의 운영이 불투명해졌고, 결과적으로 사실상 사업이 중단되는 상황에까지 이르게 되었다.

　그럼에도 러시아는 나름의 방식과 노력으로 잠시나마 '북극 LNG-2'의 실질적인 가동을 이루었다. 2014년부터 오늘날까지 이어지는 경제제재 속에서 러시아는 LNG 관련 장비와 기술의 국산화를 조금씩 달성해가고 있으며 자국 기업들의 북극 LNG 사업 경험 축적을 바탕으로 우호국 기업과의 협력을 통해 기존 서방 중심의 협력구조를 새로운 LNG 가치사슬로 바꾸어가고 있는 모습이다. 비록 현재 '북극 LNG-2'의 운영이 일시적으로 중단되며 어려운 상황이지만 러시아는 이러한 요인들을 기회 삼아 사업을 재개해나갈 것이다. 물론 사업의 추진 과정에서 트레인의 미완공, 플랜트 운영에 대한 안정성과 신뢰성 문제 등 프로젝트 자체의 불확실성과, LNG 운반선의 부족과 판매처의 부재, 높은 대중국 의존도 등 헤쳐나가야할 과제들도 산적해있다.

이런 가운데 '북극 LNG-2'에 대한 제재 부과의 궁극적 목적인 러시아의 에너지 수출 중단을 통한 전쟁 자금조달의 제한에서 한발 나아가 미국은 제재를 통해 러시아의 북극 에너지 사업들을 좌초시키고, 장기적으로 유럽 가스 시장에서의 점유율 확대를 비롯한 글로벌 LNG 시장에서의 우위를 점하고자 한다. 아직까지 '북극 LNG-2' 프로젝트가 진행 중인 상황에서 최종적으로 미국의 제재가 어떠한 영향을 미칠지에 대해서 여전히 불확실한 측면이 있다. 그러나 적어도 지금까지는 그 제재가 '북극 LNG-2'에 상당한 타격을 입혔으며 동시에 북극지역의 에너지 잠재력을 최대한 제약시킴으로서 글로벌 LNG 시장의 주요 플레이어가 되고자 하는 러시아의 열망을 약화시킨 것은 분명해 보인다. 그럼에도 그동안 보여주었던 역량을 고려하면 러시아가 이대로 자신들의 계획을 포기하지 않을 것임도 분명하다. 이런 점에서 이번 '북극 LNG-2'에 대한 제재가 러시아의 일시적인 후퇴가 될지 아니면 미국이 유럽을 비롯한 글로벌 LNG 시장의 지각변동 속에서 패권국으로 올라서는 새로운 전환점이 될지 그 향방을 계속 주목해볼 필요가 있다.

〈참고문헌〉

고주영, "러-동북아 국가 간 천연가스 협력과 한국에의 시사점," 『슬라브 연구』 제37권 2호, 한국외국어대학교 러시아연구소, 2021.

김상원, "서방의 경제제재와 러시아의 북극개발: 천연가스를 중심으로," 『슬라브학보』 제34권 4호, 한국슬라브유라시아학회, 2017.

배규성, "'북극 LNG-2' 2차 제재: 미국의 의도와 러시아의 대응," 『Russia·Eurasia FOCUS』 제768호, 한국외국어대학교 러시아연구소, 2023.

서승현, 양정훈, "우크라이나 전쟁이 러시아의 북극 정책에 미친 영향," 『한국 시베리아연구』 제28권 3호, 배재대학교 한국-시베리아센터, 2024.

성진석, "러시아 에너지 산업의 수입 대체 전략," 『Russia·Eurasia FOCUS』 제590호, 한국외국어대학교 러시아연구소, 2020.

윤성학, "세계 LNG 시장의 변화와 러시아의 도전," 『Acta Russiana』 제11호, 고려대학교 러시아 CIS 연구소, 2019.

백근욱, "전쟁 안의 전쟁: 우크라이나 전쟁이 LNG 패권의 판도를 바꾼다.," 국가미래연구원 ifs POST, https://www.ifs.or.kr/bbs/board.php?bo_table=News&wr_id=4338 (검색일: 2024.11.14).

American Bureau of Shipping(ABS), "LNG Value Chain," *ABS Publication* (2023).

Yermakov Vitaly, "The litmus test for sanctions against Russian LNG," *The Oxford Institute for Energy Studies(OIES)* (2024).

Anne-Sophie Corbeau, Tatiana Mitrova, "Russia's Gas Export Strategy: Adapting to the New Reality," *Center on Global Energy Policy at Columbia* (2024). https://www.energypolicy.columbia.edu/publications/russias-gas-export-strategy-adapting-to-the-new-reality/ (검색일자: 2024.11.21).

European Council, "Timeline-Packages of sanctions against Russia since February 2022," https://www.consilium.europa.eu/en/policies/sanctions-against-russia/timeline-packages-sanctions-since-february-2022/ (검색일: 2024.11.12).

European Council, "Where does the EU's gas come from?," https://www.consilium.europa.eu/en/infographics/eu-gas-supply/#0 (검색일자: 2024.11.15).

McWilliams. B, sgaravatti. G, Tagliapietra. S, Zachmann. G, "The European Union-Russia energy divorce: state of play", *Brugel Analysis* (2024). https://www.bruegel.org/analysis/european-union-russia-energy-divorce-state-play (검색일: 2024.11.10).

U.S. Department of State, "Assistant Secretary Geoffrey Pyatt's Remarks at the 8th HAEE Energy Transition Symposium: "The Complex Geopolitical Reality & the Energy Transition"," https://www.state.gov/assistant-secretary-geoffrey-pyatts-remarks-at-the-8th-haee-energy-transition-symposium-the-complex-geopolitical-reality-the-energy-transition/ (검색일자: 2024.11.15).

U.S. Department of State, "Imposing Further Sanctions in Response to Russia's Illegal War Against Ukraine," https://www.state.gov/imposing-further-sanctions-in-response-to-russias-illegal-war-against-ukraine/ (검색일: 2024.11.12).

U.S. Department of State, "Taking Additional Sweeping Measures Against Russia," https://www.state.gov/taking-additional-sweeping-measures-against-russia/ (검색일: 2024.11.12).

"Arctic LNG 2 expected to dispatch first shipment in Feb-Novak," *interfax*, Jan. 26, 2024. https://interfax.com/newsroom/top-stories/98783/ (검색일자: 2024.11.21).

"Arctic LNG 2 Project, Russia," *Offshore Technology*, Aug. 18, 2023. https://www.offshore-technology.com/projects/arctic-lng-2-project-russia/?cf-view (검색일: 2024.11.18).

"Arctic LNG 2 secures project financing lifeline," *upstream*, Dec. 1, 2021. https://www.upstreamonline.com/lng/arctic-lng-2-secures-project-financing-lifeline/2-1-1109454 (검색일: 2024.11.12).

"Arctic LNG-2 Facing Vessel Shortage as Zvezda Shipyard Delays Delivery, Japanese MOL Exits Charter Contract," *High North News*, Nov. 16, 2024, https://www.highnorthnews.com/en/arctic-lng-2-facing-vessel-shortage-zvezda-shipyard-delays-delivery-japanese-mol-exits-charter (검색일자: 2024.11.20).

"Chinese contractor completes exit from Russia's Arctic LNG 2 project and returns key modules," *upstream*, Sep. 23, 2024. https://www.upstreamonline.com/rigs-and-vessels/chinese-contractor-completes-exit-from-russias-arctic-lng-2-project-and-returns-key-modules/2-1-1713493 (검색일자: 2024.11.21).

"EU adopts new sanctions against Russia, including LNG," *Reuters*, Jun. 24, 2024. https://www.reuters.com/world/europe/eu-adopts-new-sanctions-against-russia-including-lng-2024-06-24/ (검색일: 2024.11.12).

"Foreign Shareholders Suspend Participation in Russia's Arctic LNG 2 Project-Kommersant," *The Moscow Times*, Dec. 25, 2023. https://www.themoscowtimes.com/2023/12/25/foreign-shareholders-suspend-participation-in-russias-arctic-lng-2-project-kommersant-a83553 (검색일자: 2024.11.18).

"Four tankers still at sea with unsold cargoes with Russia's Arctic LNG 2, Kpler says," *Natural Gas News*, Oct. 14, 2024. https://www.naturalgasworld.com/four-tankers-still-at-sea-with-unsold-cargoes-with-russias-arctic-lng-2-kpler-says-118430 (검색일자: 2024.11.22).

"GTT to pull out of Russia," *SeatradeMaritime NEWS*, Jan. 3, 2023. https://www.seatrade-maritime.com/tankers/gtt-to-pull-out-of-russia (검색일자: 2024.11.20).

"Lack of Arctic tankers puts Russia's LNG development dreams on ice," *Reuters*, Dec. 23, 2023, https://www.reuters.com/markets/commodities/lack-arctic-tankers-puts-russias-lng-development-dreams-ice-2023-12-22/ (검색일자: 2024.11.20).

"New US Sanctions Target Russia's Arctic LNG-2: "Our Objective is to Kill that Project"," *High North News*, Nov. 13, 2023. https://www.highnorthnews.com/en/new-us-sanctions-target-russias-arctic-lng-2-our-objective-kill-project (검색일자: 2024.11.15).

"Novatek Denies Involvement With Arctic 'Shadow Fleet', Official Records Suggest Otherwise," *High North News*, Sep. 16, 2024. https://www.highnorthnews.com/en/novatek-denies-involvement-arctic-shadow-fleet-official-records-suggest-otherwise (검색일자: 2024.11.22).

"Russia Arctic LNG 2 Project Stalls as Sanctions Disrupt Exports," *EU Today*, Oct. 28, 2024. https://eutoday.net/russias-arctic-lng-2-project-stalls-due-to-sanctions/ (검색일자: 2024.11.21).

"Russia plans to increase LNG output to 120-140 mln tonnes by 2035, says Putin," *Tass*, Oct. 2, 2019. https://tass.com/economy/1081035 (검색일자: 2024.11.15).

"Russia says It won't ditch plans to boost LNG output due to US sanctions," *Reuters, Nov.* 9, 2023. https://www.reuters.com/world/europe/russia-says-it-wont-ditch-plans-boost-lng-output-due-us-sanctions-2023-11-09/ (검색일: 2024.11.21).

"Russia says US will destroy global energy security' with Arctic LNG 2 sanctions," *upstream*, Dec. 27, 2023. https://www.upstreamonline.com/lng/russia-says-us-will-destroy-global-energy-security-with-arctic-lng-2-sanctions/2-1-1576605 (검

색일: 2024. 11. 21).

"Russia to boost LNG output therr-fold to 100 mln tons by 2030-Novak," *Tass*, Nov. 21, 2023. https://tass.com/economy/1709391 (검색일: 2024. 11. 12).

"Russia's Novatek to Use Closer Ties with UAE to Secure Key Technology for Arctic LNG Project," *High North News*, Oct. 17, 2022. https://www.highnorthnews.com/en/russias-novatek-use-closer-ties-uae-secure-key-technology-arctic-lng-project (검색일자: 2024. 11. 18).

"US Sanctions Halt Delivery of New Vessels to Russian LNG Plant," *Bloomberg*, Feb. 6, 2024. https://www.bloomberg.com/news/articles/2024-02-06/us-sanctions-halt-delivery-of-new-vessels-to-russian-lng-plant (검색일자: 2024. 11. 20).

"НОВАТЭК нашел решение для энергоснабжения ≪Арктик СПГ-2≫," *Коммерсантъ*, Мая. 16, 2023. https://www.kommersant.ru/doc/5986377 (검색일: 2024.11.18).

Правительство Российской Федерации, "Энергетическая Стратегия Российской Федерации на период до 2035 года," (2020).

IPCC 제6차 보고서로 본 북극권 기후환경 변화와 과제

라미경*

Ⅰ. 문제 제기

기후변화는 인간의 활동에 의한 온실효과 등의 인위적인 요인과 화산폭발, 성층권 에어로졸의 증가 등의 자연적 요인에 의한 효과를 포함하는 전체 자연의 평균 기후변동을 의미한다. 이런 변화로 인한 이상기후는 지구촌 곳곳에서 일어나고 있다. 그리스와 북미 서부에서는 폭염으로 독일·중국·일본 등은 대홍수로 날씨를 종잡을 수 없게 되었다. 사람이 병에 걸리면 열부터 나는 것처럼, 지구도 중병에 걸린 듯 고열에 시달리고 있다. 기후변화와 관련하여 지구상에서 관심을 크게 받는 지역을 꼽으라면 단연코 눈과 얼음으로 덮여 있는 극 지역일 것이다. 극 지역 중 하나인 북극의 기후변화는 그린란드 빙하, 대륙의 영구동토층, 그리고 바다 얼음으로 덮인 북극해에 걸쳐 뚜렷하게 나타나고 있다. 그린란드 빙하의 연간 유실량은 21세기 들어 눈에 띄게 증가하고 있다.

현재 지속되는 온난화 추세로 지구 평균온도 상승이 산업혁명 이전 대비 2℃ 이하로 제한되지 못하면 빙하가 모두 녹아 해수면이 약 7m 상승할 수 있다고 예측한다. 이는 여의도 면적의 960배에 달하는 약 2,800㎢ 정도의 국토

※ 이 글은『한국 시베리아연구』2024년 제28권 2호에 실린 논문을 수정 및 보완한 글임.
* 서원대학교 휴머니티교양대학 교수

를 수면 아래로 잠기게 할 수 있는 변화이다.[1]

대륙의 영구동토층 변화도 감지되고 있는데, 오랫동안 얼어 있어 단단했던 동토가 온도 상승에 따라 탄소 저장 능력이 약해지고 대기로 온실가스가 빨리 방출되고 있어 온난화의 시한폭탄으로 여기고 있다.

북극 온도는 전 지구 평균 대비 4배 정도까지 빠르게 상승한 것으로 보고되었는데, 이러한 북극의 온도 상승은 중위도 날씨와 기후를 조절하는 제트기류를 요동치게 하여 기상재해를 빈번하게 하는 원인으로 지목되고 있다. 그러나 북극 온도 변동과 중위도 기상재해 발생은 해마다 큰 차이가 있어 다가올 계절의 변동성이 어떨지 예측하는 것은 어려운 문제다. 북극 온도 예측력은 지구 시스템 요소인 대기-해양-해빙-지면 등의 상호작용을 잘 표현하는 예측 모델을 통해 향상시킬 수 있다.

결국 북극지역에서의 다양한 대기오염원들에 의한 대기 내 온도 상승과 빙설들이 쌓여 지표면에서의 해빙으로 인한 온난화 가중에는 대기오염원들의 역할이 크다는 것을 알 수 있다. 북극 지역에서의 기후변화로 인한 온난화의 가중 속도를 더디게 하기 위해서는 대기오염원들의 배출원들을 파악하고 그 배출량 감축을 위한 효과적인 조치를 마련해야 할 것이다.

기후변화에 관한 정부간 협의체(IPCC: Intergovernmental Panel on Climate Change, 이하 IPCC)는 국제적 수준의 조치 시행과 그 시행에 있어 북극이사회 회원국들의 기후변화 정책과 관련한 협력 관계에 대한 중요성과 그 필요성을 제기하고 있다. 기후 위기가 점차 심각해지면서 IPCC는 5차 보고서(AR5)에서 온실가스 배출량을 줄이기 위한 탄소중립과 넷제로[2] 필요성을 언

---

1) 김주홍, "북극발 중의도 기상재해 예측 중요성,"『극지와 세계』(인천: 극지연구소 정책개발실, 2023), p.3.
2) 탄소중립과 넷제로를 정확히 이해하기 위해서는 '온실가스'에 대한 개념을 파악해야 한

급하고 6차 보고서에서 넷제로 달성방안을 위한 구체적인 내용을 명시하고
있다.

따라서 본 연구목적은 빠르게 변하고 있는 북극권의 기후환경 변화를 2023
년 IPCC 6차 보고서를 통해 분석하고 이후 과제에 대해 살펴보는 데 있다.

Ⅱ. IPCC 이론적 논의

1. 선행연구

선행연구를 살펴보면, IPCC 제1차-6차 평가보고서 관련 연구는 기후변화에
관한 과학적이고 기술적인 측면에서의 분석이 대다수를 차지하고 있다.[3] 이

다. 여기서 온실가스란 태양으로부터 들어오는 태양에너지를 빠져나가지 못하게 막
는 물질이다. 교토의정서에서는 온실가스를 이산화탄소, 메탄, 아산화질소, 수소불화
탄소, 과불화탄소, 육불화항 총 6종류의 물질로 규정했다. **탄소중립**이란 인간의 활동
에 의한 이산화탄소 배출량을 최대한 줄이고, 배출되는 이산화탄소를 포집 및 제거하
여 실질적인 이산화탄소 배출량을 0으로 만드는 개념이다. **넷제로**는 온실가스 전체의
배출량과 흡수량을 같게 하는 개념이다. 즉, 탄소중립이 이산화탄소만 고려하는 반면,
넷제로는 온실가스 전체의 균형을 말하기 때문에 넷제로가 좀 더 포괄적인 개념이라고
볼 수 있다. "한국에너지정보문화재단," https://www.keia.or.kr/main/main.php (검
색일: 2024.04.01).
3) 선행연구로 장찬주,『IPCC 평가보고서 대응 해양기후변화 연구체계 수립』(부산: 한국
해양과학기술원, 2017); 황세운, "IPCC 시나리오와 평가보고서의 기후변화 예측에 대
한 요약 및 비교분석,"『한국농공학회지』, 제56권 2호 (한국농공학회, 2014); 오채운·송
예원·김태호,『IPCC 제6차 평가보고서 종합보고서 기반, 기후기술 대응 시사점: 탄소
중립 10대 핵심기술을 중심으로』, (서울: 국가녹색기술연구소, 2023); 김민수, "북극
거버넌스와 한국의 북극정책 방향,"『해양정책연구』제35권 1호 (한국해양수산개발
원, 2020); 정혁, "유럽연합의 북극지역 기후변화 정책 시행과 전망,"『EU연구』제62호
(한국외국어대학교 EU연구소, 2022); 라미경, "기후변화 거버넌스와 북극권의 국제협
력,"『한국 시베리아연구』, 제24권 1호 (배재대학교 한국-시베리아센터, 2020); 김주홍

는 IPCC 평가보고서가 갖는 기후변화에 관한 과학적 근거, 영향 및 적응, 완화에 대한 종합적인 정보 제공이라는 특성 때문이기도 하다. 기존 선행연구는 특성상 크게 세 가지로 나누어 살펴볼 수 있다. 첫째, 과학분과 연구로 북극기후, 환경변화, 생물종 다양성 연구, 북극 해양연구, 동토층 연구, 북극 IoT 기반 융복합 연구 등이다.

둘째, 산업기술로 주로 극지 조선, 플랜트 및 운항기술, 북극 시설건설 및 유지, 북극광물, 수산 자원확보, 북극 공간정보 구축 등이다.

셋째, 정책 관련된 연구로 북극 거버넌스 및 관련 정책연구, 북극항로, 해운물류 등 정책연구, 기후변화, 북극 원주민 등 민간협력, 북극권 문화, 전통 등이다. 대표적으로 김민수(2020)는 북극권의 환경변화를 북극이사회의 역할을 통해 분석하고, 라미경(2020)은 북극해를 둘러싼 기후변화의 쟁점과 문제점을 분석하고 글로벌 거버넌스 구축을 통해 국제협력 방안을 모색하고자 했다. 정혁(2021, 2022)은 유럽연합의 북극지역 기후변화에 관한 연구에서 국제적 수준의 대기오염원 감축 조치와 북극이사회 회원국과의 관계를 중심으로 분석하고 유럽연합의 해당 지침들의 시행 현황 및 과제를 다룬 연구도 수행되었다.

따라서 본 연구는 IPCC 6차 보고서를 통해서 북극권 기후변화의 과제에 대해 사회과학적으로 분석하고자 한다.

2. IPCC란

기후변화에 관한 정부간 협의체(IPCC, Intergovernmental Panel on Climate Change)는 기후변화 문제에 대처하기 위해 세계기상기구(WMO)와 유엔환경계획(UNEP)이 1988년에 공동 설립한 국제기구로, 기후변화에 관한

(2023), op. cit.

과학적 규명에 기여하고 있다. 전 세계 3천여 명의 과학자가 참여·발간하는 IPCC 평가보고서(AR: Assessment Report)는 기후변화의 과학적 근거와 정책 방향을 제시하고 유엔기후변화협약(UNFCCC)에서 정부간 협상의 근거자료로 활용하고 있다. IPCC는 1990년에 발간된 제1차 평가보고서(FAR, the First Assessment Report)를 시작으로 5-6년 간격으로 갱신하여 보고서들을 발간하고 있다.

IPCC 평가보고서는 회를 거듭하면서 누적된 관측자료와 과학적 근거를 바탕으로 미래 기후변화 양상과 그 영향에 대한 분석의 불확실성을 최소화하고 정량화하는 데 초점을 두고 갱신하고 있다. 최근 6차 보고서에 이르기까지 인위적 영향에 의한 지구온난화 여부, 그리고 전지구 평균기온과 해수면 상승에 대한 예측의 신뢰도는 매우 높아졌으며,[4] 이를 배경으로 한 다양한 지역단위 영향 평가들은 미래기후변화에 대한 대응의 필요성에 대해 설득력을 더해가고 있다.

3. 역대 IPCC 보고서

기후변화에 관한 정부 간 협의체(IPCC)는 기후변화에 관한 과학적 연구 결과를 요약한 6개의 평가보고서를 발표했다. 다음은 각 보고서의 간략한 특성과 내용이다.

1차 평가 보고서(1990년)는 대기 중 온실가스 농도 증가와 지구 기온에 미치는 잠재적 영향을 강조했다. 이 보고서는 화석연료 연소와 같은 인간 활동이 기후변화에 기여한다는 과학적 합의를 확립했다. 첫 번째 보고서는 인간 활동, 특히 화석연료의 연소와 삼림 벌채가 대기 중 온실가스 축적에 기여하

---

4) 황세운 (2014), op. cit., p. 27.

고 있음을 확인했고 이러한 온실가스 배출과 관측된 지구 기온상승 사이의 연관성을 확립했다. 1차 평가보고서가 구속력 있는 구체적인 합의로 이어지지는 않았지만, 기후변화에 대응하기 위한 글로벌 협력의 필요성에 관한 인식과 인식을 높이는 토대를 마련했다. 이 보고서는 1992년 설립된 유엔기후변화협약(UNFCCC)으로 이어지는 논의와 정책을 형성하는 데 중요한 역할을 했다.

2차 평가 보고서(1995)는 관측된 지구온난화와 인간 활동과 온실가스 배출 사이의 연관성을 강조했다. 기후변화가 생태계, 수자원, 해수면 상승에 미칠 수 있는 잠재적 영향에 대해서도 논의했다. 두 번째 보고서는 첫 번째 보고서의 결론을 강화하여 인간 활동이 온실가스 농도와 지구 기온의 관측된 상승에 기여하고 있음을 확인했다. 이 보고서는 기후변화를 더 잘 이해하고 예측하기 위해 보다 포괄적인 데이터 수집, 관측 네트워크, 개선된 기후 모델의 필요성을 강조했다. 주요 합의 사항은 화석연료 연소와 삼림 벌채를 포함한 인간 활동이 관측된 온실가스 농도 증가의 주요 원인으로 밝혀졌다. 이 보고서는 미래의 기후변화 영향이 생태계, 해수면, 취약한 지역에 중대한 영향을 미칠 것이라고 강조했다. 이는 1997년 교토의정서로 이어졌다. 교토의정서는 유엔기후변화협약(UNFCCC)의 수정안으로 온실가스의 실질적 감축을 위한 계획을 담은 국제협약이다. 온실가스 배출량의 55%를 차지하는 선진국 38개국은 1990년도 배출량 대비 평균 5.2%씩 감축하도록 했고 한국은 개발도상국으로 분류돼 감축 의무가 면제됐다.

3차 평가 보고서(2001)는 지구온난화에 대한 근거의 정확도가 얼마나 되는지를 밝힌 내용이 담겨있다. 보고서는 기후변화에 대한 인간의 영향에 대한 강력한 증거를 제시하고 기후변화의 영향을 완화하기 위한 국제협력의 필요성을 강조했다. 주요 합의 사항은 지난 50년 동안 관측된 온난화의 대부분에 인간 활동이 "아마도" 기여했을 것이다. 이 보고서는 기상이변의 위험 증가,

강수 패턴의 변화, 해수면 상승 가속화를 강조했다.

4차 평가 보고서(2007)는 20세기 중반 이후 관측된 대부분의 지구온난화에 인간 활동이 "매우 큰 영향을 미쳤을 가능성이 높다"라고 결론지었다. 이후 기후변화 심각성을 알린 공로로 앨 고어 전 미국 부통령 겸 환경운동가를 포함한 IPCC 전체가 노벨평화상을 받았다. 이 보고서에서는 기상이변의 위험 증가, 해수면 상승, 적응 및 완화 전략의 중요성에 대해 논의했다. 주요 합의 사항으로는 더 극심한 폭염, 해수면 상승, 생태계 교란 등 기후변화를 방치하면 위험성이 증가한다는 점을 강조했다.

5차 평가 보고서(2014)는 온난화가 명백하고 대부분 인간 활동으로 주도되고 있음을 확인했다. 이 보고서는 지구 온도 상승을 관리 가능한 수준으로 제한하기 위해 배출량을 줄이는 것이 시급함을 강조했다. 탄소 예산의 개념을 도입하고 파리협정과 같은 국제협약의 중요성을 강조했다. 따라서 2015년 파리협정이 채택되는 데 큰 영향을 미쳤다. 파리협정은 전 세계 모든 국가에 지구온난화 완화 의무를 부여하는 내용으로 산업화 이전 대비 온도 증가 폭을 1.5도로 유지하기 위한 전 지구적 협약이다. 종료 시점이 없는 협약으로 참여한 모든 국가가 이산화탄소 순 배출량을 0으로 만드는 것이 목표다.

6차 평가 보고서(2021-2022)는 이전 연구 결과를 바탕으로 지구 온도 상승을 산업화 이전 수준보다 $1.5°C$로 제한하기 위해 즉각적이고 과감한 배출량 감축이 필요함을 강조했다. 이 보고서는 기후 영향이 가속화되고 있으며 생태계, 기상 패턴, 해수면에 영향을 미치고 있음을 강조한다. 또한 적응 및 완화 전략에 대해 논의하며 기후변화에 대응하기 위한 정부, 기업, 개인의 역할을 강조하고 있다. 6차 보고서는 지구온난화를 $2°C$ 이하로 제한하고 $1.5°C$로 제한하기 위한 노력을 추구하는 것을 목표로 하는 파리협정에 따른 약속을 강화했다.

이 보고서는 정책, 기술, 행동 변화를 통해 온실가스 배출을 획기적으로 줄이기 위한 즉각적이고 야심 찬 행동의 필요성을 강조하고 있다.

〈표 1〉 제1차-6차 IPCC 보고서와 결과

	내 용	결 과	비 고
1차	• First Assessment Report(FAR) • 인간활동으로 온실가스의 농도가 높아지고 있다고 밝힘 • 기후변화의 과학적 근거 다룸	• 유엔기후변화협약(UNFCCC) 채택('92)	1990년
2차	• Second Assessment Report(SAR) • '온실가스 농도가 계속해서 증가한다'라는 내용 • 온실가스 배출량의 55%를 차지하는 선진국 38개국은 1990년도 배출량 대비 평균 5.2%씩 감축	• 교토의정서 채택('97)	1995년
3차	• Third Assessment Report(TAR) • 지구온난화에 대한 근거의 정확도가 얼마나 되는지를 밝힌 내용 • 66% 이상의 확률로 20세기 중반 이후 관측된 온난화 대부분이 인간활동으로 일어남	• 2℃ 온도 목표에 대한 UNFCCC 차원의 논의 촉발	2001년
4차	• Fourth Assessment Report(AR4) • 90% 이상의 확률로 인간활동으로 인해 기후 시스템의 온난화가 일어남 • 기후변화 문제의 해결을 위한 초석을 다짐	• 기후변화 심각성 전파 공로로 멜 고어 전 미국 부통령과 공동으로 노벨평화상 수상 • 교토의정서 후속체계 근거	2007년
5차	• Fifth Assessment Report(AR5) • 인간이 지구온난화를 일으켰을 가능성을 95~100%라고 예상	• 파리협정 채택('15)	2014년
6차	• Sixth Assessment Report(AR6) • 정책 입안자가 기후 행동에 관한 판단을 내릴 때 과학적 토대를 제공 • 탈라노아 대화(Talanoa Dialogue)에서는 IPCC 1.5℃ 이하로 제한	• 파리협정의 첫 전 지구적 이행점검('23)	2021년 2022년

Ⅲ. IPCC 6차 보고서 분석

2023년 3월, 스위스 인터라켄에서 195개국 650여 명 대표단이 참가했던 기후변화에 관한 정부 간 협의체(IPCC: Intergovernmental Panel on Climate Change) 제58차 총회는 통합적인 단기 기후 행동의 시급성을 강조한 「IPCC 제6차 평가보고서(AR6: The Sixth Assessment Report) 종합보고서」를 만장일치로 승인했다. 이 보고서는 IPCC 제6차 평가주기(2015~2023년) 동안 발간된 3개 특별보고서와 3개 평가보고서(WG, Working Group)의 핵심 내용을 통합적 관점에서 서술함으로써 기후변화의 과학적 근거, 영향 및 적응, 완화에 대한 종합적인 정보를 제공한다.

1. 기후변화 현황 및 추세

6차 보고서는 기후변화의 관측된 증거, 인간에 의해 유발된 기후변화의 역사적·현재 요인과 영향 및 현재 시행된 적응·완화 반응을 평가한다. 온실가스 배출을 통한 인간 활동은 전 지구 지표 온도를 1850~1900년 대비 현재(2011~2020년) 1.1℃로 상승시켰으며, 과거와 현재 모두 전 지구 온실가스 배출량의 지역, 국가, 및 개인에 따른 기여도는 균등하지 않다. 1850~2019년까지의 총 누적탄소 배출량은 2400±240 GtCO2, 2019년 전체 온실가스의 연간 배출은 2010년 대비 12% 증가한 59±6.6 GtCO2-eq이며, 1인당 온실가스 배출량이 가장 높은 상위 10% 가구는 34~45%의 소비 기반 온실가스 배출, 하위 50%는 13~15%의 소비 기반 온실가스를 배출했다.

그간 기후변화협약, 교토의정서, 파리협정은 적응 및 완화 활동의 의욕을 증가시켰고, 일부는 기후위험을 줄이는 데 효과적이나 여전히 한계가 존재한다. 적응의 경우, 오적응5)의 증거가 모든 부문과 지역별로 나타나고 있으며, 현재 적응을 위한 전 지구 금융 흐름은 개도국의 적응 옵션을 이행하는 데 부족하다. AR5 이후 많은 국가가 완화를 다루는 정책과 법률을 지속적으로 확장해왔으나, 여전히 지구온난화 완화경로의 2030년 배출량과 유엔기후변화협약 제26차 당사국총회(COP26)6) 이전에 발표된 국가 온실가스 감축목표를 모두 이행한다는 전제 하의 배출량과는 여전히 격차가 존재한다.

기후변화가 생태계에 미치는 영향의 범위와 규모는 이전 평가의 추정치보다 더 크게 나타났다. 전 세계적으로 평가 대상 생물종 가운데 약 절반이 극지방 쪽으로 이동하고 있거나 이동했고, 육지에서는 더 높은 지대로 이동 중이다. 폭염의 규모가 증가하고 육상 및 해양에서의 대량 폐사, 해조류 군락 손실로 인해 수백 종의 생물이 지역적 절멸을 겪고 있다. 세계인구의 절반가량은 현재 매년 일부 기간에 심각한 물 부족을 경험하고 있다. 극단적인 기후 및 기상 현상의 증가는 특히 아프리카, 아시아, 중남미, 소규모 도서국가, 북극 등에서 수백만 인구를 심각한 식량안보 불안과 물 걱정에 시달리게 했다. 적응을 통한 대응은 이미 한계에 도달하고 있다. 온대 해역 산호초, 연안 습지, 열대 우림, 극지 및 산악 생태계의 일부는 이미 적응 한계에 도달했거나 그 선을 넘

---

5) 오적응(maladaptation): 온실가스 증가를 포함하여, 기후변화에 대한 취약성 증가, 더 불평등한 결과 또는 복지 감소 등으로 이어질 수 있는, 주로 의도치 않은 결과를 의미한다.
6) IPPC는 의장, 사무국장 외 3개의 실무그룹과 1개의 TF팀으로 운영되며, 각 실무그룹은 기후시스템 및 기후변화와 관련된 과학적 측면의 평가, 사회경제적 자연시스템의 취약성 평가, 온실기체 방출제한과 그 외 기후변화 완화에 대한 사항을 평가하고, TF팀은 국가 온실가스 배출량 프로그램을 담당한다. 이들은 매년 한 번씩 정기모임인 유엔 기후변화협약당사국총회(Conference of the Parties: COP)를 통해 보고서를 채택한다. COP26은 2021년에 진행된 것으로 매년 네 차례 기술전문가대화체 및 한 차례 고위급 대화체 개최 등을 논의했다.

어섰다.

지난 10년간 기후변화에 매우 취약한 나라에서 홍수, 가뭄, 폭풍으로 인한 사망률은 기후 취약성이 가장 덜한 지역에 비해 15배 높았다. 지구온난화가 어떤 수준으로 진행되든지와 상관없이, 현재 인구밀도가 높은 일부 지역은 안전을 보장할 수 없는 거주불능지가 될 것이다. 이들 지역에서는 자율적으로 또는 계획적 이주가 이뤄질 것이다. 2100년이면 복합적이고 점증하는 위험 때문에 일부 저지대 도서국가는 영구적으로 침수될 것이다.

기후변화는 모든 연구 대상 지역에서 사람들의 신체적, 정신적 건강에 부정적 영향을 미쳤다. 기후 관련 질병 발생이 늘었고, 새로운 지역에서 동물과 인간의 질병이 발생하고 있다. 정신적 질병의 일부는 기온상승, 극단적인 기상현상, 생계 및 문화적 손실과 관련한 트라우마와 연관성이 있는 것으로 나타났다.

2. 장기 기후변화, 리스크 및 대응

미래 사회경제 발전상에 따른 2100년까지의 기후변화에 대한 평가 결과를 제시했다. 지속되는 온실가스 배출로 인해 온난화가 심화되어 거의 모든 시나리오에서 가까운 미래(2021~2040년)에 1.5℃에 도달할 것이다. 전 지구 지표 온도의 상승을 제한한다고 하더라도 해수면 상승이나 남극 빙산 붕괴, 생물다양성의 손실 등 일부 변화들은 불가피하거나 되돌이킬 수 없으며 온난화가 심화될수록 급격하거나 비가역적인 변화가 일어날 가능성은 커진다. 온난화가 심화되면서 손실과 피해는 증가할 것이며 더 많은 인간과 자연 시스템이 적응한계에 도달할 것이다. 오적응은 유연하고 다양한 분야와 넓은 범위에서 장기적인 계획의 수립과 이행을 통해 극복할 수 있다. 인간이 초래한 온난화를 제한하려면 CO_2를 포함한 온실가스 배출이 넷제로가 되어야 하며, 현재의 화석연료 인프라를 활용하면 발생할 것으로 추산되는 CO2 잠재배출량은 1.5℃ 목표달성을 위한 잔여 탄소배출 허용량을 초과한다.

감축 달성을 위한 CO2 배출 저감 전략으로 탄소배출 저감기술을 활용하지 않은 화석연료를 재생에너지 보급 또는 탄소 포집 및 저장(CCS) 기술 활용 등을 통해 저탄소·무탄소 전원으로 전환하는 것과 에너지 수요관리 조치의 활용 및 효율 향상 등이 있다. 이에 감축하기 어려운 잔여 배출량을 상쇄하기 위해서는 이산화탄소 제거(CDR: Carbon Dioxide Removal)기술의 적용이 필요하다. 지구온난화로 인한 온도 상승을 1.5℃로 제한하기 위한 2020년 초 이후의 잔여 탄소 배출허용량은 500 GtCO2(50% 확률)이고, 2℃ 미만으로 제한하기 위한 총량은 1,150 GtCO2(67% 확률)이다.

예상되는 영향, 손실, 피해는 기온의 추가 상승과 함께 증대해, 모든 지역에서 적응을 더 어렵게 만들 것이다. 기후변화와 관련한 기상이변은 장단기적으로 건강을 악화시키고 조기 사망률을 높일 것이다. 극단적인 날씨, 해수면 상승, 식량안보에 대한 부정적 영향, 물 관련 리스크, 관련된 사회적 피해, 생태계 손실 및 피해 등이 기온이 상승함에 따라 아울러 늘어날 것으로 예상된다.

이미 위협받고 있는 고유 생태 시스템은 매우 가까운 시기, 1.2°C의 온난화 수준에도 높은 위험에 처할 것으로 예상된다. 온난화 수준이 1.5°C에 이르면, 육상 생태계에서 연구 대상 생물종 가운데 14%가 심각한 멸종 위험에 처할 가능성이 크다. 이는 자연적인 멸종률의 천 배가 넘는 수치다. 온난화가 1.5°C 이상의 수준으로 진행될 경우, 동시다발적인 극단적 기후현상으로 인해 주요 식량 생산 지역의 옥수수의 생산량이 줄어들 위험이 크다. 온난화 수준이 높아질수록 이 리스크는 훨씬 더 커질 것이다.

3. 기후변화의 단기 대응

　지속가능발전을 향한 적응 행동과 완화 행동을 통합한 기후탄력적 개발 (climate resilient development) 경로의 중요성을 적시한다. 신속한 온실가스 감축 없이는 안전한 미래는 없다. 단기(2040년까지)에 적응과 완화 행동 옵션들을 평가하고 이를 확대할 방안을 제시해야 한다. 지속가능한 미래를 확보하기 위해 행동할 수 있는 시간은 빠르게 줄고 있으며, 기후탄력적 개발 경로로의 전환을 위해서는 정부(시민사회 및 민간섹터와 함께)의 역할이 중요하다. 심층적이고 지속적인 배출량 감축을 달성하고 모두에게 살기 좋고 지속가능한 미래를 확보하기 위해서는 모든 부문 및 시스템에 걸친 신속한 전환이 중요하다. 이러한 시스템 전환은 다양한 완화 및 적응 옵션을 크게 확대해야 하며, 적합하고 효과적인 저비용 옵션이 이미 존재한다.

　첫째, 넷제로 에너지 시스템은 △화석연료 사용의 상당한 감소, △CCS 기술 활용, △무배출 전력시스템, △광범위한 전기화, △대체 에너지 캐리어 활용, △에너지 절약 및 효율화, △에너지 시스템의 연계 확대가 포함된다. 발전원 다양화 및 수요 측면 조치는 에너지 신뢰성을 증대하며 기후변화 취약성을 경감할 수 있다.

　둘째, 산업 부문 감축을 위해 △수요관리, △에너지 및 자재 효율성, △순환 자원 흐름, △저감 기술, △생산 공정의 혁신적 변화가 필요하다. 수송 부문에서는 △지속가능한 바이오 연료, △저배출 수소, △생산 공정 개선, △비용 절감이 필요하며, 온실가스 저배출 전기로 구동되는 전기차는 온실가스 배출을 줄일 수 있는 잠재력이 크다.

　셋째, 도시는 배출량을 대폭 감축하고 기후탄력적 개발을 진전시키는 데 매우 중요하며, 옵션으로는 △기후변화를 고려한 정주지 및 인프라 설계, △콤팩트 도시를 위한 토지이용 계획, △직장 및 주거지 근접, △대중교통·도보·자전거 지원, △건물의 효율적인 설계·건설·개조·사용, △에너지·자재 소비 감소 및 대체, △전기화, △그린·블루 인프라 등이 있다.

넷째, 농업, 산림, 기타 토지이용(AFOLU: Agriculture, Forestry and other Land Use) 부문은 대부분 지역에서 단기에 확대 가능한 적응 및 완화 옵션을 제공하며, 산림 보존, 개선된 관리, 복원이 가장 큰 완화 잠재력을 제공한다. 수요 측면 조치(지속가능한 건강 식단으로의 전환, 음식물 쓰레기 감소)와 지속가능한 농업 확대로 생태계 전환 및 메테인 및 아산화질소 배출을 저감할 수 있다. 지속가능하게 공급된 농업 및 임업 생산품으로 온실가스 집약적 제품을 대체할 수 있다.

다섯째, 효과적인 적응 옵션으로는 기후민감 질병에 대한 공공 건강 프로그램 강화, 생태계 건강 강화, 음용수 접근 강화, 홍수 방지, 조기경보 시스템 강화, 백신 개발, 정신건강 관리 강화 등이 있다.

여섯째, 날씨, 건강보험, 사회보장, 비상 기금(contingent finance and reserve funds), 조기경보 시스템 접근을 포괄하는 정책 믹스는 인간 시스템의 취약성을 경감할 수 있다. 역량배양, 기후 리터러시, 기후 서비스에서 제공된 정보에 대한 교육은 위험 인식을 강화하고 행태 변화를 촉진할 수 있다.

효과적인 기후 행동은 정치적 약속, 잘 연계된 다양한 수준의 거버넌스 (multilevel governance), 제도적 체계, 법, 정책 및 전략 그리고 강화된 기술 및 재정 접근성이 있어야 한다.

첫째, 형평성으로 모든 부문에서의 재분배 정책, 사회안전망, 형평성, 포용성 그리고 공정전환은 보다 큰 사회적 의욕을 가능하게 하고 지속가능발전목표와의 상충효과 문제를 해결한다.

둘째, 거버넌스로 효과적인 기후 거버넌스는 국가 상황에 기반하여 전반적인 방향 제공, 목표 및 우선순위 설정, 기후 행동의 주류화, 모니터링·평가와 규제 확실성의 강화, 포용성·투명성·형평성 있는 의사 결정의 우선화, 재정과 기술에 대한 접근성 증진을 통해 완화와 적응을 가능하게 한다.

셋째, 국가제도로 효과적인 제도(지역, 지방, 국가, 하위국가)는 기후 행동에 대한 이해관계 간의 합의를 형성하고, 조정을 가능하게 하며, 전략 설정에 대한 정보를 제공한다. 정책은 시민사회(기업, 청년, 여성, 노동자, 미디어, 토착민, 지역주민)의 지원과 참여가 있을 때 효과적이다.

넷째, 정책으로 규제 및 경제 정책수단이 확대 적용된다면 상당한 배출감축을 지원할 수 있다. 탄소가격제(탄소세, 배출권 거래제 등)는 저비용 온실가스 배출량 감축 조치를 장려해 왔으며, 이로 인한 형평성 및 분배 문제는 탄소가격제 수익을 저소득 가구를 지원함으로써 대응할 수 있다.

마지막으로 화석연료 정책으로 화석연료 보조금 폐지 정책은 배출감축뿐만 아니라 공공수익·거시경제·지속가능성 향상 혜택이 있으며, 동 정책으로 취약그룹에 대한 분배 영향이 있을 시 공공수익 재분배 수단이 필요하다.

기후행동을 가속하기 위해서는 금융, 기술, 그리고 국제협력이 중요하다. 1.5℃ 또는 2℃ 온난화 제한 시나리오상에서 2020~2030년 기간 중 완화를 위한 연간 평균 투자비는 현재 수준보다 3-6배 증가해야 한다. 특히 공공재원은 완화 및 적응의 중요한 가능 요건이며 민간재원에 영향을 준다. 기술혁신시스템의 강화가 중요하며, 국가 상황 및 기술 특성에 맞는 정책 패키지는 저배출 혁신 및 기술확산 지원에 효과적이다. 재정·기술·역량배양에 관한 국제협력의 강화는 국가들의 더 높은 감축의욕을 가능하게 한다. 또한 국제협력, 초국가적 파트너십과 환경·부문별 협정, 그리고 제도 및 이니셔티브를 통해 국내 정책 개발, 저배출 기술확산, 그리고 배출량 감축을 촉진할 수 있다.

무엇보다도 기술이 주가 되는 적응 전략에서 벗어나, 행동 및 제도적 변화, 적응 재정, 평등 및 환경정의를 추가로 통합하는 전략으로 전환할 때 변화를 일으키는 적응이 가능해질 것이다. 공정하고, 기후 복원적인 개발, 다양한 시스템 전환이 필요하다. 도시 녹화와 같은 효과적인 생태계 기반 적응, 그리고 자연 하천 시스템, 습지, 상류 산림 생태계, 해양보호구역의 복원은 인간, 생물다양성, 생태계 기능에 다양한 기후변화 리스크를 감소시키고 여러 혜택을 가져온다.

Ⅳ. 북극권 기후변화의 과제

1. 북극권 기후변화의 특성과 위협

IPCC 보고서(IPCC, 1990; 1995; 2001; 2007; 2013)의 시나리오별 2100년 평균해수면 변화에 대한 예측결과를 살펴보면,[7] 해수면 상승 예측결과는 평균기온 상승에 따른 극지방 및 고지대 해빙현상과 직접적인 상관성을 가지는 만큼 기온변화 양상과 유사한 형태로 나타난다. 보고서의 시나리오에서는 CO_2 배출량 차이에 따른 해수면 상승의 민감도가 다소 낮은 경향을 보이는 한편, 전체적인 해수면 상승 폭은 평균 50%가량 크게 나타났다는 점에 주목할 필요가 있다.

북극권은 기후변화에 민감한 지역으로 다양한 특성이 있다. 첫째, 북극해의 해빙은 햇빛을 반사하고, 해양과 대기 간 열교환을 효과적으로 차단하며 북극을 춥게 유지하는 기후 조절의 역할을 하는데, 장기적으로 북극 해빙의 감소가 뚜렷하여 우려가 커지고 있다. 백야의 여름에 바다는 얼음보다 햇빛을 더 잘 흡수하여 수온이 높아지고, 극야로 진입하는 가을~겨울에 바다가 완전히 해빙으로 덮이지 않은 북극 해역에서 수온이 높아진 바다로부터의 수증기 증

---

7) 황세운 (2014), op. cit., p. 31.

발은 대기에 구름을 더 많이 만든다. 겨울에 구름이 증가하면 이불을 덮은 것과 같아 온도가 크게 떨어지는 것을 막는다. 즉, 북극 해빙의 감소는 지구상에서 북극 온도가 유난히 빨리 상승하고 있기 때문이다. 또한 북극 기후변화의 특성은 북극 기후변화의 영향은 눈 덮인 기간 및 면적을 감소시키고, 북극 여름의 해빙(海氷) 면적이 빠른 속도로 감소하고 있다. 러시아 서부 동토층의 남측 한계선이 북쪽으로 30~80㎞ 이동하면서 지역 생태계 전반에 변화를 일으키고 있다.

둘째, 북극 해빙(海氷)의 감소는 북극 상공에 존재하는 거대 소용돌이(Polar Vortex)의 강도를 약화하고 이에 따라 극 소용돌이 안에 갇혀있던 북극의 냉기가 중위도 지역까지 내려와 겨울철 잦은 한파를 일게 한다. 또한 북극해를 덮고 있던 북극 해빙(海氷) 감소로 인해 바다에서 열과 수증기가 방출되고 이로 인한 북극해상 수증기량 증가는 유라시아 폭설 증가로 이어지고 있다.

셋째, 북극 지역 온난화가 급속하게 증가한 현상을 '북극 증폭'(Arctic amplification)'[8]이라고 한다. 즉, 일명 '아이스 알베도 피드백 효과(ice albedo feedback effect)'로 갓 내린 눈은 태양 복사에너지의 80% 이상을 반사하는데, 온난화에 따라서 눈과 얼음이 녹게 되면 태양 복사에너지의 반사율이 10% 정도밖에 되지 않는 해양으로 표면이 바뀐다. 즉 눈과 빙하는 햇빛을 반사하는 역할을 하지만 온도 상승으로 사라질 경우, 햇빛이 그대로 토양과 해수 표면에 도달해 온난화를 가속할 수 있다는 것이다.

기후변화의 주요 원인은 지구환경의 파괴와 오염으로 인한 지구온난화가 가장 큰 것으로 보고 있다. 지구온난화는 대양보다는 대륙에서 더 높게 나타

---

8) 북극증폭 현상이란 이산화탄소, 메탄가스 같은 온실가스가 대기 중 열을 가둬 지표면의 온도 상승을 유발하는 것인데, 이는 북극지역에서 더 치명적인 것으로 1970년대 북극 지역 내부에서 발생하는 지역적 메커니즘이라는 의견이 제시되었다.

나는데 특히 북반구 고위도 지역에서 높은 수치를 보인다. 최근 연구에 의하면 발트해, 북해, 남중국해 등 대양에서의 기온상승이 불과 몇 년 전에 예상했던 것보다 몇 배나 빠른 속도로 진행되고 있다고 한다.

지구온난화로 북극권에서 기후변화가 가속화되고 있는데 북극 온난화는 다양한 잠재 위험이 존재한다.[9] 첫째, 환경측면에서는 기존에 얼음 등에 갇혀있던 메탄, 온실가스, 유독성 폐기물, 전염성 병원체 등이 기후 온난화로 대기 중에 방출되고 있고 북극 생태계가 변화하거나 자연 복원력이 저하되는 등의 문제가 발생하고 있다. 북극 해빙이 녹으면서 과거 수십 년간 인간의 군사활동, 광산개발 등의 과정에서 축적된 유독성 폐기물이 지면에 노출되거나 분산되어 환경오염을 일으키고, 잠재적 전염성 병원체가 방출될 가능성이 크다. 또한 영구동토층이 녹으면서 약 400만 명에 달하는 북극 거주민의 정착지와 생태계가 위협받고 북극지역의 해양생물이나 야생 식량 자원이 감소하고 있다.

둘째, 경제측면에서는 북극해 해빙으로 새로운 무역로가 열리고 관광과 천연자원 개발이 확대될 수 있으나, 전통 해운항로 대비 북극항로의 경제적 실익에 관해서는 불확실성이 있고 기후변화에 대한 각종 규제와 시민의식이 높아지면서 광물자원 채굴과 화석연료 개발의 실효성에 의문이 제기될 수 있다.

셋째, 군사적인 면에서는 기존의 북극권 국가(북극이사회 회원국)뿐만 아니라 중국 등의 비국극권 국가 또한 북극 진출에 관심을 표하고 있으나 최근 해당 지역을 둘러싸고 주요국의 방위역량이 강화되고 있어 안보 위협이 고조되고 있다.

---

9) 장윤미, "북극 기후변화와 지정학적 리스크 확대." 『KIRI 리포트 글로벌 이슈』 (서울: 보험연구원, 2023), https://www.kiri.or.kr/ (검색일: 2023.03.29).

2. 북극권 둘러싼 각국의 노력

1) 북극이사회의 기후변화 대응

그동안 북극권의 현안을 논의하고 있는 것은 1996년에 창설된 북극이사회이다. 북극이사회는 북극의 지속가능한 발전과 환경보호 문제 논의를 위한 대표적인 북극 거버넌스로 체계적 조직이다. 북극이사회는 북극 지역의 빙하와 해빙 상태를 지속적으로 모니터링하고 예측함으로써 이를 통해 기후변화의 영향을 파악하고 대응 방안을 마련하는 등 다양한 정책과 조치를 하고 있다. 구체적으로 살펴보면, 기후변화 관련 연구 및 데이터 공유, 해양보호와 지속가능한 어업, 신생에너지 확대, 그리고 국제협력 강화를 통해 북극지역의 기후변화 대응에 노력하고 있다.

하지만 문제는 북극이사회가 갖는 태생적 한계로 인해 8개 회원국의 각자 다른 이해와 우선순위를 가지고 있어 효율적인 기후변화 대응을 어렵게 만들고 있다. 즉, 국제법적 지위 부재로 인해 법적 구속력이 있는 결정을 채택할 수 없다. 대표적으로 미국 트럼프 행정부 시기 페어뱅크스 선언 채택 불발, 러시아-우크라이나 전쟁 발발후, 러시아의 북극이사회 보이콧 선언 등이다.

2) 미국의 기후변화 대응

IPCC 보고서는 "세계에서 가장 부유한 국가인 미국이 선제적으로 조치하지 않는다면, 기후변화를 촉발하는데 한몫한 국가와 국민으로서 가장 크게 고통받게 될 것"이라고 경고했다. 이에 미국은 기후변화 대응을 위해 다양한 정책과 지원을 진행하고 있다. 바이든 행정부는 최근 기후변화 대응 및 탄소 감축을 위해 10가지 조치하고 있다. [10] 즉, 주택 에너지효율, 미 육군의 기후전략, 미국 도시 모든 건물 탈탄소화, 가스 구동 잔디 장비 단계적 폐지, 2026년까지 출시 자동차에 새로운 연료 표준 적용[11], 메탄 30% 감축 서약, 뉴욕 전기 공급을 위한 해상 풍력 발전단지, 샤워 헤드 물 분사량 제한 복귀[12], 로스앤젤레스 탄소 없는 미국 최초 도시 계획[13], 교통부 탄소감축 프로그램 등이다. 이러한 정책들은 미국 정부와 지역 사회, 개인이 기후변화에 대처하고 환경을 보호하기 위해 노력하고 있다. 미국은 정부와 국제, 국내 지역단체는 온실가스 배출을 감축하려는 다양한 조치를 시행하거나 개발하고 있다. 미국 환경보호국 (EPA)은 2040년까지 대형 발전소의 이산화탄소 배출을 90% 감소시키도록 제안했다. 이러한 규제는 미국의 기후변화 대응에서 중요한 역할을 하며, 환경

---

10) "미국이 기후위기 대응 위해 단행한 정책 변화 10가지," 「ESG경제」, 2022년 5월 11일, https://www.esgeconomy.com/ (검색일: 2024.03.08).

11) 바이든 행정부는 4월 1일 자동차 제조업체의 연비 규제에 대한 새로운 표준을 발표했다. 이에 따라 2026년까지 자동차 제조사가 판매하는 승용차의 평균 연료 소비량은 2021년 대비 30% 이상 줄여야 한다. 온실가스 배출량을 줄이기 위해 이전 트럼프 행정부가 완화한 연비 규제를 다시 강화한 것이다. 이에 따라 미국 자동차 제조업체는 내년 말부터 8%, 그다음 해에 다시 8%, 2026년식에는 10%만큼 연료 효율을 올려야 한다.

12) 도널드 트럼프(Donald Trump) 행정부 시절 완화되었던 샤워기 헤드 물 분사량 규제가 다시 복원됐다. 본래 1994년 미국 의회는 물 사용량을 줄여 환경오염의 확대를 저지하기 위해 샤워헤드가 1분당 2.5갤런(약 9.5L) 이상의 물을 내보낼 수 없도록 규정을 만들었다. 미국 에너지부는 샤워헤드 규정을 다시 바꾸는 조치로 연간 총 1,111억 달러(약 126조 7,651억 원)에 이르는 비용을 아낄 수 있으며 물 사용량도 4조 3천억 갤런이나 줄일 수 있을 것으로 추정했다.

13) 로스앤젤레스 시의회는 바이든 대통령의 기후 대응을 위한 국가 목표에 맞추어 시의 100% 청정에너지로의 전환 계획(LA100 Plan)을 당초 2045년에서 10년 앞당겨 2035년까지 달성하기로 결의했다. 이를 위해 단독 주택의 최대 38%에 태양 전지 패널을 장착하고, 2035년까지 연간 470-730MW의 풍력, 태양열 및 배터리저장 발전소를 구축할 계획이다. "미국이 기후위기 대응 위해 단행한 정책 변화 10가지," 「ESG경제」, 2022년 5월 11일, https://www.esgeconomy.com/ (검색일: 2024.03.08).

및 건강 효과를 가져올 것으로 기대하고 있다.

3) 캐나다의 기후변화 대응

캐나다는 기후변화 대응에 12억 달러를 투입하는 내용의 국가전략을 2022년 11월에 발표했다. 스티븐 길보 캐나다 환경장관은 "기후변화와의 싸움이 우리의 문 앞에 다가왔고, 다가오는 2030년까지 기후 관련 재난으로 인한 연 손실액이 115억 달러에 달할 것"[14]이라고 밝혔다.

캐나다는 환경과 자원 개발에 관한 책임과 권한이 연방정부와 주 정부 사에 분권화되어 환경문제는 연방정부가 천연자원의 개발 및 관리는 주 정부가 관할권을 갖고 있다. 2000년에 처음 발표된 연방 차원의 기후변화계획은 교토의정서 상 의무사항, 자발적인 완화 프로그램 및 조치들에 대한 설명이 주로 2002년 계획에서 온실가스 감축 목표와 함께 다양한 부문과 프로그램 할당에 관한 내용이 제시되고 있다. 또한 탄소세 관련하여 '국가 탄소가격제 도입법안(GGPPA)'에 의거 2019년 1월부터 연방정부 차원의 탄소 가격제를 의무 부과하면서 캐나다 최초로 전체 13개 주·준주에 걸쳐 국가 탄소세를 도입하게 되었다. 2019년 톤당 20달러로 시작하여 매년 10달러씩 인상하여, 22년 50달러, 23년 170달러까지 올랐다. 한편 연방정부는 탄소세에 대한 캐나다 시민들의 부담을 덜어주기 위해 2022년 7월부터 탄소세 환급을 시작했다. 탄소세 환급은 앨버타주, 서스캐처원주, 매니토바주, 온타리오주 거주자들에게 지급되고 탄소세를 환급받기 위해서는 별도의 신청을 필요 없고, 작년 세금 환급을 기준으로 얼마나 환급이 되는지 결정된다.

---

14) "캐나다, 기후변화 대응 '12억 달러 투입' 첫 국가 기후적응전략 발표," VOA, 2022년 11월 25일, https://www.voakorea.com/a/6849758.html (검색일: 2024.04.01).

국제 이누이트족과 소도서국가 대표들은 해운이 기후에 미치는 영향을 해결하기 위한 특단의 조처를 촉구하고 나섰다. ICC(lnuit Circumpolar Council)[15]과 SIDS(Small Island Developing States)는 IMO의 온실가스 감축 목표가 파리 기후협정의 목표인 섭씨 1.5도에 부합하게, 이에 대한 보다 구체적 조처를 촉구하고 있다. 북극 해빙의 소멸은 중대한 문제이며 해빙은 이누이트 문화, 운송, 수확 및 경제에 없어서는 안 될 요소이며, 삶의 방식은 기후 온난화로 인해 심하게 혼란스러워지고 있다고 밝혔다.[16] SIDS는 ICC와의 협력을 통해 기후변화의 영향과 북극에 영향을 미치는 블랙카본의 해로운 영향에 불균형적으로 영향을 받는 우리의 집단적 목소리를 내려고 노력했다고 밝혔다.

4) 러시아 기후변화 대응

푸틴 대통령이 2024년 2월 연방의회 연설에서 북극 영토 탐사·개발의 중요성과 우선순위를 언급하면서 러시아에서 북극의 중요성이 점점 더 많이 제기되고 있다. 러시아의 북극 지역은 국가영토의 1/5을 차지하고 광대한 석유, 가스, LNG 광물 매장량, 북극해를 횡단하는 북방항로(NSR) 물류경로, 에너지 공급을 위한 소형 원자력발전소, 관광 등 개발과 건설이 활발히 추진되고 있다.

이러한 개발과정에서 러시아는 세계에서 4대 탄소배출 국가 중 하나로, 기후변화에 대응하는 데 중요한 역할을 맡고 있다. 그러나 러시아는 여전히 기후변화 관련 정책과 제도를 도입하는 초기 단계에 머물러 있다. 러시아의 기

---

15) ICC는 북극권 155,000명 Inuit 족의 단결 및 권리증진, 북극환경보호, 북극권 국가들과 정치, 경제, 사회발전을 위한 협력체로 그린란드/덴마크, 캐나다, 미국, 러시아에 거주하고 있다.

16) "극지e야기," https://koreapolarportal.or.kr/ (검색일: 2024.03.03).

후변화 대응 동향과 전망을 살펴보면 다음과 같다.[17]

첫째, 러시아는 EU의 탄소국경조정제도(CBAM) 도입으로 인해 가장 큰 손실을 볼 것으로 예상한다. 2019년 기준 러시아가 EU에 철강, 시멘트, 비료, 알루미늄, 전기 등의 제품을 가장 많이 수출하는 것으로 나타나, EU가 CBAM을 도입하면 러시아가 가장 큰 타격을 받을 가능성이 높게 나타났다. 이에 러시아 기업은 자체적인 기후전략을 마련하고 있으나, 내부 정책 및 제도의 미비함으로 어려움을 겪고 있다. 러시아의 야말반도에 있는 액화천연가스(LNG) 사업은 노바텍(Novatek), 토탈(Total), CNPC, Silk Road Fund의 조인트벤처인 JSC Yamal LNG가 운영하였다. 이 사업은 South Tambey Field를 자원 기지로 하여 연간 약 1,650만 톤의 LNG를 생산, 액화, 운송하는 이외에, 해상 항만과 사베타(Sabetta) 공항을 포함한 광범위한 운송 기반시설도 구축한다. 야말 LNG 프로젝트의 환경영향평가서에 따르면, LNG 플랜트를 운영하는 동안 연간 총 이산화탄소 배출량은 2,440kt/y이다. 이는 2008년 러시아 전체 연간 총 이산화탄소 배출량의 약 0.1%에 해당한다.[18] 이러한 온실가스 배출량은 전체 러시아 연방의 배출량 측면에서는 높지 않은 것이다. LNG 플랜트의 건설 및 운영 단계에서 온실가스를 포함한 대기오염물질의 배출량을 줄이고 영향을 최소화하려는 방안이 강구되었다.

둘째, 러시아는 UN 기후변화에 관한 기본협약, 교토의정서, 파리협정 등에 가입하여 국제사회의 기후변화 대응에 동참하고 있다. 그러나 국내 제도 도

---

17) 민지영, "러시아의 기후변화 대응 동향과 전망,"『KIEF 기초자료』(세종: 대외경제정책연구원, 2021), https://www.kiep.go.kr/gallery.es?mid=a10102040000&bid=0005&list_no=9816&act=view (검색일: 2023.03.16).
18) 김세원·김영석, "북극권 자원 개발사업을 위한 기후변화 대응 방안 조사 분석,"『한국지반신소재학회논문집』제20권 4호 (한국지반신소재학회, 2021), pp.80-81.

입은 초기 단계에 머물러 있다. 2021년 10월에 채택된 '장기 발전전략 2050'은 2060년까지 탄소중립을 달성하는 시나리오를 포함하나, 실제로 2060년까지 탄소중립 달성을 위한 조치가 취해질지는 지켜봐야 할 것이다. 장기적으로 러시아는 국제사회의 기후변화 대응 흐름에 따를 수밖에 없으며, 점진적으로 강제력을 갖는 기후변화 관련 정책과 제도를 도입할 것으로 전망한다.

러시아는 국제사회의 기후변화 대응 흐름을 따라가야 할 뿐만 아니라, 내부적으로 기후변화의 심각성에 대한 인식을 높여야 할 것이다. 또한 에너지 효율성과 탄소 흡수량을 높이는 방안을 고려하여 새로운 협력 방안을 모색해야 한다.

5) 유럽연합 기후변화 대응

EU는 2030년까지 온실가스 배출량을 1990년 대비 최소 40% 감축, 전체 에너지 소비량에서 재생에너지의 소비 비중을 27%까지 확대, 에너지효율 27% 개선의 목표를 달성하기 위해 범 EU 차원에서 다양한 이행 계획안을 발표하고 주기적으로 실행 경과를 점검하고 있다. 유럽연합의 북극 지역 회원국들이자, 노르딕 국가들인 스웨덴, 핀란드, 덴마크는 모두 이미 당시 자국들이 설정한 2020년까지의 국내 온실가스 감축 목표를 이미 달성한 상태이다. 북극이사회 회원국 중 스웨덴, 핀란드, 덴마크는 EU 회원국이고 노르웨이, 아이슬란드는 비회원국이다. 또한 EU는 2024년 2월, European Green Deal에 따른 EU의 환경 및 기후 목표 이행을 지원하기 위해 LIFE 프로그램에 따라 유럽 전역에 걸쳐 12개의 새로운 전략 프로젝트에 2억 3,300만 유로 이상을 투자하는 등 다각적인 노력을 하고 있다.[19]

---

19) 국가기후위기적응센터, "기후위기 적응정책," https://kaccc.kei.re.kr/ (검색일:

EU의 주요 추진 정책 중 북극권 자원 개발사업 시 기후변화 대응 차원에서 고려해야 할 방안을 살펴보면, EU 온실가스 배출량 감축 목표달성을 위한 방안으로 EU 차원의 관련 규정인 에너지효율지침과 회원국별 정책을 통해 에너지효율을 개선해 나가고 있다. 유럽 온실가스 배출권 거래제는 지구 온난화에 맞서기 위해 2005년도에 처음 시작되었으며, 유럽연합의 기후 정책의 주축이다. 2013년도 기준으로 유럽연합 배출권거래제는 공장과 발전소, 각종 시설 11,000여 군데를 아우르며, 31개국(아이슬란드, 노르웨이, 리히텐슈타인과 유럽연합 회원국 28개국)에서 20MW에 달하는 순열(net heat)을 남기고 있다.

최근 유럽연합 집행위원회는 '북극의 지속가능개발, 평화, 번영을 위한 유럽연합의 더 적극적인 관여(A stronger EU engagement for a peaceful, sustainable and prosperous Artic)'라는 새로운 차원의 북극 전략을 지향하는 공동제안문을 발표하였다. 이 제안문에서 유럽연합 집행위원회는 해빙되는 영구동결토의 증가로 인한 메탄 배출량에 대한 증가를 우려하면서 대기로의 방출량 증가를 통한 온난화의 가중화를 더디게 할 수 있는 조치 마련을 북극권 국가들과의 협력으로 해결할 것을 촉구하고 있다.[20] 이러한 점은 유럽연합이 대기오염원인 메탄의 월경성 속성을 감안하여 북극 지역에서의 타 북극권 국가들과의 협력을 통한 조치의 효용성을 높인 부분이라고 할 수 있다. 유럽연합은 북극 지역에서의 지속가능 개발을 위해서는 블랙카본, 메탄, 이산화탄소 등의 배출원들에서 배출되는 대기오염원들의 배출량 감축 관련 조치의 효

2024. 03. 07).

20) Joint Communication to the European Parliament the Council, *the European Economic and Social Committee and the Committee of the Regions*, JOIN(2021) 27 final (Brussels: 13. 10. 2021), p. 3.

용성을 강조한다. [21]

3. 북극권 기후변화의 과제

앞서 살펴본 IPCC 6차 보고서를 바탕으로 북극권 기후변화의 과제를 살펴보면 다음과 같다.

첫째, 정의로운 시스템 전환이 필요하다. 기후, 생물다양성, 인간 사회를 한 시스템을 구성하는 요소로 간주하는 적응 전략이 가장 효과적이다. 적응 조치의 부족한 부분을 메우려면 단기적 계획 이상의 조치가 필요하다. 젠더, 민족, 장애 여부, 나이, 지역, 소득 등과 같은 구체적인 불평등의 맥락을 다루기 위해 법과 정책, 절차, 개입 방안을 주의 깊게 설계하고 이행이 필요하다. 일부 대응 방안은 새로운 리스크를 만든다. 자연적으로 나무가 없는 땅에서 진행하는 조림 사업이나, 탄소 포집 및 저장 여부를 따지지 않고 이행되는 바이오에너지 사업을 예로 들 수 있다. 적응 조치의 부족함을 보완하는 데는 정치적인 약속, 국가적 규모의 지속적이고 일관된 조치가 핵심이다. 정치적 약속과 전 국가적 차원의 마무리는 적응 조치의 이행을 가속화시킨다.

둘째, 북극이사회라는 거버넌스의 고도화 작업이 필요하다. 공통의 북극 문제들, 특히 북극의 지속 가능한 개발과 환경보호 문제에 대해 북극해 연안국가들, 북극지역 원주민 공동체 기타 북극지역 주민들 간의 협력, 조정 및 상호교류의 증진을 위한 고위급 정부 간 포럼으로 1996년 오타와 선언을 통해 북극이사회가 설립되었다. [22] 북극이사회는 북극관련 기후변화 선언문은 강제성이나 법적 구속력이 없고 북극 연안국들을 중심으로 상당히 배타적이고 폐쇄

---

21) 정혁 (2022), op.cit., p.124.
22) 라미경 (2020), op.cit., p.39.

적으로 운영되고 있으나 여전히 가장 영향력 있는 장치다. 북극이사회가 갖는 한계점을 극복하여 북극이사회 틀 안에서 공동협력체제가 양립해 나가는 양상을 보여야 할 것이다. 비북극권 국가들은 북극이사회의 옵서버 활동을 통해 북극권 안에서 활동 영역과 비중을 넓혀 나가야 한다.

셋째, 기후 복원적 개발의 기회가 전 세계에 공평하게 열려 있지는 않다. 기후 복원적 개발은 국제 협력과 정부간 협력이 모든 이해관계자의 참여 속에 포괄적으로 이뤄질 때 촉진된다. 손실과 피해는 각 시스템과 지역, 분야에 고르게 돌아가지 않는다. 취약한 개도국일수록 이런 경향이 심하다. 심화되는 온난화와 함께 손실과 피해는 증대되고, 점점 더 피하기 힘들어지는데, 그것은 가장 가난하고 취약한 인구에 집중된다.

넷째, 해양, 삼림 생물다양성을 복구하고 보호해야 한다. 생물다양성과 생태계를 지키는 것은 기후 복원적 개발의 근본 조건이다. 생물다양성이 살아있고 스스로 지탱할 수 있는 생태계는 적응과 완화에 필요한 여러 측면에서 기여한다. 미래 기후변화의 리스크를 줄이고 사회적 복원력을 높인다. 예측되는 기후변화는 비기후적 요인과 결합해, 높은 확률로 세계 삼림의 파괴를 가져올 것이다. 또 산호초, 저지대 해안 습지의 손실과 저하를 야기할 것이다.

다섯째, 기후변화로 인한 인류 건강 위협의 대응 마련이다. 기후변화를 일으키는 원인의 다수는 팬데믹의 위험성을 증가시킨다. 기후변화는 병독원의 생존, 발생과 전파를 촉진할 수 있어 인수공통 질병의 확산을 쉽게 일으킨다. 인수공통 질병의 확산은 COVID-19, 에볼라, HIV, 조류독감 바이러스 같은 병독원이 자연적 장벽을 극복하려는 것과 다른 동물 종에 감염하려는 다단계 과정이다. 기후변화에 대한 건강 적응정책을 선도적으로 시행하고 있는 국가들에서는 기후위기가 건강에 미치는 영향에 대한 국민의 인식 수준을 지속적으

그림 1. 기후변화와 인간의 건강

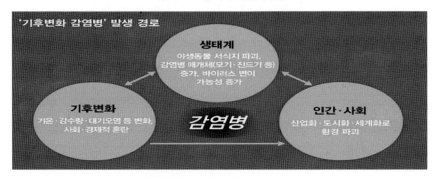

그림 1. 기후변화와 인간의 건강

자료: "기후변화와 인간의 건강,"https://www.unipress.co.kr/news(검색일: 2024. 04 .01).

로 모니터링하고 이를 제고하기 위해 커뮤니케이션 전략을 실시하고 있다. [23)]

V. 나오기

앞서 살펴본 바와 같이 지구온난화로 인한 북극지역 기후변화는 전 지구적 재앙을 일으키는 원인이 되고 있다. IPCC 6차보고서 연구결과, 지금처럼 온실가스를 배출하면 2030년대에는 북극 빙하가 모두 사라질 전망이다. 전 지구적

---

23) 대표적으로 캐나다에서는 기후변화에 대응하고 기후 건강행동을 촉진하기 위하여 공중보건 로드맵을 구축하였고, 국민이 기후변화에 적응하여 건강 수준을 유지하고 건강 위험을 예방할 수 있도록 커뮤니케이션 전략을 포함하고 있다. 미국 CDC의 '기후 및 건강 프로그램(Climate-Ready States and Cities Initiative, CRSCI)'은 새로운 기후 및 건강 협력 협정을 통해 주 정부, 도시, 지방, 부족 지역의 기후 영향에 대한 회복력 구축(Building Resilience Against Climate Effects, BRACE) 프레임워크를 개발 및 수행할 수 있도록 보조금을 지원하고 있다(채수미, "기후위기 건강 적응을 위한 국가 정책의 현재와 미래,"『보건복지포럼』, 320호, 2023, p.32).

자연환경과 생태계 파괴가 심각한 문제로 등장하면서 범세계적인 환경보전대책에 대한 국제협약들이 체결되고 있다. 극지 시스템에서 발생하는 급격한 변화는 명확하고 명백하며, 이는 미래의 실질적인 영향을 피하고 극지 사회 및 생태계에 대한 위험을 줄이기 위해 신속하고 효과적인 대응이 시급함을 나타낸다. 기후 회복력을 달성하기 위해 신속하고 공평하며 공정한 대응을 촉진할 수 있기에 극지 시스템에서 기후 회복력 있는 개발을 달성하는 데 근본적인 것으로 보이는 이 평가에서 몇 가지 기본 원칙이 나온다.

이러한 원칙에는 기후 적용 및 비상사태 대응을 위한 적절하고 적절한 자원과 함께 기후 정보에 입각한 의사 결정을 지원하기 위해 지역적으로 관련되고 접근 가능한 도구 및 서비스를 갖는 것이 포함된다. 효과적인 의사 결정 프로세스는 부문 전반에 걸쳐 통합되며, 다국적 도구를 포함한 모든 수준의 거버넌스, 그리고 가장 중요한 것은 성별, 공평하고 사회적으로 정당한 결과를 다루기 위해 저비용의 포괄적인 참여 프로세스를 적용하는 것이다.

그동안 북극권의 현안을 논의하고 있는 북극이사회는 거버넌스 형태로 북극의 환경보호를 담보하며 기후변화를 그들만의 이슈라기보다는 지구촌의 공동이슈로 보고 있다. 기후변화 자체보다는 그로 인한 환경변화 및 악화 양상 등을 공동으로 대응하고 오염원의 북극권 이동, 북극해 해빙, 북극 원주민 등 주로 그들의 이유에 우선순위를 정하고 있다. 현재 의장국인 노르웨이의 임기는 러시아('21-'23)에 이어 2025년까지다. 하지만 북극이사회 7개국은 러시아의 우크라이나 전쟁에 반발해 북극이사회 보이콧을 선언했다. 느슨한 거버넌스 형태의 북극이사회는 북극권의 현안에 대해 긴급하게 대처하기에는 다소 한계를 안고 있다. 결국 러시아를 제외한 미국, 캐나다, 노르웨이 등은 EU의 전략적 파트너로서 최근 북극지역에서의 대기오염원 감축을 위한 협조를 공약하고 있으며 아이슬란드 역시 산하 환경실무그룹을 통해 유럽연합과 북극

지역 대기오염원 감축을 위한 협력의 지속성을 강조하고 있다.

결국 북극이사회를 비롯한 8개의 회원국, EU 회원국, 그리고 국제사회는 북극권 기후변화 과제로 다음 사항에 노력해야 할 것이다. 첫째, 정의로운 시스템의 전환이 필요한데, 특히 정치적 약속 및 국가적 규모의 지속적인 조치가 전제되어야 한다. 둘째, 북극이사회 거버넌스의 고도화 작업이 필요하다. 현재 북극이사회가 갖는 한계점을 극복하여 북극이사회 틀 내에서 공동협력 체제를 양립해 나가야 한다. 특히 북극 개발에 집중하고 있는 러시아와 북극 문제에 다소 미온적인 미국이 적극적으로 협력해야 한다. 셋째, 북극의 해양, 삼림 생물다양성을 복구하고 보호해야 한다. 마지막으로 기후변화로 인한 인류 건강 위협에 대한 정책을 세워야 할 것이다.

IPPC 6차보고서가 한국에 주는 시사점은 전지구 공동의 목표인 지구온난화 2℃ 미만, 더 나아가 1.5℃ 제한을 달성하기 위한 과학적 근거로서 중요한 역할을 하게 될 것이다. 우리나라는 산업계 탄소 배출량이 많아 기술 혁신을 통해 탄소중립 달성이 가능한 유리한 위치에 있으며, 에너지믹스(energy mix)[24]는 각국의 상황에 따른 선택이 필요한 과제로 원자력 발전과 수소 기술, 재생에너지의 동행을 통해 2050 탄소중립을 달성해야 할 것이다. 이번 보고서는 온난화에 따른 기후시스템의 감시·예측 강화 및 우리나라의 온실가스 감축목표와 기후변화 적응대책 이행에 있어 중요한 가이드라인으로 활용될 것으로 전망한다.

---

24) 에너지믹스(energy mix)는 다양한 종류의 에너지 공급원을 적절히 혼합 사용하여 에너지 공급의 효율성을 극대화하는 기술이다.

〈참고문헌〉

김세원·김영석, "북극권 자원 개발사업을 위한 기후변화 대응 방안 조사 분석," 『한국지반신
　　소재학회논문집』제20권 4호, 한국지반신소재학회, 2021.
김주홍, "북극발 중의도 기상재해 예측 중요성," 『극지와 세계』, 극지연구소 정책개발실,
　　2023.
라미경, "기후변화 거버넌스와 북극권의 국제협력," 『한국 시베리아연구』, 제24권 1호, 배재
　　대학교 한국-시베리아센터, 2020.
민지영, "러시아의 기후변화 대응 동향과 전망," 『KIEF 기초자료』, 세종: 대외경제정책연구
　　원, 2021.
장윤미, "북극 기후변화와 지정학적 리스크 확대." 『KIRI 리포트 글로벌 이슈』, 서울: 보험연
　　구원, 2023.
정혁, "유럽연합의 북극지역 기후변화 정책 시행과 전망," 『EU연구』제62호, 한국외국어대학
　　교 EU연구소, 2022.
채수미, "기후위기 건강 적응을 위한 국가 정책의 현재와 미래," 『보건복지포럼』, 320호,
　　2023.

IPCC, *Climate Change 1990: The IPCC Scientific Assessment*, J. T. Houghton, G. J.
　　Jenkins and J. J. Ephraums (eds.). Cambridge, UK: Cambridge University Press,
　　1990.
IPCC, *Climate Change 1994: Radiative Forcing of Climate Change and an Evaluation of
　　the IPCC IS92 Emission Scenarios*, Cambridge, UK: Cambridge University Press,
　　1994.
IPCC, *Climate Change 1995: The Science of Climate Change. Contribution of Working
　　Group I to the Second Assessment Report of the Intergovernmental Panel on
　　Climate Change*, Cambridge, UK: Cambridge University Press, 1995.
IPCC, *Climate Change 2001: The Scientific Basis. Contributions of working group I
　　to the third assessment report of the governmental panel on climate change*,
　　Cambridge, UK: Cambridge University Press, 2001.
IPCC, *Climate Chanage 2007: The Physical Science Basis. Working group I contribution
　　to the fourth assessment report of the intergovernmental panel on climate*

change, Summary for Policymakers, Cambridge, UK: Cambridge University Press, 2007.

IPCC, *Climate Chanage 2013: The Physical Science Basis, Working group I contribution to the fifth assessment report of the intergovernmental panel on climate change*, Cambridge, UK: Cambridge University Press, 2013.

IPCC, *Climate Chanage 2023: A Report of intergovernmental panel on climate change*, Cambridge, UK: Cambridge University Press, 2023.

Joint Communication to the European Parliament, *the Council, the European Economic and Social Committee and the Committee of the Regions*, JOIN(2021) 27 final, Brussels: 13. 10. 2021.

국가기후위기적응센터, "기후위기 적응정책," https://kaccc.kei.re.kr/ (검색일: 2024.03,07).

"극지e야기," https://koreapolarportal.or.kr/ (검색일: 2024.03.03).

"미국이 기후위기 대응 위해 단행한 정책 변화 10가지," 「ESG경제」, 2022년 5월 11일, https://www.esgeconomy.com/ (검색일: 2024.03.08).

"기후변화와 인간의 건강", https://www.unipress.co.kr/news (검색일: 2024.4.1)

"캐나다, 기후변화 대응 '12억 달러 투입' 첫 국가 기후적응전략 발표," VOA, 2022 https://www.voakorea.com/a/6849758.html (검색일: 2024.04.01)

"한국에너지정보문화재단," https://www.keia.or.kr/main (검색일: 2024.03.11).

북위도 철도건설-소비에트 굴락(ГУЛАГ)과 철로 건설사를 중심으로

박종관*

Ⅰ. 서론

본 연구는 글로벌 환경의 변화로 인해 북극이 주목받고 있는 현 상황에서 러시아가 지속적으로 추진하고 있는 북극권 철도건설 프로젝트의 지난 과거와 오늘의 현재를 분석하는 것을 목적으로 한다. 현재 러시아는 자국 북극권에 철도건설 프로젝트를 추진하고 있다. 대표적으로 북위도 철도와 벨코무르 프로젝트가 있다. 이 두 철로는 백해, 우랄 및 서시베리아 북쪽 극지방 자원지대, 북극해 항만, 내륙과 연결을 목표로 추진되고 있다. 또한 북극해를 통해 연결되는 러시아 주요 강인 시베리아의 오비, 예니세이, 레나 강 등을 따라 교통망 연계 및 복합물류운송망 구축을 꾀하고 있다. 이는 향후 러시아 영토 통일성의 상징인 시베리아 횡단철도(TSR)와의 연결로 거대한 러시아 영토의 동서남북을 연결하는 등 다기능 프로젝트의 성격을 갖는다.

하지만 오늘날 추진되고 있는 철도건설 프로젝트가 지난 소비에트 시기인 스탈린 시대에 이미 진행된 바 있음을 주지하는 바다. 따라서 본 연구에서

※ "이 글은 2023학년도 조선대학교 학술연구비의 지원을 받아 연구되었음". 또한 2024년도 『한국 시베리아연구』 제28권 3호(pp. 43~75)에 게재된 연구를 수정 및 보완하였음을 밝힙니다.
* 조선대학교 유럽언어문화학부 러시아어전공 교수

는 이에 대한 철도건설의 과거와 현재를 조명함으로써, 즉 현재 러시아가 북극 개발에 추진하고 있는 북쪽 극지방 철로 구축망인 북위도 철도건설의 과정과 시작과 의미에 초점을 맞추고자 한다. 특히 북위도 철도건설 관련하여 흥미로운 점은 소비에트 시기 우랄 북쪽 극지방 및 시베리아 극지대의 자원개발 외에도 해군 기지 건설을 위해 굴락(ГУЛАГ)이라는 집단노동수용소를 적극적으로 활용한 바 있는데, 이 철로는 굴락에 수감된 죄수들이 동원되어 건설되었다는 것이다. 철로 건설이 진행되면서 서쪽 부분은 우랄 북쪽 극지방에서 살레하르드와 나딤을 지나 푸르 강까지 이어지는 '옵스키 교화 노동수용소'로 건설 번호 №. 501, 동쪽 부분의 푸르 강에서 예니세이 강의 이가르카까지를 '예니세이 교화 노동수용소'로 건설 번호 №. 503으로 하여 죄수들의 수용소 지점의 시스템이 형성되었다. 일명 굴락으로 스탈린 시대의 강제노동수용소인 '교화노동수용소 및 집단거주지 본부'가 형성된 것이다.

II. 연구의 필요성 및 의미

글로벌 환경의 변화로 인해 북극 및 북극 공간이 주목받고 있다. 역설적으로 글로벌 환경 변화의 주요인이 된 이상기온과 지구온난화의 지속, 이로 인한 글로벌 생태·환경의 변화가 북극이라는 새로운 공간에 대한 가능성을 제공해 주고 있기 때문이다. 북극항로, 에너지 개발 등에 대한 관심이 고조 되고 있는데, 특히 북극항로의 상용화라는 기대와 새로운 자원개발지의 탄생은 전 세계 무역 형태의 물류운송 시스템 변화로 이어지고 있다. 새로운 물류 혁명의 시대가 도래하고 있는 것이다.

그렇기는 하나, 지난 2022년 발발된 러시아와 우크라이나 전쟁은 서방 중심

국제사회의 대러시아 경제제재로 이어졌고, 이에 따른 북극 공간에서 국가 간 대립 구도가 형성되었다. 대러시아에 대한 고립 정책으로 북극 공간에서 공존과 협력을 통한 개발의 상징이던 북극이사회(AC)의 8개국 활동이 사실상 중단되었기 때문이다. 하지만, 최근 들어 국제 정세의 변수로 이스라엘과 하마스 간의 전쟁으로 촉발된 중동 지역의 군사적 긴장의 고조, 이로 인한 전통적 해양 수송로인 수에즈 운하를 통과하는 홍해 해상 교통량의 평년 대비 60% 감소, 위험을 감수하고 항해에 나선 서방 선박들의 바브엘만데브 해협 통과 시 보험료 급등에 직면[1] 등의 리스크가 급격히 상승하면서 대체 방안으로 북극항로에 대한 기대치가 다시 이슈화되고 있다. 2030년이 되면 여름의 북극엔 얼음이 없는 환경으로 바뀌어 북극항로 시대가 열릴 것으로 예상되기 때문이다.[2]

주지하다시피 지난 세기 개발에 제한적이었던 북극의 잠재력이 현재에 이어 미래에는 한 층 더 커지게 된다는 것은 분명해 보인다.

이러한 북극 중심의 지정학적 및 생태·환경적 리스크가 고조되는 상황에서, 앞서 언급하였듯이, 본 연구는 러시아 북극권에 대한 개발 상황을 소비에트 시기인 스탈린 시대의 철도 건설사를 재조명하여 현재 러시아가 북극 개발에 있어 적극적으로 추진하고 있는 북쪽 극지방, 즉 북극권 극지방 철로 구축망인 북위도 철도[3] 건설이 이미 지난 세기부터 진행되었다는 사실에 초점을

---

1) 한국해양수산개발원, "인도-러시아, 북극 지역에서의 협력 확대,"「북극해운정보 소식지」Vol. 003, 2024. 07. 29., p. 11.
2) "2030년 '한국을 세계 중심으로 이끌 북극항로 시대가 열린다',"「매일신문」2024년 7월 5일, https://www.imaeil.com/page/view/2024063013215000899(검색일:2024. 07. 30.)
3) 박종관, "러시아 북극권 철도 회랑 연구: 벨코무르(Belkomur Corridor)와 북위도 철도 회랑(Northern latitudinal Railway)을 중심으로,"『한국 시베리아연구』제23권 1호, 2019. 05. 21. pp. 109-150. 참조.

맞추고자 한다. 특히, 소비에트 시기 우랄 북쪽 극지방 및 시베리아 극지대의 자원개발과 해군 기지 건설을 위해 굴락(ГУЛАГ)이라는 집단노동수용소를 적극적으로 활용한 바 있으며, 러시아가 현재 추진하고 있는 북극권 철도교통 망 구축이 지난 과거에 이미 중요성이 인정되어 진행되었다는 점이다. 이렇 듯 지난 소비에트 시기 북극권 철도를 개발하기 위한 방안으로 굴락이라는 집 단노동수용소를 형성하여, 굴락을 통해 동원된 수감자들의 피와 땀, 특히 극 지방 철로 구축을 위해 많은 사람이 죽어간 '죽음의 도로'인 '피의 철로' 구축에 대해 논하고자 한다.

III. 러시아 북극권 철도건설 프로젝트

러시아는 북극 및 북극권을 선점하기 위해 북극 개발 전략으로 북극항로 개 발, 에너지 개발, 항만개발, 교통 및 철도발전전략 등을 종합적으로 추진하고 있다. 특히 철도발전전략 관련하여 우랄-시베리아 자원지대-북극항로를 연결 하는 북극권 극지방 내륙 철도회랑 구축을 지속적으로 추진하고 있다. 지난 6 월 개최된 러시아 상트페테르부르크 국제 경제 포럼의 '북극의 날' 행사인 "북 극항로: 북극의 지평을 넓혀"라는 주제의 토론장에서 최적의 북극 운송 모델 의 구상 방향과 철도-해상으로의 화물 전환의 이점으로 북극항로(NSR)의 경 쟁력 강화를 위해 우랄, 시베리아 지역에 두 개의 추가 철도를 연결해야 한다 는 점이 지적되었다. 또한 현재 북극항로 연결 철도는 무르만스크, 아르한겔 스크, 블라디보스토크 지역에만 있으며 우랄이나 시베리아 지역에서 북극항 로로 연결되는 추가적인 철도 필요성을 강조하며 새로운 경로 확대는 전체 교통 회랑에 걸쳐 화물을 분산시키는 데 도움이 될 것이라고 했다.[4] 이는 2035까지 북극항로를 통한 러시아 북극권은 바다를 통한 북극항로뿐만이 아니라 내륙의 자원지대와의 연결 문제가 자원개발과 수송이라는 측면에서 매우 중요하기 때문이다.

북극 공간은 러시아에 있어 북동항로와 자원개발이 핵심이다. 먼저 북동항로는 전략적 교통 및 자원 수송지로써 새로운 물류혁명의 토대를 제공해 줄 것으로 기대된다. 북동항로는 북극권 개발과 유라시아 교통물류 인프라 기반에도 많은 변화를 가져다줄 것이다.[5] 이 때문에 교통과 물류 운송이라는 측면에서 북극권에서 가장 넓은 영토를 가진 러시아는 북동항로를 통한 강대국으로서의 재도약에 대한 야심을 품고 있다. 실제로 자국의 철도를 비롯한 교통 시스템의 확충으로 북극권의 철도교통 인프라 구축을 지속하고 있다.

러시아는 야말반도에 이어 인근의 기단반도 Arctic LNG-2의 가스전 개발은 물론 북극 연안의 자원 활용과 수송로의 확보를 위해 해양과 육로를 연결하는 복합물류운송망 구축을 지속하고 있다. 지난 소비에트 시대를 되돌아보았을 때도 그 중요성은 매우 컸다. 1932년부터 소비에트 정부는 페초라 탄전 개발 필요에 따라 우랄 북쪽의 코미공화국인 세베로-페초르 철로를 코틀라드에서 보르쿠타까지 연결을 시작했다.[6] 제2차 세계대전 중 고립된 레닌그라드(현 상트페테르부르크)에 에너지 공급을 위해 약 1,200㎞의 철로를 건설했다.

---

4) "Сегодня на ПМЭФ-2024 – «Арктический день» и дискуссия на тему «Северный морской путь: расширяя арктические горизонты»," https://news.myseldon.com/ru/news/index/313338855(검색일:2024. 7. 27.)

5) 이재영·나희승, "북극권 개발을 위한 시베리아 북극회랑 연구", 『아시아문화연구』, 39, 2015. p. 194.

6) "Промышленное освоение Коми края," http://maxi4.narod.ru/02_nedra/u_02.htm(검색일:2019. 12. 21.)

북극 철도의 중심이었던 야로슬라프 철도국을 중심으로 한 소비에트 정치범 등 범죄자들이 굴락에 강제 동원되어 건설된 것이다.

이후 굴락의 형태가 없어지면서 북극권 철도건설은 잠시 휴지기에 들어갔지만, 러시아 정부는 북극 개발의 가능성을 인식하고 21세기 초부터 북극권 철도건설 프로젝트에 다시 관심을 갖기 시작했다. 2008년부터 백해, 우랄 및 서시베리아 북극권의 개발 가능성과 함께 「철도발전전략 2030」을 계획하였다. 자국의 북극해, 즉 백해의 항만에서 우랄을 통과하여 내륙으로 이어지는 내륙교통망 연결 구축 구상이었다. 이는 북극해를 통해 연결되는 러시아 주요 강인 서시베리아의 오비, 중부 시베리아의 예니세이, 동시베리아의 레나강 등을 따라 교통망 연계 및 복합물류운송망 구축으로 연결하는 것이다.[7] 또한 현재 개발되고 있는 야말반도와 기단반도를 중심으로 북극권 주요 자원지대와 강 하구 등에 거점항구를 개발함과 동시에 내륙으로 향하는 철로 연결로 내륙과 북극항만 운송 시스템이 함께 이루어질 수 있는 다기능 프로젝트가 추진되고 있다.

1. 북위도 철도 프로젝트

러시아 북극권에 2023년까지 북위도 철도(Северный широтный ход) 건설 프로젝트가 대표적인 사업으로 추진되었다.[8] 이는 자국의 북쪽 극지방 교통망 연결로 지역 발전 촉진을 꾀하고 있으며, 시베리아 횡단철도(TSR)와 바이

---

7) 박종관, "우랄-시베리아 자원지대와 북극항로 연계된 러시아 북극 철도회랑 개발정책 연구," 『한국 시베리아연구』, 제25권 1호, 2021. p.125.
8) 박종관, "러시아 북극권 철도 회랑 연구: 벨코무르(Belkomur Corridor)와 북위도 철도 회랑(Northern latitudinal Railway)을 중심으로", 『한국 시베리아연구』 제23권 1호, 2019. 참조.

칼-아무르철도(BAM) 등 내륙교통망과의 연결로 인해 북극항로를 통과하는 화물 운송량이 증가될 것으로 예상된다. 전문가들은, 매년 북위도 철도를 따라 약 2,400만 톤의 화물이 운송될 것이라 한다. 그중 가스프롬사가 주요 당사자다. [9]

러시아 철도청(RZD) 계획에 따르면 오비 강과 나딤 강의 다리를 통과하는 350㎞를 우선 건설한 뒤 현대화에 따른 필요한 인프라 구축 또한 동시에 진행할 계획이다. 북위도 철도의 총연장 길이는 707㎞로 야말로-네네즈크 자치구의 옵스카야-2(Обская-2)—살레하르드(Салехард)—나딤(Надым)—판고드이(Пангоды)-노브이 우렌고이(Новый Уренгой)—코로트차예보(Коротчаево)와의 연결로 이를 통해 우랄 지역 북쪽의 야말로-네네즈 자치구의 서쪽과 동쪽이 연결되어 우랄 북쪽 스베르들롭스크 철도와 연결된다. 또한 이는 예니세이강의 이가르카까지 연결하여 결국 중부 시베리아 자원지대인 노릴스크와 두딘카로 연결된다. [10]

북위도 철도건설에 러시아 연방 정부와 지자체 정치권력뿐만이 아니라 거대 에너지 회사인 가스프롬과 노바텍사가 참여하고 있다. 2030년까지 북위도 철도건설에 드는 예상 비용은 2,360억 루블로써 거의 절반에 가까운 1,050억 루블이 철도청의 독자적 프로그램으로 진행된다. 정부 참여 자본 보조금 형

---

9) "СШХ — железная дорога в вечной мерзлоте и лакомый кусок для крупнейших подрядчиков." 2018년 8월 17일, https://zen.yandex.ru/media/vgudok/sshh--jeleznaia-doroga-v-vechnoi-merzlote-i-lakomyi-kusok-dlia-krupneishih-podriadchikov--5b75ce09396caa00a8f8813d(검색일:2021.02.02.)

10) "Северный широтный ход на Восток. Почему его строительство нужно не только ЯНАО, но и всей России," 2022년 5월 15일, https://yamal-media.ru/narrative/severnyj-shirotnyj-hod-na-vostok(검색일:2024.07.21.)

그림 1. 북위도 철도

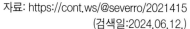

자료: https://cont.ws/@severro/2021415
(검색일:2024.06.12.)

자료: https://dergachev.org/geop_events/
280621-09.html(검색일:2024.08.03.)

태로 300억 루블이 투자된다.[11] 러시아 철도청 투자 프로그램으로는 '코노샤(Коноша)-코틀라스(Котлас)-춤(Чум)-라브의트난기(Лабытнанги)'의 연결과 스베르들롭스키 철도 지선인 '판고드이(Пангоды)-노브이 우렌고이(Новый Уренгой)-코로트차예보(Коротчаево)'와의 연결로 이어진다. 가스프롬사는 "나딤-판고드이"간 철도지선 104㎞의 건설과 시설관리를 진행한다.[12]

이와 관련하여 2016년 12월 러시아 푸틴 대통령은 '북위도 철도' 건설은 경제 발전에 있어 필요한 좋은 프로젝트라 했으며"[13] "이 철도망이 러시아의 교

---

11) "Северный широтный ход," https://ru.wikipedia.org/wiki/%D0%A1%D0%B5%D0%B2%D0%B5%D1%80%D0%BD%D1%8B%D0%B9_%D1%88%D0%B8%D1%80%D0%BE%D1%82%D0%BD%D1%8B%D0%B9_%D1%85%D0%BE%D0%B4(검색일:2024.08.14)

12) "СШХ — железная дорога в вечной мерзлоте и лакомый кусок для крупнейших подрядчиков." 2018년 8월 17일, https://zen.yandex.ru/media/vgudok/sshh--jeleznaia-doroga-v-vechnoi-merzlote-i-lakomyi-kusok-dlia-krupneishih-podriadchikov--5b75ce09396caa00a8f8813d(검색일:2021.02.02.)

13) "Путин: "Северный широтный ход" построят, когда проект признают прибыльным," 「RIA」 2016년 12월 23일, https://ria.ru/20161223/1484451500.

통시스템을 다각화할 것이며, TSR의 화물운송뿐만 아니라 사베타항을 통한 러시아 LNG 수출 발전에 지대한 영향을 줄 것이다"라고 했다.[14]

Ⅳ. 러시아 북극권 자원개발과 철로 건설사

러시아 북극권 극지방의 주요 교통수단은 크게 철로와 수로, 항공으로 나뉜다. 대표적인 철로는 세베르나야 철도(Северная железная дорога)로 야로슬라블 철도국을 중심으로 모스크바에서 북극해 연안의 아르한겔스크와 연결된다. 이후 러시아의 북쪽과 북동쪽, 우랄 북극 극지방과 북쪽 부분의 오비 만과 연결된다. 야로슬라블 철로는 러시아 최초의 철도 중 하나로, 알렉산드로프-야로슬라블-볼로냐 노선으로 지난 1872년 개통되었다. 하지만 기존 모스크바와 야로슬라블 간의 광업 노선은 더 이상 야로슬라블에서 운영되지 않고 1959년에 모스크바 철도로 이전된다. 이 철도는 지난 1859년 모스크바에서 세르기예프 포사드(Сергиев Посад) 노선의 철도건설 계획에 따라 추진되었다.[15] 이후 극지방에 대한 새로운 철로 건설은 1937년에 시작되었는데 굴락 수감자들의 희생으로 아르한겔스크 지역에서 끝나는 노선이 보르쿠타까지 연장되었다. 길이는 약 2,000㎞로 1941년 말 건설이 시작되었다.

---

html(검색일:2021.02.02.)

14) "СШХ — железная дорога в вечной мерзлоте и лакомый кусок для крупнейших подрядчиков." 2018년 8월 17일, https://zen.yandex.ru/media/vgudok/sshh--jeleznaia-doroga-v-vechnoi-merzlote-i-lakomyi-kusok-dlia-krupneishih-podriadchikov--5b75ce09396caa00a8f8813d(검색일:2021.02.02.)
15) Северная железная дорога — история создания, https://xn--d1abacdejqdwcjba3a.xn--p1ai/istoriya/istoriya-magistraley/severnaya(검색일:2024.06.14.)

현재, 야말로-네네츠 자치구의 살레하르드(Салехард)와 나딤(Надым)시 사이에는 긴 선형의 도로가 놓여 있다. 일명 '죽음의 길'(мертвая дорога)이라 불리는 '피의 철로'다. 러시아 서쪽 영토의 최북단인 북극권 극지에 놓여 있어서 아직도 대중에게 그리 잘 알려지지 않았다. 아마도 야말로-네네츠 자치구 지역 주민들조차도 그동안 직간접적으로 이 도로에 대해서 존재를 알고 있지만, 이 도로가 언제, 왜, 어떤 목적으로 건설되었는지 신뢰할 만한 정보를 접하고 있지 못하고 있을 것이다.

그림 2. 죽음의 길

자료: https://novate.ru/blogs/191220/57147/(검색일:2024.07.30.)

이러한 수수께끼를 알기 위해서는 지난 과거의 역사를 살펴볼 필요가 있다. 벌써 지난 19세기 말부터 시베리아 북부와 러시아의 역사적 중심지 사이의 교통망 연결에 대한 개념은 우랄산맥을 넘어 시베리아를 개척하기 위한 사업가들 사이에서 논의되었다. 북극항로의 활용 구상과 계획 이외에 오비 강의 북극 해안에서부터 서쪽 지역까지 철도건설의 필요성에 대한 구상이었다. 이는 바렌츠해에서 오호츠크와 추코트카까지와의 연결 구상으로, 이 대규모 프로젝트의 공식 명칭은 "북극횡단 철도"(Трансполярная магистраль)였다. 이보다는 "죽음의 길", "스탈린스카야"나 "아무데도 갈 수 없는 길"로 더 알려져 있기도 하다.[16] 이렇듯 북위도 철도에 대한 건설은 이미 1928년도에 구상되었다. 일찍이 1917년까지 우랄 북쪽 극지방을 통과하는 경로를 만들려는 시도가 있었고, 19세기 말 상인 미하일 시도로프(Михаил Сидоров)[17]와 기업가 알렉산드르 시베리야코프(Александр Сибиряков)가 건설을 제안했다. 그리고 1928년에 예술가 알렉산더 보리소프(Александр Борисов)가 논의를 위해 대북방의 길(Маршрут Великого Северного пути) 노선에 대한 몇 가지 옵션을 제시했는데, 그중 무르만스크에서 코틀라스와 오비를 거쳐 타타르 해협까지의 연결이었다. 이 도로는 북방지역 개발의 또 다른 단계가 될 것으로 계획되었다. 이 계획 후 그들은 훨씬 더 북쪽의 도로인 "북위도 철도"건설 계획을 세웠다.[18] 이후에 소비에트 시대에 시베리아 북부와 유럽지역 간의 연결 계획이 몇 차례에 걸쳐 논의되었지만, 구체적인 건설 계획에는 다다르지 못했다.[19]

제2차 세계대전이 진행되면서 소비에트 지도자들은 이 지역에 철로 건설이 불가피하다는 결론을 내렸다. 북쪽 극지방을 따라 예니세이 강까지의 연결

---

16) "501 стройка: темное наследие ГУЛАГа на Ямале," 2022년 10월 24일, https://dzen.ru/a/Y1WElKjQ0070XqRE(검색일:2024.07.27.)

17) Михаил Сидоров: история купца, который рекламировал Сибирь в России и Европе. (https://arzamas.academy/materials/2170)

18) 위의 자료

19) Расшифровка Ямальский ГУЛАГ: история «мертвой дороги», https://arzamas.academy/materials/1762(검색일:2024.09.08.)

의 중요성이 커진 이유에서다. 국가의 중심인 유럽권과 시베리아 북부의 노릴스크 산업지대[20]와의 연결이 중요한데, 이 지역에는 매우 많은 유용광물들이 매장되어 있다는 것이다. 특히 전쟁 승리에 반드시 요구되는 크롬, 니켈, 텅스텐, 망간 등 전차, 장갑차 생산의 중요한 희귀 원료가 많이 매장되어 있기 때문이다.[21] 따라서 1943~1944년에 우랄 북쪽 극지방과 예니세이 강 라인을 따라 철로 건설에 대한 기초 연구가 시작되었다. 그리고 1947년 2월 소비에트연방 각료(장관)회의는 오비 만 지역에 항구 건설, 선박수리가 가능한 조선소 건설을 위한 부지 선정과 세베로-페초르 철도(Северо-печорская магистраль) 건설로, 항구까지 연결되는 철로 설계 및 측량 작업 생산에 대한 결의안이 채택되었다.[22] 이렇게 하여 동쪽으로 철로를 연장하여 코미공화국의 춤(Чум) 역에서 항만을 건설하려고 계획했던 야말반도의 므이스 카멘느이(Мыс Каменный) 마을까지 연장을 계획했다.

1948년 말 철로는 오비 왼쪽 강변의 라브이트난기(Лабытнанги) 역까지 통하게 되었다. 야말반도의 경우, 이곳에서는 므이스 카멘느이 인근에 심해 항구를 만드는 것이 여러 가지 이유로 불가능하다는 것이 밝혀지면서 건설이 중단되었

---

20) 1921년 처음으로 영구적인 주택이 건설되었고 20년대 말에는 마을로 발전했다. 1930년대로 대숙청 당시 굴락이 설치된 후 본격적인 개발이 이루어지며 성장하기 시작했는데, 1935년에 포로들의 강제 노동에 의해 콤비나트의 건설이 시작되어 1939년 3월 공장이 가동되기 시작했다. 1950년대 초에는 강제 노동을 부과 받은 죄수 노동자의 수가 약 7만명에 달했다. 1953년 스탈린의 사망 이후 강제수용소에 수감된 약 16,000명의 수감자들이 참여한 노릴스크 반란이 일어나 3백여명의 사망자가 발생했으며 강제수용소는 1954년 6월까지 운영되었다.

21) 제2차 세계대전 당시 대표적인 소비에트 전차는 T-34전차로 비교적 경량의 차체에도 불구하고 경사장갑을 대폭 활용하여 뛰어난 장갑방어력을 발휘하였다.

22) "Строительство № 501 ГУЛАГа (1947–1953),"(Материалы подготовлены ИРИ РАН), https://xn--80aabjhkiabkj9b0amel2g.xn--p1ai/post/stroitelstvo-%E2%84%96-501-gulaga-%281947%E2%80%931953%29-1375(검색일:2024.07.29.)

그림 3. 북극 횡단 철도 예상도

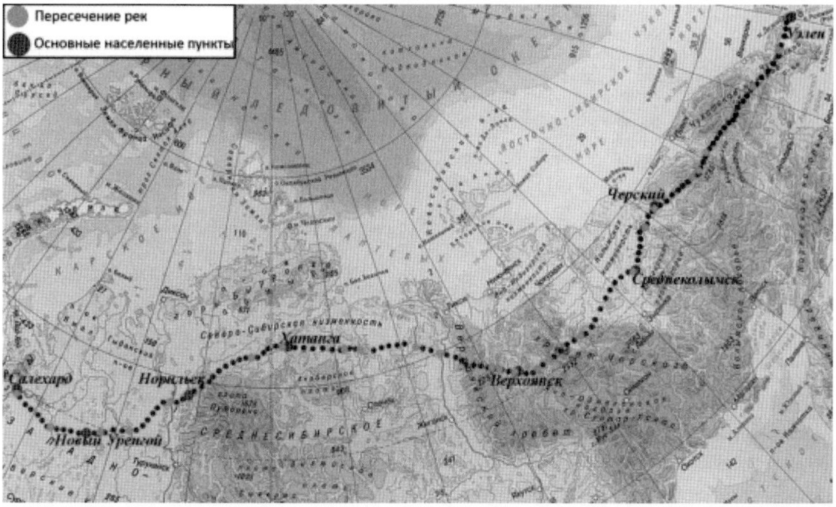

자료: https://scilead.ru/article/1690-transkontenentalnaya-magistral-mir(검색일:2024.07.31)

다. 1949년에 오비 강 오른쪽 강변에 위치한 살레하르드에서 예니세이 강의 이가르카(Игарка) 지역을 향하고 이가르카에서 서쪽으로, 즉 살레하르드 방면 건설은 지속되었다. 철로는 대략 북극권의 극위도에서 오비 강, 나딤, 푸르(Пур), 따스와 예니세이강을 가로질러 횡단하는 총길이가 약 1,480㎞에 달했다.

V. 러시아 북극권 철로 건설과 굴락(ГУЛАГ)

1. 피의 철로 건설을 위한 굴락의 형성

흥미로운 점은, 이 길은 수감된 죄수들이 동원되어 건설되었다는 것이다. 철로 건설이 진행되면서 서쪽 부분은 우랄 북쪽 극지방에서 살레하르드와 나딤을 지나 푸르 강까지 이어지며 이 지역을 '옵스키 교화 노동수용소' 건설 번호 №.501로 불렸으며, 또한 동쪽 부분은 푸르 강에서 예니세이 강의 이가르카까지를 '예니세이 교화 노동수용소'로 건설 번호 №.503으로 하여 죄수들의 수용소 지점의 시스템이 형성되었다. 일명 굴락으로 스탈린 시대의 강제노동수용소인 "교화(정)노동수용소 및 집단거주지 본부"(Главное управление исправительно-трудовых лагерей: ГУЛАГ)[23]가 형성된 것이다.

그림 4. '죽음의 길'인 철로망 노선과 굴락 №.501, №.503

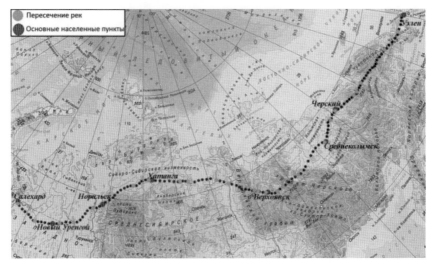

자료: https://polzam.ru/index.php/istorii/item/
1439-transpolyarnaya-magistral-prikosnovenie-k-istorii#gallery08f36e6ec2-1
(검색일:2024.07.23.)

---

23) 소비에트의 강제노동수용소 제도는 1919년 4월 15일 자 소비에트 법령에 따라 시작되어, 1920년대에는 행정과 조직에 변화가 있어났고 1930년대 비밀경찰인 통합국가정치보안부(ОГПУ)의 통제 아래 굴락을 설립함으로써 완결되었다. ОГПУ는 1934년 해체되어 그 기능이 내각부설 국가보안위원회인 굴락(ГУЛАГ)으로 넘어갔다. 이렇듯 굴락은 지난 소비에트 시기에 만들어진 수용소 제도로써 일반 범죄자들이 수감되는 교도소와 같은 것이 아니라 사회주의 체제를 부정하는 정치범들을 주로 수용하는 강제노동수용소였다. 처음에는 정치범들이 대상이었지만 제2차 세계대전이 끝난

서쪽 부분의 №.501 건설 현장과 함께 동쪽의 №.503 건설 현장에 강제 동원된 수감자들은 서로 교대로 회전식 시스템에 의해 현장에 투입되었으며, 주기적으로 동원된 인원은 약 10만 명이다. 당시 자유 계약직으로 고용된 노동자와 그 가족까지 포함하면 1만 5천 명이 더 있었다.[24]

도로 건설에 동원된 대부분의 죄수들은 다양한 죄목으로 판결을 받은 자였다. 그중 많은 사람들이 음식을 훔친 혐의로 유죄 판결을 받았다. 이는 1946~1947년의 식량 기근으로 설명이 가능하다.[25] 당시 소비에트는 1932~33년의 대기근[26]과는 달리 1946년에 발생한 가뭄은 농업에 직접적인 영향을 주었다. 이는 규모면에서 1932년 가뭄보다 심각했다.[27] 이 기근은 특히 남부 몰

이후에는 반공주의자, 전쟁포로, 간첩, 태업을 하는 노동자, 단순 생계형 도둑행위자 등 온갖 부류의 사람들이 굴락으로 보내졌다고 알려져 있다.

24) Расшифровка Ямальский ГУЛАГ: история «мертвой дороги», https://arzamas.academy/materials/1762(검색일:2024.09.08.)

25) Волков И.М., Засуха, голод 1946-1947 гг. Москва, 1991. с.3-9.//볼꼬프에 따르면, 1946~47년의 기근은 몇 가지 요인들이 복합적으로 작용하면서 발생하였다. 우선 1932~33년의 경우와는 달리 이 기근은 1946년에 발생한 가뭄의 직접적인 영향을 받았다. 가뭄은 위력과 규모면에서 1921년의 가뭄보다 심각했으며, 악명 높은 1891년의 가뭄과 비슷하였다. 둘째, 소련의 집단 농장과 국영 농장은 전쟁의 후유증 때문에 정상적인 영농준비를 하지 못하였다. 기계와 인력이 부족하였고, 그로 인해 적절한 파종이나 양질의 경작을 수행하는데 실패하였다. 또한 집단농장의 농민들도 노동에 대한 응분의 대가를 받지 못해 영농에 흥미를 잃었다. 이 모든 것의 결과는 남부 몰다비아와 중앙 흑토지대 및 우크라이나 전역에서 발생한 흉작이었으며, 1946년의 수확량은 1940년 수준의 절반이자 전년도인 1945년보다 훨씬 적었다.

26) 홀로도모르(Голодомор)는 1932~1933년까지 소련의 자치 공화국인 우크라이나 소비에트 사회주의 공화국에서 발생한 대기근으로 250만 명에서 350만 명 사이 사망자가 발생한 것으로 추정한다. 홀로도모로는 우크라이나어로 "기아로 말미암은 치사"라는 뜻이다. 이 가뭄과 기근, 그리고 미래 1947년 기근과는 달리 우크라이나에서 일어난 대기근은 사회기반시설의 붕괴 또는 전쟁으로 인한 것이 아니라 정치적·행정상의 결정으로 비롯되었다.

27) 김남섭, "고르바쵸프 혁명과 스딸린 체제: 글라스노스찌 시대의 역사 다시 쓰기," 『인

다비아와 지금의 우크라이나 지역에서 심각하게 발생하였고, 기근의 결과 지역민들 사이에 사망률이 높아지고, 또 가축 등이 큰 피해를 당했으며, 절도나 강도 등 생계형 범죄가 크게 증가하였다.[28] 따라서 이 수감자들 사이에는 남성뿐만이 아니라 굶주린 자녀를 구하려다 잡혀 수용소에 수감된 여성들도 있었다. 이런 생계형 범죄의 수감자들은 평균 3년에서 5년 형이었지만, 길게는 10년간 수감되기도 했다. 일례로 빵 6개에 5년 형, 담배를 훔쳤다는 죄목으로 10년 동안 숲을 벌채했다.[29]

또 다른 유형의 수감자들은 러시아 소비에트 사회주의 공화국 연방(РСФСР) 형법 제58조에 따라 유죄 판결을 받은 사람으로서 대부분 정치범의 비율이 높았다.[30] 그러나 형법 제58조에 의거하여 유죄 판결을 받은 수감자들은 매우 다양했다는 사실을 염두에 두어야 한다. 정치범 중에는 말실수로 수용소로 끌려간 사람도 있었고, 전쟁 중에 포로가 된 사람들도 있었고, 무장하고 발트해 연안국에서 또는 서부 우크라이나 영토에서 소비에트 국가와 맞서 싸운 사람들도 있었을 것이다.[31]

문논총』 제54집, 2005. pp. 12-13.

28) 위의 자료. p. 13. (재인용), Ivan M. Volkov(1991), "Zasukha, golod 1946-1947 godov," Istoriia SSSR, No. 4, ss. 3-19.

29) "5 лет за шесть батонов хлеба и 10 лет за табачок - за что советская власть отправляла в ГУЛАГ...," 2021년 10월 22일, https://dzen.ru/a/YXHi-hcEDnRW394D(검색일:2024.07.30.)

30) 소비에트 당국이 반혁명적인 행동으로 간주한 처벌에 대한 책임, 즉 유형에 관계없이 모든 정치범 및 그들의 범죄는 소비에트 형법 제58조에 따라 집행되었다. 반혁명 활동은 공산주의 세력에 의해 지원되는 특정 혁명적 이상과 규정의 확산이나 이행을 방해하는 행동을 의미했다.

31) Имена осужденных по 58-й статье(제58조에 따라 유죄 판결을 받은 사람의 명단)(https://pomnirod.ru/materialy-k-statyam/repressii/%D0%BA%D1%80%D0%B0%D1%81%D0%BD%D0%BE%D0%B4%D0%B0%D1%80%D1%81%D0%BA%D0%

소비에트 사회주의 공화국 연방은 여러 공산주의자들의 통찰력과 지도력을 기반으로 과학적 사회주의의 이념의 계승과 가국 세계에서의 공산주의 사회의 실현을 위해, 1922년 12월 30일에 창건된 구소비에트 사회주의 공화국 연방을 계승하는 연방이다. 소비에트 사회주의 공화국 연방은 노동자 국가이며, 과학과 인민의 힘으로 가국 세계에서 공산주의 사회를 이루어냄으로써 자본제적 생산 양식의 내적 모순을 해소하고 가국 세계의 역사적 필연의 이행의 기초로서 기능하는 것을 제1차적인 목적으로 한다. 그중 소비에트 사회주의 공화국 연방 헌법 제58조는 소비에트 사회주의 공화국 연방의 건전한 인민은 과도한 노동의 제공을 강제받아서는 아니되며, 사회적으로 적합한 여가 시간을 보장받아야 한다는 내용을 담고 있는데, 다음과 같다.

> 제58조 소연방시민은 공직자, 국가기관 및 사회적 기관의 행위에 대하여 소원을 할 수 있는 권리를 가진다. 소원은 법률이 정하는 절차에 따라 그 기간내에 검토되어야 한다. 법률에 위반하거나 권한을 일탈하여 시민의 권리를 침해하는 공직자의 행위는 법률이 정하는 절차에 따라 법원에 이를 제소할 수 있다. 소연방시민은 국가적 또는 사회적인 조직 및 공직자가 직무수행 중에 범한 불법행위에 의하여 받은 피해의 배상을 받을 권리를 가진다.[32]

B8%D0%B9-%D0%BA%D1%80%D0%B0%D0%B3/%D0%BA%D0%B0%D0%B7%D0%B0%D1%85%D1%81%D0%BA%D0%B0%D1%8F-%D1%81%D1%81%D1%80/
karlag-karagandinskij-ispravitelno-trudovoj-lager/imena-osuzhdennyh-po-58-j-stateb.html 참조)(검색일:2024. 7. 21.)

32) "소비에트사회주의공화국연방헌법 ①," (법제처), https://www.moleg.go.kr/mpbleg/mpblegInfo.mo?mid=a10402020000&mpb_leg_pst_seq=128620(검색일:2024.07.23.)

그림 5. 소비에트연방 형법 제58조에 관한 이미지

자료: https://ko.ilovevaquero.com/obrazovanie/84446-statya-58-ugolovnogo-kodeksa-rsfsr-
otvetstvennost-za-kontrrevolyucionnuyu-deyatelnost.html(검색일:2024.06.02.)

죄수 중에는 절도, 강도, 살인죄로 수용소에 수용된, 실제 범죄자들도 많았다. 그들 대부분은 일하기를 거부했다. 따라서 그들의 노동 시간은 다른 수감자들에 의해 충당되었다. 절도, 강도 등 흉악범으로 수감된 사람들은 №.501 건설 현장 사망자의 약 절반이 되는 직간접적인 원인이 되었다. 즉 주기적으로 치명타를 입히는 싸움을 조직하고, 도주하고, 게다가 직접 살인을 계획했기 때문이다.[33]

서로 다른 죄목으로 수감된 사람들이 이곳에서 나무를 쳐서 쓰러트리고 톱질하고, 철로 제방을 쌓고, 집, 다리와 기타 구조물을 건설하고, '눈과의 싸움'이라 불리는 겨울 도로를 내기 위해 눈을 치우는 등 여름과 겨울에 시베리아 소택지를 통과하는 산림 속 자동차 부설로를 설비했다. 수감자들은 나무 막사

---

33) Расшифровка Ямальский ГУЛАГ: история «мертвой дороги», https://arzamas.
academy/materials/1762(검색일:2024.03.20.)

나 심지어 통나무집에서 밤을 보냈고, 건설 초기에는 막사에서 살며 그 주위에는 철조망이 쳐져 있고, 게다가 그들이 직접 지은 보초용 탑이 서 있었다.

2. 굴락 수감자들의 생활

수감자들의 모든 일상은 기상, 아침 식사, 노동 장소로 이동, 노동, 점심, 또 다시 노동, 구역으로 복귀한 뒤 저녁 식사, 소등 등 엄격하고 통제된 규칙에 따라 생활했다.[34] 수감자들은 대부분 하루 8시간씩을 노동했다.[35] 항상 그런 것은 아니었지만 일주일에 한 번은 쉬는 날이 있었다. 여름엔 북극 극지방에 백야현상[36]이 있어 날이 길어 일부 죄수들은 교대로 야근을 하기도 했다. 대부분의 건설 작업은 맨손으로 직접하는 수작업으로 이루어졌다.

죄수들에게는 옷과 신발이 주어졌다. 그러나 제2차 세계대전 이후의 옷은 품질이 좋지 않아 빨리 해어졌다. 일례로, 낡은 군복 상의 작업복이나 수병용 짧은 상의 등을 입거나 낡은 신발이 주로 보급되었다. 죄수들(간수들도 마찬가지로)은 방한도 되지 않는 질이 떨어지는 옷을 입었기에, 겨울에는 주기적으로 동상에 걸리기도 했다. 특히 죄수들이 새로운 노동 장소로 옮기면서 수 킬로미터를 걸어 다니며 하는 노동이었기 때문에 노동 시간이 고되고 위험했다. 여름에는 모기떼와 벌레들이 물어서 자작나무 껍질에서 특별히 축출한 기름 및 타르를 발랐다.[37] 수감자 중 일부는 스스로 만든 모기장을 갖고 있었는

---

34) 알렉산드르 솔제니친, 「이반 데니소비치의 하루」(민음사, 이영의 옮김, 1998)
35) 솔제니친의 「이반 데니소비치의 하루」 중에는 이반 데니소비치 슈호프라는 수감자의 하루를, 정확히는 아침 5시부터 저녁 10시까지의 17시간을 그려낸 소설이다. 단순하게 계산을 해보았을 때 이 소설의 한 페이지는 이반 데니소비치의 4분 20초를 의미한다.
36) 고위도(60° 이상) 지방의 여름철에 태양이 아주 지지 않아 밤에도 밝게 나타나는 현상
37) 소비에트 시기 수감생활을 했던 올렉 볼코프에 따르면, 굴락이 형성된 지역은 지리적인 특징으로 인해 여름엔 모기와 곤충으로 인해 수감자들의 생활은 고충이

데, 이는 보통 검은 여성용 스타킹으로 만들었다. 수감자들은 여성용 스타킹 이외에 기타 다른 물건과 제품들의 구입이 가능했는데, 전문적으로 개설된 노점에서 구입도 가능했다.

건설의 마지막 단계에서 국가가 수감자에게 노동급여 지급이 시작되었다고는 하나 실제로 모든 수감자가 급여를 받았다는 의미는 아니다. 죄수들은 임금 수령증에 자주 서명했지만, 임금을 확인하거나 직접 받지 않았으며, 받았다 해도 임금을 불량자들이 빼앗아 갔다. 의복, 신발 및 침구류는 당시의 공식어로 보급품(Вещевое довольствие)[38]이라 했다. 때때로 일부 수감자들은 다른 수감자들의 의복, 신발, 모자를 훔쳤다. 옷이 타거나 분실되는 경우도 있었다. 물건을 잃어버린 사람은 물건을 낭비한 것으로 간주되었다. 수용소 내에서 비합법적으로 물건을 교환하는 '프로모트'(Промот)[39]라는 용어가 공식적으로 문서에 사용되었다. 담배, 차, 생산품, 음료 및 기타 물건들을 교환하면서 보통 10% 수수료를 받는 프로모트는 수감자의 급여 공제는 물론 벌금도 부

었다. 특히 모기를 정교한 고문 도구로 사용하였는데, 알몸의 수감자를 나무에 묶어 모기에 잡혀먹겠끔 했다. (자료, "Как надзиратели ГУЛАГа сделали комаров убийцами?," https://m. ok. ru/group/70000000987331/topic/156138940516547(검색일:2024. 07. 27.))

38) Приказ НКВД СССР № 00943 «О введении новых норм питания и вещевого довольствия для заключенных в ИТЛ и ИТК НКВД СССР», 14 августа 1939 г. г. Москва 참조

39) 프로모트(Промот)는 굴락 등의 감옥에서 수감자로서 비합법적으로 물건을 교환하는 자를 일컫는다. 주로 프로모토르에 의해 교환되는 것은 담배, 차, 생산품, 음료 및 물건 등이다. 보통 10%의 수수료를 받는다. 하지만 ОГПУ 1934년 2월 굴락에서의 프로모트와의 전쟁을 선포한다. (Источник: ГА РФ.Ф.9414.Оп.1.Д.7.Л.7-8об. Подлинник //"Приказ ГУЛАГа ОГПУ №36 от февраля 1934 г. о борьбе с "промотами" лагерного обмундирования., https://corporatelie. livejournal. com/132202. html(검색일:2024. 07. 29.))

그림 6. 굴락 수감자의 일상 및 막사

자료: https://polzam.ru/index.php/istorii/item/
1439-transpolyarnaya-magistral-prikosnovenie-k-istorii
(검색일:2024.06.03.)

여하는 감옥의 죄수와 간수의 중간자적 역할을 담당한 인물을 일컫는 말이다.

막사, 움막, 천막에서 거주하는 수감자들은 매우 좁은 공간에서 밀집되어 생활했다. 2층으로 된 침대가 있었고, 평균 생활공간은 1명을 기준으로 1.5㎡ 였다. 상상하기 어렵겠지만 2층 침대에서 교대로 자는 일도 있었다. 일주일에 한 번씩 수감자들이 목욕을 했지만 몸에 이가 기어 다녔다. 주거 공간은 두 개로 나누어져 있고 각각 공간마다 나무 땔감을 사용한 난로가 1개씩 있었다. 장작은 밤사이 금방 타버리기 때문에 얼지 않으려면 밤에 몇 번이고 깨서 새 장작으로 갈아 넣어야 한다. 이를 위해 특별히 보초 경비가 있었다. 대부분 막사에는 전기램프로 불을 켰는데 이마저도 없어 남포등을 켜는 막사도 있었다.

수감자들의 건강은 의사와 간호사들에 의해 모니터링되었다. 철로 건설지역에 영양부족 환자가 발생하면 소위 건강센터가 있어 식단으로 조절한다고는 하지만 원칙적으로 다른 작업자들과 동일 식단에 유제품만 더 들어간 식단이었다.

소비에트 정부는 이 No. 501, No. 503 건설현장에서 진행되고 있는 철로가 6년 안에 매우 빨리 건설되기를 원했기 때문에 수단과 방법을 가리지 않았다.

특히 1949년부터는 엄격한 의료 위원회를 통과한 아주 건강한 수감자들을 전국 수용소에서 선발하여 건설 현장에 배당되었다. 그러나 이 규칙도 항상 지켜지는 것이 아니어서 파견 수용자들 일부는 장애인도 있었다.

수용소에는 그때그때 다르지만 영양을 고려한 열량이 높은 음식들을 준비했다. 거의 각각의 수용소마다 빵을 굽는 특별 막사가 하나씩은 있었다. 음식 중에는 소금에 절인 고기도 있었고 커틀릿도 있었다. 마카로니, 설탕, 차, 시리얼, 가을에는 신선한 야채도 있었다. 그러나 대부분은 야채죽과 같은 음식이었다. 이따금 영양실조가 있었지만 수감자들 사이의 굶주림은 없었다. 매우 드문 일이지만 보급이 부족하여 일부 수용소에 빵이 없으면 수감자들은 노동을 거부하는 사태도 발생하였다.

이로써 두 가지를 이야기할 수 있는데, 수감자들은 그 당시 보통 시민들보다 더 굶주리게 먹지는 않았다고 한다. 또 하나는 죄수와 간수의 음식은 거의 동일하였다. 따라서 죄수와 간수의 생활 조건도 거의 같았다. 더욱이 죄수들은 간수에게 비밀리에 술을 사는 일도 있었다. 또 수용소에는 중앙아시아에서 건너온 가벼운 성분의 마약 거래도 이루어졌다.[40]

기본적으로 죄수와 간수 사이의 관계는 잔학 행위는 있었지만 대부분 조용하고 신뢰감이 있었다. No. 501과 No. 503 건설 현장의 수감자 중 40%가 자기 방어력을 가지고 있는 사람들로 어떻게 보면 수감자와 간수가 바뀐 그림이 그려지는 일도 있었다. 수감자들의 사망률은 연간 전체 수의 0.25% 미만이었다. 이는 국가적 건설에 특별한 중요성을 부여하여 건설 노동자들에게 세심한 주의를 한다는 방증이다.[41]

---

40) Расшифровка Ямальский ГУЛАГ: история «мертвой дороги», https://arzamas. academy/materials/1762(검색일:2024. 03. 20.)
41) 위의 자료

여성 수감자들도 일반적으로 남성과 같은 일을 했다. 여성 수감자들은 수용소 운영의 고질적인 문제가 임신을 한다는 것이다. 출산한 여성들은 특별한 지역에서 살레하르트나 예니세이 강 왼쪽 예르마코보 마을에서 아이를 돌보았다. 이 여성들이 아이와 함께 사면되어 석방되지 않으면 아이는 2살이 되었을 때 죄수의 친척에게 보내지거나 친척이 없는 경우 고아원으로 보내진다.

철로 건설 기간을 단축하기 위해 수감자들의 투옥 기간을 단축시켰다. 예를 들어 하루의 일을 초과 달성하면 하루를 투옥 기간 2~3일로 계산하는 것이다. 일부 수감자들 중 흉악범들은 때때로 일을 거부하고 기존 체제를 위반하고 싸움을 건다. 그러면 며칠 동안 독방에 배치된다. 독방에 격리된 수감자들에게는 하루에 물과 400g의 빵 외에는 아무것도 제공되지 않는다. 보통의 죄수들은 가장 적은 노동을 하면 적어도 하루에 600g의 빵을 받았고 일반적인 배급은 800g부터 시작된다. [42]

주기적으로 일부 수감자들은 수용소 탈출을 시도하는데 주로 개인이나 소규모 그룹이지만 큰 그룹의 탈출 감행도 있었다. 그중 한 일화가 1948년도에 발생한 솔제니친의 「수용소 군도」라는 책에 언급되어 있다. 대부분 실제 형사범들로 그들은 경비병을 죽이고 탈출하는 길에 목격자가 없도록 지역 주민들과 어린아이까지도 죽였다. [43] 하여 수십 명의 동네 주민이 동시에 범죄의 희생양이 되기도 하였고, 반면 주민이 도망자를 붙잡아 진영으로 데려오거나 도망자의 잘린 귀나 손 일부를 가져오면 돈, 밀가루, 사냥용 소총으로 보상을 받기도 했다. 만약 목격된 탈주범을 보고도 신고하지 않으면 징역형에 처하기 때문에 수용소 인근에 거주하는 주민들은 탈주범을 체포하거나, 그를 보았다고 신고하거나,

---

42) 위의 자료.
43) 솔제니친, 수용소 군도, 16장 Глава 16. СОЦИАЛЬНО–БЛИЗКИЕ. 참조

아니면 주민이 징역형에 처해지거나 했다. 도주한 죄수들이 완전 도주를 하는 경우보다 익사하거나 동사하는 경우, 식인들에게 잡아먹히는 경우가 많았다.

3. 굴락 No.501과 No.503 건설 현장

1930년대부터 20년 이상 동안 소비에트연방의 주요 건설자들은 굴락 수감자들이었다. 가장 가혹한 자연조건 속에서 그들의 손으로 운하, 철로, 도시, 공장, 광산이 건설되었다. 이 작업은 극도로 잔혹했고 수백만 명의 사람들이 공산주의 건설 프로젝트에서 돌아오지 못했다. 결론적으로 이후 이 작업은 의미가 없는 것으로 판명되었다. 이것이 굴락, 즉 백해-발트 운하 및 살레하르트-이가르카 철도의 첫 번째 대규모 건설 프로젝트의 운명이었다. 서부 시베리아 저지대의 끝없는 늪지대 가운데 북극권을 따라 수백 킬로미터에 걸쳐 뻗어 있는 이 철로는 미완성 상태로 남아 있다. 극도로 어려운 자연조건, 영구 동토층 토양에서 철저한 기술 준비 없이 수행된 이 건설은 처음부터 실패할 운명이었음에도 불구하고 4년간 지속되다가 1953년 봄에 중단되었다. 약 700km 길이의 철로, 수많은 크고 작은 다리, 역 마을, 기관차 창고, 모든 종류의 작업장 및 약 100개의 수용소 등 건설된 모든 것이 늪지대에서 이루어졌다.

1947년 4월 22일 소비에트 각료협의회는 오비 만 좌안 해변인 카멘느이 곳 지역의 마을에 북부 해군 기지 항만 건설을 결정했다. 북페초라 간선의 춤역에서 약 500km 길이의 철로를 연결할 계획이었다. 프로젝트는 북쪽 극지방 개발과 시베리아 북부 해안 방어를 확보하기 위해 스탈린의 주도로 채택되었다.

당시 이 지역에는 인구가 적고 개발이 안 된 지역이기에 민간인 노동력이 전무했다. 따라서 건설은 굴락 시스템하에 있는 철도건설 캠프본부(Главное управление лагерей железнодорожного строительства: ГУЛЖДС)에 위임되었다. 1947년 4월 페초라 강의 아베지 마을을 중심으로 No. 501 건설 현장이 만들어졌다. 철로 건설은 1947년 5월 시작되었고, 1947년 12월 초엔 춤(Чум)-소비(Собь)의 118㎞ 구간이 개통되었다. 건설 과정에서 바닥이 항구에 비해 너무 얕아 오비만을 따라 해상 선박의 통과가 불가능하다는 것이 밝혀졌다. 따라서 1949년 1월 새로운 항구 건설 지역으로서 예니세이 강의 이가르카 시까지 더 건설하기로 결정되었다. 이 새로운 노선의 총길이는 1,200㎞에 달할 예정이었다. 이 결정은 프로젝트를 근본적으로 변화시켰다. 오비 만의 항구 건설과 춤-무이스 카멘느이 철로 건설이 중단되었다. 1948년 초부터 춤에서부터 오비 왼쪽 기슭의 마을인 라브이트난기까지의 철로 건설에 집중되었다. 이어서 오비 오른쪽 살레하르드에서 예니세이 강 왼쪽 강둑에 있는 이가르카 항구까지 연결될 예정이었다. 춤에서 이가르카까지 연결로 건설될 철도 길을 '북극횡단 철도'(ТранспОлярная магистраль)라 불렀다.[44] 1949년 2월 5일 건설 번호 No. 501이 분할되었다. 살레하르드를 중심으로 한 건설번호 No. 501은 춤-라브이트난기-살레하르드-푸르로, 예르마코프를 중심으로 한 건설 번호로, No. 503은 동쪽 부분의 푸르-예르마코프-이가르카를 건설했다. 두 건설 현장은 동서로 서로를 향해 양쪽에서 진행되었다. 이렇듯 각 방향에서 별도의 건설 부서가 만들어졌다.

1952년 여름, 새로운 조직 개편이 이루어졌는데, No. 501과 No. 503 건설 현장이 소비에트 내무부 관할하의 철도건설 캠프본부(ГУЛЖДС МВД СССР) No. 501의 단일 건설지로 통합되었다.[45] 약 1,459km 길이의 황량한 경로를 통과하는 살레하르드와 예르마코프 사이에는 겨우 4개의 마을만이 있었는데,

---

44) "Строительство № 501 ГУЛАГа (1947–1953),"(Материалы подготовлены ИРИ РАН), https://xn--80aabjhkiabkj9b0amel2g. xn--p1ai/post/stroitelstvo-%E2%84%96-501-gulaga-%281947%E2%80%931953%29-1375(검색일:2024. 07. 29.)
45) 위의 자료

유간, 나딤, 우렝고이와 야노프 스탄(Юган, Надым, Уренгой и Янов Стан)이다. 모든 역은 40~60㎞마다 건설되었고, 대피역은 9~14㎞마다 건설되었다. 창고는 10개의 대형 역에 건설되었다. 오비 강과 예니세이 강을 건너기 위해 1952년에 기차 페리가 인도되었다. 살레하르드에서 이가르카까지의 경로를 따라 전화-전신선이 설치되었으며 이후 1980년대까지 운영되었다. 1955년에는 도로 개통이 계획되었다.[46]

수감자들이 №.501호 건설 현장에서 시간을 단축한 방법이 있는데, 일부 보고서에 따르면 건설이 한창일 때인 1951년에 85,000명의 수감자가 도로에서 일했다. 건설은 1955년에 완료되어야 했기 때문에 수감자들을 자극하기 위해 근무일에 대한 할당 인정제가 설정되었다. 수립된 계획을 실행하면서 수용소에 머무는 기간이 더 빠른 속도로 단축되었다고 한다.[47]

4. 스탈린 사후의 굴락 №.501과 №.503

1953년 3월, 스탈린이 사망했을 때는 이미 800㎞를 증기기관차가 달리고 수십 개의 역이 건설되었다. 스탈린 사망 전 이 철로 건설은 스탈린이 단계적 추진계획하에 1952년 개통 이후 1955년까지 전 구간의 개통을 목표로 했다.[48] 하지만 스탈린 사망 후 이를 완료하는 것이 불가능하다고 여겨 1953년 5월 소비에트의 극지 건설과 수많은 대형 시설 건설을 중단하였고 11월 10

---

46) 위의 자료
47) "501-я стройка на Ямале: «мертвая дорога» Салехард – Надым," 2022년 11월 11일, https://yamal-media.ru/narrative/501-aja-strojka-na-jamale-mertvaja-doroga-salehard-nadym(검색일:2024.07.23.)
48) "Мёртвая дорога" Салехард — Игарка, https://www.drive2.ru/c/2360002/(검색일:2022.06.12.)

일 소비에트연방 각료회의는 건설을 최종 중단하기로 결정했다.[49] 춤-이가르카 도로를 따라 848㎞의 선로가 건설되었으며, 그중 춤-라브이트난기 구간인 196㎞만이 완성되어 1955년 운행에 들어갔다. 총길이 652㎞의 살레하르드-푸르와 야노프 스탄(Янов Стан)-이가르카 간의 철로 건설 구간은 버려진 것으로 밝혀졌다.[50] 이렇듯 철로는 미완성 상태로 남았고 일부 죄수들은 사면되어 풀려났으며, 나머지는 №. 501과 №. 503 건설 현장에서 볼가-돈 운하 설비나 옴스크 정유 공장 건설 현장으로 보내졌다.[51] 대부분의 인력이 기차 칸에 몸을 실은 채 지금의 모스크바에서 철로가 연결되는 라브이트난기 역을 떠나 뿔뿔이 흩어졌다. 우선 №. 501과 №. 503 건설 현장에서 자유노동계약직 수감자와 그들의 가족 등 약 5만 명이 이송되었으며, 그 이외의 노동현장에 동원된 많은 수감자가 타이가나 툰드라에 버려졌다.[52]

1960~70년대 브레즈네프 시대에는 철로 노선의 복원이 부적절하다고 간주되었다. 철로 건설과 관련하여, 전문가들에 따르면 야말 북부지역의 석유 가스 자원개발에 너무 많은 비용이 들었다고 했다. 결론적으로 북쪽 극지방 철로 건설을 한 죄수와 민간 노동자들은 자금만 낭비하고 국가에 거의 도움을 주지 않고 죽었다고 정부는 평가했다.

그렇긴 하나 1953년부터 1966년까지 반쯤 버려진 집들과 기숙사들이 있

---

49) "Строительство № 501 ГУЛАГа (1947-1953)," (Материалы подготовлены ИРИ РАН), https://xn--80aabjhkiabkj9b0amel2g. xn--p1ai/post/stroitelstvo-%E2%84%96-501-gulaga-%281947%E2%80%931953%29-1375(검색일:2024. 07. 29.)
50) 위의 자료
51) Расшифровка Ямальский ГУЛАГ: история «мертвой дороги», https://arzamas. academy/materials/1762(검색일:2022. 03. 20.)
52) "Мёртвая дорога" Салехард — Игарка, https://www. drive2. ru/c/2360002/(검색일:2022. 06. 12.)

는 나딤 역 마을은 최대 가스 생산지의 중심인 나딤 시 건설의 기반이 되었다. 2018년부터 이른바 북위도 철도 즉 살레하르트에서 나딤까지 철로 건설이 다시 진행되고 있다. 다시 말해, 스탈린 시대에 구축하려 했던 노선을 복구하여 재건설하는 셈이다.

VI. 나가며

지금까지 러시아 북쪽 극지방의 철로 구축 현황과 소비에트 시기의 추진 정책과 과정에 대해 살펴보았다. 주지하다시피, 러시아 북쪽 극지방을 운행하는 철도에 대한 첫 번째 언급은 19세기 말에서 20세기 초로 거슬러 올라간다. 그러나 이오시프 스탈린 치하인 소비에트 시기에 진지하게 논의되기 시작했고, 이를 구현하기 시작했다. 다양한 출처에서 다양하게 불리는데, '거대한 북방 철도 노선', '북위도 철도' 등으로 불렸다. 스탈린이 사망하기 전 이 프로젝트는 부분적으로만 시행되었으며, 사망 후 얼마 안 되어 완전히 멈추면서 미완성 상태로 남았다.[53]

소비에트 시기에 시작된 악명 높은 장기 철도노선 건설 중 하나인 북위도 철도는 그 당시에도 철도의 일부 구간은 야말로-네네츠 자치구의 옵스카야-살레하르드-나딤-노브이 우렌고이-코로트차예보의 경로를 따른 건설로 추진되었다. 총 686㎞의 선로를 놓을 계획이었지만 건축자재 배송에 큰 어려움, 혹독한 북극권 날씨 및 동토지대의 특징 등으로 인해 프로젝트가 동결되었다.

---

53) "Побеги заканчивались людоедством: что осталось от железной дороги, построенной Сталиным на севере России," 2021년 11월 8일, https://48.ru/text/world/2021/11/08/70239164/(검색일: 2024.08.10.)

현재 푸틴의 러시아는 2023년까지 북극 개발 정책의 일환으로 북위도 철도의 완공을 목표로 재건을 추진했지만, 이 또한 북극이라는 특징을 극복하기엔 갈 길이 더 남은 듯싶다. 2,360억 루블로 추산되는 극도로 높은 프로젝트 비용과 격동하는 국제 정세도 영향을 미치고 있다. 이와 관련하여 지난 2022년 마라트 후스눌린 부총리는 동부 방향 개발을 위해 북위도 철도건설 중단을 발표한 바 있다. 하지만 2023년 5월 나딤-프리스탄-판고드이 구간의 재건축 계획이 알려지기도 했다. 현재 잘 알려졌듯이 북위도 철도는 707㎞로 야말로-네네츠 자치구의 서부와 동부, 북부 및 스베들롭스카야 철도와 연결로 예상되는 운송화물량은 연간 약 2,390만톤이다. [54]

이렇듯 우랄 북쪽 극지방의 철도건설은 지난 소비에트 시기에 이미 진행된 바 있었는데, 주목할 점은 스탈린 시기에 집단노동수용소인 굴락이 우랄 북쪽 극지방의 철로개발 정책에 맞물려 동시에 형성되었다는 것이며, 특히 북위도 철도는 소비에트 시기에서부터 서시베리아의 자원개발과 소비에트연방의 북부 해군 함대 기지를 설립하기 위해 추진되었음이 확인되었다. 그중 본 고에서는 이를 위해 살레하르드와 이가르카까지의 철도건설 현장이 형성되었으며, 각각 №. 501 건설 현장, №. 503 건설 현장의 굴락과 또 수감자들이 동원되어 건설되었다는 점과 수감자들이 손으로 건설하며 혹독한 북극 환경에서 죽어가며 건설한 '죽음의 도로', 즉 '피의 철도' 개발에 대한 역사적 과정을 살펴보았다.

마지막으로, 소비에트 굴락의 형성과 철도 및 도로 개발정책과의 연관성에 대한 연구는 아직도 미흡하다. 따라서 본 연구를 통해 굴락의 또 다른 연계성이 강한 자원개발과 로드에 대해 지속적으로 연구해야 할 여지를 남긴다.

---

54) "Железные дороги в Арктике: новые пути для Северного завоза," 2023년 10월 24일, https://arctic-russia.ru/article/zheleznye-dorogi-v-arktike-novye-puti-dlya-severnogo-zavoza/(검색일: 2024.08.01.)

〈참고 문헌〉

1. 국문자료

김남섭, "고르바쵸프 혁명과 스딸린 체제: 글라스노스찌 시대의 역사 다시 쓰기,"『인문논총』
　　제54집, 2005. pp. 12-13.

이재영·나희승, "북극권 개발을 위한 시베리아 북극회랑 연구",『아시아문화연구』, 39, 2015.
　　p. 194.

박종관, "러시아 북극권 철도 회랑 연구: 벨코무르(Belkomur Corridor)와 북위도 철도 회
　　랑(Northern latitudinal Railway)을 중심으로,"『한국 시베리아연구』제23권 1호,
　　2019. 05. 21. pp. 109-150.

박종관, "우랄-시베리아 자원지대와 북극항로 연계된 러시아 북극 철도회랑 개발정책 연구,"
　　『한국 시베리아연구』, 제25권 1호, 2021. p. 125.

법제처, https://www.moleg.go.kr/mpbleg/mpblegInfo.mo?mid=a10402020000&mpb_
　　leg_pst_seq=128620(검색일:2024. 07. 23.)

솔제니친,「이반 데니소비치의 하루」(민음사, 이영의 옮김, 1998)

솔제니친,「수용소 군도」16장, Глава 16. СОЦИАЛЬНО-БЛИЗКИЕ. 참조

한국해양수산개발원, "인도-러시아, 북극 지역에서의 협력 확대,"「북극해운정보 소식지」
　　Vol. 003, 2024. 07. 29., p. 11.

2. 인터넷 자료

"2030년 '한국을 세계 중심으로 이끌 북극항로 시대가 열린다',"「매일신문」2024년 7월 5일,
　　https://www.imaeil.com/page/view/2024063013215000899(검색일:2024. 07. 30.)

"소비에트사회주의공화국연방헌법 ①," (법제처), https://www.moleg.go.kr/mpbleg/
　　mpblegInfo.mo?mid=a10402020000&mpb_leg_pst_seq=128620(검색
　　일:2024. 07. 23.)

"Железные дороги в Арктике: новые пути для Северного завоза," 2023년 10월 24일,
　　https://arctic-russia.ru/article/zheleznye-dorogi-v-arktike-novye-puti-dlya-
　　severnogo-zavoza/(검색일:2024. 08. 01.)

"Как надзиратели ГУЛАГа сделали комаров убийцами?," https://m.ok.ru/group/70000000987331
　　/topic/156138940516547(검색일:2024. 07. 27.))

"Побеги заканчивались людоедством: что осталось от железной дороги, построенной

Сталиным на севере России," 2021년 11월 8일, https://48.ru/text/world/2021/11/08/70239164/(검색일:2024.08.10.)

"Приказ ГУЛАГа ОГПУ №36 от февраля 1934 г. о борьбе с "промотами" лагерного обмундирования., https://corporatelie.livejournal.com/132202.html(검색일:2024.07.29.))

"Сегодня на ПМЭФ-2024 – «Арктический день» и дискуссия на тему «Северный морской путь: расширяя арктические горизонты»," https://news.myseldon.com/ru/news/index/313338855(검색일:2024.7.27.)

"Строительство № 501 ГУЛАГа (1947–1953),"(Материалы подготовлены ИРИ РАН), https://xn--80aabjhkiabkj9b0amel2g.xn--p1ai/post/stroitelstvo-%E2%84%96-501-gulaga-%281947%E2%80%931953%29-1375(검색일:2024.07.29.)

"Путин: "Северный широтный ход" построят, когда проект признают прибыльным," 「RIA」2016년 12월 23일, https://ria.ru/20161223/1484451500.html(검색일:2021.02.02.)

"Северный широтный ход на Восток. Почему его строительство нужно не только ЯНАО, но и всей России," 2022년 5월 15일, https://yamal-media.ru/narrative/severnyj-shirotnyj-hod-na-vostok(검색일:2024.07.21.)

"Северный широтный ход," https://ru.wikipedia.org/wiki/%D0%A1%D0%B5%D0%B2%D0%B5%D1%80%D0%BD%D1%8B%D0%B9_%D1%88%D0%B8%D1%80%D0%BE%D1%82%D0%BD%D1%8B%D0%B9_%D1%85%D0%BE%D0%B4(검색일:2024.08.14)

"СШХ — железная дорога в вечной мерзлоте и лакомый кусок для крупнейших подрядчиков." 2018년 8월 17일, https://zen.yandex.ru/media/vgudok/sshh-jeleznaia-doroga-v-vechnoi-merzlote-i-lakomyi-kusok-dlia-krupneishih-podriadchikov--5b75ce09396caa00a8f8813d(검색일:2021.02.02.)

"501 стройка: темное наследие ГУЛАГа на Ямале," 2022년 10월 24일, https://dzen.ru/a/Y1WElKjQ0070XqRE(검색일:2024.07.27.)

"501-я стройка на Ямале: «мертвая дорога» Салехард – Надым," 2022년 11월 11일, https://yamal-media.ru/narrative/501-aja-strojka-na-jamale-mertvaja-doroga-salehard-nadym(검색일:2024.07.23.)

"5 лет за шесть батонов хлеба и 10 лет за табачок - за что советская власть отправляла в ГУЛАГ...," 2021년 10월 22일, https://dzen.ru/a/YXHi-hcEDnRW394D(검색일:2024.07.30.)

3. 그림 자료 출처

https://cont.ws/@severro/2021415(검색일:2022.06.12.)

https://dergachev.org/geop_events/280621-09.html(검색일:2024.08.03.)

https://novate.ru/blogs/191220/57147/(검색일:2024.07.30.)

https://scilead.ru/article/1690-transkontenentalnaya-magistral-mir(검색일:2024.07.31)

https://polzam.ru/index.php/istorii/item/1439-transpolyarnaya-magistral-prikosnovenie-
k-istorii#gallery08f36e6ec2-1(검색일:2024.07.23.)

https://ko.ilovevaquero.com/obrazovanie/84446-statya-58-ugolovnogo-kodeksa-rsfsr-
otvetstvennost-za-kontrrevolyucionnuyu-deyatelnost.html(검색일:2024.06.02.)

https://polzam.ru/index.php/istorii/item/1439-transpolyarnaya-magistral-prikosnovenie-
k-istorii(검색일:2024.06.03.)

4. 러시아 자료

Волков И.М., Засуха, голод 1946-1947 гг. Москва, 1991. с.3-9.

"Мёртвая дорога" Салехард — Игарка, https://www.drive2.ru/c/2360002/(검색
일:2022.06.12.)

Михаил Сидоров: история купца, который рекламировал Сибирь в России и Европе.
(https://arzamas.academy/materials/2170)

Приказ НКВД СССР № 00943 «О введении новых норм питания и вещевого довольствия
для заключенных в ИТЛ и ИТК НКВД СССР», 14 августа 1939 г. г. Москва 참조

Промышленное освоение Коми края, http://maxi4.narod.ru/02_nedra/u_02.htm(검색
일:2019.12.21.)

Северная железная дорога — история создания, https://xn--d1abacdejqdwcjba3a.xn--
p1ai/istoriya/istoriya-magistraley/severnaya(검색일:2024.06.14.)

Расшифровка Ямальский ГУЛАГ: история «мертвой дороги», https://arzamas.academy/
materials/1762(검색일:2022.03.20.)

Имена осужденных по 58-й статье(제58조에 따라 유죄 판결을 받은 사람의 명단) (https://
pomnirod.ru/materialy-k-statyam/repressii/%D0%BA%D1%80%D0%B0%D1%81%D0
%BD%D0%BE%D0%B4%D0%B0%D1%80%D1%81%D0%BA%D0%B8%D0%B9-%D0
%BA%D1%80%D0%B0%D0%B93/%D0%BA%D0%B0%D0%B7%D0%B0%D1%85-
%D1%81%D0%BA%D0%B0%D0%B1%D1%8F-%D1%81%D1%81%D1%80/karlag-karagandinskij-
ispravitelno-trudovoj-lager/imena-osuzhdennyh-po-58-j-stateb.html 참조)(검색일:2024.7.21.)

러시아 타이미르
- 투르한 거점지대의 개발 가능성 분석

백영준*

I. 서론

　지구온난화가 급속도로 진행되고 있다. 지난 2023년 3월에 발표된 기후변화에 관한 정부간 협의체(IPCC)의 제 6차 보고서에 따르면 산업화 시기와 지난 10년 (2011-2020)간 지표면 온도를 비교했을 때 1.09도가 상승했고[1], 많은 시나리오에서는 향후 지구온난화로 인한 환경의 변화가 높은 확률로 예상되고 있다.

　환경의 변화는 물리적으로 접근이 어려웠던 북극지역의 접근성과 개발 가능성을 높이고, 빠른 속도로 북극해의 해빙이 녹으면서 북극해 항행이 점점 촉진되고 있다. 가까운 미래에는 북극의 미개발지역의 개발 가능성 그리고 물류의 이동의 용이한 새로운 항로의 개발 가능성은 국제사회에 큰 관심을 불러일으키고 있으며, 북극주변국가들 뿐만이 아니라 북극지역과 관련이 없는 국가들도 북극이사회(Arctic Council)에 옵서버 등으로 가입하고 북극개발에 참여하려는 모습을 보이고 있다.

※ 이 글은 배재대학교 한국-시베리아센터의『한국 시베리아연구』, 27권 4호에 투고된 원고 "러시아 타이미르-투르한 거점지대(산업클러스터)의 개발 가능성 분석"을 수정/보완 한 것임.
* 러시아 시베리아연방대학교 경영학부 교수
1) 동아사이언스, '예상보다 더 빠른 '지구온난화'…"가까운 미래에 1.5도 상승'http://m.dongascience.com/news.php?idx=59039 (검색일: 2023. 11. 30)

특히 러시아는 북극개발에 많은 관심을 가지고 있으며, 기존의 지리적인 북극의 정의와는 다른 독자적으로 북극에 대한 정의를 내리고 있으며, 2014년에는 대통령령으로 '러시아의 북극지역'(Арктическая зона Российской Федерации:АЗРФ)을 지정하여, 북극지역의 개발에 힘쓰고 있다.

또한 각 거점지대는 그 지역의 특성을 반영한 독립적인 클래스터 구축이 가능한 곳들이다. 러시아 정부의 북극지역의 8개의 주요 거점지대는 각 거점지대별로 중심을 이루는 곳과 주변지역이 합쳐져서 하나의 클래스터 지역이 이루어 질 수 있도록 임의로 지역을 나누어 놓았다. 예를 들어 무르만스크 지역은 국제시장을 위한 상품환적, 아르항겔스크 지역은 선박 제조분야 및 자바이칼 지역으로의 내륙물류, 네네츠 거점지대는 에너지 개발과 물류기지 개발 및 교통인프라 구축 등이고, 이렇게 각 거점지대는 큰 의미에서 산업 클래스터라고도 볼 수 있다.

2014년 러시아-우크라이나 사태로 촉발된 서방과의 분쟁은 러시아의 북극개발기조를 바꾸게 만드는 문제를 발생시켰다. 이 사건으로 서방의 러시아 제재는 강화되었으며, 이전의 독자적인 북극자원개발을 포기하고, 컨소시엄 형태로 외국자본의 투자 및 기술 지원을 받아 북극을 개발하는 정책을 펼쳤다. 그 성공적인 예는 '야말 LNG 프로젝트'를 들 수 있다. 이 프로젝트의 성공은 러시아에 자신감을 주었고, 후속 프로젝트인 '알틱 LNG 2 프로젝트'에도 기존의 방식과 비슷한 형식으로 컨소시엄 형태의 투자를 받아 사업을 진행했으나, 2022년 러시아-우크라이나 전쟁으로 또 한번의 부정적인 영향을 받았다. 강화된 러시아 제재는 새로운 상황들을 만들어내고 있으며, 기존의 세계화(Globalizaion)에서 지역화(Localization)로의 변화 그리고 팍스 아메리카(Pax Americana)라고 불리우는 단극체제(Unipolarity)에서 여러 국가들이 중심이 되는 다극체제(Multipolarity)로의 변화가 가속되고 있다.

이와 같은 갈등은 정치적인 색체가 옅고 군사협려글 배제하고 오직 북극지역의 지속가능한 개발과 환경보호를 위한 목적으로 활동하는 북극이사회에서 조차도 러시아와 서방의 상호협력에 난항을 겪고 있는 상황이다.

타이미르-투르한 거점지대는 앞서 언급한 러시아의 북극 지역 중에서 중앙부에 위치하고 있는 지역으로, 이 지역의 딕손 항은 북동항로의 중간거점지대의 역할이 기대된다. 또한 예니세이강 안쪽에 위치한 내륙항구인 두딘카와 그 주변부의 자원개발 가능성이 큰 타이미르 지역이 연계되어 개발된다면 자원의 수급처와 내륙해운과 해양해운이 연개하는 물류 허브로 발전의 가능성이 있다. 이러한 가능성이 실재적으로 어느정도 수준으로 진행되고 있는지 향후 개발가능성의 정도가 어느정도인지에 대해서 심화된 연구를 진행해보고자 한다.

이와 같은 맥락에서 이 글에서는 2장에서 러시아의 북극개발에 대한 기존 선행연구를 살펴본다. 3장에서는 러시아 정부차원에서의 북극전략의 변화와 방향성에 대해서 살펴본다. 4장에서는 지방정부의 발전전략과 현황에 대해서 알아보고 그 다음 구체적으로 타이미르-투르한 거점지역의 개발 가능성과 전망에 대해서 정리해본다. 결론에서 이 글에서 도출된 내용을 바탕으로 종합적으로 살펴보고자 한다.

II. 선행연구

한국의 북극지역에 대한 관심은 2013년 북극이사회 정식옵서버 가입으로부터 시작된다.[2] 이후 북극관련 연구성과물은 지속적으로 늘고 있으며, 그 추

---

2) 서현교, "우리나라 남·북극 기본계획 통합방안과 평가",『한국 시베리아연구』Vol. 24,

세는 아래와 같다. [그림 1] 참조.

그림 1. 한국의 북극 연구 건수(2008~2023)[3]

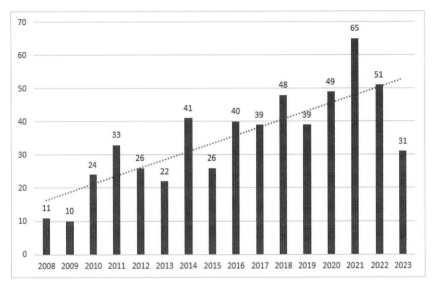

특히 북극개발 관련 연구성과물은 최근 5년 동안 2019(12건), 2020(18건), 2021(20건), 2022(17건), 2023(7건) 총 74건으로 연구성과물의 건수가 지속적으로 늘어나고 있으나, 2022년 러시아-우크라이나 전쟁의 영향으로 2023년에는 소폭 감소하였다.

하지만 지정학적 위치상 근린도, 물류수송 자원개발 및 자원수급의 용의성 등 경제적 효과 등의 이점 때문에 정치적인 문제가 산재해 있지만 한국의 북

No. 1, p. 65, 2020.

3) 백영준, "한국과 일본의 북극 연구 경향 및 전략 비교",『한국 시베리아연구』 Vol. 21. No. 2. p. 122, 2017.에 작성된 2008-2017년까지의 연구성과물 데이터 자료를 이용하여 2023년까지 연구성과물을 업데이트 한 것임.

극으로의 관심은 계속 높아질 것으로 보여진다.

한국에서 북극연구는 매년 늘어나고 그 수가 점점 늘어나고 있지만 아직 북극에 대한 연구는 점과 같이 부분적으로 이루어지고 있으며 연계가 된 연구는 진행되고 있지 않다 따라서 포괄적인 의미로 '북극개발'과 관련된 연구를 분석해 보았다. 우선 첫 번째 연구는 북극의 개발에서 가장 중요한 화두는 지속가능한 발전(SDGs)에 있으며, 북극이사회의 역할은 크다. 북극이사회와 UN의 지속가능한 발전의 방향성은 같으며, 북극이사회의 워킹그룹은 북극이 같는 특성을 가지고 새로운 시도를 하고 있다. 그러나 북극이사회는 태생적으로 법적인 구속력을 갖는 결정을 할 수 없는 한계점을 가지고 있다. 따라서 미래를 위한 새로운 로드맵이 필요하다. (라미경, 2021).[4]

두 번째 연구는, 북극 개발에 있어서 우랄-시베리아 자원지대와 북극항로의 철도 연결은 중요하다는 점을 강조하고 있다. 특히 2020년까지의 러시아 북극권 발전전략에 입각한 벨코무르 프로젝트의 소개와 중요성에 대해서 그리고 북극권 자원 개발과 우랄-시베리아 철도회랑의 의미에 대해서 집중적으로 연구하고 있다 (박종관; 2021).[5]

세 번째 연구는, 북극권에서 인구인동이 가장 활발한 나라는 러시아이며, 활발한 인구인동은 사회전 변화를 가져온다고 말하고 있다. 연구자는 자신의 연구에서 인구이동 현황과 경향을 유형, 방향, 성별 연령 등으로 분류하여 분

---

4) 라미경, "북극권의 지속가능개발을 위한 북극이사회의 역할", 『한국과 국제사회』 Vol. 5. No. 1, pp. 169-195, 2021.
5) 박종관, "우랄-시베리아 자원지대와 북극항로 연계된 러시아 북극 철도회랑 개발정책 연구", 『한국 시베리아연구』 Vol. 25, No. 1, pp. 109-139. 2021.

석하고 북극지역으로 이주과정 연구에 대한 접근방법을 제시하고 있다(김정훈, 2022). [6)]

네 번째 연구에서 연구자는 '러시아의 북극개발은 단독으로 실행하는 것 보다 주변국들과 협력하는 것이 더 효율적이다'라고 주장하고 했으며, 러시아의 북극개발 정책을 잠재적으로 파트너가 될 수 있는 한중일에 대입해서 메리트와 디메리트에 대해서 도출하고 있다. (이상준: 2021). [7)]

마지막으로 살펴본 연구에서는 러시아 북극지역 중 하나인 쎄베로-야쿠스키 거점지대를 분석한 글로 북극의 보존 및 개발을 위해 선행되어야 할 과제들: 북극권의 중립지대 설정, 쎄베로-야쿠스키 거점지대를 북동항로 물류 거점지대로 성장시키기 위한 제언 등을 중심으로 연구하고 있다(양정훈: 2021). [8)]

이렇게 선행연구를 분석한 결과 북극개발과 관련된 연구성과들은 지속가능한 개발, 교통물류, 개발정책, 국가별 비교연구, 지역연구 등이 주류를 이루고 있다는 것을 알 수 있었다.

이 글의 의의는 현시적인 국제정치상황에서 급격하게 변화하는 러시아 북극개발 정책 중에서 지금까지 시도되지 않은 타이미르-투르한 거점지대라의 지역의 개발 가능성이라는 주제로 연구를 시도해 보는 것에 있다.

---

6) 김정훈, "러시아 북극권의 인구 이동과 경향", 『한국 시베리아연구』 Vol. 26, No. 4, pp. 73-104, 2022.
7) 이상준, "러시아의 북극개발과 한국의 참여전략", 『러시아연구』 Vol. 31, No. 1, pp. 247-284, 2021.
8) 양정훈, "러시아 북극의 전략적 발전 지역: 쎄베로-야쿠스키 중심", 『한국 시베리아연구』 Vol. 25, No. 4, pp. 69-96, 2021.

III. 러시아의 북극정책과 방향성

1. 러시아의 북극정책 일반

러시아는 북극지역 개발을 국가의 중요한 정책의 하나로 내세우고 있다. 이의 일환으로 푸틴 대통령은 2013년 8월 2일 '2020년까지의 러시아연방의 북극지역 개발과 국가안보 확보 전략 2020'(Стратегия развития арктической зоны Российской Федерации и обеспечения национальной безопасности на период до 2020 года, 이하 '북극지역 개발전략 2020'으로 칭함)'을 승인하였으며, 이는 2008년 9월 18일 메드베데프 전 러시아 대통령에 의해 인준된 '러시아 북극 국가정책 원론 2020 및 미래 전망'(Основы государственной политики Росси йской Федерации в Арктике на период до 2020 года и дальн ейшую перспективу, 이하 '북극지역 국가정책원론 2020'으로 칭함)'을 토대로 작성되었다. [9]

<표 1> '북극지역 개발전략 2020'의 주요 목표: [10]

• 사회 및 경제적 개발: 에너지, 천연자원을 위한 거점 개발 • 군사 안보: 기존의 군사시설 유지 및 새로운 군사시설 확충 • 환경: 북극지역의 기후변화와 인위적인 오염에 대비/소수민족 대책 • 정보 및 통신: 러시아 국내외에서의 북극지역 통합정보시스템 구축 • 과학기술: 북극지역에 필요한 모든 연구보장 • 국제협력: 북극지역 관련 국가들과의 win-win 할 수 있는 상호 협력적 활동 지향

<표 1>에서 나타난 것과 같이 러시아의 '북극지역 개발전략 2020'은 북극

---

9) 백영준, "북극 개발전략 2020 원문번역(1)", 『북극연구』, Vol. 4호, p. 77.
10) 백영준, "북극 개발전략 2020 원문번역(2)", 『북극연구』, Vol. 5호, pp. 162-183. 의 내용을 참고해서 정리한 것임.

지역에 관련된 거의 모든 부분을 포함하고 있다. 이는 러시아의 '북극지역 개발전략 2020', '북극지역 국가정책원론 2020' 등과 같은 계획의 수립과 공포는 성공적인 실행 여부와 상관없이 북극지역에 대한 러시아의 국가적인 관심을 나타내는 지표라고 인식된 상태에서 설계되었으며, 즉, 러시아가 북극 지역에서 견고한 주권을 확립하는 것을 국가적 목적으로 하고 있음을 의미한다.

'북극지역 개발전략 2020'의 원래의 계획은 2단계로 이루어져 있다. 그 첫 번째 단계는 2013 ~ 2015년까지로 북극에 관련된 법적, 정치적 그리고 경제적인 종합적인 개발 토대를 구축하는 것이며, 두 번째 단계는 2015 ~ 2020년까지 북극항로의 발전을 위한 가이드라인 완료, 인접국가들과의 국제법적인 보장, 북극 환경문제, 소수민족문제, 북극지역 내의 사고 시 대응 문제에 대한 대책 마련 등을 주요 내용으로 하고있다. 그러나 '2014년 우크라이나 사태'로 촉발된 서방의 경제제재로 계획 실현에 차질을 빚게 되었으며, 러시아 정부는 결국 전략을 수정하여 2017년 9월 7일 러시아 정부는 기존의 '북극지역 개발전략 2020'을 2025 년까지 연장하는 법안을 지정하였다.[11] 이후 2020년 10월 26일 '북극지역 개발전략 2020'이 다시 2035년까지 연장하는 법안을 승인하였다.[12] 이후 2023년 2월 27일 북극항로, 전구간의 연중 수송 개발, 관련된 석유 및 가스의 유용한 이용, 북극항로 해역에서 작업을 위한 핵추진 쇄빙선 최소 7척 건조 및 비핵추진 쇄빙선 30척 건조 2030년까지, 소비자에게 전기를 공급하기 위해 사용되는 천연가스 및 압축천연가스(CNG) 사용의 확대, 북극지역 통신 인프라 개발, 북극지역의 해상, 항공, 철도 및 도로 운송 인프라의 포괄적이고 상호 연결된 개발, 선박 식별 및 장거리 추적을 위한 자동 식별 시스템

---

11) Правительство России, http://government.ru/docs/29164/ (검색일: 2023년 4월 5일).
12) Президент России, 'Указ Президента Российской Федерации от 26.10.2020 г. №. 645' http://www.kremlin.ru/acts/bank/45972 2020. 10. 26. (검색일 2023년 11월 30일).

개발, 및 관심있는 주문자에게 지구 탐색 데이터 제공과 같은 내용이 수정/추가 되었다.[13]

2014년 러시아-우크라이나 사태로 촉발된 서방과의 분쟁은 러시아의 북극 개발기조를 바꾸게 만드는 문제를 발생시켰다. 이 사건으로 서방의 러시아 제재는 강화되었으며, 이전의 독자적인 북극자원개발을 포기하고, 컨소시엄 형태로 외국자본의 투자 및 기술 지원을 받아 북극을 개발하는 정책을 펼쳤다.

서방의 제재는 우선 정부관료와 기업가들을 대상으로 그리고 러시아의 주요 산업부문인 에너지, 군수, 금융 등의 부문으로 확대되어 시행되었다. 또한 미국의 대러시아 제재는 기본적으로 미국인이나 미국 내의 법인을 대상으로 하였으나, 이후에 외국인이나 외국법인의 경우에도 제재 대상이 될 수 있는 2차 제재가 실행되었다. 이러한 2차 제재의 실행은 러시아와 외국기업과의 투자 협력에 큰 어려움으로 작용했다.[14]

현재 러시아 북극지역의 거점지대들 중에서 가장 활발하게 개발되는 곳이 '야말로-네네츠 거점지대(아래 <표 2> 내용 참조)이며, 이 지역의 기단반도에서 '야말 LNG 프로젝트'가 추진되었다. 노바텍(Novatek)社가 러시아 정부로부터 이 지역의 개발을 위임받아 '야말 LNG 프로젝트'의 지분참여 형태의 컨소시엄을 진행했다. 2017년에 개발이 완료된 이 프로젝트는 여러나라의 회

---

13) ГАРАНТ, 'УКАЗ ПРЕЗИДЕНТА РФ ОТ 27 ФЕВРАЛЯ 2023 Г. N 126 "О ВНЕСЕНИИ ИЗМЕНЕНИЙ В СТРАТЕГИЮ РАЗВИТИЯ АРКТИЧЕСКОЙ ЗОНЫ РОССИЙСКОЙ ФЕДЕРАЦИИ И ОБЕСПЕЧЕНИЯ НАЦИОНАЛЬНОЙ БЕЗОПАСНОСТИ НА ПЕРИОД ДО 2035 ГОДА, УТВЕРЖДЕННУЮ УКАЗОМ ПРЕЗИДЕНТА РОССИЙСКОЙ ФЕДЕРАЦИИ ОТ 26 ОКТЯБРЯ 2020 Г. N 645'", https://www.garant.ru/hotlaw/federal/1610627/ 2023. 2. 27. (검색일 2023년 11월 30일).

14) 조영관, "미국의 대러 제재가 러시아 경제에 미친 영향", 『슬라브학보』 Vol. 35, No. 3, pp. 256.

사들이 지분을 가지고 있으며, 지분 비율은 각각 다음과 같다: 노바텍 50.1%, 토탈(20%), 중국국제석유공사(CNPC) (20%), 실크로드 펀드(9.9%) 이 시설의 현재 연간 총 생산능력이 1,650만톤 규모이다.

이렇게 서방의 제재 속에서 '야말 LNG 프로젝트'의 성공은 러시아 독자개발이 아닌 외국기업과 컨소시엄 형태의 지분투자 형식으로 다른 프로젝트도 성공시킬 수 있다는 러시아에게 자신감을 심어 주었으며, 후속 프로젝트로 2021년 착공해서 2023부터 조업을 개시할 목적으로 기단반도의 '알틱 LNG 2 프로젝트' 컨소시엄 사업도 적극적으로 진행하게 만들었다. 이 프로젝트도 여러 나라의 회사들이 지분을 투자하였는데 비율은 각각 다음과 같다: 노바텍 60%, 프랑스 토탈(TOTAL), 10%, Japan Arctic LNG 10%, 중국석유천연기집단(CNPC), 10%, 중국해양석유집단(CNOOC) 10%로 구성되어 있다.

'야말 LNG 프로젝트' 사업과 마찬가지로 노바텍이 주도하고 있는 '알틱 LNG 2 프로젝트'는 야말로-네네츠 자치구의 기단반도에서 2023년 가동을 목표로 하고 있으며, 이 사업은 연간 660만톤의 천연가스액화설비 3개소(연간 생산량 1980만톤 예상)를 건설하는 프로젝트이다. 현재 이 지역의 천연가스 매장량은 1조 1,380억 ㎥, 액체탄화수소 매장량은 5,700만 톤으로 추정되고 있다. 이것은 전 세계 매장량의 1/5 수준이다.[15]

그러나 잘 진행될 것 같았던 '알틱 LNG 2 프로젝트'에 장애요인이 발생하였다. 그것은 2022년 러시아-우크라이나 전쟁의 발발로 서방의 러시아 제재가 더욱 강력해졌기 때문이다. 기존에 가해지던 제재를 포함해서 새로이 국제은행간통신협회(SWIFT)에서 러시아를 배제하는 초강수를 두었다. 상기의 장애

---

15) 백영준, "한국의 러시아 북극개발 협력 가능성 모색: 일본과 한국의 대러시아 정책 비교분석을 중심으로", 『한국 시베리아연구』Vol. 25, No. 3, 2021, p.81.

요인들로 인해서 프랑스의 토탈사는 기존에 '알틱 LNG 2 프로젝트'에 투자했던 지분 10% 처분하고 프로젝트에서 탈퇴 여부를 고민하고 있다. 이 사안은 경제적이 측면이 아닌 정치적인 문제가 포함되기 때문에 기업이 단독으로 결정할 수 없고, 각 국가의 정부의 판단과 숙고가 필요한 사안이라고 판단된다. 토탈의 선택의 여하에 따라서 일본의 방향성에도 영향을 줄 것이다.[16] 이것은 '알틱 LNG 2 프로젝트'에 실패를 의미하며 제재의 우회나 다른 방법을 찾을 때까지는 난항이 예상된다.

2. 러시아 북극지대(АЗРФ)의 지정과 의미

러시아는 두 차례의 서방의 제재에서 돌파구를 마련하기 위한 방법으로 북극개발을 선택하고 있다. 최근 국가계획극동센터(Восточный центр государственного планирования)에 의해 개최된 북극 개발을 위한 과학 및 기술 포럼(АркТек: наука и технологии для развития Арктики)에서 러시아 학자들은 북극개발을 통해 새로 만들어질 국내총생산(GDP)가 2035년까지 30조 루블에서 70조 루블에 달할 것이라고 전망했다 이것은 매년 러시아의 국내총생산 성장률에서 1.5-3.0 퍼센트에 달하는 수치이다.[17]

---

16) TASS, '"Арктик-СПГ - 2" из-за санкций столкнется с проблемами, но преодолеет их', https://tass.ru/ekonomika/19269763?utm_source=yxnews &utm_medium=desktop&utm_referrer=https%3A%2F%2Fdzen.ru%2Fnews %2Fsearch%3Ftext%3D 2023. 11. 13. (검색일: 2023. 11. 15).

17) ФИНАМ, 'Развитие Арктики – новый драйвер роста российского ВВП' https://www.finam.ru/publications/item/razvitie-arktiki-novyy-drayver-rosta-rossiyskogo-vvp-20230423-1900/ (검색일: 2023. 4. 23.)

18) 백영준, "한국의 러시아 북극개발 협력 가능성 모색: 일본과 한국의 대러시아 정책 비교분석을 중심으로" 『한국 시베리아연구』 25권 3호, p. 7, 2021.

러시아 정부는 북극항로와 주변지역을 개발하기 위해서 2014년 5월 2일 러시아연방 대통령령(Указ Президента Российской Федерации от 02.05.2014 г. № 296 «О сухопутных территориях Арктической зоны Российской Федерации»)으로 러시아의 북극지역을 지정하였다. 그 주요 거점지역은 아래와 같다. ([그림 2], 〈표 2〉 참조).

그림 2. 러시아 북극지역과 8대 거점지대[18]

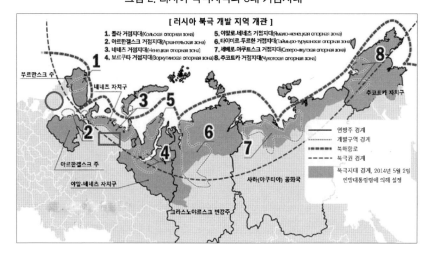

* 무르만스크 주 왼쪽 편 동그라미 표시 - 북극권 경계지역인 카렐리아 공화국의 북쪽지역 (공화국 면적의 약 50%) 6개 구가 북극지역에 단계적으로 포함되었다 자세한 내용은 각주 참조.[19]

---

19) 카렐리아 공화국에서 러시아 북극지역에 포함되는 주는 벨로모르스키 자치구 (Беломорский муниципальный район), 카레발리스키 민족 자치구(Калевальский национальный муниципальный район), 캠스키 자치구(Кемский муниципальный район), 로우흐스키 자치구(Лоухский муниципальный район), 세게줴스키 자치구 (Сегежский муниципальные районы), 코스토무크쉬스키 도시구(Костомукшский городской округ) 총 6개 행정구역이다; 2014년 대통령령으로 러시아 북극지역에 포함되지 못했지만 2017년 6월 27일 러시아연방 대통령령 287호(Указ Президента Российской Федерации от 27.06.2017 No. 287)에 의해 카렐리아의 3개 지역 (벨로모

** 네네츠 자치구 아래 네모 표시 - 한티-만시 자치구의 북쪽 베레조프스키 구(Березовский район), 벨라르스크 구(Белоярский район) 2개 구가 북극지역에 포함되었다.[20]

*** 푸틴은 2023년 11월 1일까지 북극의 안보 기능을 수행하는 곳을 포함 주요 주민 정착지 리스트를 규정하라고 지시했다.[21] 그러나 후속으로 어떤 정착지가 북극 주요 주민 정착지 리스트에 포함되었는지는 발표되지 않았다.

북극지역에 대한 정의가 인문지리적 혹은 자연지리적인 기준으로 나눈 것이 아닌 러시아 정부가 임의로 지정한 북극 지역이기 때문에 실제 북극지역 경계와 차이를 보인다([그림 2] 범례 참조). 향후 러시아의 북극지역이 동-남 지역으로 확대도 가능할 것으로 예상된다.

르스키 자치구, 로우흐스키 자치구, 켐스키 자치구)가 북극지역에 포함되었고, 2020년 7월 13일 러시아연방법 193호(Федеральный закон от 13.07.2020 № 193-ФЗ «О государственной поддержке предпринимательской деятельности в Арктической зоне Российской Федерации»)에 의해 추가로 3개 지역(칼레발리스키 자치구, 코스토무크쉬스키 도시구, 세게쥐스키 자치구)이 북극지역에 포함되었다. Полярный индекс, 'Арктика в контексте устойчивого развития: часть 3. Арктическая Карелия', https://polarindex.ru/analytics/arctic_sustainable_development-Part3/ 2023. 4. 25.

20) ЛЕНТА НОВОСТЕЙ, 'Комарова: президент Путин включил в состав Арктической зоны два района ХМАО', https://www.sibmedia.ru/politika/komarova-prezident-putin-vklyuchil-v-sostav-arkticheskoj-zony-dva-rajona-hmao/?utm_source=yxnews&utm_medium=desktop, 2023. 9. 5,

21) Президент России, 'Перечень поручений по итогам совещания по развитию ЗАТО и населённых пунктов Арктической зоны России', http://www.kremlin.ru/acts/assignments/orders/72097 2023. 8. 18.

〈표 2〉8대 거점지대 정보[22]

번호	개발 거점지대	위치
1	**콜라 거점지대(Кольская опорная зона)** • 지역개발 프로젝트/물류 및 산업 통합 구조를 만드는 데 필요한 인프라 개발에 적합한 특징 보유 • 무르만스크 항구는 세계에서 가장 큰 북극의 부동항인 동시에 북극항로의 주요 환승지점으로 국제 시장을 향한 상품 환적과 유조선 등이 활동, 러시아의 핵추진 쇄빙선이 배치된 공간	**무르만스크 주**
2	**아르한겔스크 거점지대(Архангельская зона)** • 북극항로를 연결하는 교통 통로로서 ≪벨코무르≫ 철도간선의 건설로 우랄 산업지구와 연결 • 산업의 중심지로서 벌목산업과 선박제조 분야의 지역 혁신 클러스터 역할을 하는 공간	**아르한겔스크 주**
3	**네네츠 거점지대(Ненецкая опорная зона)** • 바렌츠해 및 카라해의 대륙붕 매장지의 개발 가능이 높은 지역, 에너지 자원 이외에도 물류기지의 개발 필요 • 교통인프라가 열악하고 통신으로만 연결이 이루어지고 있기에, 철도간선과 연계된 북극항로 항구의 건설이 우선순위로 필요한 공간	**네네츠 자치구**
4	**보르쿠타 거점지대(Воркутинская опорная зона)** • 페초라 탄광지대와 티마노-페초라 석유가스 지역 생산지에 위치한 공간	**코미 공화국**
5	**야말로-네네츠 거점지대(Ямало-ненецкая опорная зона)** • 러시아뿐만 아니라 세계 시장에 탄화수소(가스)의 주요 공급지로 예상되고 있음 • 에너지자원의 수출 및 운송을 위한 적절한 항구와 교통 인프라 구축이 활발하게 진행될 공간	**야말로-네네츠 자치구**
6	**타이미르-투루한 거점지대(Таймыро-туруханская опорная зона)** • 크라스노야르스크 변강주의 타이미르의 돌가노-네네츠 지구와 노릴스크에 위치하며 구리, 니켈, 탄화수소 등 비철금속의 풍부한 매장량 보유 • 행정중심지인 두딘카는 무르만스크 및 아르한겔스크 항구와 연결되어 있으며 내륙수운의 중심 공간	**크라스노야르스크 변강주**
7	**세베로-야쿠츠크 거점지대(Северо-якутская опорная зона)** • 사하공화국 북쪽 지역의 자원 개발과 레나 강과 북극항로 노선의 연계를 통한 아니시노-노보시비르스크에 위치한 탄화수소 자원의 개발을 목표로 하는 공간	**사하공화국**
8	**추코트카 거점지대(Чукотская опорная зона)** • 아시아 태평양 지역국가로의 운송경로에서 유리한 지리적인 위치, 혹독한 기후로 인해 개발에 큰 제한 • 물류, 희귀금속, 탄화수소 및 전력송출 등이 유망한 공간	**추코트카 자치구**

러시아 북극지역에 등록하고 거주하는 거주민은 국가의 혜택을 받을 수 있다. 크게 2가지 혜택으로 첫 번째는, 국가 프로젝트에 참여시 우선권 부여이 부

---

22) 백영준(2021), op. cit., p. 7.

어된다, 두 번째는 세제혜택이다. 각 지역마다 약간의 차이가 있지만 하지만 공통적으로 지원되는 부분은 다음과 같다: 소득세 10년 동안 면제, 토지세 처음 3-5년간 면제(지역마다 차이가 있음), 조직 재산세, 0-1.1%(처음 5년), 사회통합세 75%, 채굴세(налога на добычу полезных ископаемых) 0.5% 현시세 등의 혜택을 공통적으로 받을 수 있다. [23)]

극동 및 북극 개발부 알렉세이 체쿤코프(Alexey Chekunkov) 장관이 11월 23일 극동 및 북극 및 남극 개발위원회 회의에서 북극지역에서는 약 39,600개의 새로운 일자리를 창출할 계획이며 이미 12,500개가 창출되었다."라고 말했다. 또한 장관은 2020년에 만들어진 북극 사업 활동에 대한 국가 지원 메커니즘을 통해 1조 7천억 루블 규모의 747개 투자 프로젝트에 투자자를 유치할 수 있었다고 말했다. [24)]

IV. 타이미르-투르한 거점지대

1. 크라스노야르스크 변강주의 북극개발정책

러시아 북극지역의 총 면적은 약 371만 km2이고 그 지역에 거주하는 총 인구는 약 237만명이다. 크라스노야르스크 변강주 자체 면적의 약 46%(약 109만km2)가 북극지역에 속하며, 러시아 북극지역 총촉면적 대비 크라스노야르

---

23) Корпорация развития Дальнего Востока и Арктики, https://erdc.ru/about-azrf/
24) Парламентская газета, 'Чекунков: В Арктике создали 12,5 тыс. рабочих мест' 2023. 11. 23. (검색일: 2023. 11. 26.)
https://www.pnp.ru/economics/chekunkov-v-arktike-sozdali-125-tys-rabochikh-mest.html?utm_source=yxnews&utm_medium=desktop&utm_referrer=https%3A%2F%2Fdzen.ru%2Fnews%2Fsearch%3Ftext%3D

스크 변강주의 북극지역 점유율은 30%로 단일지역으로 러시아 북극지역 중에서 가장 큰 영역을 소유하고 있다. 그러나 크라스노야르스크 북극지역에 사는 총 인구수는 약 22만7천명 뿐으로 러시아 북극지역에 거주하는 총 인구 약 237만명에 대비해서 약 10%가 거주하고 있다.[25]

타이미르-투르한 거점지대는 크라스노야르스크 변강주의 북극지역에 위치하고 있다. 크라스노야르스크 변강주에서는 중앙정부의 정책과 발맞추어 2035년까지 북부 및 북극 지역의 사회경제적 발전과 크라스노야르스크 지역 원주민 지원을 위한 전략을 가지고 있다. (Стратегия социально-экономического развития северных и арктических территорий и поддержки коренных малочисленных народов Красноярского края до 2035 года)[26](이하 지역 발전전략)

크라스노야르스크 변강주에서 지역 발전전략에 속하는 지역들은 2014년 지정된 이후 현재 노릴스크 시, 타이미르 돌가노-네네츠 자치구, 투르한스키 자치구, 수린다 정착촌, 투라 정착촌, 니딤 정착촌, 우차미 정착촌, 투톤차니 정착촌, 예세이 정착촌, 치린다 정착촌, 에콘다 정착촌, 키슬로칸 정착촌, 및 유크타 에벤키 자치구가 포함된다.[27]

---

25) ШИШАЦКИЙ Н.Г., БРЮХАНОВА Е.А., МАТВЕЕВ А.М., "Проблемы и перспективы развития Арктической зоны Красноярского края", ЭКО. №. 4, 2018.

26) Красноярский край - официальный портал 'http://www.24sever.krskstate.ru/docs/strategiya/0/print/yes' (검색일: 2023년 12월 18일).

27) 크라스노야르스크 변강주의 타이미르 투르한 거점지대에 포함되는 지역은 다음과 같다(원문): "В соответствии с Указом Президента Российской Федерации от 02.05.2014 №. 296 «О сухопутных территориях Арктической зоны Российской Федерации» и Федеральным законом от 13.07.2020 №. 193-ФЗ «О государственной поддержке предпринимательской деятельности в Арктической зоне Российской

지역 발전전략은 다음과 같은 사항을 목표로 하고 있다:[28)]

지역 발전전략의 특징은 사회발전과 원주민을 지원하는 전략을 같이 묶어서 하나의 전략으로 만들어내고 있는 것이 특징이다.

〈표 3〉 3035년까지의 지역 발전전략의 주요 목표

- 개발을 위한 보장: 지역의 개발을 위한 국가 단위의 프로젝트 지원과 지금 유치 및 국가 예산 지원
- 사회발전을 위한 보장: 양질의 의료 서비스 제공, 북극지역 주민들의 권리를 보장하는 법률 개선, 교육 여건 보장, 거주민 고용보장 및 직업교육, 체육 스포츠 접근성 보장, 원주민 전통문화 보존 및 지원
- 경제발전을 위한 보장: 북극지역 사업가들에게 국가지원 제공 및 인력 수요를 예측하기 위한 시스템 개발, 필수용품들의 배송기간을 줄이기 위한 복잡한 법률을 개선 및 모니터링 시스템 개발, 원주민 전통 거주지를 포함한 관광 및 휴양 클러스터 조성, 하천 및 북극지역의 관광 투자를 촉진하기 위한 크루즈 항행, 관광 창출을 위한 인프라 조성, 식품 물류 센터 설립을 위한 지원, 순록 목축에 대한 국가 지원 제공을 포함 원주민 전통 활동 및 환경 관리 개발
- 인프라 발전을 위한 보장: 인프라 개발: 종합 개발 계획 틀 내에서 사회, 교통, 도시 인프라 시설 개선 및 주택의 현대화, 북극 영토의 관련된 에너지 시스템을 재생가능한 환경 친화적인 에너지원으로 전환하는 프로젝트 지원, 물 공급의 질 개선, 주택 건설 및 개발 보장, 원주민의 전통거주지에서 전통 문화와 생활을 보존을 촉진하는 인프라 개발, 북극지역 인구 밀집 지역의 도로 인프라 개선
- 환경보호, 야생동물 보호, 안전보장: 2030년까지 지역적으로 중요한 특별 보호 자연 보호 지역의 개발 및 설정, 지역적으로 중요성을 지닌 대상을 지정 및 보호, 천연자원 매장지 개발을 위한 지질 조사 실행, 타이미르 야생 순록의 상태와 분포를 파악하기 위한 모니터링 실시

지역 발전전략은 〈표 4〉와 같은 목적을 가지고 있으며, 발전전략을 실현

Федерации» в состав Арктической зоны Российской Феде »
рации входят: муниципальное образование город Норильск; Таймырский
Долгано Ненецкий муниципальный район; муниципальное образование
Туруханский район; сельское поселение поселок Суринда, сельское поселение
поселок Тура, сельское поселение поселок Нидым, сельское поселение поселок
Учами, сельское поселение поселок Тутончаны, сельское поселение поселок
Ессей, сельское поселение поселок Чиринда, сельское поселение поселок Эконда,
сельское поселение поселок Кислокан, сельское поселение поселок Юкта,
Эвенкийского муниципального района." ibid.

28) ibid.

시키기 위해서 5가지 항목을 정해서 구체적으로 어떻게 전략을 실현하고자 하는지 나타내고 있다.

또한 지역 발전전략은 3단계로 나뉘며 단계별로 실현하고자 하는 목표를 정하고 있는데 그 단계는 다음과 같다:

1단계 (2022-2024)[29]

첫단계에는 현대화, 디지털 연락체계 구축, 기반시설 구축과 관련된 프로젝트들과 원주민의 생존권을 보존하기 위한 조치, 황경모니터링 대책등이 포함되어 있다.

2단계 (2025-2030)[30]

다음단계에서는 거주민들을 위환 온라인 접근성 및 교육 보장, 의료서비스 강화(원격진료 등) 타이미르-투르한스키 거점지대와 남쪽의 크라스노야르스

---

29) 1단계 (2022-2024) 기존에 구축한 인프라 현대화; 러시아 정부와 지방정부 민간이 상호작용이 가능한 디지털 정보 시스템 개발; 원주민의 전통 거주지에 위치한 교육기관에 자연과학 기술센터 설립 및 유지; 북부 배송(물자) 시스템의 전산화; 노릴스크 시의 사회 경제발전을 위한 종합계획 3528-p호 의 이행; 경제성장 중심지의 사회 발전을 위한 프로그램 개발 및 실행; 원주민 민족 마을 건설 프로젝트 설립과 전통생활방식을 보존하기 위한 조치 실행; 강-바다에서 관광 유람선 건조 및 시운전; 에니세이 구의 Высокогорский다리 관련도로 인프라 건설 및 시운전; 고립지역 발전시설 재생 가능 에너지원 및 연료를 기반으로 한 발전시설로 대체; 지역수준의 기후변화에 대한 장기적응 계획 개발; 환경모니터링을 위한 공인 실험실 설립; 북극 핵타르 프로그램 실현

30) 2단계 (2025-2030) 온라인 교육 접근성 확보로 원주민 및 북부 주민들에 대한 사회적 보호 보장; 원격진료등 의료서비스 강화; 노릴스크 시의 사회 경제발전을 위한 종합계획 3528-p호 의 이행; 경제성장 중심지의 사회 발전을 위한 프로그램 개발 및 실행; 타이미르 돌가노 네네츠 자치구 개발과 크라스노야르스크 변강주 북부와 남부의 연결 강화 (복합 투자 프로젝트 예니세이); 북부 원주민들을 포함하는 개인사업가 지원 정책 시행; 식품 물류유통센터 구축을 위한 프로젝트 실행; 인구 밀집 지역에 환경 상황을 안정시키기 위한 조치 시행; 지역적으로 중요한 보호구역 조성

크 시를 연결시키기 위한 프로젝트 실시(복합 투자 프로젝트 예니세이) 원주민들 사업가들을 지원하는 정책 시행, 남-북으로 식품 물류유통센터 구축을 위한 프로젝트 시행, 인구 밀집지역을 안정시키기 위한 조치, 자연보호구역 지정 등

3단계 (2031-2035)[31]

노릴스크시 사회 경제발전 종합계획 완료(주택 인프라 개선), 북부 거주민들의 소득수준을 높이기 위한 높임, 북부지역의 생활여건 개선, 국내 및 국제 관광 잠재력과 매력을 높이는 정책 시행; 예니세이강을 통한 물류운송을 보장.

상기 지방 발전전략에 의거한 예상 투자 프로젝트 목록은 아래 <표 4>와 같다

〈표 4〉 크라스노야르스크 변강주 북극지역에서 개발을 목표로 하는 투자 프로젝트 목록[32]

번호	투자 프로젝트 이름	프로젝트 방향성	행정구역	실현연도	투자규모, 백만루블	일자리
1	새로운 광산시설건설 및 자폴야르나야 광산 현대화 («Южный кластер») (ПАО «ГМК «Норильский Никель»)	귀금속	노릴스크시	2019 -2027	90,473	233
2	선탄공장 현대화 및 확장(ЗПК) (ПАО «ГМК «Норильский никель»)	비철금속 및 귀금속	노릴스크시	2019 -2024	75,000	0

---

31) 3단계 (2031-2035) 노릴스크 시의 사회 경제발전을 위한 종합계획 3528-p호 이행 완료; 경제성장 중심지의 사회 발전을 위한 프로그램 개발 및 실행; 북부지역에 있는 인구의 소득수준을 높임
북부지역의 생활환경 개선; 국내 및 국제 관광 잠재력과 매력을 높이는 정책 시행; 크라스노야르스크 변강주 북부지역의 자원이 북동항로를 통해 운송될 수 있도록 보장

32) Красноярский край - официальный портал 'http://www.24sever.krskstate.ru/docs/strategiya/0/print/yes' (검색일: 2023년 12월 18일).

번호	투자 프로젝트 이름	프로젝트 방향성	행정구역	실현연도	투자규모, 백만루블	일자리
3	≪유황 2.0프로젝트≫ 종합환경프로젝트실현 (ПАО «ГМК «Норильский никель»)	비철금속 및 귀금속	노릴스크시	2018 -2025	123,189	0
4	백금광상 개발 (южная часть) (ООО «Русская Платина»)	비철금속 및 귀금속	노릴스크시	2020 -2077	521,000	6,000
5	종합관광단지 ≪자툰드라≫ (ПАО«Горно-металлургическая»компания«Норильский никель»,ООО«Васта Дискавери»)	관광	타이미르-돌가노-네네츠스키 자치구	2021 -2026	20,000	800
6	북극점으로 향하는 동부루트 (Barneo AG, ООО «Барнео», «Русское географическое общество»)	관광	타이미르-돌가노-네네츠스키 자치구	2021 -2025	320	60
7	보스톡 오일 투자 프로젝트 ООО «Восток Ойл»	석유가스	타이미르-돌가노-네네츠스키 자치구	2020 -2036	9,888,000	83,025
8	석탄매장지개발 (ООО «Северная звезда»)	석탄	타이미르-돌가노-네네츠스키 자치구	2020 -2025	33,820	1,168

2. 타이미르-투르한 거점지대 분석과 전망

타이미르-투르한 거점지대는 크라스노야르스크 변강주의 일부인 돌가노-네네츠 자치구와 노릴스크의 영역에 걸쳐 있다(위쪽 [그림 2] 참조).

이 지역의 주요산업은 구리-니켈 광석, 탄화수소, 희귀 금속 등 광물 생산이 전문적으로 이루어지고 있다. 특히 노릴스크에 위치한 노릴스크니켈社(이하 노르니켈)는 러시아 니켈 생산량의 약 90%, 전 세계 니켈 생산량의 20% 차지하고 있다(아래 [그림 3] 참조).

크라스노야르스크 변강주의 타이미르-투르한 구(район)의 행정중심지는 예니세이강과 북극해(카라 해)를 잇는 항구도시 두딘카로 서쪽으로는 무르만스크와 아르한겔스크 동쪽으로는 틱시와 페펙으로 연결하는 러시아 북동항로의 주요 항구로서 기능하고 있다.

그림 3. 타이미르-투르한 거점지대 상세지도[33]

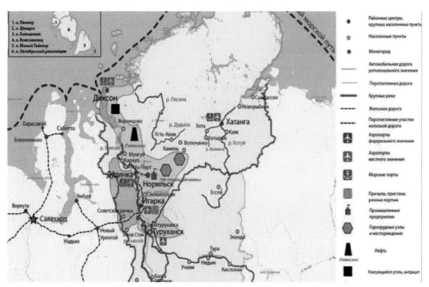

타이미르-투르한 거점지대의 대표적인 개발 사례로는 노르니켈이 개발하고 있는 타이미르 반도의 스칼리스트(Скалистый) 구리-니켈 광산[34]이 있고,

---

33) Е. П. Воронина, 'СОЦИАЛЬНО-ЭКОНОМИЧЕСКОЕ РАЗВИТИЕ СЕВЕРА И АРКТИКИ' 『СЕВЕР И РЫНОК: формирование экономического порядка』 № 1 (57), с. 9, 2018, https://rio.ksc.ru/data/documents/14_sev_rinok_1_18.pdf (검색일: 2023년 5월 28일).

34) заполярная правда, 'Глубокие перспективы' https://gazetazp.ru/special/vizitnaja-kartochka/glubokie-perspektivy.html (검색일: 2023년 5월 28일), 노르니켈이 개발하고 있는 구리-니켈 광산으로 2004년부터 현재까지 1,700만톤이 채굴되었고, 추정치 2억톤의 매장량과 30년 이상 생산이 가능할 것으로 추정됨.

어떤 방식으로든 크라스노야르스크 변강주 북부지역의 대부분의 투자 프로젝트는 노르니켈의 활동과 관련이 있을 것으로 예상되며(〈표 4〉 1, 2, 3, 5 항목 참조), 이 지역에는 미개발된 품질 좋은 석탄 매장지 뿐만 아니라 귀금속 및 백금류 광상이 있으며, 향후 개발 가능성이 크다. 또한 딕슨(диксон)항의 연간 1,000만톤의 석탄을 처리할 수 있는 터미널 "차이카(чайка)"를 건설할 예정이다. (당초 2019년까지 터미널 프로젝트를 완료하려고 했으나 국제 정세와 제정 문제로 이 프로젝트는 2024-2025년으로 연기되었다). [35]

이 외에도 석유 및 가스 클러스터[36](Восток Ойл 프로젝트)를 개발할 계획이다. (유전의 잠재력은 연간 500만 톤의 석유로 추산)[37]이 프로젝트의 구현에서 Rosneft와 Lukoil이 주도적인 역할을 할 예정이다. (〈표 4〉 7번 보스톡 오일 항목)[38]

현재 러시아 정부는 국제정치적인 상황과 맞물려 타이미르-투르한 거점지대의 투자나 개발에 대해 구체적인 발표를 지양하고 있다. 그 이유는 앞서 언급한 것과 같이 2014년 부터 시작된 서방의 제재와 관련이 크다. 정치인이나 관료, 투자가(기업가) 등은 서방의 제재를 받을 수 있기 때문에 구체적인 수치나 참여 인원은 발표하지 않고 있다. 이 연구에서는 여러 경로를 통해 취합한 자료로 구체적이지는 않지만 어떤 개발과 투자가 이루어지고 몇 명 정도의 거

---

35) Portnews, 'Имеются все предпосылки для завершения проекта угольного терминала «Чайка» до 2024-25 годов - Гидрографическое предприятие' https://portnews.ru/news/318964/ (검색일: 2023년 5월 28일).

36) 보스톡 오일 프로젝트는 크라스노야르스크 지역의 타이미르 만의 세베르 만에 유전 개발과 항구 건설을 위한 로스네프트의 프로젝트이다.

37) 이 프로젝트 또한 계획만 세워져 있을 뿐 아직 실행되고 있지 못하다.

38) регнум, 'Развитие Арктической зоны России и основные вызовы для ее освоения' https://regnum.ru/article/2407690 (검색일: 2023년 5월 1일).

주지 등록자가 어느 정도의 투자를 하고 있는지를 불완전하지만 알아볼 수 있었다.

러시아 여당인 통합러시아당(ЕДИНАЯ РОССИЯ)에서 나온 보도자료에 따르면 "현재 러시아 북극지역에는 637명의 주민이 등록되어 있으며, 23,874개의 일자리가 창출되었다, 총 투자액은 8,030억 루블이다. 크라스노야르스크 변강주의 북극지역에는 노릴스크, 타이미르 돌가노-네네츠 구, 투르한스키 구 및 개의 에벤키 자치구 등이 포함되어 있다."고 2023년 11월 30일 보도하고 있다.[39]

다음의 기사는 크라스노야르스크 변강주 정부 부의장 세르게이 베레샤긴(Сергей Верещагин)이 2023년 4월 4일 젤로보이 크바르탈 잡지社와의 인터뷰 내용이다. 그는 "크라스노야르스크 변강주의 북극지역에는 노릴스크, 타이미르 돌가노-네네츠, 에벤키 및 퉁구스키 구의 일부가 포함된다. 현 단계에서 러시아 북극지역에 26명의 거주민이 투자 프로그램을 실현하고 있다. 신고된 투자 총액은 370억 루블을 초과했고, 기업들은 이미 122억 루블을 투자했으며, 이 프로젝트가 시작되면 17,000개 이상의 일자리가 창출될 것이다."라고 말했다.[40]

---

39) ЕДИНАЯ РОССИЯ, 'В краевом парламенте обсудили развитие Арктической зоны' 2023. 11. 30. (검색일 2023년 11월 30일).

40) Деловой Квартал, 'Инвестиции в Север. Как идет развитие Арктической зоны РФ в Красноярском крае?', https://krasnoyarsk.dk.ru/news/237182006 2023. 4. 4. (검색일 2023년 11월 28일).

제한된 정보와 약간의 시간 차가 있어서 정확한 데이터를 산출해 내기는 어렵지만 위에서 제시된 수치를 바탕으로 계산을 해 보면 러시아 북극지역에 거주자로 등록한 총인원 대비 타이미르-투르한 거점지대에 주민으로 등록한 사람은 총 637명 중에서 26명(4.08%)으로 나타났고 북극지역 총투자액인 8,030억 루블 중에서 370억 루블(4.6%)로 나타났다.

이렇게 타이미르-투르한 거점지대에 지정된 지방정부 수준의 발전전략과 실제로 어떻게 개발이 이루어지고 있는지에 대한 접근을 시도해 보았다. 우선, 중앙정부의 발전전략과 마찬가지로 지방정부의 발전전략도 구체적으로 어떤 방향성을 가지고 이 지역을 개발할 것인가에 대해서는 상당히 구체적인 계획을 가지고 있다. 그러나 국제 정세 문제로 인한 예산지원이 지연되고 있고 발전전략의 실현 시기는 점점 늦춰지고 있다. 그리고, 구체적인 발전전략까지는 계획이 세워져 있지만 큰 틀에서의 개발 계획에 대해서만 밝히고 있다는 점, 이 개발 계획이 현재 구체적으로 어떻게 진행되고 있는지 밝히고 있지 못하다는 점, 노르니켈이 거의 모든 투자에 관여하고 있는데 노르니켈 단독으로 이 사업들을 실현 가능한가에 대한 의구심이 들었다. 마지막으로 실재적으로 민간 투자가 어떻게 이루어지고 있는가에 대해서도 알아보았고 그 결과 러시아 북극지역에서 진행되고 있는 총 투자대비 5%가 안 되는 인원의 참여와 투자를 하고 있다는 데이터를 도출해 낼 수 있었다.

V. 결론

러시아 정부는 북극지역의 개발을 통해서 러시아 경제의 새로운 성장동력으로 만들기 위한 시도를 꾸준히 진행하고 있다. 그것은 중앙정부의 개발전략과 지방정부에서 각 지방 사정에 적합하게 설계된 전략들을 보면 일정한 목표를 가지고 단계별로 수립되어 있다는 것을 알 수 있다. 그러나 문제는 2014년부터 시작된 러시아-우크라이나 사태는 서방의 러시아 경제재재로부터 나타났다. 2022년 러시아 우크라이나 전쟁의 여파로 기존의 경제제재가 더 심화되었으며, 러시아의 새로운 성장동력인 북극개발에도 차질을 빚고 있다. 부족한 기술과 예산은 만들어진 전략들의 실현기한 연장으로 나타나고 있으며, 모든 사업은 지연되고 있다.

현재 진행되고 있는 프로젝트들로 미루어보아 서쪽으로부터 동쪽으로 개발 사업들에 투자가 진행되고 있으며 현재까지는 서쪽에 위치한 북극 거점지역들에 비해서 타이미르-투르한 거점지대가 개발 우선순위에서 그리고 중요도가 떨어지고 있다. 이러한 이유는 우선, 지리적인 요인에 있다. 북극지역 중에서 유럽 러시아 지역 서쪽 부분에 위치한 무르만스크나 아르한겔스크 및 야말로-네네츠스키 자치구가 타이미르-투르한 거점지대보다 모스크바에 지리적으로 가까운 곳에 위치하고 있기 때문에 상대적으로 개발이 용이한 것 때문으로 생각된다. 현재 무르만스크는 항구 현대화와 화물 환적항구로서의 역할을 하기위한 투자와 개발이 진행되고 있다. 아르항겔스크는 선박제조 클러스터 투자와 자바이칼 지역과 철도연결을 통한 물류 허브를 준비하고 있다. 야말로-네네츠 자치구의 경우 기단반도에서 대표적인 프로젝트로 '야말 LNG 프로젝트'와 'Arctic LNG 2 프로젝트'가 진행되고 있다. '야말 LNG 프로젝트'의 경우 프로젝트가 개발이 잘 진행되어서 현재 조업중이지만, 'Arctic LNG 2 프로젝트' 의 경우 미국의 제재 문제로 성공적으로 컨소시엄을 이끌어 낼 것인가가 아직 불투명하다.

다음으로, 넓은 면적과 인구 문제이다, 크라스노야르스크 변강주의 약 63%(약109만㎢)가 북극지역에 속한다. 이것은 단일 북극지역 중에서 가장 넓은 면적이다. 그러나 이 지역에 사는 인구는 약 22만명으로 북극지역의 총 인구대비 10% 밖에 되지 않는다. 따라서 이곳에는 선행적으로 사회간접자본 (인프라)에 더 많은 투자가 필요하다. 마지막으로 지구온난화가 계속되어 북극지역에 접근성이 좋아지고, 북동항로의 이용 가능성이 높아질수록 타이미르-투르한 거점지대의 개발은 촉진될 것이다.

내륙 수운을 통해서 아바칸으로부터 크라스노야르스크를 거쳐 두딘카까지 그리고 이와 연결된 북동항로의 거점항구 딕손을 연결하고 크라스노야르스크의 시베리아횡단철도를 동시에 이용한다면 러시아 북극지역의 중간에 위치한 다는 지리적인 장점을 살릴 수 있는 자생적인 교통망의 구축이 가능하다.

그리고 타이미르-투르한 거점지대의 개발 계발계획을 봤을 때 이미 개발되어 있는 노릴스크의 니켈 이외에도 주변의 양질의 석탄자원과 비철금속 및 귀금속 광상의 개발 가능성이 매우 높이 평가되고는 있다. 또한 보스토크 오일 프로젝트의 성공도 기대가 된다. 교통 및 자원 개발 가능성은 산업클러스터를 형성을 가능하게 하는 좋은 조건으로 보여진다.

그러나 이 지역의 개발이 성공하기 위해서는 위에서 언급한 것과 같이 사회간접자본의 투자로 접근성을 높여주어야 하는 것이 반드시 선행되어야 하고 많은 사람들에게 미국의 골드러시와 같은 유인책이 될 수 있는 좋은 정책을 만들어야 한다. 현재 러시아는 북극 헥타르 프로그램이라는 정책으로 러시아 시민이라면 북극지역에 1헥타르의 땅을 무상으로 제공하는 제도 및 북극에 거주하면 각종 혜택을 받을 수 있는 지원 제도를 내놓고 있지만 타이미르-투르한 거점지대에서 이 혜택을 받은 사람은 아직까지 소수에 불과하다는 것이 판명되었다.

도출된 결과들을 종합적으로 판단해 봤을 때 잠재적인 발전 가능성은 있지만 현 단계에서 개발 우선순위 낮다. 또한 러시아의 국제정치적 인 상황으로 인한 경제 문제는 단기간 내에 해결이 어려울 것으로 생각된다 문제의 해결을 위해서는 정치적인 문제가 해결되고 해외 투자를 통한 기술력과 자금력 확보 및 투자 유인책을 더 강력하게 시행해야 할 것이다

<참고문헌>

1. 논문 자료

김정훈, "러시아 북극권의 인구 이동과 경향", 『한국 시베리아연구』 Vol. 26, No. 4, 2022.

라미경, "북극권의 지속가능개발을 위한 북극이사회의 역할", 『한국과 국제사회』 Vol. 5. No. 1, pp. 169-195, 2021.

박종관, "우랄-시베리아 자원지대와 북극항로 연계된 러시아 북극 철도회랑 개발정책 연구", 『한국 시베리아연구』 Vol. 25, No. 1, 2021.

백영준, "북극 개발전략 2020 원문번역(1-2)", 『북극연구』, Vol. 4호, p. 77, pp. 162-183

_____, "한국과 일본의 북극 연구 경향 및 전략 비교", 『한국 시베리아연구』 Vol. 21. No. 2. 2017.

_____, "한국의 러시아 북극개발 협력 가능성 모색: 일본과 한국의 대러시아 정책 비교분석을 중심으로" 『한국 시베리아연구』 25권 3호, 2021.

서현교, "우리나라 남·북극 기본계획 통합방안과 평가", 『한국 시베리아연구』 Vol. 24, No. 1, 2020.

양정훈, "러시아 북극의 전략적 발전 지역: 쎄베로-야쿠스키 중심", 『한국 시베리아연구』 Vol. 25, No. 4, 2021.

이상준, "러시아의 북극개발과 한국의 참여전략", 『러시아연구』 Vol. 31, No. 1, 2021.

ШИШАЦКИЙ Н.Г., БРЮХАНОВА Е.А., МАТВЕЕВ А.М., "Проблемы и перспективы развития Арктической зоны Красноярского края", ЭКО. №. 4, 2018.

Е. П. Воронина, 'СОЦИАЛЬНО-ЭКОНОМИЧЕСКОЕ РАЗВИТИЕ СЕВЕРА И АРКТИКИ' 『СЕВЕР И РЫНОК: формирование экономического порядка』 №. 1 (57), с. 9, 2018, 'https://rio.ksc.ru/data/documents/14_sev_rinok_1_18.pdf (검색일: 2023년 5월 28일).

2. 인터넷 자료

동아사이언스, '예상보다 더 빠른 '지구온난화'…"가까운 미래에 1.5도 상승' http://m.dongascience.com/news.php?idx=59039 (검색일: 2023. 11. 30)

Portnews, 'Имеются все предпосылки для завершения проекта угольного терминала «Чайка» до 2024-25 годов - Гидрографическое предприятие' https://portnews.ru/news/318964/ (검색일: 2023년 5월 28일).

Деловой Квартал, 'Инвестиции в Север. Как идет развитие Арктической зоны РФ в Красноярском крае?', https://krasnoyarsk.dk.ru/news/237182006 2023. 4. 4. (검색일 2023년 11월 28일).

ЕДИНАЯ РОССИЯ, 'В краевом парламенте обсудили развитие Арктической зоны' 2023. 11. 30. (검색일 2023년 11월 30일).

заполярная правда, 'Глубокие перспективы' https://gazetazp.ru/special/vizitnaja-kartochka/glubokie-perspektivy.html (검색일: 2023년 5월 28일)

Корпорация развития Дальнего Востока и Арктики, https://erdc.ru/about-azrf/

Красноярский край - официальный портал 'http://www.24sever.krskstate.ru/docs/strategiya/0/print/yes' (검색일: 2023년 12월 18일).

ЛЕНТА НОВОСТЕЙ, 'Комарова: президент Путин включил в состав Арктической зоны два района ХМАО', https://www.sibmedia.ru/politika/komarova-prezident-putin-vklyuchil-v-sostav-arkticheskoj-zony-dva-rajona-hmao/?utm_source=yxnews&utm_medium=desktop, 2023. 9. 5,

Парламентская газета, 'Чекунков: В Арктике создали 12,5 тыс. рабочих мест' 2023. 11. 23. (검색일: 2023. 11. 26.)

Полярный индекс, 'Арктика в контексте устойчивого развития: часть 3. Арктическая Карелия', https://polarindex.ru/analytics/arctic_sustainable_development-Part3/ 2023. 4. 25.

Президент России, 'Перечень поручений по итогам совещания по развитию ЗАТО и населённых пунктов Арктической зоны России', http://www.kremlin.ru/acts/assignments/orders/72097 2023. 8. 18.

регнум, 'Развитие Арктической зоны России и основные вызовы для ее освоения' https://regnum.ru/article/2407690 (검색일: 2023년 5월 1일).

III
PART

문화와 사회의 공간

WHAT IS HAPPENING IN THE ARCTIC?

한국의 협력 가능한 북극이사회 원주민 관련 프로젝트: '북극젠더평등(Gender Equality in the Arctic)'

김정훈*

I. 북극이사회의 지속가능한개발워킹그룹 프로젝트

지구온난화와 과학기술의 발달 등 여러 요인으로 인해 과거에 비해 북극권에 대한 접근 가능성은 매우 높아졌다. 그러나 북극권은 기후변화, 인간의 접근 및 개발 행위에 대해 가장 민감하게 반응하고 환경파괴에 따른 영향이 가장 심각하게 나타나는 지역이기도 하다. 그리고 현재 전개되고 있는 러시아·우크라이나 사태, 이스라엘·하마스전쟁으로 심화된 중동 지역의 분쟁 그리고 미중 갈등 등의 다변화된 국제사회 분위기 역시 북극권에 직간접적으로 영향을 주고 있어 북극권에 관련된 인류사회의 현재와 미래에 대한 기대와 우려가 교차되고 있는 지역이기도 하다.

이렇듯, 북극은 경제적 기회와 증가하는 국제적 관심과 함께 심각한 환경적, 사회적 혼란에 직면해 있으며, UN과 북극이사회(AC, Arctic Council)가 북극권에서 추구하고 있는 '지속가능한개발워킹그룹(SDWG, Sustainable Development Working Group)'은 환경 보호를 보장하고 지역 사회의 회복

※ 이 글은 2022년 대한민국 교육부와 한국연구재단의 지원을 받아 수행된 연구임 (NRF-2022B0101)

* 배재대학교 교수, 배재대학교 한국-시베리아센터 소장

력을 강화하면서 이러한 기회를 활용할 수 있는 능력을 구축할 것을 요구하고
있다. 자원, 물류, 안보 등 국제적 관심이 집중되는 현 상황에서 북극권 개발
과정에서 발생할 수 있는 대조적 개념인 개발 vs 보전이 SDWG차원에서 과연
가능할 것인지 혹은 생존 문제에 직면하고 있는 원주민 사회와의 협력이 실현
될 수 있는 부분이 무엇인지에 대한 고민은 인류 공동의 관심사가 되고 있다.

1996년 9월 캐나다 오타와에서 '북극권 환경과 원주민 보호, 지속가능발전'
을 위한 오타와 선언(Ottawa Declaration)을 발표하며 출범한 AC는 북극권
국가인 8개[1] 회원국, 실무단체인 6개 워킹그룹[2], 상시참여단체인 6개 원주민
그룹[3] 그리고 국가와 기관들로 구성된 39개 옵서버[4]로 구성되어 있다.

AC의 설립 주요 목적[5] 중 하나인 '북극 주변 거주민의 복지와 원주민 및 지

---

1) 노르웨이, 덴마크, 러시아, 미국, 스웨덴, 아이슬란드, 캐나다와 핀란드
2) 북극오염물질행동프로그램(Arctic Contaminants Action Program); 북극모니터링및
   평가프로그램(Arctic Monitoring and Assessment Programme); 북극동식물계보존
   워킹그룹(Conservation of Arctic Flora and Fauna); 비상,예방,대비및대응워킹그룹
   (Emergency Prevention, Preparedness and Response); 북극해양환경보호워킹그룹
   (Protection of the Arctic Marine Environment); 지속 가능한개발워킹그룹(Sustainable
   Development Working Group)
3) 이누이트환북극이사회(ICC: Inuit Circumpolar Council); 사미이사회(Saami Council);
   러시아북극 원주민협회(RAIPON: Russian Association of Indigenous Peoples of the
   North); 알류트국제협회(AIA: Aleut International Association); 북극아사바스칸이
   사회(AAC: Arctic Athabaskan Council); 그위친국제이사회(GCI: Gwich'in Council
   International)
4) 13개 옵서버 국가(한국, 프랑스, 독일, 영국, 네덜란드, 폴란드, 스페인, 이탈리아, 중
   국, 일본, 싱가포르, 인도, 스위스); 13개 옵서버 정부간 의회간 조직(UNEP, SCPAR,
   IFRC, IUCN, NCM, NAMMCO, UNDP, NEFCO, ICES, OSPAR Commission, WNC,
   IMO); 12개 옵서버 비정부기구들 NGOs(IASC, IUCH, NF, WWF, ACOPS, AWRH,
   CCU, IASSA, IWGIA, UArctic, AINA, Oceana)
5) '북극 주변 거주민의 복지와 원주민 및 지역 전통 보호', 생물다양성 유지(북극 지역 환
   경 및 거주민 건강생태계 보호), 북극 자연 자원의 지속가능한 이용, 북극 지역 지속가
   능한 발전(경제·사회·문화) https://arctic-council.org/ (검색일: 2024. 10.20)

역 전통 보호'는 SDWG가 관여하는 주요 사업 분야이다. 북극의 현재와 미래는 기후변화와 개발 및 세계화의 힘 등에 의해 해당 지역에서 오랫동안 유지해오던 원주민 혹은 거주민들의 전통적인 생계 방식에 큰 압박을 주고 있다. 따라서 AC의 원주민단체와 SDWG가 지향하는 목표는 북극 원주민과 지역 사회의 건강과 번영에 매우 중요하다.

이에 따라 AC의 SDWG는 UN이 2015년 제 70차 UN총회에서 2030년까지 달성하기로 결의한 의제인 지속가능개발목표(SDGs; Sustainable Development Goals) 실현을 위해 설정한 17개의 목표를 기둥으로 하여 인간, 지구, 번영, 평화와 파트너십이라는 5개 영역에서 인류가 나가야 할 방향성을

그림 1. UN SDGs 17목표와 AC SDWG 169 세부목표

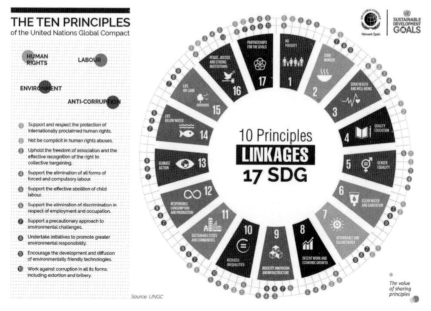

출처: https://www.sdg.services/principles.html (검색일: 2024년 10월 20일)

169개 세부 목표로 제시하고 다양한 사업들을 전개해 나가고 있다[6].

<표 1> UN SDGs 17목표와 AC SDWG 169 세부목표

SDWG 추진 완료 사업		
프로젝트 명	참여 국가 및 기관	완료
Reindeer Herding and Youth (EALLIN)	Norway, Russia, Saami Council	2015
Arctic Energy Summit 2015		2015
Arctic Adaptation Exchange Portal	Canada, USA, AIA, GCI	2017
Rising Sun		2017
Gender Equality in the Arctic (GEA) I		2017
Evidence-Base for Promoting Mental Wellness and Resilience to Address Suicide in Circumpolar Communities	Canada, Denmark, Norway, Russia	2015
Integrating Traditional and Local Knowledge	Canada, Denmark, USA, AIA, GCI	2015
Assessing, Monitoring and Promoting Arctic Indigenous Languages	ICC, Canada, Denmark, USA	2015
Circumpolar-Wide Inuit Response to the Arctic Marine Shipping Assessment	ICC, Canada, Denmark, United States	2015
One Arctic, One Health I		2017
Review of Cancer Among Circumpolar Indigenous Peoples	Canada, Denmark, ICC	2015
Blue Bioeconomy in the Arctic Region	Iceland, Canada, Denmark, Norway, USA and Aleut International Association	2021
Arctic Preschool Education	RAIPON	완료
Economy of the North (ECONOR) IV	Norway, Canada, USA, Saami Council	2021
Gender Equality in the Arctic (GEA) III	Iceland, Canada, Finland, Sweden, USA, Aleut International Association, Saami Council	2021
Arctic Resilience Forum 2020		2021
Arctic Renewable Energy Atlas(AREA)	Canada, USA, GCI	2020

---

6) '2030 지속가능발전의제'라고도 하는 지속가능발전목표는 '단 한 사람도 소외되지 않는 것(Leave no ond behind)'을 슬로건으로 하고 있다. https://sdwg.org/ (검색일: 2024. 10. 20)

Zero Arctic: Concepts for carbon neutral Arctic construction based on tradition	Finland, Canada, Japan (Hokkaido University)	2020
Circumpolar Resilience, Engagement & Action Through Story (CREATeS)	Canada, Finland, Denmark, ICC	2019
Assessing the Use of Heavy Fuel Oils (HFOs) in Indigenous Communities	USA, Canada, AIA, CCU (in cooperation with PAME)	2019
Solid Waste Management in Small Arctic Communities	Canada, Finland, AIA	2019
The Arctic as a Food-Producing Region	Iceland, GCI, ICC	2019
Teacher Education for Diversity and Equality in the Arctic	Finland, Russia, Norway, Canada	2019
Arctic EIA - Environmental Impact Assessment	Finland, Canada, Denmark and Gwich'in Council International	2019
Arctic Energy Summit 2017	Finland, Iceland, Russia	2017
Arctic Resilience Action Framework (ARAF)	USA, Sweden, Finland	2019
Arctic Sustainable Energy Futures Toolkit	Canada, Denmark, GCI, Netherlands	2019
Improving Health through Safe and Affordable Access to Household Running Water and Sewer (WASH)		2017
Economy of the North (ECONOR) III		2017
Economy of the North (ECONOR) II		2008
Economy of the North (ECONOR) I		2006
Indigenous Youth, Food Knowledge & Arctic Change (EALLU)	Norway, Canada, Denmark, Russia, USA, AIA, Saami Council	2019
Gender Equality in the Arctic (GEA) II		2019
Arctic Remote Energy Networks	Canada, Finland, Iceland, USA, GCI, AIA	2019
One Arctic, One Health II	USA, Canada, Finland, Denmark, Norway	2019

SDWG 추진 진행 중인 사업		완료 예정
Advancing Arctic Resilience: Exploring aspects of Arctic resilience connected to the impacts of permafrost thaw	Finland, Iceland, Russia, USA, AAC, Northern Forum, Association of World Reindeer Herders, IASSA, WWF, UArctic	2023
Arctic Food Innovation Cluster	Canada, Finland, Iceland, Russia, AIA, GCI, AAC, ICC	2023
Indigenous Youth, Food Knowledge & Arctic Change (EALLU) II	Canada, Norway, Russia, Sweden, Aleut International Association, Saami Council	2023
Arctic Remote Energy Networks Academy (ARENA)II	Canada, Finland, Iceland, Russia, USA, Gwich'in Council International, Aleut International Association	2023

Local2Global	Canada, Denmark, Finland, Iceland, Sweden, Inuit Circumpolar Council, Gwitch'in Council International	2023
One Arctic, One Health III	USA, Canada, Denmark, Finland, Norway	2023
Arctic Hydrogen Energy Applications and Demonstrations (AHEAD)	Russia, Norway	2023
Arctic Demography Index	Russia, Canada, Norway	2023
Sustainable Development Goals in the Arctic: The Nexus Between Water, Energy, and Food (WEF)	Canada, Finland, Iceland	2023
Digitalization of the Linguistic and Cultural Heritage of Indigenous Peoples of the Arctic	Russia, Norway, RAIPON	2024
Solid Waste Management in Remote Arctic Communities	AIA, Canada, Finland, USA, Sami Council	2023
Biosecurity in the Arctic	Russia, Finland	2023
Arctic Community Perspectives on Covid-19 and Public Health: A Multi-Site Case Study	Canada, Finland, Norway, USA	2023
Preserving ARCtic ARChitectural Heritage (PrARCHeritage)	Russia, Norway	2023
COVID-19 in the Arctic Assessment Report	Iceland, GCI, IASSA, WWF	2023
Gender Equality in the Arctic IV	Iceland, Canada, USA, Finland, Norway, Sweden, Aleut International	2024

출처: https://www.sdg.services/principles.html (검색일: 2024년 10월 20일)

2024년 11월 기준 AC의 SDWG 웹사이트에 공개된 자료에 의하면, SDWG 주관 하에 완료된 프로젝트는 36건, 그리고 진행 중인 사안은 16건이다. 이들 프로젝트 진행과 완료 과정에는 몇 가지 특이사항이 존재한다. 우선 완료와 진행 기간에 관련된 사안으로, 완료된 프로젝트는 대부분 2019년 기준 하에 마무리되었으며, 진행되고 있는 프로젝트들의 완료 예정 년도는 거의 2023년 으로 설정되어 있으나 일정을 맞추지 못하고 있다는 점이다. 이는 2019년 12월 발생한 COVID-19와 2022년 2월 발발한 러시아·우크라이나 사태의 영향 이 크게 작용된 것으로 해석할 수 있을 것이다. 두 사건으로 인해 AC 활동에 있어 Off Line 상태에서의 협력이 제약을 받고, 협력 주체 간의 갈등 또는 휴지기 및 사업 중단 분위기가 형성(AC 8개국의 관계 구도 변화, 러시아 vs 7개 국)되었기 때문이다. 프로젝트 참여 국가와 기관의 구성이다. 대부분의 사업 들이 AC 회원국과 상시참여단체인 6개 원주민 그룹 위주로 진행되고 있으며, 특히 임기 2년의 의장국이 해당 연도 프로젝트에 적극 참여하고 있는 상황이 다. 프로젝트 옵서버 국가와 기관에게 개방된 상태이나 그 참여도는 매우 저 조한 상태로 일본이 2020년에 완료된 한 건의 사업 'Zero Arctic: Concepts for carbon neutral Arctic construction based on tradition'에 참여하고 있는 실정 이다. 프로그램 연속성도 특징 중 하나이다. 일정 부분에 있어 긍정적인 결과 를 도출해 내고 있는 사업들은 시리즈 형태로 진행되고 있다. 마지막으로 프 로젝트의 대다수가 현지에 삶의 기반을 두고 있는 원주민과 거주민들을 대상 으로 하고 있다는 점이다. 이는 AC의 SDWG 사업의 최우선 목적과 부합한다.

경제적 포화 상태에 처해 있는 한반도 입장에서 볼 때 북극권은 새로운 경 제 공간 창출 및 유라시아 대륙으로의 진출 현실 문제 해결과 꿈을 실현시킬 수 있는 공간이다. 2013년 AC 옵서버 자격을 획득한 대한민국의 입장에서 북 극권에서 주도적 혹은 능동적 역할을 할 수 있는 부분이 제한적인 것은 사실 이다. 그렇기에, 현실적으로 AC의 틀 안에서 인류 공통의 관심사가 적용될 수 있는 북극권 개발 영역과 사업 분야를 적극 모색해 중견국의 리더로서 북극권 에서의 선도적 역할을 수행할 수 있는 기회를 도모할 필요가 있다. 이러한 점 에서 AC의 SDWG가 진행하고 있는 사업들에 대한 면밀한 분석과 참여 가능 한 분야 설정, 참여 방안 수립 및 그로 인해 창출될 수 있는 결과에 대한 예측 등의 작업 등이 이루어져야한다.

상기한 나열한 AC의 SDWG 사업 중 현재 상황에서 한국이 참여 가능성이 높아 보이는 프로젝트는 다소 한정적이라 할 수 있다. 그럼에도 불구하고 북 극권에서의 선도적이고 능동적인 한국의 역할을 수행해나가기 위해서는 해당 지역 차원을 너머 글로벌 차원에서 반드시 수행되어져야 할 수 있는 프로젝트를 찾아내어야 한다. 그 중 하나가 2013년 시작되어 2024년 4단계로 진행되고 있는 'Gender Equality in the Arctic(GEA, 북극젠더평등)' 시리즈 형태의 프로젝트이다.

이에 따라 해당 프로젝트에 관련된 행사 과정과 결과물 등에 관련된 내용들을 'Gender Equality in the Arctic(GEA)' 웹사이트[7] 자료를 중심으로 분석해보고 소개하고자 한다.

II. 북극젠더평등 프로젝트 단계별 특성

1. 북극젠더평등 I(Gender Equality in the Arctic I, GEA I)

- 사업 기간: 2013-2015년
- 목적과 목표: 북극 지역의 젠더 평등에 대한 대화 촉진과 확대
- 배경: 이전의 프로젝트와 이니셔티브 및 컨퍼런스, 특히 2014년 10월 아쿠레이리(Akureyri)에서 개최된 '북극의 젠더평등: 현재 실상과 미래 도전(Gender Equality in the Arctic: Current Realities and Future Challenges)' 컨퍼런스[8]의 결과와 권장 사항 기반
- 프로젝트 내용: 2년 동안 북극이사회와 SDWG(지속가능한개발워킹그룹)

---

7) https://arcticgenderequality.network/
8) 2013-2015년 환극지역 프로젝트 파트너들이 손을 잡고 국제 컨퍼런스인 '북극 성평등 - 현실과 미래 도전과제(Gender Equality in the Arctic - Current realities, future challenges)'를 조직, 2014년 10월 아이슬란드 아쿠레이리(Akureyri)에서 열렸고 북극권 국가의 학자, NGO, 정치인, 정부 및 기업 대표 150명이 참석

의 작업을 발전시킬 해당 분야 전문가의 공식 네트워크 구축과 운영에 관한 컨퍼런스 개최와 보고서 작성

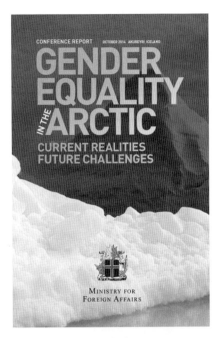

출처: bit.ly/GEA-report
(검색일: 2024년 10월 30일)

- 실행 및 결과: 젠더 문제에 대한 토론과 연구를 발전시키는 데 기여하며 경제적 참여와 정치적 권한 부여와 관련하여 여성과 남성 간의 지속적인 불평등에 주의 환기. 1단계 결과 보고서 작성(1단계 컨퍼런스를 기반으로 한 2015년 보고서에는 컨퍼런스 회의록과 정책 관련 하이라이트 목록 포함, 보고서와 컨퍼런스 세션 녹음은 bit.ly/GEA-report에서 온라인으로 볼 수 있음)

- 1단계 결과 보고서의 주요 정책 관련 핵심 내용:
  - 젠더 문제와 평등은 북극 지역 정책에서 우선순위가 되어야 함
  - 공공 또는 민간 부문에서 여성의 정치 및 경제 분야에 접근하고 참여할 수 있는 환경 개선
  - 북극 국가는 젠더 평등 보장과 모든 형태의 차별 근절 의무 있음
  - 젠더 범주 내의 다양성 존중, 복잡한 성 정체성 고려
  - 경제적 다양성과 지식 기반 기업은 미래에 지속 가능한 북부 개발의 핵심이 될 것, 혁신과 기업가 정신은 북부의 지역 사회 및 지역 개발에 있어 필수 사항

- 기후 변화 관련 정책에 여성과 토착민의 관점 포함 필요
- 젠더 역할은 점진적으로 전환되고 있으며, 남성은 성 논쟁에 보다 적극적으로 참여해야 합니다.
- 효과적인 자살 예방을 위한 사회적 맥락과 결정 요인에 대한 더 깊은 이해 필요
- 정책 결정 시, 이주 패턴 고려 필요
- 젠더 평등을 달성하려면 다양한 도구의 조합 필요, 예) 젠더기반분석(GBA, Gender Based Analysis)과 젠더주류화(Gender mainstreaming) 등
- 국가 중심 담론에 지속적인 북극 의제 설정. 전통적인 '국가 안보(state security)' 프레임워크 대한 경쟁과 비판적 분석 필요
- 교육 기회와 노동 시장의 다양성 창출과 유지 필수. 교육에는 '젠더기반차원(gendered dimension)'이 있으며 '교육에 대한 태도(attitudes towards education)'는 바뀌어야 함
- 변화에 대한 대응은 다양하며 상황에 따라 달라지고, 개인과 커뮤니티의 적응 능력을 필요로 함. 남성과 여성은 변화에 다르게 대응하고 적응 함
- 분석 결과 자원활용에 대한 '남성적(masculine)' 담론과 기후변화 위협에 대한 '여성적(feminine)' 담론 사이에 모순 존재 확인
- 북극 지역 사회의 건강과 복지는 정책 결정에 고려되어야 함
- '역사적 트라우마 개념(The concept of historical trauma)'은 문제 있는 북극 지역 사회의 사회적 현실 설명에 유용할 수 있음
- 대체 미디어는 젠더대표성(representations of gender)을 보고(to view), 재조명하고(to re-view), 관찰하고(to observe), 재창조(to recreate)할 수 있는 기회 제공

2. 북극젠더평등 II(Gender Equality in the Arctic II, GEA II)

- 사업 기간: 2017-2019년
- 목적과 기대: 북극 젠더평등
  - 북극의 성평등에 대한 대화 촉진과 확대
  - 북극의 성평등 문제 관련 그룹과 전문가의 공식 네트워크 제공
  - 북극의 성평등 관련 기존 네트워크와의 협력 장려
  - 북극의 성평등 관련 자료와 이벤트를 위한 온라인 플랫폼 제공
  - 북극의 성평등 관련 워크숍과 컨퍼런스 조직, 협력 및 참여
- 배경: 북극의 젠더평등에 대한 대화 촉진과 확대
- 프로젝트 내용: 프로젝트 웹사이트 개발 및 구축, 이로 인해 북극의 젠더평등 문제에 관여하는 조직의 공식 네트워크 형성
- 실행 및 결과: 2단계 관련 주요 행사
  - 'Contemporary Issues of Gender in the Arctic', 2017년 10월 아이슬랜드, 레이캬비크
  - 'Arctic Leadership: Gender and Diversity in Politics, Science and Industry', 2018년 10월 아이슬랜드, 레이캬비크
  - 'Gender and Mobility: Integrating Realities into Policy', 2018년 5월 페로제도

출처: bit.ly/GEA-report
(검색일: 2024년 10월 30일)

토르샤븐(Torshavn)

- 'Panel on Gender Equality in the Arctic: Challenges and Situated Policies', 2018년 5월 페로제도 토르샤븐(Torshavn)

- 'Networking on gender equality in the Arctic Region: Round Table', 2018 년 9월 핀란드 헬싱키

- 'Gender Equality and 2030 Agenda for Sustainable Development', 2018년 9월 핀란드 헬싱키

- 'Health and Gender Equality. Changing quality of life: Women, men and health', 2018년 9월 핀란드 헬싱키

3. 북극젠더평등 III(Gender Equality in the Arctic III, GEA III)

- 사업 기간: 2019-2021년, 2019년에 아이슬란드의 북극이사회 의장직 수행과 함께 시작
- 목적과 목표: 북극의 사람과 지역 사회에 우선순위를 두고, 이 지역에 거주하는 약 400만 명의 사람들의 복지 증진
  - 북극에서 젠더문제의 중요성에 대한 가시성과 이해도 향상
  - 정책 및 의사 결정 과정에서 다양성과 젠더균형을 증진하기 위한 우선순위와 구체적인 전략파악
  - 미래를 위한 지속가능한 정책 결정을 용이하게 하기 위한 정보 제공
- 배경: 프로젝트 리더는 아이슬란드이며, 스웨덴, 핀란드, 캐나다, 사미위원회, 알류트국제 협회, 미국이 공동 참여
- 프로젝트 내용: 아이슬란드 의장국의 '지속가능한 북극을 향하여(Together Towards a Sustainable Arctic)' 프로그램에는 북극 해양 환경, 기후 및 녹색 에너지 솔루션, 북극 주민 및 지역 사회, 더욱 강력한 북극

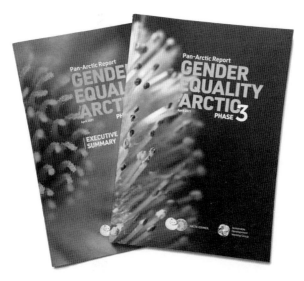

출처: bit.ly/GEA-report (검색일: 2024년 10월 30일)

협의회 등 4가지 주요 우선순위 주제 포함[9], 젠더평등은 지속 가능한 개발을 달성하는 데 중요한 요소이며, 아이슬란드는 북극에서 젠더평등에 대한 대화를 촉진하고 이 분야의 전문가 및 이해 관계자 네트워크를 강화하는 것을 목표로 하는 프로젝트를 주도적으로 진행

- 실행 및 결과: GEA III차 보고서(2021년 5월 발행) '북극 젠더평등에 관한 범북극 보고서(A primary component of GEAIII is the Pan-Arctic Report on Gender Equality in the Arctic.)' 작성(bit.ly/GEA-report 확인 가능)

---

9) Iceland's Chairmanship of the Arctic Council 2019-2021. *People and Communities of the Arctic*, https://www.government.is/topics/foreign-affairs/arctic-region/icelands-chairmanship-in-the-arctic-council-2019-2021/people-and-communities-of-the-arctic/ 검색일: 2024.10.3

4. 북극젠더평등 IV(Gender Equality in the Arctic IV GEA IV)

- 사업 기간: 2022-2024년
- 목적과 목표: '포용성(inclusiveness)' 이라는 철학적 가치 지속과 정책 입안자, 연구자, 시민 사회 대표를 포함한 여러 이해 관계자 간의 협력 중시
- 배경: GEA 프로젝트의 4단계는 이전 단계를 기반으로 하며, 프로젝트에 참여한 원주민 파트너의 구체적인 제안, 보고서 자체와 '레이캬비크선언 2021(Reykjavík Declaration 2021)'에서 제시한 권장 사항, 그리고 '북극이사회전략계획 2021-2030(Arctic Council Strategic Plan 2021-2030)' 내용을 중심으로 하는 두 가지 주요 요소로 구성
- 프로젝트 주요 내용:
  - 북극이사회 업무에 워크숍과 결과물에 관련된 절차 및 데이터 등을 포함한 북극에서 젠더평등을 증진하기 위한 젠더기반분석(gender-based analysis)의 주류화
  - '북극젠더평등(GEA)' 프로젝트에 참여하는 원주민 파트너 대상의 흥미로운 주제를 전파하기 위한 주제별 온라인 이벤트와 인터뷰에 초점을 맞춘 원주민 주도 구성 요소인 '지혜와 지식 공유(Sharing wisdom and knowledge)' 관련 팟캐스트 시리즈 구축
- 실행 작업 및 결과: GEA 프로젝트 홈페이지 자료 기준
  https://arcticgenderequality.network/ (검색일: 2024년 11월 20일)

추진 중인 작업

  - '북극이사회의 젠더주류화(gender mainstreaming)와 젠더기반분석(gender-based analysis)' 관련 온라인 워크숍이 조직되어 2022년 2월 말에 개최될 예정이었으나, 북극이사회 활동 중단으로 인해 워크숍 연기
  - '젠더 및 북극 지역 젠더 분리(disaggregated) 데이터' 관련 하이브리드 워

크숍이 캐나다의 원주민과북방업무부(Indigenous and Northern Affairs) 지원을 받아 2023년 3월 15일과 16일에 아이슬란드 아쿠레이리(Akureyri) 에서 온라인으로 개최, 35명 직접 참여, 25명 온라인 참여. 참가자에는 학계, 정부, 통계 기관, 원주민 전문가, 청소년, LGBTQIA2S+(성 소수자: Lesbian, Gay, Bisexual, Transgender, Queer/Questioning, Intersex, Asexual, 2-Spirit), 2-Spirit 전문가, GEA 보고서의 주요 저자, 데이터 연구 연구자, UN 여성 데이터 부서의 대표 등이 포함
- 현재 캐나다와 핀란드 공동 자금 지원 형식으로 '북극 지역의 기존 데이터와 성분리(Sex Disaggregated) 데이터 과제의 연구 개발' 진행 중
- 현재 준비 단계에 있는 '지혜와 지식 공유(Sharing Wisdom and Knowledge)' 사업은 일련의 온라인 이벤트와 인터뷰로 진행될 예정이며, 주요 주제로는 문화와 정신적 관점에서 탈식민지화와 토착화, 거버넌스와 의사 결정 과정, 북극 토착민의 인권, 젠더 관점에서 본 인간 안보와 사회 정의 등

2022-2023년 프로젝트 관련 이벤트

- 2022년 1월, '북극젠더평등(Gender Equality in the Arctic)'에 관한 캐나다 아이슬란드 웨비나. 아이슬란드 주재 캐나다 대사관, 캐나다 주재 아이슬란드 대사관, Polar Knowledge Canada와 아이슬란드북극협력네트워크(Icelandic Arctic Cooperation Network) 주최.
  녹화 자료 https://www.youtube.com/watch?v=q57ohBpY-b0
- 2022년 2월, 'COVID-19팬데믹시대의젠더역량강화(Gender Empowerment in Times of the COVID-19 Pandemic)'에 관한 온라인 세션. 아이슬란드북극협력네트워크(Icelandic Arctic Cooperation Network), 조지 워싱턴 대학교, ARCTICenter University of Northern Iowa 등 조직

- 2022년 2월, '북극의여성과에너지전환(Women & Energy Transition in the Arctic)'에 관한 웨비나. 아이슬란드북극협력네트워크(Icelandic Arctic Cooperation Network)와 Women in Renewable Energy 주최

- 2022년 3월, '북극젠더평등과권한강화(Gender Equality and Empowerment in the Arctic)'에 관한 웨비나[유엔여성지위위원회 66(UN Commission on the Status of Women 66)]의 부대 행사). 아이슬란드북극협력네트워크(Icelandic Arctic Cooperation Network), ARCTICenter University of Northern Iowa, 조지 위싱턴 대학교 등 주최. 미국국립과학재단(National Science Foundation) 자금 지원

- 2022년 8월, 누크(Nuuk)에서 개최된 아틱써클포럼(Arctic Circle Forum)에서 '젠더기반외교(Gendered Diplomacy)'에 관한 대면 세션. 그린란드 정부, 아이슬란드 외무부, 아이슬란드북극협력네트워크(Icelandic Arctic Cooperation Network) 주최

- 2022년 10월. 아틱써클 총회에서 개최된 '북극리더십의성평등과다양성(Gender Equality and Diversity in Arctic Leadership)'에 관한 대화. 아이슬란드 외무부, 아이슬란드북극협력네트워크(Icelandic Arctic Cooperation Network), 아틱써클(Arctic Circle), 아이슬란드 총리실, 아이슬란드 외무부 주최. 캐나다 총독 메리 사이먼, 아이슬란드 총리 카트린 야콥스도티르, 그린란드 재무 및 성평등부 장관 나아야 H. 나다니엘센 등 참석

- 2023년 1월, '북극의 젠더, 데이터 및 탈식민지화(Gender, Data & Decolonization in the Arctic)'에 관한 웨비나. 아이슬란드 주재 캐나다 대사관, 캐나다 주재 아이슬란드 대사관, Polar Knowledge Canada, 아이슬란드북극협력네트워크(Icelandic Arctic Cooperation Network) 주최. 녹화 자료 https://www.youtube.com/watch?v=wZQ-v4my54A

- 2023년 4월, 인도에서 개최된 'The Future of Arctic Ice'에서 'The Pan-Arctic Report on Gender Equality in the Arctic: Engagement, Inclusion and Lessons Learned' 주제 발표. 인도 주재 아이슬란드 대사관 자금 지원
- 2023년 9월, Nordic Information Network Gender 주최, 온라인 프레젠테이션
- 2023년 10월, Arctic Circle Assembly의 북극의 젠더와 분산된 데이터 (Gender and Disaggregated Data in the Arctic Region) 관련 대면 세션. 아이슬란드 외무부, Crown Indigenous Relations and Northern Affairs(캐나다), 아이슬란드북극협력네트워크(Icelandic Arctic Cooperation Network), Directorate of Equality 주최
- 2023년 10월, '북극젠더평등(Gender Equality in the Arctic); 심층 조명(A Closer Look)' 대면 세션. EU 주최
- 2025년 5월 GEA IV 단계 완료 예상

III. 북극젠더평등III(이하 'GEA III'로 약칭) 보고서 개요

- 북극젠더평등(GEA) 프로젝트는 2013년에 시작되어 현재까지 총 4단계에 걸쳐 진행
- 사업 기간 내에 발생한 팬데믹 현상인 COVID-19와 2022년 러시아-우크라이나 사태 등의 여파는 북극권까지 미쳤으며, 그로 인해 해당 사업도 작지 않은 영향을 받기도 함
- 하지만 젠더평등에 관련된 본사업의 목적은 국제사회의 이해관계 충돌의 중심 사항에서 다소 벗어 나있기도 하고, 현재와 미래의 인류 사회의 공생

과 공영 차원에서 필수적인 부분이기에 이 프로젝트가 지속가능한 상태의 유지와 운영 가능성을 제공해주고 있다고 할 수 있음

- 2019-2021년 동안에 진행된 '북극젠더평등 제3단계 활동의 결과물을 기반으로 작성된 '북극 젠더평등에 관한 범북극 보고서(Pan-Arctic Report. Gender Equality in the Arctic. Phase 3, 2021)'는 본 프로젝트의 과거, 현재 그리고 앞으로 지속되어야 할 핵심적인 내용을 담고 있기에 본 프로젝트 성격과 목적 및 지향성 등을 파악하는데 있어 매우 유용

- 보고서의 핵심 내용은 법과 거버넌스(Law and Governance); 안보(Security); 젠더와 환경(Gender and Environment); 이주와 이동성(Migration and Mobility); 토착성(Indigeneity), 젠더(Gender), 폭력(Violence)과 화해(Reconciliation); 권한 부여(Empowerment)와 운명 통제(Fate Control) 등 총 6개로 구성되어 있으며, 각 주제 별 목적과 내용, 기대효과 등이 정리되어 있음

- 이에 따라 '북극 젠더평등에 관한 범북극 보고서(이하 '범북극보고서'로 약칭)'의 핵심 적인 내용을 압축하고 재구성하여 본 프로젝트의 의미와 성격 그리고 한국이 북극 관련 사업에 진출할 수 있는 방법을 모색하고 전략을 수립하는데 있어 유용한 정보를 제공하고자 함.[10]

1. 'GEA III'의 '범북극보고서'

- GEA은 이전 프로젝트와 이니셔티브에서 젠더평등을 강조한 북극이사회(Arctic Council, AC)와 지속가능한개발워킹그룹(Sustainable

---

10) 본 장은 Arctic Council Sustainable Development Working Group, "Pan-Arctic Report. Gender Equality in the Arctic. Phase 3, 2021". 보고서를 압축, 수정 및 보완하여 재구성한 내용임을 밝힘.

Development Working Group, SDWG)의 의제와 역할과 매우 긴밀한 관계 형성

- 젠더 및 다양성 문제의 중요성은 점점 더 분명해졌으며, 가장 최근의 예로는 아이슬란드가 위원회 의장을 맡는 동안 젠더 문제를 강조한 것
- GEA는 공공 및 민간 부문 모두에서 담론, 성, 토착민 및 비토착민, 거버넌스, 교육, 경제, 사회적 현실, 지속 가능성, 리더십 및 의사 결정에 대한 균형 잡힌 참여 측면에서 다양성을 인정하고 감사하는 것의 중요성을 강조
- GEA의 목적과 목표는 처음부터 북극에서 성 문제의 중요성에 대한 가시성과 이해를 높이고, 정책 결정 및 의사 결정 프로세스에서 다양성과 성 균형을 높이기 위한 우선순위와 구체적인 전략을 파악하고, 미래에 지속 가능한 정책 결정을 용이하게 하는 정보를 제공하는 것
- GEA III는 북극 위원회 지속 가능 개발 실무 그룹의 산물이며, 2019~2021년 아이슬란드 의장국 기간 동안 의장국 프로젝트
- GEA III의 주요 구성 요소는 성평등에 대한 보고서를 개발하는 것으로, 보고서는 북극의 성 관련 문제에 대한 개요를 제공하기 위해 자료, 정보 및 전문 지식을 모아 이 지역의 이 주제에 대한 지식 격차를 메우는 데 기여
- 보고서는 2013년으로 거슬러 올라가는 국제 협력 프로젝트인 GEA III의 결과물로 북극의 젠더평등에 초점을 맞추고 있으며, 젠더평등과 다양성 증가를 뒷받침하는 새로운 문제와 우선순위 및 구체적인 전략을 파악하는 것을 목표로 함
- 보고서의 주요 대상 독자는 북극 지역의 정책 입안자이며, 동시에 북극 주민과 연구자를 포함하여 북극의 젠더 문제에 관심이 있는 사람들을 위한 리소스 제공함으로써 민간 부문의 추가 이해 관계자들의 자신의 업무와 관련성이 있다는 점에 대한 인식 확산 기대

- 보고서는 포괄적이라고 주장하지는 않지만, 회복력 있고 번영하는 지역 사회를 육성하는 정책 개발에 필요한 지식 기반과 이해력을 강화하는 데 있어 한 걸음 나아간 과정의 결과물

'범북극보고서' 작성 과정

- GEA III 보고서 개발의 중요한 구성 요소는 보고서에 포함될 우선 주제 식별, 텍스트 작성, 검토 및 피드백 프로세스
- 동료와 이해 관계자의 피드백을 적극적으로 요청하여 프로세스 중에 포용성과 투명성을 보장하기 위한 노력, 이를 위해 프로젝트 파트너, 편집 위원회 및 SDWG 사회, 경제 및 문화 전문가 그룹은 아이디어, 지식 및 지원을 제공하고 우선 주제를 개발하는 데 중요한 역할 수행
- 영구 참가자 및 기타 원주민 대표를 포함하는 것은 파트너와 편집 위원회 모두와의 참여 프로세스의 중요한 구성 요소 중 하나, 토론과 그들의 지도를 통해 젠더 및 관련 문제에 대한 원주민의 관점을 더 잘 이해하는 데 한 걸음 더 다가설 수 있었음
- Arctic Youth Network와 Saami Council의 지원과 촉진으로 Youth Advisory Group(YAG) 설립, 그 역할은 보고서 작성 중에 편집 위원회와 주요 저자에게 조언 제공, YAG의 구성원은 편집 위원회의 구성원 겸직, YAG는 보고서의 주제를 식별하는 과정에서 협의에 참여하며 청소년 관점에서의 우선순위 문제에 대한 중요한 조언 제공
- 원주민과 청소년의 참여는 GEA 네트워크를 확장시키고 강화하는 데 있어 핵심적인 홍보 요소로 지속
- 프로젝트 파트너, GEA 프로젝트 리드 국가, 공동 리드 국가 및 편집 위원회와 협력하는 주요 프로젝트 리더는 우선순위 주제가 결정되면 주요 저자 식별, 차례로 각 주요 저자는 기여자를 인식하고 접근하여 각 장에 대

한 자료 수집을 조정, 주요 저자에게는 저자들의 기여를 장의 주제 영역에 포함시키고 통합할 의무와 책임 부여

- 이외에도 프로젝트 파트너, 편집 위원회, SECEG 회원과의 일대일 인터뷰를 통해 우선 주제 식별, YAG에 협의하여 보고서에 포함할 주제에 대한 관점 파악, 자료 수집, 연구, 분석 및 저술을 통해 주요 저자 및 기고자와 함께 장을 개발하는 과정 진행

- 각 장에 대한 피드백 세션은 2020년 10월과 11월에 개최, 이는 주요 저자와 동료, 기고자, 원주민 및 청소년 대표가 각 장의 주제를 발표하고 논의하는 공개 온라인 세션으로 진행되었으며 모든 피드백 세션은 녹음과 필사를 통해 주요 저자에게 전송되어 검토 후 장에 통합, 초안 형태의 장에 대한 검토 및 피드백은 프로젝트 파트너, 편집 위원회, YAG, 모든 기고자 및 추가 관련 전문가에게 요청, 특정 YAG 검토자와 외부 전문가의 검토 과정 실시

'범북극보고서' 교훈, 보급 및 확산, 과제

<u>교훈</u>

- 기존의 북극이사회 등의 보고서들이 종종 구전 전통을 통합하지 못하고 다양한 세계관을 포함하고 있다는 점 인식, 따라서 GEA 프로젝트가 GEA IV의 개념 개발로 이어질 것을 염두에 두고 프로젝트의 앞으로 나아갈 방식의 재구성, 작업의 포괄성과 투명성 향상 등의 노력 추구, 이를 위한 권장 사항 제공:

  - 구상에서 최종 완성 단계까지 원주민 대표와 청소년 대표의 참여 필수. 주제, 우선순위 및 접근 방식 합의 도달을 위한 의미 있는 대화에 필요한 시간 확보 중요

  - 의미 있는 참여와 기여에 대한 보상을 반영하는 리소스 및 자금 조달 요구

사항을 제안서에 포함

- 광범위한 작업 편집의 충분한 시간 확보. 협의 및 참여 프로세스 모두 촉박한 일정으로 인해 최종 결과에 영향을 미칠 가능성 배제

보급, 확산 노력

- 프로젝트 기간 내내 웹 존재, 소셜 미디어, 인터뷰 및 이벤트와 같은 다양한 채널을 통한 프로젝트와 수집된 자료, 관련된 개인, 기관 및 조직에 대한 정보의 보급 노력, 이는 관련된 중요한 문제의 가시성을 높이고 주제에 관심이 있는 사람들에게 다가가는 데 중요한 요소

- 보고서가 발행된 후에도 보급에 대한 지속적인 강조 중요, 보고서의 발행이라는 중요한 이정표에 도달한 후에는 홍보 활동이 줄어들 위험이 항시 존재하기에, 이를 피하기 위해 온라인 보급 및 이벤트 조직 및 참여를 통한 잠재적인 청중에게 다가가기 위해 모든 노력을 기울일 뿐아니라 정책 입안자에게도 직접 접근하여 연구 결과를 소개할 예정

권장 사항

- 젠더 주류화: 보고서의 모든 장은 젠더 기반 분석과 젠더 주류화를 사회 및 경제 개발을 포함하여 젠더 평등을 촉진하고 보장하기 위한 필요한 전략으로 식별, 북극이사회의 업무 전반에 걸쳐 젠더 기반 분석을 전략적으로 적용하면 북극 지역 역학에 대한 이해가 깊어지고 지속 가능한 개발을 위한 보다 맞춤화된 조치, 계획, 정책 및 프로그램의 개발을 지원할 수 있음. 따라서 북극이사회는 업무 전반에 걸쳐 체계적으로 젠더 기반 분석에 참여하고 이를 주류화해야 하며 북극 국가가 국가 및 지역 수준에서 모범을 보이도록 장려해야함

- 데이터 과제: 북극이사회는 북극 전역에서 일관되고 비교 가능한 데이터와 정의에 대한 가이드라인 개발을 장려하고 촉진해야 하며, SDWG은 시

리즈로 진행되는 젠더 관련 다음 프로젝트 과정의 회원국, 상임 참여 기관, 다른 북극 위원회 실무 그룹 및 관련 북극 위원회 감시자와의 협력 모색 필요

- 정책 관련 하이라이트; 보고서는 정책 관련 하이라이트와 행동 및 연구 기회 목록을 제공하여 구체적으로 전진할 수 있는 비옥한 토양 제공, 일부는 북극 국가, 북극 위원회 및 작업 그룹과 구체적으로 연결되어 있지만 많은 경우 잠재적인 행위자의 더 광범위한 스펙트럼을 의미하며 제공된 조언을 바탕으로 구체적인 행동에 대한 자세한 설명 중요, 관련 전문가 그룹과 협력하여 북극 젠더평등 프로젝트 4단계의 행동 및 연구 기회를 포함한 정책 관련 하이라이트를 분석, 개선, 우선순위 지정 및 운영화에 대한 내용 제안

2. '범북극보고서' 핵심 내용

- 보고서의 핵심 내용은 총 6개의 장으로 구성: 법과 거버넌스(Law and Governance); 안보(Security); 젠더와 환경(Gender and Environment); 이주와 이동성(Migration and Mobility); 토착성(Indigeneity), 젠더(Gender), 폭력(Violence)과 화해(Reconciliation); 권한 부여(Empowerment)와 운명 통제(Fate Control).
- 주요 저자들은 학계, 연구자, 청소년, 토착민 대표, 기타 전문가와 이해 관계자 포함, 다양한 기여자들과 협력하여 다양한 자료와 관점 취합하여 분석 및 정리

1) 법과 거버넌스(Law and Governance)

- 법률 및 거버넌스는 정치 및 법률 문서에 표현된 북극 지역의 공공 거버

넌스에서의 젠더 평등과 관련된 공식적 의무 조사, 여기에는 원주민에 대한 특별한 고려 사항 포함

- 목표는 공공 거버넌스 기관이 책임져야 하는 정치적 및 법적 공약을 탐구하고, 이러한 기관들이 북극 젠더 평등에 대한 소망을 어떻게 표현하는지, 그리고 공약이 어떻게 이행되는지를 탐구하는 것

- 젠더 평등이라는 개념은 8개 북극권 국가와 2개의 상임 참여자 기구(이누이트환극위원회와 사미위원회)의 공식 북극 정책 문서와 북극 위원회의 업무의 맥락에서 탐구

- 분석 결과 북극의 거버넌스는 젠더 평등을 우선시하지 않으며, 더 일반적으로 젠더 평등이라는 목표가 이 지역 내에서 충족되지 않는다는 점 확인

공유된 젠더평등 공약(Shared gender equality commitments)

- 다양한 북극 관할권에서 차별 금지 범위와 젠더 평등 증진에 대한 불일치를 파악하여 모든 삶의 영역에 적용할 수 있는 포괄적인 젠더 평등 체제 형성
- 여성에 대한 모든 형태의 차별 철폐에 관한 협약은 모든 삶의 영역에 적용

실행 기회(Opportunities for action)

- 북극 공공관리기관(Arctic public governing bodies), 삶의 모든 영역에서 적용 가능한 포괄적인 젠더 평등 체제 형성
- 당사국들이 여성이 모든 분야에서 인권을 온전히 누릴 수 있도록 적절한 조치 실행

연구 기회(Opportunities for research)

- 다양한 북극 사법권(Arctic jurisdiction) 내의 차별 금지와 젠더 평등 증진의 범위에 대한 불일치 파악

북극이사회의 젠더 평등 정책(A gender equality policy for the Arctic Council)

- 이 보고서는 북극 거버넌스가 젠더 평등을 우선시하지 않고 있으며, 더 나아가 젠더 평등 목표가 달성되지 않고 있음을 입증
- 북극이사회와 북극 거버넌스를 위한 협력 기구들은 지역의 중요한 젠더 평등 촉매자

실행 기회(Opportunities for action)
- 이사회의 젠더 평등 정책을 런칭시켜 북극의 젠더 평등에 대한 입장 홍보
- 북극 거버넌스에 관한 사회 기관과 구조의 젠더적 특성(the gendered nature) 취급

연구 기회(Opportunities for research)
- 기존 지식을 활용한 방법 분석, 북극 내 젠더 평등 협상과 이행 과정에 대한 지식 발전
- 개인의 권리, 권력, 문화, 전통과 같이 지역과 그 주민에게 부여된 논란의 여지가 있는 개념의 식별과 분석

교차적 젠더 평등 접근 방식(An intersectional gender equality approach)

- 북극 국가는 인종, 토착민, 장애, 가족, 젠더 및 성 정체성, 빈곤에 따른 불평등을 해결해야 함, 왜냐하면 이러한 것들이 성/젠더(sex/gender)와 교차하기 때문

실행 기회(Opportunities for action)
- 북극 공공관리기관(Arctic public governing bodies), 교차적 접근 방식 인정, 적용

북극 국가의 젠더 평등 북극 전략(Gender equality in Arctic States strategies for the Arctic)

- 새로운 전략 개발 시, 젠더 평등 중심의 협업 지향 / 젠더 평등과 다양성을 모호하게 다루는 경향 회피

2) 안보(Security)

- 안보 렌즈를 통한 북극의 불평등 영향 조사 및 불안정성 추세 파악

- 북극의 예외주의를 주장하기보다는 북극과 관련된 불안정성에 대한 글로벌 통찰력을 활용하고 북극 지역 자체 내의 몇 가지 과제와 불안정성 파악

- 기후 변화와 관련된 젠더 및 인간 불안정성을 다루고 오늘날 북극 전역에서 경험하는 젠더/인간 불안정성(gender/human insecurities)의 몇 가지 간단한 예를 제공

- 이러한 불평등과 불안정성은 젠더 평등(SDG #5)과 평화와 안보(SDG #16)를 포함한 더 광범위한 UN의 지속가능한개발목표(그림 1 참조)와 관련이 있음

- 젠더별 안보 관점이 북극 사회의 복지와 안정성을 개선하는 데 매우 중요하다고 결론 내리고 안보에 대한 더 광범위하고 연구 기반의 이해가 필요하다는 것 강조

- 불평등과 중앙-주변 불균형이 불안정으로 이어지는 경향이 있음을 강조, 그 이유는 대부분의 북극 지역이 더 광범위한 정치적 목표에 있어서 서비스, 지원 및 포용과 관련하여 무시되거나 간과되기 때문

안보의 폭넓은 연구기반 이해. 정책을 통한 연구 지원과 통합(Broader research-grounded understanding of security. Support and integrate research into policy)

- 안보 개념은 군사력을 기반으로 한 좁고 제한적인 이해로 계속 축소되고 있으며, 이는 포괄적 수준의 안보 이해를 묵살시킬 수 있음

실행 기회(Opportunities for action)
- 북극 이사회는 현재와 다가올 불안정성에 대처하기 위해 민간 중심적이고 포괄적인 안보 이해의 바탕을 구축해야 함
- 당사국들이 여성이 모든 분야에서 인권을 온전히 누릴 수 있도록 적절한 조치 실행

연구 기회(Opportunities for research)
- 젠더별 인식 환경, 인간 및 경제적 관점을 포함하는 포괄적인 안보 전망 적용
- 안보와 생존(survival)을 증가 또는 감소(increase or decrease)시키기 위해 상호 작용하는 상위 차원의 방식 분석

기후 변화, 불안정과 사회. 대응형 기후 변화 정책(Climate change, insecurity, and society. Responsive climate change policy.).

- 기후 변화는 이미 불평등을 심화시키고 있으며 앞으로도 계속 지속될 것
- 기후 변화가 안보에 영향을 미치는 방식을 이해할 수 있는 보다 포괄적인 방법이 필요하며, 이는 시간이 경과함에 따라 증가하는 불안 요소의 완화 혹은 관리를 가능하게 함

실행 기회(Opportunities for action)
- 기후 변화가 안보에 영향을 미치는 방식을 탐구하고 이해하여, 이를 완화하고 시간이 경과함에 따라 증가하는 불안 요소 관리
- 교차적 접근 방식 활용, 기후 변화가 사회와 불평등에 미치는 영향의 차이 조사

불평등과 중앙-주변의 불균형은 불안 촉발. 불평등 감축(Inequalities and centre-periphery imbalances leading to insecurities. Reduce inequalities.)

- 대부분의 북극 지역은 보다 광범위한 정치적 목표에 있어 서비스, 지원 및 포용 측면에서 무시되거나 간과되고 있음

실행 기회(Opportunities for action)
- 긴장을 완화하기 위해, 북극 국가들은 보다 광범위한 정치적 목표에 지역 및 지방 기관이 더 많이 참여할 수 있도록 촉진

연구 기회(Opportunities for research)
- 지속되거나 증가하는 젠더 및 기타 불평등이 어떻게 사람들을 양극화시키고 불안정화를 악화시키는지에 대한 분석. 디지털 활동(mobilisation)에 기인한 사람들의 활동 방식 탐구

우리는 누구?(Who are we?)

- 우리는 북극권 사람들, 원주민과 비원주민의 다양성과 안보/불안에 관한 인식 방법에 대해 더 구체적으로 이해할 필요가 있음

실행 기회(Opportunities for action)
- 북극권 사람들의 다양성, 북극 사람들의 변화하는 역동성과 구성, 그들이 직면한 과제, 그리고 더욱 지속 가능한 북극 지역을 보장하기 위한 그들의 기여에 대한 더 나은 개념을 제공할 수 있는 방법 모색

연구 기회(Opportunities for research)
- 자기 정체성 파악, 보안과 불안에 대한 경험 탐구. LGBTQIA2S+(성 소수자: Lesbian, Gay, Bisexual, Transgender, Queer/Questioning, Intersex, Asexual, 2-Spirit) 커뮤니티 내의 소외된 사람들에 대한 강조

3) 젠더와 환경(Gender and Environment)

- 젠더와 환경은 기후, 해양, 토지, 생물다양성, 천연자원, 폐기물 및 오염을 포함하여 북극 지역의 광범위하게 이해되는 환경과 관련된 문제의 젠더 차원에 대한 개요 제공

- 이 장에서는 다양한 젠더별 환경과 어떻게 관련되는지, 해당 환경에서 변화를 경험하는 방식, 해당 지역의 개발 및 환경 변화의 젠더별 영향에 주목하며, 적응 및 완화 노력 차원에서 젠더의 역할, 환경 변화 관찰, 환경 변화와 인간의 건강 및 웰빙 간의 관계 고려

- 동시에 임업, 광업, 에너지 자원 추출, 재생 에너지 추출을 포함한 해당 지역의 천연자원 관리의 젠더별 역학 탐구

- 젠더 평등이 효과적이고 효율적이며 공평한 환경 보호에 필수적이라는 결론을 포함하며, 이는 국제 사회에서도 이해의 폭이 확산되고 있는 사항임을 확인

- 북극의 모든 지역에서 성별 및 성별 분석에 대한 산발적이고 분산적 참여만 확인, 다양한 연구, 설문 조사 및 보고서에서 보고된 바와 같이 북극권 전체에서 젠더 및 젠더별 통합 데이터 부족. 즉, 북극 위원회와 작업 그룹 내의 젠데 기반 분석 및 젠더별 관점에 대한 체계적인 참여 부족

특정 젠더에 초점을 둔 북극연구 확대(Expansion of Arctic studies with a specific gender focus)

- 젠더와 환경에 대한 전 세계적 학문 활동이 성장하고 있는 추세이기는 하지만, 이는 주로 글로벌 사우스(Global South)에 초점을 맞춰 왔으며 북극 지역에 대한 연구는 제한적

실행 기회(Opportunities for action)

- 북극이사회와 U-Arctic 하부 기관 간의 북극 젠더 연구 프로젝트 협력 장려 필요

연구 기회(Opportunities for research)
- 지역의 고유하고 특별한 성격을 설명하기 위한 특정 젠더별 초점을 포함하는 북극 연구 확대 필요

젠더 통계와 성별 구분 데이터(Gender statistics and sex-disaggregated data)

- 북극의 적응 능력을 강화하고 정책 수립과 의사결정을 지원하기 위한 새 데이터와 기존 데이터의 성별에 따른 분류 필요

실행 기회(Opportunities for action)
- 북극권 국가들은 연구자, 국가 기관, 기업과 서비스 제공자 모두를 위해 젠더 구분(gender-disaggregated) 데이터 제공용 공식적인 등록 장부와 통계 자료 강화

젠더 주류화와 교차성(Gender mainstreaming and intersectionality)

- 북극이사회는 업무 전반에 걸쳐 성별에 대한 체계적인 참여와 주류화를 추진하고 교차적 접근방식 적용의 촉진 필요

실행 기회(Opportunities for action)
- 북극이사회는 모든 실무 그룹과 보조 기관의 전문가와 대표로 구성된 소규모 그룹을 구성하여 업무에 성별을 체계적으로 포함하고 교차적 접근방식을 적용하기 위한 일련의 지침을 개발해야 함

연구 기회(Opportunities for research)
- 북극 및 비북극 국가의 국가과학재단, 연구위원회 및 유사 기관은 연구 요청 및 프로그램을 통해 젠더인식접근방식(gender-sensitive approaches), 젠더구분데이터수집(gender-disaggregated data collection) 및 젠더기반분석(gender-based analysis)을 포함하도록 촉진하고 요구할 필요 있음

4) 이주와 이동성(Migration and Mobility)

- 북극의 이주와 이동성이 젠더에 따라 어떻게 구성되는지, 그리고 이주와 이동성에 대한 이해에 젠더적 접근 방식이 필요한 이유 논의
- 통계를 질적인 콘텍스트 기반 접근 방식과 결합하여 젠더에 따른 공간과 이주와 이동성의 맥락적 본질을 이해하고자 함
- 포괄적 수준보다는, 주택과 노숙의 젠더적 측면, 이민, 북극 거주자의 업무 관련 이동성, 원주민의 이주와 도시화를 포함하여 젠더 평등, 이주, 이동성을 이해하고 이를 실행함에 있어 발생할 수 있는 중요한 문제들에 대한 논의
- 이주와 젠더에 대한 연구에 있어 교차적 연구 접근방식을 채택하고 다른 사회적 범주, 특히 원주민 관점과 LGBTQIA2S+(성소수자)를 포함하는 데 더 주의 할 것을 강조

북극 내 젠더와 산업 발전(Gender and industry development in the Arctic)

- 산업 및 정책 개발의 담론은 남성 중심적이며, 여성의 목소리와 우려가 배제 혹은 소외됨에 따라 성별로 분리된 북극 재생산
- 더욱 다양한 목소리를 담은 계획 및 정책을 통해 성별로 분리된 북극 노동 시장의 변화에 기여할 필요 있음

실행 기회(Opportunities for action)

- 북극의 산업과 개발에 관련된 토론, 실행 계획 및 정책에 젠더 측면의 관점 적극 도입
- 이를 위해서 더 많은 여성이 산업 정책에 참여, 여성이 활동하는 고용 분야에 대한 더 많은 관심 집중

연구 기회(Opportunities for research)

- 산업 개발, 유입된 투자 및 관련 정책이 여성에게 미치는 영향 분석
- 남성 위주의 산업 개발 과정에 여성의 진입 방법 모색

젠더, 이주와 이동성에 대한 연구 및 이해(Research and knowledge on gender, migration, and mobility)

- 젠더 관점 하의 이주와 이동성에 대한 이해 부족 우려
- 대부분의 연구, 젠더 측면의 관점 결여

실행 기회(Opportunities for action)
- 젠더 별, 이주, 이동성에 대한 연구와 이해, 특히 교차적 관점의 연구 장려 와 유지 필요

북극으로의 이주(Immigration to the Arctic)

- 일부 지역 경우 북극으로의 이주 현상 증가, 대부분 지역에서 명확한 젠더 별 패턴 존재
- 대부분 남성은 노동 이주, 여성은 배우자 혹은 파트너와의 동반 이주 가능성 높음
- 이주 여성은 이중 노동 패널티(double-earning penalty)에 노출될 위험성이 있거나, 노동 시장에서 배제 혹은 소외 가능성 있음

실행 기회(Opportunities for action)
- 이주 남녀 사이의 성 불평등 해결을 위한 포괄적인 정책과 구체적인 전략 개발 필요
- 북극의 일부 지역에서는 이주자의 다양성과 장소의 특수성이 통합에 미치는 영향을 이해할 수 있는 상황에 맞는 통합 전략 필요

연구 기회(Opportunities for research)
- 이주민과 지역 주민 간 불평등의 원인과 역학(여성의 이중 노동 페널티, 노동 시장에서의 배제 혹은 소외, 기술 적용 기회, 사회적 네트워크에 대한 접근성, 주변화, 고정관념, 낙인 등) 탐구

북극 외부로의 이주(Out-migration from the Arctic)

- 여성의 불균형적 이주로 북극 대부분 지역에서 성비 왜곡 발생
- 젠더에 따른 추인 요소에 대한 면밀한 분석을 통해 남성보다 여성이 더 많이 떠나는 장소의 문제 해결 필요

실행 기회(Opportunities for action)
- 문제 규명과 정책 수립에 여성과 청소년 관련 사항 포함
- 젠더별 교차적 접근 방식으로 지역 기회 구조의 개발, 개선 및 유지에 집중

연구 기회(Opportunities for research)
- 젊은이들, 특히 여성의 경우 역외 이주로 이어지는 복잡한 과정에 대한 이해 고양

북극 내 복지, 주택 및 노숙자 문제(Services, housing, and homelessness in the Arctic)

- 북극의 노숙자에 대한 정보 미흡
- 노숙자의 원인은 성별에 따라 다르며, 종종 세대 간 외상이나 신체적, 성적 또는 약물 남용에서 기인
- 북극에는 세대 간 외상으로 고통 받는 원주민 지원 서비스 부족

실행 기회(Opportunities for action)
- 북극에서 양질의 젠더 인식 지원 서비스 개발 및 제공
- 사회 정책에서 노숙자 문제와 지원 및 회복 서비스 적극 운용

연구 기회(Opportunities for research)
- 북극 지역 노숙자 경험과 원인을 포함한 노숙자와 젠더별 연구 수행과 지식 생산

통근성(Work mobility)

- 북극의 생활은 이동성(mobility) 요구, 많은 지역에서 장거리 통근
  (commuting)이 현실
- 통근성의 적극적 장려, 직업과 사회적 이동성을 추구할 수 있는 더 많은 기
  회 제공은 이주를 막는 동시에 이 지역으로의 사람들의 유입을 향상시키
  는 동인이 될 수 있음

실행 기회(Opportunities for action)

- 북극 거주자가 장거리 근무와 더 빈번한 출퇴근을 포함한 업무 관련 이동
  성에 참여할 수 있도록 하는 물질적 및 복지 인프라 개발 필요
- 장거리 이동 근무하는 파트너가 있는 사람들이 파트너의 부재와 집에서의
  시간을 중심으로 업무를 조정할 수 있는 유연한 근무 조건과 재택 근무를
  적극적으로 홍보 및 활용
- 여성들의 업무 이동성 실현을 위한 전제 조건으로 가족 내 남성과 여성 모
  두의 참여에 관한 홍보와 인센티브 제공(예: 육아 휴가 및 양질의 저가 육
  아 서비스)

원주민의 도시화와 이주(Urbanisation and migration of Indigenous Peoples)

- 북극의 도시화 추세 증가
- 도시화 과정은 여러 가지 측면에서 원주민에게 복잡한 문제
- 남성은 도시 생활로 쉽게 이전되지 않는 장소적 특정 기술(place-specific
  skills)을 보유하고 있는 경향 강함
- 농촌 정착지의 여성은 임금 노동(wage-earning labour)에 더 깊게 연관,
  그들의 기술은 도시 생활로 더 쉽게 이전될 수 있음
- 이에 따라 원주민 남성과 여성이 공간적으로 분리된 삶을 살 위험 존재,
  즉, 남성은 농촌 정착지에 살고 여성은 도시 지역에 거주
- 문화적 전통과 지식 유지가 위험에 처할 수 있음

실행 기회(Opportunities for action)
- 프로젝트 및 정책 개발에서 젠더 별 분석 및 토착민 전통에 민감한 접근 방식을 포함한 다각적인 접근 방식 활용
- 공공 부문 및 민간 부문 고용을 포함하는 커뮤니티에서 교육 및 경제적 다각화에 대한 지역적 접근성 내용 등을 정책에 포함
- 국가 및 지역 차원의 다양한 인센티브를 활용하여, 인구 희소 지역으로 기업과 인적 자원 유입 유도

5) 원주민성, 젠더, 폭력과 화해(Indigeneity, Gender, Violence, and Reconciliation)

- 폭력, 젠더, 사회, 경제, 정치, 법률 시스템, 인간의 건강과 복지, 문화, 정체성 간의 복잡한 젠더에 대한 서구의 이분법적 관점을 부과하는 것과 관련된 문제 취급

- 원주민에 대한 폭력, 원주민과 비원주민 인구 간의 지속적인 불평등, 진실과 화해 과정의 중요성에 대한 논의

- 사회경제적 불평등과 폭력 범죄 간의 연관성 탐구

- 젠더 폭력은 북극 전역에서 여전히 심각한 문제, 원주민 여성과 소녀들이 정착민의 식민적관계의 맥락에서 불균형적인 폭력 피해를 당하고 있다는 점 강조

* 젠더 기반 폭력(Gender-based violence)
- 젠더 기반 폭력은 북극 전역에서 발생하고 있는 주요 문제
- 여성은 성적 학대, 강간, 가정 폭력과 같은 폭력 범죄의 피해자로 과도 노출
- 특히, 원주민 여성과 소녀는 불균형적(disproportionately) 폭력 피해자

실행 기회(Opportunities for action)
- 북극 이사회 SDWG를 통해 북극 젠더 폭력 예방과 인식 확산의 모범 사례에 대한 지식 공유 프로젝트를 시작할 필요 있음

구조적 불평등 해소(Address systemic inequalities)

- 모든 북극이사회 회원국은 유엔원주민권리선언(The United Nations Declaration on Rights of Indigenous Peoples, 2019)과 연관
- 원주민이 직면한 불평등에 대한 더 나은 이해는 효과적인 정책 수립에 필수적

실행 기회(Opportunities for action)
- 북극 국가 내 원주민 지위에 대한 보고서 작성을 위한 북극이사회 태스크포스 또는 SDWG 전문가 그룹 운영 필요
- 태스크포스/전문가 그룹을 통한 북극 국가에 시스템적 불평등 해결 방안 권고안 제시 가능

연구 기회(Opportunities for research)
- 상대적으로 적은 원주민들이 직면하고 있는 불평등을 더 잘 이해하기 위한 각 국가 내 원주민 지위 분석

젠더 별 및 교차 데이터 부족(Lack of gendered and intersectional data)

- 원주민과 LGBTQIA2S+(성소수자) 인구 현황에 대한 구체적 데이터 포함, 젠더 별 및 교차성 데이터가 부족하면 사회 및 경제적 상황, 성별, 폭력, 범죄, 소득 및 불평등의 역학을 적절하게 이해하려는 노력이 심각하게 방해받을 수 있음

실행 기회(Opportunities for action)
- 북극이사회는 북극 전역에서 일관되고 비교 가능한 데이터와 정의에 대한 가이드라인 개발 장려와 촉진 노력 필요, 여기에는 최소한의 젠더 및 민족 구분 데이터 포함

연구 기회(Opportunities for research)
- 북극 전역의 데이터와 통계 정보 수집 시에 사용된 다양한 방법을 정리하고 분석, 유사점과 차이점 분석

포괄적 용어와 젠더 평등 주류화(Inclusive terminologies and gender mainstreaming)

- 북극 내 다양한 인식과 현실을 수용하기 위해서는 젠더, 젠더 지향, 다양성에 관련된 문화적으로 민감하고 포용적인 접근 방식 필요
- 이는 평등의 달성과 유지의 중요 요소

실행 기회(Opportunities for action)
- 북극이사회 업무에서의 포괄적 용어와 젠더평등 주류화 활용 장려

연구 기회(Opportunities for research)
- 보다 나은 차이점과 공통점의 인지를 위해 북극에서의 성별, 젠더 지향, 다양성에 사용되는 다양한 용어의 수집과 분석 필요

6) 권한 강화(Empowerment)

- 권한 강화 및 운명통제(Fate Control)는 지속가능한 북극 정책 수립 촉진을 위한 정치적, 경제적, 시민적 젠더 권한 강화를 포함하는 구체적 전략 모색 필요
- 해당 기관은 젠더 권한 강화 개념 정의에 모든 젠더가 의사 결정에서의 권한 행사 능력과 개별 혹은 집단적으로 자신과 다른 사람들의 삶의 질을 극대화할 수 있는 내용 포함해야 함
- 이는 운명통제와 직접적으로 연관이 있기에, 자신의 운명을 인도할 수 있는 능력으로 정의되고 개인에게 자신의 삶, 사회 및 커뮤니티에 대한 권한 강화 과정 의미

- 더 나아가 해당 기관들은 북극의 젠더 강화 지표 분석의 기반을 제공하기 위해 핵심 변수 시스템을 설계하고 번영하는 커뮤니티와 지속 가능한 개발을 위해 모든 젠더의 정치적, 경제적, 시민적 권한 강화의 중요성을 강조
- 젠더별 역량 강화와 운명 관리를 주변에서 공공 담론과 의사 결정의 중심으로 옮기고, 젠더별 지식 구축 및 정책의 이론적이고 실제적 틀 안에서 토착민의 성별과 젠더평등에 대한 전통과 관점을 통합할 것 제안

젠더별 역량 격차 해소를 위한 단일 정책 솔루션 부존(There is no one-size-fits-all policy solution to gender empowerment gaps)

- 다양한 사회적, 경제적, 인종적, 젠더별 집단이 더욱 뚜렷이 구별되고 인정받는 추세에 의해 젠더별 환경은 점점 더 복잡화

실행 기회(Opportunities for action)
- 원주민의 전통, 젠더와 젠더 평등에 대한 관점을 젠더 지식의 법적, 이론적 그리고 실질적 프레임워크에 통합하여 북극의 젠더 역량 강화에 대한 포괄적 이해 도모
- 정치, 경제와 시민 분야에서 소외된 젠더의 접근과 참여 보장

연구 기회(Opportunities for research)
- 권한 강화에 대한 분석은 보다 정밀해야 하며 다양한 북극 사회에 널리 퍼져 있는 여러 가지 성별 및 기타 정체성을 고려해야 함

정부 기관과 기업 내 지속적인 젠더별 관련 밀집 현상 발생(Continual patterns of genderrelated clustering in government institutions and business)

- 중요한 경제 부문의 거버넌스와 경영에서 과다한 남성 대표성
- 전통적으로 여성의 영역으로 인식되면서 상대적으로 덜 존경받는 공공 거

버넌스 부문은 여성이 주로(또는 전적으로) 대표, 비즈니스 리더십 직책에 서도 여성 대표성 과소평가

실행 기회(Opportunities for action)
- 북극의 여성 정책 입안자들 간의 경험 공유, 젠더평등 이니셔티브 홍보, 새 로운 세대의 여성 정책 입안자들에게 영감과 교육을 제공할 수 있는 네트 워킹과 행동 플랫폼 개발

연구 기회(Opportunities for research)
- 북극 전역의 정치와 기업 부문의 젠더별 분리화 문제해결을 위한 모범사 례 수집과 분석

모든 젠더별 역량 강화와 지속가능한 발전을 위한 필수 사항(Empowerment for all genders is essential to sustainable development)

- 모든 젠더의 번영 가능성은 지역 사회의 번창의 요인인 동시에 동력
- 지속 가능한 개발 목표를 달성하기 위해서는 젠더별 권한 강화와 운명통 제 문제를 공공 정책 담론과 의사 결정의 주변부에서 중심으로 옮기는 과 정 필수

실행 기회(Opportunities for action)
SDWG/SECEG[11]의 수행 사항:
- 북극 관할권 전체의 젠더역량강화지표(gender empowerment indicator) 와 젠더역량강화지수(gender empowerment index)를 개발하고 구현하여 모니터링 시스템을 위한 프레임워크 초안 설계
- 모든 젠더의 정치적, 경제적, 시민적 역량 강화를 달성하기 위한 데이터, 정책 업데이트 및 모범 사례에 대한 정기적인 보고 장려
- 새로운 아이디어, 관점 및 모범 사례를 공유하고 북극 커뮤니티 간의 연결 을 강화하여 직면한 과제를 통해 번영을 도모하고, 정치, 경제 및 시민 분

---

11) SECEG(Social, Economic, and Cultural Expert Group): 북극이사회 SDWG(지속가 능한개발워킹그룹) 산하 기관

야에서 모든 젠더의 역량 강화를 촉진하기 위한 지식과 전문 지식을 교환하는 북극젠더역량강화이니셔티브허브(Arctic gender empowerment initiatives hub) 구축

연구 기회(Opportunities for research)
- 북극 전역의 지식 기반 개선을 위해 젠더역량강화와 관련된 연구 활동을 집중, 유지하고 확대
- 젠더별 데이터 수집 및 가용성 개선. 통계치들은 포괄적이고 시간 경과에 따른 개발 흐름 내포
- 정치 및 공공 행정 부문에서 젠더역량강화 평가를 위한 충분한 자금을 할당하고 데이터 분석과 모범 사례 장려
- 젠더의 정치적 역량 강화, 경제적 역량 강화, 젠더 미디어 지수를 포함하는 젠더역량 강화지수를 활용하여 모든 수준에서의 모니터링 및 연구 지원

정치, 경제 및 시민 분야에서 젠더 권한의 강화를 달성하기 위해서는 국가, 지역 및 지방 차원의 젠더 평등과 권한강화의 주류화 작업 중요 (Mainstreaming gender equality and empowerment at national, regional, and local levels plays an important role in attaining gender empowerment in the political, economic, and civic spheres)

- 북극 지역의 정치적, 법적, 사회문화적 환경의 다양성을 감안할 때, 모든 계층의 권력과 다양한 부문, 모든 성별에 대한 동등한 접근성을 완전히 보장하는 보편적인 정책과 메커니즘은 부존

실행 기회(Opportunities for action)
- 젠더기반정책(gender-oriented policies), 구체적인 젠더 행동 프로그램 및 실행 계획에 시간의 틀(timeframes)이 있는 구체적인 결과의 포함
- 기존의 젠더평등 기관 및 실행 창조 또는 강화. 여기에는 젠더별 정치적 권한 부여에 대한 장벽을 평가하고; 젠더 불평등 추세, 젠더별 격차 및 국가 법률 준수를 모니터링하고; 권장 사항을 준비하는 것을 목표로 하는 젠더 중심 태스크포스 및 젠더평등에 대한 의회 위원회가 포함될 수 있음

- 채용 및 승진 정책, 채용 절차 및 젠더에 민감한 언어와 관련된 규정 제정
- 젠더 평등 원칙의 달성과 무시에 대한 효과적이고 포괄적인 상벌 시스템 개발

연구 기회(Opportunities for research)
- 전반적인 측면에서 북극 거버넌스에 젠더 주류화 적용 정도 분석
- 할당 시스템, 법률, 적극적 조치, 북극에서의 훈련 및 교육 지원과 같은 정책 조치의 사례와 긍정적 또는 부정적 효과 수집, 분석

북극의 정부기관, 교육, 정치, 경제, 미디어 및 시민 사회 등에서 지속적인 젠더 차별 존재(Persistent gender gaps in Arctic government institutions, education, politics, economy, media, and civic society)

- 여성이 교육적 성취도에서 우위, 특히 제3차 교육(tertiary education)에서 명확
- 북극은 남성이 여성보다 교육적 성취도가 낮은 새로운 역교육 격차에 직면
- 정치적으로 젠더 격차가 관찰되며, 정치적 이해관계가 높을수록 격차 심화, 일부 북극 지역 사회에서는 남성의 낮은 대표성 문제 해결 필요
- 대부분 북극 지역에서 여성의 높은 교육 수준에 비해 남성보다 낮은 수입 현상
- 수익성이 높은 산업 부문에 상대적으로 낮은 여성 고용 현상
- 토착 여성은 공공 부문에서 중요한 역할 수행
- 시민 사회 행위자들은 수평적 젠더 기반의 직업적 차별(horizontal gender-based occupational segregation) 경험
- 대체적으로 여성은 비영리 부문에서, 남성은 미디어 부문에서 우세 경향

실행 기회(Opportunities for action)
- 여성이 교육적 성취도에서 우위, 특히 제3차 교육(tertiary education)에서 명확, 북극은 남성이 여성보다 교육적 성취도가 낮은 새로운 역교육 격차에 직면
- 모든 젠더를 고려하는 포괄적인 젠더평등 접근 방식 보장 필요, 토착 전통

은 추가 연구에서 젠더평등을 달성하기 위한 모범 사례로 간주될 수 있음
- 시민사회와 정부 협력 강화. 정치, 공공 행정, 경제 및 시민 사회의 리더십 직책에서 성 다양성에 대한 아이디어를 강화하고 시각화하면 점차적으로 새로운 사회적, 정치적, 문화적 규범과 기대의 형성과 강화에 기여할 수 있음
- 북극이사회/SDWG, 북극경제위원회(Arctic Economic Council)와의 협력 촉진과 젠더 경제적 평등과 권한 강화에 대한 공동 작업 그룹 구성 가능

연구 기회(Opportunities for research)
- 북극 전역의 교육, 정치, 비즈니스, 시민 사회에서 젠더 차별을 퇴치하기 위한 모범 사례 사례의 수집과 분석
- 공적 자금으로 운영되는 미디어 기관의 리더십 직책에서 젠더 평등 시스템 구축 가능 기회 조사(예: 인력 다각화, 적극적 행동 정책, 공평한 승진 및 채용 관행, 리더십 직책에서의 젠더 다양성, 젠더 할당제). 이는 미디어 기관의 의사 결정에서 젠더 평등 증진을 위해 특정 국가 및 지역적 맥락에서 적절하게 수행될 수 있음

IV. 결론

AC의 SDWG가 인간, 지구, 번영, 평화와 파트너십이라는 지향성을 가지고 2013년에 시작되어 2024년까지 4단계에 걸쳐 진행되고 있는 GEA(Gender Equality in the Arctic, 북극젠더평등)에 대해 살펴보았다. AC와 회원국인 노르웨이, 아이슬란드, 스웨덴, 핀란드, 덴마크와 캐나나 등 6개국, AC 상시단체인 원주민 그룹 그리고 북극권의 유관 기관들이 참여하고 있는 GEA 프로젝트의 궁극적인 목표는 북극 지역의 젠더 평등에 대한 대화 촉진과 확대이다. 이를 실현시키기 위해 진행되고 있는 4단계 과정 중 가장 주목을 받고 있는 과정은 일명 '범북극 보고서(Pan-Arctic Report. Gender Equality in the Arctic.

Phase 3, 2021)'라 불리는 결과물을 도출해 낸 3단계이다. '범북극 보고서'는 원주민을 주축으로 다양한 분야의 전문가들이 협의, 교류와 협동 작업을 통한 북극 지역의 젠더 관련 과거, 현재와 미래 상황에 대한 분석, 피드 백 및 지향 사항 등을 담아내고 있다. 따라서 이 사업은 과거와 현재에 머무르지 않고 미래를 향해 지속되어 질 것으로 예측된다. 물론 현재의 복잡한 국제사회의 영향이 북극권에도 미치고 있어 일시적인 중단 등과 같은 다소 불안정한 상황이 전개될 수도 있지만, 이는 인류 공영 차원에서 반드시 실현시켜야 할 과제라고 생각되기에 완전 중단이나 폐기되는 상황은 발생하지 않을 것이라 예측된다.

현재 경제적으로 포화 상태에 직면한 한국은 새로운 경제 공간 창출이 필요한 상황이다. 이러한 의미에서 북극 공간 내에서의 역할 증대 모색은 한국의 필연적 과제라 할 수 있을 것이다. 북극 비인접국과 옵서버라는 한정적인 지위로 북극 내에서의 적극적이고 능동적인 역할 수행함에 있어 한국은 북극 인접국이자 AC 정회원 국가들에 비해 상대적으로 제한적 상황에 처해 있다. 그럼에도 불구하고 이를 극복하고 해당 공간에서 국제사회의 선도적인 역할을 수행할 수 있는 부분의 발굴 및 이를 구체화시켜 나갈 수 있는 세밀한 정책의 수립 및 실행 준비는 반드시 필요하다.

이런 차원에서 먼저 국제사회, 즉 전 인류가 거부하기 어려운 공동 과제 및 프로젝트 발굴에 집중할 필요가 있다. 현재 국제사회 내에는 자원개발, 안보, 기후변화, 생태 및 자연환경 보호 등 여러 거시적인 영역에서 북극권뿐 아니라 인류 공동에 제기되고 있는 문제점들이 존재하며, 그중 하나라 할 수 있는 북극 지역의 원주민과 거주민 사회와 관련된 문제는 북극권의 개발과 보전이라는 측면을 넘어 인류 전체에 있어 절대 과소평가될 수 없는 중요 사안이라 할 수 있다. 국제사회에서 능력을 인정받고 있는 한국의 문화적 잠재력과 5G 기술의 활용 등을 통해 관심 있는 중진국들을 선도해 나가면서 원주민 사회와의 협력 영역과 가능성을 확대할 수 있는 부분을 구체화해 나간다면 북극 내 견고한 입지와 역할 증대의 긍정적 결과를 만들어 낼 수 있다.

한국은 국제사회, 즉 UN SDGs 17개의 목표에 부합하기 위해 전개해 나가고 있는 국가지속발전목표(K-SDGs) 사업의 일환으로 AC의 SDWG 간 공통목표의 좌표를 설정하여 북극 원주민과 관련 있는 기후, 빈곤, 아동교육, 생태, 경제활동, 인프라 구축, 파트너십에 대한 정책 제언 및 프로젝트 연계 가능성이 있는 프로그램을 찾아내고, 실현성과 문제점 등을 면밀하게 분석하고 준비해 나가면서 북극 원주민뿐 아니라 인류 공생을 위한 생태계 보전 사업을 통해 북극 환경에 기여하는 정책을 추진해 나갈 필요가 있다. 현재 AC의 SDWG에 의해 진행 중인 프로그램 중 북극이사회 북극동식물보전 워킹그룹(CAFF), 북극해양환경보호 워킹그룹(PAME)에서 추진하는 북극이동성물새이니셔티브, 침입외래종 관리, 기후변화에 따른 생물다양성 변화 사업 등 참여 가능한 분야들이 있으며, 과학 분야와 관련된 일부 부분에서는 이미 참여를 하고 있으며 긍정적 평가를 받고 있다. 이러한 의지와 노력들이 더 확대되어 북극권 인문 사회 분야, 즉 그곳의 사람들과 사회 환경에 관련된 분야에 있어서도 적극적 참여 부분을 모색하고 준비해 볼 필요가 있다. 이것이 '북극젠더평등(Gender Equality in the Arctic)' 프로젝트에 대한 분석과 소개의 목적이기도 하다.

러시아 극북지역 선주민의
지속가능한 미래와 교육

김자영*

I. 서론

극북 지역은 실수를 용납하지 않는다. 이 가혹하고 척박한 땅에서 살아남기 위해 북극권 원주민들은 그들만의 특별한 교육체계를 만들어야 했다. 아이들은 부모와 함께 툰드라를 돌아다니며 가능한 한 빠르게 툰드라에서 살아남기 위한 기술을 생활을 통해 전수 받는다. 학교에 갈 나이쯤 되면 남자아이들은 이미 순록 썰매를 꽤 능숙하게 운전하게 되고, 여자아이들은 겨울외투를 짓고 수선할 수 있게 된다. 대를 이어 전통적 삶에 순응하며 살던 북극권 선주민들의 삶에 파동이 일기 시작한 것은 18세기 러시아인의 극북지역 진출부터이다.

러시아의 북방지역에는 40개의 선주민이 살고 있는데, 이들은 특히 극북지역인 툰드라 지대에 분포하여 살고 있으며 일부 타이가 지대에도 거주하는 것으로 알려져 있다. 지역의 토착종족들인 이들 선주민에 관한 이야기를 하기에 앞서 이른바 '토착민족', '선주민', '소수민족' 등의 이름으로 불리고 있는 선주종족이란 누구인지에 관해 알아보자. 2007년 유엔의 원주민 권리 선언 <원주민은 누구인가>에 따라 원주민의 정의를 정리해보면 다음과 같다:

※ 이 글은 『한국시베리아 연구』 제28권1호에 실린 원고를 수정·보완한 것임.
* 원광대학교 한중관계연구원 HK+ 동북아시아인문사회연구소 연구교수

- ▶ 자신이 원주민[1]이라는 개인의 정체성 및 원주민 공동체에서 구성원으로 인정하는 자
- ▶ 식민지 이전 정착민 사회와의 역사적 연속성
- ▶ 해당 지역의 영토 및 주변 천연자원과의 강력한 연결성
- ▶ 해당 국가의 지배적인 주류가 아니며 개발의 단계가 낮은 집단
- ▶ 다른 집단과 구별되는 특유의 뚜렷한 사회적, 경제적, 정치적, 문화적 차이
- ▶ 조상의 환경과 체제, 민족적 정체성을 보존하려는 열망

이라고 할 수 있다. 러시아 법에 따르면 북방지역 선주민은 다음의 조건을 갖추고 있어야 한다:

- ▶ 특징적 민족그룹으로 스스로의 정체성을 가질 것
- ▶ 특정 지리적 영역에 토착하여 거주하며 그 지역에서의 역사적인 관련성이나 문화적 특징을 가지고 있을 것
- ▶ 인구규모가 5만 명을 넘지 않을 것
- ▶ 조상 대대로 이어온 전통적인 생활방식을 유지할 것

러시아 북방 지역에 이러한 민족그룹의 숫자는 약 25만 명 정도로 알려져 있는데 이들 중 절반 정도가 여전히 전통적인 유목 및 반 유목생활을 이어나가며 혹독한 북방지역에서 살아가고 있다. 수세기 동안 이어진 이들의 전통적 생활방식은 지구 상 독특한 문명이면서 동시에 극지방 문화의 필수적인 부분

---

[1] 원주민이라는 용어는 서구에서는 현재 Aborigine, indigenous(peoples), native, first nation(first peoples)라는 표현들을 사용하고 있고, 러시아의 경우 Коренные(малочисленные) народы를 쓰고 있는 것으로 정리할 수 있다. 국내에서는 과거 소수민족이라는 표현을 주로 사용하였으나 최근에는 토착민(족), 토착소수민족, 원주민, 선주민 등의 표현을 사용하고 있는 것으로 판단된다. (참조: 김자영, "원주민을 어떻게 명명할 것인가", 〈북극연구〉제33호, 한국-시베리아센터, 2023.) 본고에서는 선주민과 토착민(족), 원주민을 혼용하여 주로 사용하고 있다.

이다. 북방지역의 툰드라와 타이가 지대에 흩어져 평화롭게 살고 있던 토착민족들이 각 민족별 공동체의 자치적 체계 속에서 살아가는 것은 극한의 자연환경과 기후조건 속에서 살아남는 집단적 생존의 방식이었으며, 각 민족들마다 고유한 삶의 방식과 경제활동의 형태, 모국어, 물질적·정신적 문화를 가지고 있었다.

오늘날 북방 지역의 광활한 영토에 거주하고 있는 토착민들은 어려운 상황에 처해 있다. 가장 큰 우려는 러시아인의 북방 진출 이후 시작된 전통적 문화 규범과 가치체계의 파괴이다. 이는 곧 문자 그대로 '소수민족'으로의 전락과 소멸에의 위험을 야기하고 있다. 이들의 오랜 가치는 주변 자연환경과의 조화, 근면성, 전통에 대한 연속성, 고유한 민족적 집단주의에 있으나 이는 러시아인의 북방지역 진출 이후 크게 훼손되기 시작했고 소비에트 시대를 거쳐 강제적 동화정책이 소기의 목적을 달성하면서 민족공동체의 지속 가능한 발전에 큰 위기감을 느끼게 한다.

러시아 극북 선주민들이 자신들의 전통과 정체성을 지키려는 노력은 오랫동안 끈질기게 지속되어 왔으나 잘 알려진 것처럼 토착민들이 언어와 전통적 경제활동, 생활관습 등에서 벗어나 도시에 정착하거나 러시아에 동화 되는 숫자가 적지 않아 종족 소멸의 위기를 겪고 있는 것 역시 사실이다. 이에 대해 라이폰(RAIPON: Russian Association of Indigenous Peoples of the North)은 러시아에 거주하고 있는 토착민들의 가장 큰 문제는 소련 당국이 이들의 동화정책을 위해 강제적으로 도시와 농촌으로 이주시켜 집단농장에 연결하고 정주민으로 전환하도록 하거나, 생활방식과 자녀교육 등의 전통적인 방식을 완전히 새롭게 변화시키는 정책을 펼침으로써 오늘날 전통문화와 언어를 잊어버렸다는 것이라고 밝히고 있다. 이는 1920년대 이후 소련식 기숙학교의 도입으로 점차 고착되었다.

18세기 이후 러시아인의 러시아 북극, 시베리아, 극동(북방) 지역으로의 진출 이후 진행된 러시아화 및 기독교화 정책은 선교학교와 기숙학교 제도를 통해 토착민들을 기독교인이자 러시아문화에 동화된 제정러시아 및 소련의 국민으로 정착시키는데 영향을 미쳤다. 러시아정교 선교사들에 의해 극북 선주종족들에 대한 '기독교화'와 '러시아화'가 시행되었던 초창기를 지나 소련이 세워지고 난 이후 열정적인 소련의 교사들이 선주민의 땅으로 와 유목민 캠프를 따라다니며 아이들에게 읽기와 쓰기를 가르치기 시작했고, 아이들이 소련 시민으로서 '현대적인 삶'을 선택할 수 있도록 도시에 있는 고정학교에 보내야 한다고 부모들을 설득했다. 선주민의 부모도 아이도 새로운 형태의 교육을 원하지 않았지만 곧 기숙학교의 도입과 7년제 의무교육이 도입되면서 아이들은 9개월 동안 유목민 캠프와 가족공동체를 떠나 언어, 음식, 생활방식, 의복까지 모든 것이 새로운 러시아적 교육을 받게 되었다. 아이들은 점차 툰드라에서 필수적인 전통적 삶의 방식을 잊어버렸고 또 그것을 충분히 배울만한 시간도 많지 않았으며, 도시의 보다 편안한 삶에 익숙해졌다. 언어와 전통의 상실은 곧 정체성의 상실로 이어졌고 정주민의 삶을 선택하는 숫자가 늘어났다. 그렇다고 도시에서의 새로운 삶 역시 러시아인의 그것처럼 완전할 수는 없었기 때문에 이들은 자신들의 땅에서 정체성의 혼란을 겪는 일이 잦았다.

1990년대 소련의 해체 이후 북방토착민들에게 이른바 '민족부흥의 시대'가[2] 도래한 뒤 선주민 자치 지역들 중 가장 규모가 큰 사하공화국과 부족협의회

---

[2] 러시아 교육학자인 주바례바(Зубарева С.Л.)는 자신의 저서 『Генезис образования народов Севера』에서 북방 토착민족 교육의 역사적 단계를 정리하며 1990년대부터 21세기까지를 '민족(문화)부흥의 시대'라고 정의하였다. 주바례바는 소련해체 이후 토착민족 공동체들이 '부흥'을 위한 사회적 담론과 교육제도의 변화를 시도하고 있다고 일 갈했다.

등을 중심으로 '전통적 삶의 복구 및 보존 없이 민족 정체성의 보존 및 유지가 불가능하다'라는 사회적 분위기가 형성되기 시작했다. 그러나 전통 활동의 보존 및 개발에 초점을 맞추게 되면 러시아라는 사회공동체 안에서 충돌 없이 민족정체성을 보존하는 문제; 오랜 러시아화의 역사 속에서 이미 전통을 벗어난 현대적 도시생활에 익숙해진 토착민 청년세대의 전통적 삶으로의 복귀 거부 혹은 어려움(여기에는 민족어의 상실, 순록목축과 가혹한 환경과 상호작용하며 살아가는 방법의 상실 등이 원인이 될 수 있다); 청년세대가 자기 삶의 방식을 선택할 권리 등의 모순적 요소들을 해결해야 할 필요성이 공존하는 것 역시 주지할 사실이다.

1990년대부터 사하공화국에서는 〈모두를 위한 교육: 유목민 생활 방식을 선도하는 사람들의 교육개발 전망〉을 위한 국제포럼 등을 통해 민족문화와 정체성을 되살리는 방법에 대한 여러 사회적 논의가 진행된다.[3] 북방 토착민들은 보편교육의 혁신에 초점을 맞추고 아이들의 의무교육을 기존의 일방적 기숙학교제도에서 벗어나 가족 및 민족공동체, 자연, 고유의 경제활동 방식 등에서 유리되지 않은 채 필요한 현대식 교육을 받을 수 있는 기회를 제공하는 것이 최우선적 과제라는데 합의하면서, 새로운 교육제도의 대안을 유목학교에서 찾기 시작했다.

본고에서는 극북 선주종족들이 러시아인의 북방지역 진출 이후 러시아동화, 유목적 전통과 정체성의 퇴색, 변형 혹은 소실, 현대사회에 대한 적응 등에 영향을 미친 교육제도의 역사에 대해 기술하고, 교육현황에 대해 살펴볼 것이

---

3) А.Ф. Головин, "Кочевая школа как социально-педагогическая основа формирования системы образования на крайнем севере: Пути становления и проблемы развития", *Этнопедагогическая культура в современном образовательном пространстве*, с. 264, 2010.

다. 또한 1990년대 이후 극북 선주민들이 현대 러시아연방의 국민으로 조화롭게 살면서 동시에 전통과 민족정체성을 회복시켜 나가는데 있어 보편교육의 변화가 영향을 줄 수 있을지 사하공화국을 중심으로 문화기술지적 방법을 바탕으로 고찰하고자 한다.

II. 본론

전통문화 및 언어의 보존과 계승은 토착유목민족들의 사회문화적 정체성의 기초이자 독창성의 필수 원천이 된다. 사하공화국 등 러시아 북방지역에 주로 살고 있는 선주종족들 역시 마찬가지이다. 유목민족 고유의 윤리적 규범, 철학, 정신문화, 가치체계는 언어를 통해 전승되며 순록 목축과 유목생활을 중심으로 하는 전통적인 경제활동의 형태를 통해 확고해지기 때문이다. 토착민들은 북방지역의 특성을 결정하는 중요한 요소로 '다민족적 특성, 문화적 독창성, 고유의 언어를 사용하는 다양한 종족들이 모여 사는 곳'이며, '러시아 사회 공동체에 속하는 시민이자 민족적 정체성을 잃지 않은 토착민으로서의 정체성의 조화'가 중요하다고 역설한다.[4] 거의 대부분의 북방 지역 토착민족에게 언어와 문화의 보존 문제가 나타나고 있으며 이는 소련시절 러시아동화정책 이후 오랫동안 가장 시급한 문제 중 하나가 되었다.[5] 2019년 사하공화국 대통

---

4) Е.В. Малышева · И.Л. Набок, "Образование коренных малочисленных народов Арктики: Проблемы и перспективы развития", Общество. Среда. Развитие(Terra Humana) 1(34), с. 141, 2015.

5) С.Г. Жиркова, "Кочевая школа: История и современность", Сибирский педагогический журнал, с. 277, 2010.

령 아이센 니콜라에프(Айсен Николаев)는 〈북극의 사회경제적 발전을 위한 전략 초안 2030〉을 논의하는 자리에서 매년 1%씩 감소하고 있는 공화국 인구문제에 대해 언급하며 결국 젊은 세대의 민족정체성의 회복과 전통문화의 부흥이 앞으로 토착민족의 미래를 결정하게 될 것이라는 점을 강조했다.[6]

문제는 "순록이 없으면 종족이 없다"는 토착민 속담을 되뇌이는 전통주의자들의 의견에 토착민 청년세대가 적극적인 흥미를 보이지 않고 있다는 점이다. 어린세대의 교육받을 권리, 삶의 방향을 스스로 선택할 권리, 러시아 시민으로서 살아갈 권리를 해치지 않으면서 북방 토착민의 전통적 삶을 유지·보존할 방법은 무엇인가. 토착민들은 이것을 보편교육의 개선에서 찾고 있다. 학교는 교육 기능 외에도 사람들의 민족 문화적 가치를 보존하고 전달하는 역할을 하기 때문이다.[7]

소련 이후 현대까지 러시아 극북 선주종족들의 보편교육은 기숙학교이다. 사하공화국에서 기숙학교를 졸업한 에벤키 아이들은 졸업 후 부모와 민족공동체가 있는 타이가지대로 돌아가려고 하는 숫자가 매년 10-15% 정도밖에는 되지 않으며, 돌아간다 해도 전통적인 경제활동의 방식을 제대로 이행하지 못하거나, 가족과의 유대, 모국어 능력 등이 현저히 떨어지는 것이 문제이다.[8] 오랫동안 북방 지역 토착민족들의 언어와 문화, 이의 계승의 중요성을 역설해 온 러시아의 어문학자 로벡(B. Роббек)의 말처럼 "교육은 전통적인 세계관, 민속, 철학, 삶의 경험 등이 모두 다음 세대에게 전달될 수 있는 것을 목표로 해

6) Н.Д. Неустроев, "Малокомплектная школа Севера и Арктики: *Проблемы и перспективы*", *Проблемы современного педагогического образования*, с. 225, 2019.

7) А.Ф. Головин, там же. с. 254.

8) А.Ф. Головин, там же. с. 256.

야 한다."⁹⁾고 본다면 토착민족이 보편교육에서 민족적 부흥의 새로운 기회를 찾는 것은 타당할 것이다. 또한 교육의 전략과 내용은 지역과 지역의 사회문화적 공간을 고려하여 프로그램을 개발해야 한다는 의견이 지속적으로 사회적 담론이 되는 이유이다.

이는 또한 2007년 11월 야쿠츠크시에서 개최된 〈모두를 위한 교육: 유목생활을 선도하는 민족그룹의 교육개발 전망 Образование для всех: перспективы развития образования народов, ведущих кочевой образ жизни〉 국제포럼에서 유네스코와 유엔의 지지를 받은 것을 기점으로 더욱 활성화되었다고 볼 수 있다.

1. 선행연구

론고르토바(Е.В. Лонгортова), 지민(А.В. Зимин), 골로빈(А.Ф. Головин)과 같은 학자들은 소련시대 북방지역의 보편교육제도가 되었던 기숙학교에서 토착민 아이들이 어떻게 교육을 받기 시작했고, 기숙학교제도가 어떤 긍정적·부정적 영향을 끼쳤는지에 대해 고찰하고 있다. 말리셰프(Е.В. Малышев), 시트니코바(Н.В. Ситникова) 등은 북극권이나 북방지역 소수민족들의 전통문화의 보존과 계승문제에 대해 연구하고 있다. 최근 테레히나(А.Н. Терехина)가 북방 토착민족들의 교육의 역사와 유목학교의 현황에 대해 보다 종합적인 자료를 제시하고 있다.

2천 년대 이후 북방지역 연구자들에 의해 토착민족의 유목생활을 근간으로 하는 전통문화의 보존 및 발전문제와 유목학교라는 대안에 대한 연구가 진행

---

9) Н.В. Ситникова, "Перспективы развития кочевого образования в России", Ученые записки ЗабГУ, Том 16, No 4, с. 24,

되고 있는 것으로 보인다. 다만 북방지역의 지리적 광대함과 그곳에 거주하는 토착민족들의 다양성, 유목민에 대한 근접 필드워크 및 법령의 부족 등으로 인해 명확한 통계 등 연구를 위한 기초자료가 제대로 정리되지는 못하고 있는 것으로 판단된다.

2. 선주민 교육의 역사와 현황

1) 제정러시아 시대

러시아인이 본격적으로 북방지역으로 진출하기 시작한 18세기 초 제정러시아가 중앙으로부터 먼 새로운 식민지 북방지역과 토착민을 관리하는 것에는 두 가지 주요방향이 있었다. 그것은 선교사업과 교육이다. 슬라브문화와 기독교, 러시아어를 전파하여 식민화 과정을 강화하고 지배력을 높이기 위한 정책의 일환으로 교회를 활용했다. 교회가 지역 주민들에게 기독교를 소개하고 광범위한 선교활동을 시작하도록 허용하면서 1703년 레친스키 주교의 집에 선교학교가 열렸다. 이러한 과정은 원주민 교육에 대한 관심이 더욱 높아졌던 19세기 이후 선포된 〈러시아에 거주하는 외국인 교육 조치(1870)〉, 〈외국인을 위한 초등학교에 관한 규정(1907)〉 등을 통해 더욱 강화되었다. 토착민 아동을 선교학교로 데려가는 것은 부모들의 강력한 반발을 샀지만 강제적으로 이루어졌다. 그러나 러시아어로만 진행되는 교육으로 인해 토착민 아이들에게 기독교와 슬라브 문화를 주입시키고 점진적으로 유목 전통에서 벗어나 러시아 제국에 동화시킨다는 목적을 크게 달성하지 못한 것으로 보인다.[10]

---

10) А.Н. Терехина, "Кочевая школа в современной системе образования для народов Севера РФ: Концепции, дискурсы и практики", *Институт этнологии и антропологии им. Н.Н. Миклухо-Маклая Российской академии наук*, c. 33-44, 2021.

19세기 후반 토착민 아이들에 대한 교육이 강제적인 선교학교만으로 부족하다고 생각한 교육자들에 의해 최초의 유목학교가 시도된다. 바자노프와 카잔스키와 같은 교육자는 콜라 반도에서 순록 목축업을 하는 사미족을 위한 학교를 설립하고 이들 유목민 가족의 이동경로를 따라 거주지에 방문교육을 실시하였다. 그러나 이러한 방식의 '유목학교'는 계절과 장소의 문제로 인해 연중 지속되는 날이 많지 않아 교육적 효과가 미미했고 점차 유목학교에 대한 기대와 실용성이 사라져갔다.

2) 소련시대

소련이 성립되면서 전국적인 보편교육 제도가 점차 형성되기 시작하였으나 먼 북방지역에 흩어져 분포하고 있는 유목민들에 대한 체계적인 교육시스템이 완전히 마련되지는 못하였고 기숙학교 제도가 시도되었다. 기숙학교의 변화 양상을 살펴보면,

- ▶ 1920~1930년대 초: 북방 토착민족들을 위한 기숙학교가 출현한다. 이 시기에는 토착민의 민족언어로 교육이 이루어졌다. 부모들을 설득하는 것이 주요 관건이었다.
- ▶ 1930년대 중반~1950년대 후반: 기숙학교 제도가 자리를 잡으면서 모국어 수업은 전면적인 러시아어 수업으로 대체되었고, 의무교육제가 도입되었다.
- ▶ 1950년대 말~ 1980년대 중반: 보편적 중등의무교육이 도입되고 기숙학교는 부모들로부터 토착민 아이들을 강제적으로 '징발'하여 전국적으로 동일한 커리큘럼 아래 러시아어로 진행되는 교육을 실시하였고 체계적인 러시아동화 작업이 진행되었다. 유목생활을 접고 일정 마을에 거주하기 시작한 정착민에게도 징발은 예외가 아니었다. 토착민 아이들은 모두 기숙학교에서 러시아식 삶의 방식을 교육 받아야 했다.

기숙학교가 극북지역 선주민들을 위한 보편교육제도로 자리 잡기 시작하면서 초기 선교학교가 문을 열었을 때와 마찬가지로 아이들이 부모와 민족공동체로부터 강제 분리되어 러시아식 교육을 받고 전통적인 순록 목축이나 이동생활을 위한 기술, 전통적 관습 등을 습득하지 못한 채 '러시아화' 되는 문제는 토착민의 정체성과 공동체 자체를 균열시키는 주요 요인이었다. 도시생활과 많은 것이 제공되는 기숙학교를 경험한 아이들은 툰드라로 돌아가서 혹독한 유목생활을 이어나가는 것에 문제가 생기곤 했다. 부모와의 이른 이별, 러시아어라는 외국어로 이루어지는 교육, 낯선 문화적, 일상적 관습을 수용해야하는 어려움 등은 아이들의 정서적 문제를 야기했다. 알코올 문제 역시 등장했다. 그러나 이 모든 문제점들에도 불구하고 북방지역에서 기숙학교는 보편교육의 기본으로 자리 잡았다. 유목민을 정착시키고 목초지를 산업용으로 차출하는 등 순록사육이 점차 쇠퇴한 것 역시 기숙학교를 통한 보편교육의 정착에 영향을 끼쳤다고 볼 수 있다.

▶ 1980년대 중반~2000년대 초반: '러시아동화'를 목표로 하는 소련식 보편교육 의무에 대한 정부의 통제가 완화되면서 지역적 특수성을 고려한 교육프로그램 개발이 시작되고, 민족어 교육 및 민족문화 교육의 도입, 유목학교의 개설에 대한 필요성이 논의되기 시작했다.

3) 소련 해체 이후

1992년에는 교육 분야에 있어 기존의 중앙 집중적 성격을 벗어나 분권화 시행의 근거를 법령화 한 덕분에[11] 북방지역 행정부는 민족문화를 기반으로 새

---

11) Закон об образовании N. 3266-1, 1992. https://www.consultant.ru/document/

로운 교육적 시도를 하고 이를 위해 사회적 토론을 하는 것이 가능해졌다. 툰드라와 타이가지대에서 문명의 혜택을 벗어나 장기적인 이동생활을 하고 썰매를 만들거나 고치는 기술, 순록목축, 사냥, 모피작업 등 긴 시간 어른들과의 공동 작업을 통해 체득할 수밖에 없는 생존의 기술이자 동시에 민족적 정체성을 유지·계승시켜주는 본질적 요소들을 아이들에게 교육시킬 수 있는 커리큘럼의 부활이 북방 토착민의 지속가능한 미래를 위한 첫 시작이라는 교육적 담론이 지배하기 시작한 것이다.

북방 토착민 아이들의 보편교육 현황을 살펴보면, 현재 토착민 아이들을 위한 기숙학교는 7-9년제로 운영되는데 소련 해체 이후 새롭게 등장한 것은 러시아어를 전혀 모르는 아이들을 위해 0학년제도가 시행되고 있는 경우가 많다는 것이다. 일종의 유치원 교육으로 볼 수 있지만 완전히 새로운 언어와 교육과정을 온전히 수용하여 일정 결과를 성취하는데 있어 과거 대비 큰 효과를 얻는 것으로는 평가되지 않는 것이 현실이다. 9개월 가량의 짧은 교육기간 역시 다른 러시아 아이들에 비해 학업성취도가 낮은데 영향을 준다.

문제는 이것만이 아니다. 북방 토착민들은 수세기 동안 주변 기후 및 자연과의 긴밀한 조화 속에서 신선한 순록고기, 야생열매, 물고기와 같은 전통식단을 통해 건강을 유지할 수 있었다. 이것이 도시생활에서 탄수화물과 단백질 위주의 식사를 하면서 면역체계의 교란과 전염병에 대한 취약성 등 전반적인 건강문제를 일으키고 있다는 점이다. 또 다른 문제점은, 자연과 공동체 속에서 생활하면서 자연스럽게 생존과 경제활동에 필요한 기술들을 체득하던 아이들이 기숙학교에 있는 동안 섬세한 유목민 특유의 특성들이 둔화되는 것이 반복되면서 졸업 후 공동체로 돌아간다 해도 생존에 위협을 받을 수 있다는

cons_doc_LAW_1888/ (검색일: 2024.2.5.)

점이다. 이런 상황 속에서 토착민 아이들은 양쪽 생활방식 모두에서 적응장애를 겪고 있는 것으로 판단된다.

극북지역의 삶은 러시아의 다른 지역과는 달리 '인간-사회-자연'의 협력과 조화를 통해서만 가능하다는 생각이 교육의 새로운 대안을 유목학교에서 찾게 했다. 2000년대 이후 30년간의 논의와 관심 끝에 북방 지역에서는 유목학교의 실질적인 부활을 통한 새로운 문화부흥의 시대를 위한 노력이 진행되고 있다. 즉, 새로운 문화부흥에 관한 담론을 통해 북방지역 보편교육의 새로운 교육 형태는 아이들의 이중사회화를 지원할 수 있어야 한다는 것, 교육이 토착민족들의 고유성과 자존감 보존에 초점을 맞추어야 한다는 점을 본질이다. 그리고 기숙학교의 문제점을 보완하기 위한 대안으로 유목학교의 부활이 추진된 것이다. 1990년대 이후 유목학교에 대한 논의가 비교적 활발하게 진행되고 있으나 소련 해체 이후 30년의 세월 속에서도 유목학교 문제가 이전의 소련식 공교육처럼 완전하게 자리 잡았다고 볼 수는 없다.

전술한 것처럼, 유목학교에 대한 담론과 정책은 소련 해체 이후 30년의 시간 동안 꾸준히 시도되어 왔지만 과거 기숙학교가 정착되었던 것에 비하면 그 속도와 결과는 아직 미미한 수준이라고 볼 수 있다. 그럼에도 불구하고 북방지역은 유목학교라는 보편교육의 새로운 패러다임의 성공에 대한 기대를 놓지 않고 있다. 이유는 무엇일까. 사하공화국 당국은 보편교육의 변화를 통해 1) 전통 문화와 언어의 보존, 필요한 경제 기술 교육(순록 목축, 낚시, 사냥) 2) 가족과 분리되지 않고 부모가 교육에 완전히 참여하지 않고 자녀를 양육 3) 유목 생활 방식을 고려하여 순록 목동을 위한 보편적 교육에 대한 권리 구현이라는 목적을 달성하고자 하고 있으며 이는 유목학교라는 형태로 가능할 것이라고 생각하고 있기 때문이다. 쇠퇴하고 있는 북방민족들의 전통문화와 정체성의 회복이 곧 '지속가능한 미래'이기 때문이다.

2. 유목학교

제정러시아의 북방진출 이후 1800년대 후반 알렉산드르 2세의 대규모 개혁이 이루어지던 시기 토착민 교육에 대한 관심도 증가했다. 당시 지식인계급은 북방 토착민들이 민족어로 교육 받을 권리를 옹호하는 분위기를 주도하면서 민족공동체로부터 분리되지 않은 채 토착민 아이들이 교육 받을 수 있도록 '학교'를 유목민 거주지 근처에 개설하려는 시도를 했고, 1880년대 사미족을 위한 최초의 이동학교가 개설되었다. 교사가 직접 계절에 따라 이동하는 사미족의 유르트를 방문하여 계절에 맞는 학기제를 운영하는 방식이었다. 이것이 러시아 유목학교의 시초라고 볼 수 있다. 1870년대 인텔리겐치야 계급의 '브나로드(В народ)' 운동으로부터 영향을 받은 일부 지식인과 사제들은 고정된 시설물이나 건물이 필요 없기에 이러한 이동식 학교에서의 교육이 어렵지 않을 것이라고 생각했지만, 교사들이 유목민 거주지를 방문하여 교육을 실시하는 것은 먼 거리를 이동하며 썰매와 순록, 모피, 텐트, 하인 등이 필요했기에 기대 이상의 비용과 노력이 필요했다. 교사의 '열정' 외에 조직적인 계획이 없이 시작되었던 이 '교육 실험'은 20세기 초반까지 유지되었으나 토착민 교육에 있어 큰 획을 긋지는 못한 것으로 평가할 수 있다.

1990년대 북방 민족들이 '문화부흥의 시대'를 맞으면서 소련 시기에 축적된 문제들을 보편교육을 개선함으로써 해결하려는 움직임을 보이기 시작했고, 기숙학교에 대한 대안으로 나온 것이 이 유목학교의 부활이다. 소련 해체 이후 최초의 유목학교 시도는 사하공화국이었으며 점차 야말로-네네츠자치구와 아무르 등의 지역으로 조금씩 확대되었다.

사하공화국의 유목교육부에 따르면, 공화국이 추구하는 유목학교의 목표는 '전통적인 유목생활 방식을 따르고 있는 부모와 자녀를 분리하지 않고, 유치원과 일반 교육의 내용과 형식을 구성한다. 북방 토착민의 전통적 경제활동을 보존하고 아동에게 민족문화, 모국어, 전통과 관습에 대한 지식을 쌓게 하며, 서식지를 보호하는 것'이다. 사하공화국은 2008년 7월 〈유목학교에 관한 법령〉[12]을 채택하여 유목학교의 설립과 그를 통해 얻고자 하는 교육적 목표에 대해 다음과 같이 선포했다:

① 유목학교는 북방 원주민들의 전통적인 거주지와 전통적인 경제활동 장소에 있는 독립적인 교육기관 또는 교육기관의 분파이다.
② 유목학교를 설립하는 목적은 자녀를 부모와 분리하지 않고 유치원, 기본 일반 및 추가 교육에 대한 접근을 보장하고, 북방 원주민의 전통적인 경제 활동을 복원 및 보존하며, 어린이에게 민족문화, 언어를 보존하고 발전시킨다.
③ 전통과 관습을 지키고 토착민족의 서식지를 보호한다.

사하공화국은 북방지역에서 가장 먼저 유목학교의 부활을 시도했고 현재 여타 지역들에 비해 유목학교에 관한 법률제도를 비교적 상세하게 갖추고 있다고 볼 수 있다. 2000년부터 2008년까지 〈사하공화국 정부결의안 No. 228: 유목교육기관 시스템 개념 승인〉, 〈농촌 교육기관의 국가 지원에 관한 법률〉, 〈공공 및 무료 유치원, 초등, 일반 교육을 받을 수 있는 시민의 권리를 보장하기 위한 비용조달 기준에 관한 법률〉[13]등이 마련되었다. 사하공화국

---

12) No. 591-Z No. 73-IV 〈사하(야쿠티야)공화국 유목 학교에 관한" 법률은 공화국 내 북방 토착민족을 위한 교육 시스템 개선을 위한 법적, 경제적, 사회적 기반을 확립하는 것을 목표로 한다. https://docs.cntd.ru/document/819062058 검색일: 2024.02.01.
13) «Постановление Правительства Республики Саха №1. № 228. Утверждение концепции системы коче вых образовательных учреждений», http://pravo.

내 아모소프 북동연방대학교(CBФУ им. Амосова)에서 유목교사 양성이 시작되기도 하였다.

그렇다면 유목학교는 명확히 어떤 형태의 학교를 의미하는가. 유목학교라는 명칭이 일차적으로 주는 이미지는 토착민 공동체를 따라 이동하는 학교라는 것이다. 그러나 유목학교의 종류와 형태는 의외로 다양하다. 이를 사하공화국을 기준으로 살펴보면,[14]

▶ 유목민학교: 순록목동, 사냥꾼, 어부, 유목민을 대상으로 하며, 소규모 공동체와 함께 이동한다.

▶ 초등유목학교-유치원: 기본 교육기관의 분교적 개념으로 유치원 및 초등 일반교육 프로그램을 시행. 유목민 공동체와 함께 이동하며 아동에게 민족문화와 언어, 전통적 관습에 관한 지식을 전달한다.

▶ 공동체학교: 이동하지 않고 고정된 소규모 학교로, 기본 일반교육의 프로그램에 따라 교육한다. 해당 지역 일반학교의 분교로 운영

▶ 튜터 학교: 기본 일반교육 프로그램 가동. 교사가 직접 순록목축, 낚시, 사냥 등 가족공동체의 경제활동에 참여하면서 학생들과 교류하는 방식이 특징이다.

▶ 타이가 학교: 일정 교육을 받은 부모가 직접 아이들을 가르치도록 하는

---

gov.ru〉proxy/ips/«О государственной поддержке сельских образовательных учреждений», https://base.garant.ru/26709946/«О нормативах финансирования расходов на обеспечение государственных гарантий прав граждан на получение общедоступного и бесплатного дошкольного, начального, общего, основного общего, среднего (полного) общего образования, а также дополнительного образования в общеобразовательных учреждениях», Глава РС(Я): Закон РС(Я) 2008. 검색일: 2024.02.01.

14) А.Н. Терехина, Там же., с. 75-76.

방식으로 운영된다.

▶ 고정유목학교: 일반 기숙학교에서 공부하고 툰드라에 머무는 기간 동안에만 민족문화와 민족어 등의 추가 교육을 실시하는 것을 목표로 한다.

▶ 일요일 학교: 말 그대로 일요일에만 개방하여 학생 부족으로 학교가 없는 소규모 정착지에서 민족문화교육을 실시한다.

▶ 통신망 유목학교: 원격교육으로 진행되는 유목학교

▶ 여름 유목학교: 여름방학 동안 전통적 자연환경 관리와 전통경제활동이 이루어지는 장소에서 민족문화, 민족어, 전통경제활동을 학습하는 교육기관의 분교로 특히 민족어를 제대로 구사하지 못하거나 민족문화에 대한 지식이 부족한 학생을 위한 교육을 실시한다.

사하공화국 이외 다른 지역에 개설된 유목학교에는 다인종교육기관 '파유타(Паюта)', 유목민족캠프, 유목유치원(알파벳만 집중적으로 학습), 계절유목초등학교, 중등일반교육 유목학교 등 여러 가지 다양한 목표를 가진 기관들이 존재한다. 이외에도 학습시간이나 툰드라, 타이가와 같이 학습이 이루어지는 자연 환경적 조건에 따라서도 교육형태가 구분되기도 하니 다양하게 세분화되어 있다고 볼 수 있다. 이것은 동시에 유목학교라는 개념과 적용의 구체적 방식 및 방향성이 한 지역 안에서조차 통일된 시스템 속에서 작동하지는 못하고 있다는 것을 의미한다고 판단된다.

이렇게 봤을 때, '유목학교'라는 명칭이 수용하는 교육기관의 범위는 문자 그대로 유목민을 따라 이동하는 '유목학교'와 특정 지역에 설치된 작은 건물이나 캠프를 활용하는 '고정학교', 계절에 따른 학교, 유치원, 기본학교의 분교 등 다양한 형태와 목표로 나뉘기 때문에 '유목학교'로 통칭되는 교육기관의 개념은 현재까지는 이동성보다는 '유목생활을 하는 토착민의 교육을 목표로 기본 기숙학교의 추가적 활동을 위한 학교' 정도로 정리할 수 있을 것이다. 이 유목학교는 학교의 이동성에 따라 프로그램이 달라지며 주로 유치원과 초등교육을 위한 추가교육을 제공한다고 볼 수 있다. 기본 교육은 여전히 규모가 큰 정착지에 위치한 기숙학교에서 받아야 한다.

사하공화국의 법령의 "유목학교는 원주민이 밀집된 거주지에 있는 독립적인 교육기관의 분원이다.", "유목학교는 교육의 내용과 형식이 유목생활에 적합하고, 가족교육의 전통을 보존하며, 토착민 고유의 도덕, 관습, 전통의 연속을 보장하고, 부모와의 공동생활에서 노동의 기술을 습득할 수 있어야 한다."라는 유목학교의 정의를 통해 더욱 잘 이해할 수 있다. 사하공화국에 설립된 유목학교 35개 중 13개만이 실제 유목민을 따라 이동하며, 이 중 4개를 제외하고 나머지 학교들이 주로 미취학 아동을 대상으로 하고 있다는 점도 유목학교의 특성을 나타낸다.[15]

현재 사하 공화국에는 5,675명의 취학 연령 아동이 북부 원주민에 속해 있는데, 1,809명의 아이들이 유목민 가정에서 살고 있으며, 그 중 1,230명은 취학 연령이고 579명은 미취학 아동으로서 교육의 혜택을 받고 있다. 여전히 기숙학교의 전통이 확고히 남아있는 북방 지역에서 이 아이들 중 8.2% 정도만이 가족, 공동체문화와 단절되지 않은 채 교육을 받고 있는 것으로 생각되고 있다.[16] 사하공화국은 유목학교를 토착민족의 문화부흥을 위한 대안으로 생각하고 있지만 실행과 결과의 성취가 기대만큼 쉽지 않다는 것을 방증한다고 볼 수 있다. 그러나 정보통신 디지털교육 및 기기의 확산을 통해 점진적으로 유목

---

15) А.Н.Терехина, "Кочевая школа в современной системе образования для народов севера РФ: Концепции, дискурсы и практики", *Институт этнологии и антропологии им. Н.Н. Миклухо-Маклая Российской академии наук*, с. 76, 2021.

16) Н.В.Ситникова, "Перспективы развития кочевого образования в России", *Актуальные проблемы современного образования*, с. 26, 2021.

학교의 현실성을 높여가려는 계획을 가지고 있다. 유목학교의 부활로 토착민의 부흥을 꾀하고 있는 사하공화국 측 유목학교의 교육목표를 정리해 보면,

① 교육의 접근성을 보다 수월하게 보장
② 가족 및 민족공동체, 고유의 문화적 환경과 분리되지 않은 교육
③ 경제활동의 전통적 특성 특히 순록목축업, 민족문화 및 언어의 보존, 민족 관습에 따른 자녀 양육으로 정체성의 보존

이라는 세 가지 큰 틀에서 정의할 수 있다.

사하공화국에 유목학교가 세워진 것은 1990년대 초이지만 이 지역에서 유목학교가 실질적으로 활용되기 시작한 것은 2006년 유네스코가 '토착민 학생들의 문해력 보장' 프로젝트를 위해 사하공화국을 지원하기 시작하면서부터이다. 이러한 국제 프로그램과 사하공화국의 문화부흥에 대한 시대적 염원이 맞물리면서 전통과 가족공동체와의 단절로 인한 토착민 고유의 전통 및 정체성 소실문제를 해결할 수 있는 대안으로써 유목학교의 부활에 집중하게 된 것이지만, 현황적 결과가 크지 않은 것이 사실이다.

지금까지 유목학교의 전반적인 역사와 특징, 왜 극북 선주민들이 유목학교라는 형태에 집중하는가에 대해 기술하였다. 그렇다면 유목학교는 현실적으로 기숙학교의 대안이 맞는가. 교육전문가들은 무엇보다 다양한 유목학교들을 유지하는데 일반 기숙학교보다 더 많은 비용이 소요된다는 점을 들고 있다.[17] 계절과 지역에 따라 이동해야 하고 전통적 삶의 방식에 따라 학습기간에 차이가 나고, 주로 보편교육의 추가적 학습이나 기숙학교 입학 전의 예비

---

17) Е.В. Малышева·И.Л. Набок, Там же., с. 143.

교육적 차원에서 이루어지는 교육내용, 민족교육에 치중하는 교육방식 등은 러시아 시민으로서 동등한 양질의 교육을 받을 아동의 권리, 미래에 스스로 직업을 선택할 수 있는 권리를 행사하기에 부족할 수 있다는 부분 역시 간과할 수 없는 문제이다. 유목학교 정책의 시행은 그 기간에 비해 아직 시스템적 통일성이 부족하고 높은 비용과 노력에 비해 대안으로써의 선명성이 떨어지는 것이 사실이다. 앞으로 지속적으로 필드워크를 통해 현실적으로 토착민 아이들의 민족정체성 회복과 유목민족적 전통의 부활에 어느 정도의 영향을 끼치고 있는지에 대한 관찰과 연구가 필요한 것으로 생각된다. 그러나 사하공화국이 국제기구의 지원을 바탕으로 유목학교를 북방민족부흥의 중요한 수단으로써 생각하고 있는 만큼 그 전망에 대해 부정적 예단을 하기에는 이른 것으로 생각된다.

III. 결론

러시아 극북지역은 수세기 동안 유목 및 반 유목생활을 하던 토착민들의 삶의 터전이었다. 18세기 이후 러시아인의 지배가 본격화되면서 슬라브 문화와 러시아어, 기독교의 강제적 수용을 겪는 과정에서 선교학교가 설립되었고 이곳에서 토착민 아동의 교육이 시작되었다. 토착민의 민족적 권리를 주장하는 일부 지식인들에 의해 교사가 유목민 공동체를 직접 방문하여 그들의 전통적 삶과 현대식 교육의 장 그리고 부모와 아동을 분리하지 않는 이동식 교육을 시도했으며 이를 유목학교라고 불렀다. 러시아 최초의 유목학교 실험은 20세기 초반까지 유지되었으나 선교학교처럼 유목학교 역시 기대한 만큼의 결과를 얻었다고 보기는 힘들었다. 소연방의 성립 이후 북방 지역 토착민 교육은 점진적으로 기숙학교로 대체되었는데, 초기 선교학교와 마찬가지로 토착민 부모들의 반발에도 불구하고 아동의 강제 징발과 분리가 진행되었다. 1950년대 이후 기숙학교제도가 안정화 되고 유목민이 이동생활을 멈추고 정착민화 되는 경우가 늘어나면서 기숙학교는 북방지역의 기본교육기관으로 자리 잡았다.

가족과 민족공동체, 전통적 삶의 방식으로부터 단절된 채 기숙학교에서 교육을 받게 된 토착민 아동은 초기에는 새로운 생활과 언어, 관습 등에 익숙하지 않아 정서적 문제를 겪게 되고 기숙학교 의무교육이 끝날 때쯤에는 반대로 기존의 툰드라 지대에서의 순록목축과 이동을 근간으로 하며 자연과 깊이 교감하는 전통적 생활방식에 적응하지 못하는 이중적 문제에 직면하였다. 소련 시절 집단농장 정책과 유목민의 정착유도, 목초지의 국가 점유 등의 문제가 순록목축을 근간으로 하는 토착민의 전통 보존에 어려움을 겪게 하는 원인이 되었으나 무엇보다 본질적인 문제는 토착민 아동이 기숙학교 교육을 통해 점차 '러시아화' 되고 전통적 삶의 방식과 민족어, 민족공동체 소속이라는 정체성의 상실이었다.

1990년대 소련의 해체 이후 북방 토착민들은 새로운 문화부흥의 시대가 도래했다고 선언했다. 오랜 세월 혹독한 자연과 기후조건 속에서 순록목축을 기반으로 유목 및 반 유목생활을 하며 고유의 문화와 정체성, 언어를 지켜온 자신들의 전통을 회복하고 '뿌리로의 귀환'을 희망하는 것이다. 문화부흥에 대한 사회적 담론은 무엇보다 어린 세대의 정체성회복이 중요하며, 이것은 보편교육제도의 변화를 통해 개선할 수 있을 것이라는데 도달했다. 이러한 사회적 논의는 북방지역의 기본교육제도인 기숙학교를 보완할 수 있는 추가적 교육제도로써 유목학교의 부활을 불러왔다.

북방지역에서 가장 먼저 유목학교를 부활시키고 관련 규정을 마련하면서 다양한 형태의 교육을 시도하는 과정의 중심에는 사하공화국이 있다. 사하공화국은 유목학교를 "원주민이 밀집된 거주지에 있는 독립적인 교육기관의 분원이다.", "유목학교는 교육의 내용과 형식이 유목생활에 적합하고, 가족교육의 전통을 보존하며, 토착민 고유의 도덕, 관습, 전통의 연속을 보장하고, 부모와의 공동생활에서 노동의 기술을 습득할 수 있어야 한다."라고 정의하였는데, 이러한 법적 규정과 30년 간 개설된 유목민학교, 초등유목학교-유치원, 공동체학교, 튜터학교, 타이가학교, 고정유목학교, 일요일학교, 통신망유목학교, 여름유목학교라는 다양한 형태와 교육의 내용으로 보았을 때 사하공화국이 추구하는 유목학교의 교육목표는 다음 세 가지의 큰 틀에서 정리할 수 있다고 판단된다:

① 교육의 접근성을 보다 수월하게 보장
② 가족 및 민족공동체, 고유의 문화적 환경과 분리되지 않은 교육
③ 경제활동의 전통적 특성 특히 순록목축업, 민족문화 및 언어의 보존, 민족 관습에 따른 자녀 양육으로 정체성의 보존 및 발전

전술한 유목학교의 세분화된 종류와 교육의 내용 등으로 보았을 때 유목학교의 새로운 개념에 대해서도 이해할 수 있다. '유목학교'라는 개념은 문자 그대로 유목민을 따라 이동하는 '유목학교'와 특정 지역에 설치된 작은 건물이나 캠프를 활용하는 '고정학교', 계절에 따른 학교, 유치원, 기본학교의 분교 등 다양한 형태와 목표로 나뉘기 때문에 '유목학교'로 통칭되는 교육기관의 개념은 현재까지는 이동성보다는 '유목생활을 하는 토착민의 교육을 목표로 기본기숙학교의 추가적 활동을 위한 학교' 정도로 정의할 수 있을 것이다.

30년의 실험 속에서 유목학교의 맹점이 드러나지 않은 것은 아니다. 기숙학교보다 높은 유지비용, 계절과 지역에 따라 이동해야 하고 전통적 삶의 방식

에 따라 학습기간에 차이가 나고, 주로 보편교육의 추가적 학습이나 기숙학교 입학 전의 예비 교육적 차원에서 이루어지는 교육내용, 민족교육에 치중하는 교육방식 등은 러시아 시민으로서 동등한 양질의 교육을 받을 아동의 권리, 미래에 스스로 직업을 선택할 수 있는 권리를 행사하기에 부족할 수 있다는 부분 등이 그것이다. 현대 선주종족 출신 부모들도 이미 어린 시절 기숙학교의 경험을 가지고 있는 세대이다. 기숙학교 제도를 완전히 수용하지는 못해도 정규교육이 주는 양질의 교육의 중요성에 대해 인정하는 추세이다. 그러나 동시에 부활한 다양한 유목학교제도의 필요성에 대해서도 인정하며 특히 미취학 아동에 대한 예비교육을 긍정적으로 인식하고 있는 것으로 나타나고 있다. 물론 국제기구의 지원과 함께 유목학교라는 보편교육의 변화를 통해 '문화부흥과 극북 선주민의 지속가능한 미래'를 적극적으로 기대하고 있는 사하공화국의 행보를 보았을 때 유목학교의 전망이 현재의 '기숙학교의 추가적이고 보완적 교육기관'의 역할에서 더 확장될 수 있다는 점을 간과할 수 없다.

21세기는 생물적 다양성이 보존되어야하는 것처럼, 문화적, 종족적 다양성 역시 보존되었을 때 인류가 더 건강할 수 있다는 인식에 더 많은 사람들이 동의하는 시대이다. 순록과 인간, 자연과 인간 사이의 공생의 방법, 연약한 북방의 자연과 생태계를 대하는 신중한 태도를 알고 있는 북방 토착민들의 생활방식은 기후변화와 생태적 위기 속에서 보존되어야 할 문화유산이자 중요한 가치가 되었다. 이러한 점은 기숙학교에서의 의무교육제도는 그대로 남았지만, 대신 아이들만을 '징발'하는 것이 아니라 부모나 형제들과 함께 공부할 수 있는 새로운 제도, 기숙학교에서 진행되는 툰드라식 기술 교육, 선주민 출신의 교사를 통한 모국어 수업 등 새로운 프로그램의 도입으로 나타나고 있다. 또한 공교육을 보완할 수 있는 유목학교 프로그램은 기숙학교를 선택하지 않은 토착종족 출신 아이들이라도 최소한의 초등교육을 받을 기회를 보장하고 있다.

현재 러시아 극북 지역의 지리적 광활함, 다양한 토착 민족그룹의 수로 인해 통일적인 정책 시행의 어려움, 시행결과에 대한 구체적인 조사결과가 미흡한 실정이지만, 지금까지의 고찰을 통해 기숙학교와 유목학교는 서로 경쟁의 대상이 아니며, 서로 상호 보완하는 매커니즘으로 발전해야 하는 것이 아닐까 생각된다. 이를 통해 러시아국민이자 토착민족으로서 상호보완적이고 양방향적 정체성을 조화롭게 가진 아이들이 극북 선주민의 지속가능한 미래의 주역이 될 수 있을 것이다.

⟨참고문헌⟩

김자영, "'원주민'을 어떻게 명명할 것인가", 『북극연구』제33호, 한국-시베리아센터, 2023.

Головин, А.Ф., "Кочевая школа как социально-педагогическая основа формирования системы образования крайнем севере: пути становления и проблемы развития", *Сибирский педогогический журнал*, 2010.

Жиркова, З.С., "Кочевая школа - инновационная модель в развитии системы циркумполярного образовательного пространства(на примере сетевого взаимодействия опорной Тополинской СОШ и кочевой школы "Айлик"", Монография, *Наукоемкие технологии*, 2021.

Закон Республики Саха (Якутия) от 15 декабря 2014 года 1401-3 N 359-V (с изменениями на 28 апреля 2022 года)

Закон об образовании N. 3266-1, 1992.

Зимин, А.В., "Становление и развитие системы общего образования на Ямале в XVII - начале XX в.", *Материалы V Всероссийской научно-практической конференции*, 2009.

Зубарева, С.Л., Генезис образования народов Севера, *Автореферат, ВГПУ, Волгоград*, 2004.

Лонгортова, Е.В., "Особенности социализации детей из числа коренных малочисленных народов Севера в условиях школы-интерната", *Управление образованием No.7-1(94)*, 2019.

Малышева, Е.В. · Набок И.А., "Образование коренных малочисленных народов Арктики: проблемы и перспективы развития", *Общество. Среда. Развитие., No.-1*, 2015.

«О государственной поддержке сельских образовательных учреждений»,

«О нормативах финансирования расходов на обеспечение государственных гарантий прав граждан на получение общедоступного и бесплатного дошкольного, начального, общего, основного общего, среднего (полного) общего образования, а также дополнительного образования в общеобразовательных учреждениях», Глава РС(Я): Закон РС(Я) 2008.

«Постановление Правительства Республики Саха №1. № 228. Утверждение концепции системы коче вых образовательных учреждений»

Ситникова, Н.В., "Перспективы развития кочевого образования в России, Актуальные проблемы современного образования", 2021.

Терехина, А.Н., "Кочевая школа в современной системе образования для народов Севера РФ: Концепции, дискурсы и практики", *Институт этнологии и антропологии им. Н.Н. Миклухо-Маклая Российской академии наук*, 2021.

러시아 북극권 소수민족 전통문화 연구: 돌간족의 달력, 관습, 축제를 중심으로

김태진*

Ⅰ. 들어가기

달력은 시간을 정리하고 계산하는 방법으로서 어느 민족이건 간에 그 민족의 기본적인 문화를 알려줄 수 있는 가장 오랜 된 지표중의 하나라고 할 수 있다. 같은 달력을 쓰고 있다는 것은 같은 시간질서를 따르고 있고, 그 시간대와 관련된 문화적 상징을 함께 공유하고 있다는 것을 의미한다. 황성우(2012)는 달력은 시간에 질서를 부여하고자 인간이 고심했던 모든 노력의 결과물이라고언급하고 있다.[1] 시간에 질서를 반영하기 위해 달력이 해야만 하는 기본 역할이 있는데 우선 시간을 측정하고 시간에 리듬을 제공하는 것이다. 시간에 리듬을 제공한다는 것은 우리 인간의 일상과 기본적인 삶, 축제와 명절과 같은 의례에 기본적인 하나의 틀을 제공해서 휴일과 비휴일, 평일과 기념일을 구분하는 것이다. 이렇게 만들어진 달력을 통해 해당 사회의 종교, 문화, 권력이나 이념까지 파악할 수 있다. 러시아 북극권 소수민족들에 있어 달력은 일상생활을 통제하고, 시간을 통제할 수 있었다. 특히 종교적 믿음이나 다양한

※『한국시베리아연구』2024년 제28권 3호에 실린 논문을 수정 및 보완한 글임.
* 배재대학교 글로벌외국어자율전공학부 교수, 배재대학교 소수민족연구소 소장
1) 황성우, "소비에트 달력개혁과 일상생활의 변화,"『동유럽발칸학』14-1 (아시아중동유럽학회, 2012) pp. 305-333.

축제나 의례를 달력에 반영하여 그들이 추구하는 가치가 무엇인지 정확히 이해할 수 있으며, 서로 다른 민족이 유사한 축제를 다른 월에 진행하고 있다면 그 보편적인 차이를 규명할 수 있기도 할 것이다. 따라서 달력 속에 내재된 민족의 문화를 분석하는 작업은 흥미로울 수밖에 없다.

축제는 인간이 가진 기본적인 욕구충족의 문화적 표현이고 이 축제를 통해 인간은 삶의 존재성을 재확인하고 문화적 가치를 이해하며 상호 간의 연대감을 공고히 한다. 축제는 인류사회의 보편적인 문화 현상이며, 지역의 문화정체성, 나아가 민족의 정체성과 공동체 의식에 기반을 두고 해당 민족이 자발적으로 참여해야하고 그 과정에서 만족과 보람을 느껴야 한다는 근본 원칙이 있다. 현대에서의 '축제'에 대한 개념이 축제의 '진정성'을 상실하고 있다는 문제가 제기되고 있는 것은 바로 이러한 근본 원칙을 지키지 않은 까닭 때문으로 분석하고 있다.

축제가 민족의 문화정체성, 이를 통해 민족의 정체성을 확인할 수 있다는 관점에서 현대의 '축제'와 사뭇 다른 러시아 북극권 소수민족의 축제는 매우 중요하다고 할 수 있다. 이들의 축제에는 '진정성'이라는 것이 있기 때문이다. 이들의 축제에는 이들만의 자연관과 영혼관, 신앙체계가 들어가 있으며, 신화적 상상력과 토템, 애니미즘, 샤머니즘 등 전통신앙을 규명할 수 있다. 이경희 (2021)는 러시아 북극권 소수민족들의 정체성과 전통문화의 보존과 유지에 있어 가장 중심적 역할을 하는 것은 축제라고 언급하고 있다.[2] 축제가 북극권 소수민족들의 자연에 대한 사랑과 믿음, 이들의 정체성이 반영된 결과물이기 때문에 축제에 대한 분석은 이들의 정신세계를 이해할 수 있는 가장 중요한

---

2) 이경희, "러시아 북극권 소수민족 축제 연구," 『소수민족연구』1권1호 (소수민족연구소, 2021), p. 14.

주제라고 할 수 있다. 또한 지구 민족 문화의 다양성 측면에서 북극권 개발로 삶의 터전을 잃어가면서 모국어가 소멸되고, 전통문화가 파괴되는 것에 반하여 북극권을 통해 경제적 이익을 얻을 수 있는 국가들은 지역의 개발과 동시에 이들의 문화를 지속 가능하게 만들어야 할 의무가 있다.

그런 까닭인지는 모르겠지만 북극항로가 열리면서 이 지역에 대한 다양한 분야에 대한 연구가 활기를 띠게 되었고, 동시에 그동안 외부와의 접촉이 쉽지 않았던 이 지역 소수민족들이 외부인들에게 노출되면서 자의든, 타의든 자신들의 삶이 터전에서 이주해야 하는 환경으로 인해 이들에 대한 지위와 전통문화 보존, 유지 대한 관심을 갖게 되었다.

북극권에서 거주하고 있는 소수민족 수에 대해 학자마다 다양한 의견 (Крюков et al., 2014)(Тишков, 2014)을 제시하고 있지만, 최근 국내 연구에서는 인문 지리적 관점(북극권 정의: 북위 66.33도)에서 15개 민족으로 정의하고 있다(김태진, 2023). 이들 소수민족은 네네츠, 에네츠, 돌간, 만시, 셀쿠프, 야쿠트, 에벤, 에벤키, 에스키모, 유카기르, 느가나산, 축치, 케트, 코미, 한시족이다.

이들 민족의 역사는 이미 러시아가 시베리아 지역을 정복하는 과정 이전부터 존재해 왔기 때문에 수천 년의 역사를 가지고 있다고 할 수 있다. 러시아 시베리아라는 지역의 매우 혹독한 자연환경을 견디면서 이들 나름대로의 고유한 자기만의 생활 문화를 창조했다고 할 수 있다.

본 연구에서는 제시된 북극권 소수민족 중에 돌간족의 달력 유형, 수세기 동안 지켜왔던 관습과 금기사항, 그리고 그 속에 반영된 축제를 조사하는데 목적이 있다. 우선 본론 1장에서는 북극권 돌간족의 역사와 특징에 대해 제시하며, 2장에서는 돌간족의 달력에 대해, 4장에서는 돌간족의 관습과 금기사항 및 축제에 열거하고 분석할 것이며, 결론에서 종합적으로 북극권 소수민족 문화의 연구의의와 가치에 대해 제시할 것이다.

Ⅱ. 본론

1. 러시아 북극권의 돌간족

돌간족은 크라스노야르스크 북부지역에 살고 있는 소수민족으로 스스로를 뜨이아-끼히(Тыа-кихи)라고 부른다.[3] 돌간어는 알타이어족 투르크어계에 속한 언어이다. 언어학자들은 돌간어가 야쿠트어(사하)와 아주 가깝다고 하고, 야쿠트어의 한 방언으로 간주하고 있다.

돌간족의 주요 정착지역으로는 야쿠티아의 아나바르 지역인 타이미르 자치구 한탕가와 두진카이다. 두진카는 예니세이강을 통해 일반인들이 북극권으로 갈 수 있는 마지막 도시인데 일부 소수 돌간족은 두진카 지역의 에니세이에 정착을 하기도 했다. 돌간족의 인구수는 2022년 12월 기준[4] 러시아 정부의 공식 통계에 따르면 8,032명이고, 남성이 3,619명 여성이 4,413명으로 조사되었다. 지역적으로는 크라스노야르스크 변강주에 5,881명과 사하 공화국에 2,151명이 거주하고 있다. 2010년 7,885명이었던 것에 비해 147명이 증가했다. 러시아 정부에서 10년마다 조사하는 국가통계청의 자료를 토대로 돌간족의 인구는 지속적으로 증가하고 있는 추세이다.[5] 하지만 전체적인 증가의 폭은 감소하고 있는 것으로 보인다.

돌간족은 총 4개의 조상 그룹, 즉 퉁구스족(50~52%), 야쿠트족(30~33%), 러시아인(15%), 사모이드족(3~4%)에 의해 형성되었다고 한다(Бугаева

---

3) Тыа 또는 Тыа-кихи는 돌간어로 '숲 사람들' 또는 '유목민'이라는 뜻이다.
4) https://rosstat.gov.ru/storage/mediabank/Tom5_tab17_VPN-2020.xlsx (검색일: 2024.06.25)
5) https://ru.ruwiki.ru/wiki/%D0%94%D0%BE%D0%BB%D0%B3%D0%B0%D0%BD% D1%8B (검색일: 2024.06.25)

2013). 노릴스크 시와 가까운 피아시노 호수(Озеро Пясино)에서 동쪽 아나바라 하류까지 나무식생대의 북쪽 경계를 따라 타이미르지역에 정착한 여러 민족의 대표자들은 서로간의 싸움보다는 화해와 친교에 집중했고, 그 결과 하나의 국가로 쉽게 통합할 수 있게 되었다. 지금의 돌간족은 중부 및 동시베리아에서 이 지역으로 도착했으며, 이들의 정착과 발전 기간은 상당히 오랜 기간 이루어졌다. 1930년 12월 10일 타이미르 돌간-네네츠 민족구가 만들어졌을 때 돌간족에게 국가영토지위를 부여함으로써 크라스노야르스크 북쪽 지역에 새로운 민족으로서 돌간족을 공식적으로 인정하게 된다. (Функ 외, 2008)[6]

타이미르 지역에 거주하는 대부분의 돌간족은 러시아정교를 자연스럽게 받아들였다. 그 전에는 오랫동안 범신론과 정령을 숭배하는 민족이었다. 러시아에 정착하면서 정교회로 개종을 하고 세례의식을 거치게 된다. 그러나 돌간족의 많은 의례들에 돌간족의 전통적인 특성이 보존되고 있다. 특히 장례식의 경우 정교회 방식과 돌간족의 전통방식이 얽혀져 있다. 돌간족은 사람이 죽으면 땅에 묻는다. 무덤에 정교회 십자가를 놓지만 고인이 입었던 옷이나 반으로 가른 썰매를 무덤 근처에 놓고, 순록치기의 무덤인 경우는 사슴머리가 달린 기둥을 세워놓는다.

돌간족은 일반적으로 소가족 규모로

그림 1. 돌간족의 무덤
(정교회 십자가와 사슴머리를 세워놓았다.)

6) Д. А. Функ, Н.А. Алексеев, *Тюркские народы Восточной Сибири*(М.: Наука, 2008), с. 422.

생활을 한다. 조상이나 선조에 대한 관념은 없다.

돌간족은 북극권의 개발로 인해 다른 유사한 환경에 노출된 소수민족과 마찬가지로 개발의 영향을 충분히 받고 있을 것으로 추측하고 있다. 소멸위기 민족으로서 이러한 북극권의 개발 환경은 이들의 소멸을 더욱 가속화 할 수 있는 가능성을 주고 있다. 북극권의 현대화는 이들의 삶의 터전을 어쩔 수 없이 버릴 수밖에 없는 환경으로 만들고 있으며, 예니세이강을 통한 관광객들의 유입 또한 돌간족을 비롯 북극 소수민족들에게 심리적 압박을 주고 있다. 이러한 환경으로 인해 이 지역 소수민족 수가 줄고 있고, 이들의 고유하면서도 독창적인 생활방식과 전통문화가 점차 희미해지고 있다는 사실은 어떻게 해서든지 간에 이들의 심각한 문제를 인식하게 하고, 이들에 대한 다양한 연구를 통해 문제들을 해결해야할 의지가 필요하다.

2. 돌간족의 달력

돌간족은 타이미르 돌간 네네츠 지방 자치 지역의 소수민족 형성 측면에서 가장 소수이고 18세기에서 19세기에 형성된 민족인 까닭에 가장 젊은 그룹으로 간주하고 있다. 야생의 순록사냥, 어업이나 순록사육이 주요 경제 활동이었다. 돌간 달력은 이들의 경제 활동과 불가분의 관계에 있다.

돌간 달력에서 '월(月)'명은 대체로 독특한 특성을 가지고 있으며, 북부 민족의 달력체계에서 특별한 위치를 차지하고 있다.

돌간 달력을 파스칼(Паскаал)이라고 부르는데, 이 파스칼은 길이가 약 15~18cm이고, 재료는 매머드의 뼈로 만들게 특징이다. 육각형으로 제작되었는데 6개의 면에 홈을 파서 달을 표시하고 있다. 6개의 면이 2개월을 나타낸다. 양쪽 끝 면을 중심으로 중심부가 두꺼워지는 형태로 제작되었다. 달에는 날짜를 나타내는 눈금이 있는데, 숫자 없이 눈금만 있다며 일반적인 날이고,

그림 2. 돌간 달력(Паскаал)

숫자로 표시된 눈금이 있으면 종교 기념일과 축일 또는 명절을 의미한다. 거의 모든 돌간족은 이 달력을 소유하고 있었으며, 시간과 행사를 엄격하게 확인하고 유지해야 했기 때문에 주부나 남자들만 소유했다.

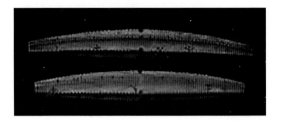

https://vk.com/wall-65525939_1459
http://www.museum.ethnicart.ru/page45.html

돌간 달의 시작은 다양한 징표로 결정했다. 종교적 축일도 같은 방법으로 정했다. 예를 들면, 순록의 새끼가 여름털갈이를 시작하면 성모절(Покров)이 왔다는 것을 의미하고, 순록 새끼의 뿔이 나기시작하면 엘리야의 날(Ильин день)[7]이 도래했다고 간주했다. 순록 암컷의 뿔이 나면 세례요한의 날(Иванов день〈한 여름 날〉, Иван Купала)[8]로 생각했다.

1) 돌간족의 가정 달력

돌간족과 야쿠트족에게는 공통된 언어가 있음에도 불구하고 돌간족의 달력은 야쿠트족의 달력과 차이가 있다. 돌간족의 달력은 1년을 12개월로 계산을 했지만 계산 방법에 따라 월로 부르는 것이 타당하지 않았다. 월의 시작은 순록 뿔이 떨어질 때라던가 야생 순록이 붉은 색으로 변하는 등 다양한 자연 징후에 의해 결정되었는데, 이러한 자연 징후에 따른 월의 정의는 한계가 있어 엄격히 정의된 월의 일수를 가질 수 없었기 때문이다. 그래서 이런 징후들을

---

7) 선지자 엘리야를 기념하는 교회의 기념일이다. 구력으로 7월 20일, 신력으로는 8월 2일에 기념한다. 러시아정교회 신도와 정교로 개종한 기타 민족의 정통 축일이다.
8) 동슬라브족이 전통 축일로 일 년 중 낮이 가장 길고 밤이 가장 짧아진다는 하지를 뜻한다.

적용하게 되면 필연적으로 어떤 달은 짧게 되고, 어떤 달은 더 길게 되는 일관적이지 못한 상태가 되었다.

돌간족은 달력에 대한 지식 덕분에 사냥이나 고기잡이를 미리 잘 준비할 수 있었다. 달력을 통해 일 년간 사용할 자신들의 힘을 다스릴 줄 알았고, 어느 툰드라 지역에서 순록이나 곰과 같은 야생 동물을 언제 사냥할 수 있는지도 터득했다. 누구도 이러한 지식을 전수하지 않았으며, 단지 어린 시절부터 항상 부모와 함께 있으면서 자연적으로 달력을 통해 저절로 전수되었다고 할 수 있다.

2) 돌간 달력의 월명

Попов(1931)는 돌간족의 유목생활과 경제 활동의 특징을 설명하면서 돌간족의 경제활동 및 일상 의식에서 달력의 역할과 위치를 매우 중요하게 여겼다.[9] 돌간족은 달에 다음과 같은 명칭과 의미를 두고 있다.

1월: 'Месяц истоков озер: 호수 기원의 달'라고 한다. 태양이 처음 등장하는 시간, 호수의 기원이 되는 달이며 이 호수 상류에서 어업을 하기 시작하는 달이다. 천사 미하일의 날(11월 8일)부터 성 니콜라이의 겨울(12월6일)까지 연어(학명: Coregonus)를 촘촘한 그물을 사용하여 잡았다. 이 기간 돌간족은 이동식 천막에서 토굴집이나 임시 목조 건물로 이동했다.

2월: 'Месяц глубин: 심해의 달'로 호수 깊은 곳에서 고기잡이를 시작하는

---

9) А. А. Попов, "Поездка к долганам," *Изд. АН СССР Науки И.КП. РСФСР // Советская этнография*: журнал. №. 3-4(1931).

달이다. '심해의 달'은 바실리예프의 날과 연관이 있다. 이 날은 성 바실리 대제의 이름에 유래되었고 1월 1일에 기념한다. 이 날부터 호수 깊은 곳에서 물고기를 잡기 시작한다. 돌간족은 이 기간 내내 토굴집이나 목조 건물에서 지내게 된다.

3월: 'Месяц переездов: 이동(이주)의 달'이라고 부르며, 따뜻한 날이 시작되면 정착생활을 하던 사람들이 작은 장대로 만든 천막(чум)으로 이동하는 달이다. 겨울 동안 토굴집이나 임시 목조 건물에서 생활하던 돌간족이 봄이 되어 다시 춤으로 이동하는 달로 보면 된다. 돌간족은 아나파시예프 날[10]부터 춤에서 거주하기 시작했다고 하는데, 총으로 야생 사슴을 사냥하고, 덫으로 토끼를 사냥하기 시작한다.

4월: 'Месяц налима : 모오캐[11]의 달'로 긴 모오캐 고기 잡이가 종료되는 달이다. 에브도키예프 날(3월 14일)[12]부터 예수 승천절까지 얼음구멍에서 동물의 이빨로 만든 낚시대로 겨울잠을 자고 있던 모오캐를 잡았다. 모오캐의

---

10) Афанасьев день: 성 아파나시예프를 러시아 정교회 기념일(1월 31일)로 성 아파나시예프를 추모하는 날이다.

11) 모오캐(학명: Lota lota): 전장 약 100㎝까지 성장하는 대형 담수어종으로 대구와 형태가 같아 두부는 종편되었고 몸은 원통으로 길며, 머리와 입이 크다. 하악에 상악과 길이가 같은 수염이 1개 발생한다. 등지느러미는 2개로 제 2등지느러미는 기저부가 길어 꼬리지느러미와 거의 연결될 정도이며 꼬리지느러미 후연은 둥글다. 체색은 황색 혹은 담갈색으로 머리와 체측 등 쪽에 짙은 갈색 무늬가 있다. 냉수역에서 수서곤충, 갑각류, 어류 및 양서류 등을 먹고 살며, 12월과 3월 사이에 강 하구에서 산란한다. 부화 후 3~4년이 경과해야 성숙하며, 우리나라에서는 압록강 상류에, 국외에는 중국의 북부와 시베리아 등지 및 북미의 한대 담수역에 분포한다.

12) 이날을 Авдотья Весновка라고도 불렸는데 성자가 봄을 오게 해서 얼음을 녹여 준다고 믿었다.

그림 3. 모오캐

날 말쯤에는 토끼몰이를 하기
도 했는데, 약 30~40마리의 무
리를 쫓았다. 대부분의 토끼들
이 여위어서 이 때 만큼은 사
냥을 하지 않았다. 돌간족은
이고리예프의 날(4월 23일)부

터 올무를 이용해 토끼를 잡았으며, 동시에 여름시즌 동안 북극여우의 덫을
놓는 시기다.

5월: 'Месяц увеличения вымени важенок: 북극 암컷 사슴의 젖이 커지는
달'로 부른다. 젖이 커진다는 의미는 새끼를 밴 암컷 순록들이 증가했고, 곧 새
끼를 낳는다는 것을 의미한다. 이 달에 모기가 증가하기 전까지 총으로 야생
사슴을 사냥하거나, 올가미나 그물로 토끼나 메추리를 잡았다. 이 외에도 5월
을 '기러기가 도래하는 달'로도 부른다.

6월: 'Месяц отела оленей: 순록이 새끼를 낳는 달'로 부른다. 호수에서는
그물이나 총, 활로 오리를 사냥하고, 거위를 잡기 위해 덫을 놓았다. 이 달은
또한 순록들이 새끼를 낳는 달로도 불렀다. 야생 순록들은 돌 위에 새끼를 낳
았는데, 돌간족은 이 순록들을 총으로 사냥을 했다.

7월: 'Месяц половодья: 홍수의 달'로 부른다. 홍수가 난다는 것은 야생 순
록을 사냥하거나 고기를 잡을 수 없었기 때문에 대안으로 거위를 잡았다고 한
다. 성 베드로의 날(6월 29일〈7월 12일〉)부터 털갈이하는 거위를 잡기 시작
했으며, 그런 까닭인지는 모르겠지만 7월을 홍수의 달 외에도 암컷 기러기의

털갈이 달'로 부르기도 한다.

8월: 'Месяц комаров: 모기의 달'로 부른다. 모기가 성행하는 달 동안 돌간족은 지속적으로 털갈이를 하는 새들을 사냥했다. 고기잡이로는 물고기 양식장에서 낚시를 했고, 툰드라 지역에서 강을 건너는 순록들을 창으로 찔러 사냥했다. 일부 돌간족들은 총으로 사냥을 하기도 했다. 8월은 봄에 온 기러기들이 떠난다고 해서 '기러기가 떠나는 달'로도 부른다.

9월: 'Месяц оводов: 파리의 달'이다. 이 달은 모기나 파리(쇠파리) 떼가 대량으로 날아오는 시기로 간주했다. 일리야의 날(8월 2일)부터 털갈이를 시작한 수컷 거위가 떠나고, 그물로 포획한 암컷은 새끼와 함께 털갈이를 시작한다. 이 달부터 겨울을 대비해 낡은 덫을 수리하고 새로운 덫을 놓는다. 또한 이 달에는 작은 강에서 큰 강으로 물고기들이 돌아오는데 이 때 많은 물고기들이 그물에 걸리게 된다. 성모절(10월 14일〈Покров день〉)이 올 때까지 큰 강에서 어망으로 물고기를 잡는다. 이 달은 돌간족은 순록 경주대회를 개최하는 달이기도 한다. 그래서 9월을 다른 한편으로 '순록 경주의 달'로 부르기도 한다.

10월: 'Месяц спадания хвои: 침엽송이 떨어지는 달'로 부른다. 거주지가 북극과 가까워 첫 눈이 일찍 내리게 되는데, 첫 눈이 오면 돌간족은 미끼사슴을 이용해 야생사슴을 사냥했다. 미끼사슴은 돌간족 뿐만 아니라 북부 원주민들이 사용했던 독창적인 사슴사냥 유형 중 하나이다. 많은 연구자들이 이 방법을 통해 돌간족의 순록 목축이 시작되었다고 보고 있다. 또한 10월은 9월에 열렸던 순록 경주가 끝나는 달로도 부르며, 가을이 온다는 의미에서 '낙엽송

잎이 떨어지는 달'로 인식하고 있다.

11월: 'Месяц порозования быка домашнего оленя: 순록황소가 붉게 물드는 달'이다. 이 달에는 집 사슴의 어린 뿔에 겨울털이 나서 뒤덮이게 되며, 사슴 몸통에도 뒤덮이면서 따뜻한 체온을 유지할 수 있게 된다. 10월에 이어 야생사슴을 지속적으로 사냥하고, 큰 강에서는 그물을 이용하여 마지막 물고기잡이가 이루어졌다. 잔잔한 강에서뿐만 아니라 물살이 빠른 곳에서도 고기잡이를 했는데, 이러한 장소에서는 얼음으로 가로막고 줄을 사용하여 물고기를 잡기도 했다. 순록황소가 붉은 색을 띄게 되지만 시간이 지나면서 차츰 검은 색으로 보이게 된다. 또한 짧아진 낮과 상대적으로 밤이 길어지는 겨울철 자연현상을 돌간족은 암흑(어둠)의 달로 보았다. 그래서 어둠이 길어지는 시기인 11월을 상징적으로 '암흑의 달'이라고 부르기도 한다. 달 이름을 통해 일 년 중 가장 어두운 시기인 극지방 겨울기간의 특징을 명확하게 보여주고 있다.

12월: 'Месяц почернения пороза: 순록 황소가 검게 되는 달'로 부른다. 순록 수컷의 몸에 겨울 양털이 나면서 검붉은 색으로 변하게 되는 달이라고 인식한다. 돌간족은 이 달을 호수와 강들이 완전히 얼게 되는 달로 인지하고 있으며, 겨울의 중간이라고 해서 '겨울의 중간 달'로 부르고 있다.

1월에서 12월까지 돌간족의 달 명과 명명된 이유를 간략히 알아보았는데, 돌간족의 의식 속에 있는 달들의 명칭들을 표로 나타내면 다음과 같다.

달	명칭1	명칭2	기간
январь	태양의 첫 출현 달	호수 기원의 달	12월, 1월
февраль	심해의 달	낚시 시작의 달	1월, 2월
март	이주의 달	-	2월, 3월
апрель	모오캐의 달	얼음낚시 종료의 달	3월, 4월
май	임신한 암컷 순록이 증가하는 달	기러기 도래의 달	4월, 5월
июнь	순록이 새끼를 낳는 달	고기잡이 시기 달	5월, 6월
июль	홍수의 달	기러기 털갈이 달	6월, 7월
август	(곤충)모기의 달	기러기가 떠나는 달	7월, 8월
сентябрь	(곤충)파리의 달	순록 경주의 달	8월, 9월
октябрь	낙엽이 떨어지는 달	순록 경주 종료의 달	9월, 10월
ноябрь	순록 황소가 붉게 변하는 달	암흑(어둠)의 달	10월, 11월
декабрь	순록이 검게 되는 달	겨울의 중간 달	11월, 12월

돌간족이 각 달에 부여한 명칭을 분석해보면 자연의 섭리를 잘 적용하고 있다고 이해할 수 있다. 삶의 시작을 알리는 1월에 태양이 처음으로 등장하고 이때 삶의 시작을 의미하는 물이 솟아나게 된다. 이 물이 호수가 되면 생계를 위한 고기잡이가 시작된다. 호수나 강에서 낚시하는 것은 돌간족의 생계를 위한 필수 작업이다. 따뜻한 봄날이 되면 이제 유목생활을 위해 춤으로 이주하고, 겨우내 얼었던 얼음이 녹기 때문에 호수에서의 어업은 종료해야 한다. 5월에 철새들이 날아오면서 가임기의 순록들이 증가하게 된다. 늦봄과 여름 초라고 할 수 있는 6월 본격적인 어업활동이 시작되고, 가임기 순록들이 새끼를 출산하게 되면서 순록이 풍부해지게 된다. 7월에 암컷 기러기들의 털갈이가 시작되면서 여름 장마가 시작되어 많은 비가 내리게 된다. 이로 인해 홍수가 나기도 한다. 털갈이를 마친 기러기들이 다음 해를 기약하고 둥지를 떠난다. 신선한 가을에는 순록 경주를 즐기며, 모기와 파리와의 전쟁을 벌이기도 한다. 늦가을이 되면서 나뭇잎들이 지게 되고, 순록 경주도 멈춘다. 해가 현저하게

짧아졌다는 것을 느끼는 11월에 순록 수컷들의 색깔이 붉게 변하고 결국 검게 되면서 한 해가 마쳐진다.

많은 민족들이 계절이나 경제적 원칙에 따라 달을 지정하는 것과 마찬가지로 돌간족 역시 달 명칭을 부여함에 있어 경제활동을 염두에 두었다고 할 수 있고, 중요한 계절적 내용들이 반영되었다는 것을 알 수 있다.

돌간족의 언어는 에벤키어의 기원이 되는 다양한 어휘 계층이 존재한다는 것이 특징이다. 이 특징은 월 이름에서 명확하게 나타나고 있는데, 돌간어 "hээныйа"는 겨울철(12~1월)을 뜻하는 단어인데 에벤키어 "хэн"[13]에서 유래되었다. 문자 그대로 호수의 수원지와 이 수원지에서 어업을 하는 돌간족의 일상을 상상할 수 있는 단어이다.

서돌간족의 3월 명칭은 "киэнааныйа"인데 이 단어는 에벤키어 "сенган"에서 유래되었다. "сенган"은 '모오캐'이다. 돌간족에게 있어 3월은 모오캐 어름 낚시가 끝나는 달이다. 또 하나의 예를 들면, 돌간족의 8월은 "иргэктэыйа"인데 이 단어는 에벤키 방언 "иргактэ: 파리"에서 유래되었다. 그래서 돌간족의 7, 8월을 '모기' 또는 '파리'의 달로 부르는 이유이다. 가을철이라고 할 수 있는 돌간족의 9월과 10월은 "дьиэктэыйа"라고 하는데 이 단어는 방언 "декта"에서 유래된 것으로 '나뭇잎들이 움트는 것'으로 해설될 수 있다. 9월과 10월을 잎이 피고 지는 자연 현상을 적절하게 표현하고 있는 단어라고 볼 수 있겠다.

이와 같이 돌간족의 달력에서 사용하는 단어는 에벤키어 방언에서 대부분 유래되었다고 할 수 있으며, 돌간어의 일상 어휘들 특히 달 명칭들이 에벤키어에서 유래되었다는 사실들은 퉁구스 요소들이 돌간족의 기원에 중요한 역

---

13) 에벤키어로 хэн은 특정지역 방언으로 '호수와 강을 연결하는 물길'이라는 뜻이다. 호수와 강에서 어업에 종사한다는 의미로 사용된다.

할을 했다는 것을 입증하고, 이러한 요소들은 돌간족 달력명의 특성을 잘 이해할 수 있게 해준다.

결론적으로 돌간족의 가정 달력을 통해 돌간족의 연간 경제 활동과 사냥 주기는 haac(봄), hайын(여름), кфун(가을), къЛын(겨울)이라는 기본 사계절로 규정화 되어있어 돌간족이 자연을 섬기고 그 이치를 잘 활용해 왔음을 의미한다.

3. 돌간족의 관습과 축제(명절)

돌간족은 타이미르 반도와 야쿠티아(사하공화국)와 에벤키자치구에 약 7천여 명이 거주하고 있다. 이미 언급한 바와 같이 다른 북극권 민족과 비교해 상대적으로 독립 민족으로서 형성된 역사는 오래되지 않았다. 야쿠트인과 에벤키인, 러시아인 혼혈로 구성되어 있는 것이 특징이다. 돌간족의 가정 달력에서 보는 바와 같이 4계절을 구분하여 계절에 맞게 생활하면서 순록 사육, 야생 순록 사냥, 모피 사업 및 어업에 종사하고 있다. 돌간족들은 노래와 춤, 전통악기인 바르간 연주 등의 고유한 민속 문화 예술을 계승하고 발전시키고 있는데, 특히 구슬과 비단실을 이용한 전통자수공예와 매머드나 다른 덩치가 큰 동물들의 이빨을 활용한 조각 기술에 뛰어나다.

1) 돌간족의 관습과 금기사항

돌간족의 주요 관습으로는 우선 첫 번째 사냥한 동물을 나누는 관습이 있다. 돌간족의 조상들은 사냥한 야생 순록 고기와 물에서 잡은 물고기를 항상 친척이나 이웃과 함께 나누었다. 당연시하는 관례였으며 철저하게 지켜졌다. 그러나 순록 고기나 물고기외에 귀중한 물건은 나눔의 대상은 아니었다. 대표적인 예로 모피의 경우는 필요한 상인으로부터 총, 화약이나 차(чай), 밀가루.

설탕등과 교환할 수 있는 물건에 해당되어 나누지 않았다. 생존에 절대적으로 필요한 식량의 경우와 직접적으로 생존에 관여하지 않는 물건에 대한 인식을 가늠할 수 있다.

또 하나의 관습으로는 여우 사냥과 관련이 있다. 돌간족은 북극여우를 잡기 위해 '파스티'라는 덫을 사용했다. 이 덫은 공동의 소유가 아니라 사냥군 개인의 소유물이다. 그래서 만약 이 덫에 여우가 걸리게 되면 덫의 주인만이 걸린 여우를 가져갈 수 있다. 북극여우 사냥과 관련된 중요한 관례는 덫의 설치 위치이다. 이미 한 사냥꾼에 의해 설치된 덫보다 남쪽에 설치하면 이미 설치된 덫의 주인에게 허락을 받을 필요가 없는데, 만약 이미 설치된 덫의 북쪽에 설치하려고 하면 반드시 이미 설치한 덫의 주인에게 허락을 받아야만 하는 관습이 있다. 이는 북극여우의 특성으로 인해 생긴 관습이다. 북극여우가 북쪽에서 남쪽으로 내려오는 습성이 있어 북쪽에 덫을 놓게 되면 우선적으로 사냥에 성공할 확률이 높아지기 때문이다. 사냥꾼 서로 간에 대한 예의를 엿볼 수 있는 부분이다.

19세기까지 돌간족은 부계 혈통을 유지했지만, 모계 혈통의 흔적이 남아 있기도 하다. 북극권 소수민족들이 중요시 여겼던 '불'의 수호와 공양은 여자가 했다. 돌간족은 북극권의 혹독한 겨울 날씨를 견디기 위해 통나무를 비스듬히 엮어 만든 천막집을 세우고, 나이가 많고 허리가 굽은 여성을 공동 여주인으로 선출했다. 이 천막집의 공동여주인의 말은 남녀노소 없이 공식적으로 따라야만 하는 관습이 있다. 이 공동여주인을 돌간족 사이에서는 'маленькая хозяйка большого чума(큰 천막집의 여주인)'으로 부른다.

러시아 소수민족은 정교 의식을 따르고 있지만, 동시에 그들 나름의 전통 신앙을 유지하고 있다. 돌간족 역시 기독교로서 정교의식을 따르면서도 자연의 대상과 영적인 존재들을 섬겼다. 돌간족은 세 부류의 신이 있다고 믿었다. 첫 번째는 '잇치(Иччи)'라고 부리는 존재로 '영혼'의 형태이다. 돌간족은 이 '잇치'가 무생물에 들어가면 생명을 주게 된다고 믿었다. 두 번째는 '아이으으(айыы)' 로 인간을 돕는 정령이다. 일상생활에서 아무런 사고 없이 생활하고 있다면 이 '아이으으' 정령이 돕고 있는 것으로 믿었다. 세 번째는 '아바아스(абаасы)'이다. 이 '아바아스'는 질병과 불행을 가져오는 악령으로 땅 위나 땅 아래 지하세계에서 살고 있는 악령이다. 이 악령은 사람의 영혼을 빼앗아 지하세계로 가져가고, 그 후 다시 올라와 다른 사람에게 들어가려고 한다. 만약 다른 사람에게 들어가면 그 사람은 중병에 걸리게 된다. 이 과정에서 샤먼이 등장하는데 샤먼이 몸에 들어간 악령을 쫓아내게 되면 회복이 되고, 그렇지 못하면 병자는 죽게 된다.

돌간족은 또한 '사이타안(сайтаан)'을 믿었는데, 돌간족의 인식 속에 이 '사이타안'은 자연에 존재하는 희귀한 모양의 각종 자연물이다. 예를 들어, 희귀한 모양의 돌, 야생 순록에 난 비정상적인 모양의 뿔, 이상하게 생긴 동물의 이빨 등이 '사이타안'에 해당된다. 돌간족들은 이 '사이타안'이 강력한 힘을 가졌고 사냥할 때 성공을 가져다주며, 가족들에게 큰 행운을 주는 일종의 부적이라고 여겼다.

금기에 대한 관습[14]에 대해서 돌간족은 특별한 관념을 가지고 있다. 돌간족은 불쾌한 결과를 초래하는 모든 금지된 행위를 "аньы"라고 불렀는데 이 단어를 러시아어로 번역을 하게 되면 "грех(죄)"라는 뜻이다.[15] 돌간족은 일상생

---

14) 본 내용은 Л.Д. Бетту. Традиционные запреты долган. Артика 2035, No,3(7), 2021 의 내용을 참고로 했음을 밝힌다. (https://arctic2035.ru/n7-p89)

15) А.А. Попов, Пережитки древних дорелигиозных воззрений долганов на природу: Из работы «Религиозные представления долганов» // Советская этнография. 1958, No. 2. C. 77-99.

활에서 관습적으로 다음과 같은 말을 자주한다: аньыырга, аньыыргыр буол (бойся греха: 죄를 두려워하라), далай аньыы (огромный грех: 큰 죄), олус улакан аньыы (очень большой грех: 매우 큰 죄), улакан аньыы (большой грех: 큰 죄), аньыы буолуога (грех будет: 죄를 지을 것이다), аньыыны гыныма (не делай греха: 죄를 짓지 마라). 이러한 문장을 사용한 예를 들면, "칼을 땅에 꽂지 마라 - 죄가 된다(аньыы буолуога)", "느가나산 남자나 여자와 결혼하지 마라 - 이것은 큰 죄이다(далай аньыы)", "샤먼이 의식을 행할 때 사용하는 물건을 만지는 것은 큰 죄이다(улакан аньыы).", "곰을 죽이고 곰 고기를 먹으면 죄(аньыы)이고 이러한 죄를 짓지 말라(аньыыны гыныма)등이 있다. 본 문장들의 단어를 분석하면 공통적으로 등장하는 어근이 있는데 바로 "аньы"이다. 따라서 돌간족의 관념 속에서 여러 금기를 "죄"로 인식하고 있기에 돌간족의 관습적 금기는 일상생활에서 중요한 관심거리였을 것이다.

돌간족의 경제활동과 관련이 있는 금기 사항은 사냥한 순록이나 물고기를 알뜰하게 사용하고 버리지 않는 것이다. 순록의 가죽이나 먹다 남은 물고기조차도 버리는 것을 죄로 여겼다. 남성이 입는 사냥 복을 따로 보관해야 했는데, 그렇게 하지 않으면 관습을 어긴 것으로 간주하여 죄로 여겼다. 여성과 관련된 관습 또한 흥미로운 점들이 있다. 여성은 토끼 고기를 먹으면 안 되었다. 여성이 출산할 때 토끼 가죽을 특별한 기둥에 매달아 놓는데 이 기둥에 다산을 상징하는 부적을 달고 여성은 출산할 때 이 부적을 잡고 출산을 한다. 토끼 가죽은 출산 여성에게 있어 부적에 해당되기 때문에 토끼 고기를 먹으면 안 되는 것이다. 출산은 일반 천막이 아닌 별도의 작은 천막에서 행해졌다. 출산 시 행해지는 중요한 관습이다. 신생아와 관련된 관습에는 태어난 아기를 바로 요람에 눕히지 않는다는 것이다. 먼저 강아지를 요람에 눕힌 다음 아기를 눕혀야 한다. 그래야 질병이나 좋지 않은 일들이 아이에게 생기지 않는다고 믿었다. 요람에 종을 걸어서도 안 되었다. 아이의 영혼을 보호하는 신이 종소리에 놀라게 된다고 생각했다.

돌간족은 샤먼의 무덤을 만져서는 안 된다. 철저한 금기사항이다. 샤먼이 지시하는 모든 사항을 따라야 하고 샤먼에 대해 큰 소리로 이야기하거나 샤먼에 대해 토론하는 것은 불가능 했는데, 샤먼이 말하는 모든 것을 듣는다고 믿었기 때문이다.

2) 돌간족의 축제

축제는 민족의 정체성 보존과 계승에 있어 중요한 문화자산이라고 할 수 있다. 특히 러시아 북극권 소수민족들이 북극권 개발이라는 환경에 의해서 삶의 터전을 잃어가면서 정체성의 위기가 찾아왔고, 이 과정에서 모국어의 사멸, 현대화에 의한 전통 문화의 보존과 계승이 어려운 상황에서도 공예, 민속, 축제 등의 영역에서 나름대로의 명맥을 이어가고 있다. 이경희(2021)는 "북극권 소수민족의 전통의 보존과 계승에 있어 축제는 중심적인 기능을 하고 있다. 축제는 원주민의 자연 보조에 대한 믿음과 신앙, 전통의 반영물일 뿐만 아니라 공동체 의식을 고취하는 역동적인 생산물이라고 할 수 있다. 축제는 러시아 북극권 소수민족의 자연 관리와 생활 방식의 상징으로서 원주민의 숭배 대상, 성스러운 장소, 초월적인 존재와의 소통 장소와 방법, 일상 문화 공간을 알려 주는 중요한 매개체이다. 따라서 축제에 대한 연구는 원주민의 정신문화를 이해하는데 반드시 필요하다."[16]라고 언급하고 있다.

---

16) 이경희, "러시아 북극권 소수민족 축제 연구," 『소수민족연구』Vol. 1 (소수민족연구소, 2021), p. 14.

① 헤이로(Хэйро)축제

돌간족의 대표적인 축제로 극지방
의 긴 밤이 끝나고 태양이 다시 출현
하는 것을 기념하는 축제이다. 돌간
족은 극지방의 밤이 끝나는 1월 13
일 이전 약 45일 동안 태양을 보지
못한다. 그 후 약 73일에 걸쳐 일조
시간이 점점 늘어나면서 3월 27일
경부터는 황혼과 백야의 시간이 시
작이 된다. '헤이로'는 돌간어로 '태

그림 4. 헤이로 축제

출처: https://www.ttelegraf.ru/files/file/f9c90
5bf6659b1c17ad77b2c50ec7549.JPG

양'이라는 뜻이다. 태양을 맞이하는 축제(праздник встречи солнца)로 잘 알려
져 있다. 긴 겨울의 마지막을 맞이하는 날에 오랜 겨울동안 아무 문제없이 살
아오게 해준 것에 대한 감사의 마음을 표현하고, 다산의 신에게 가족의 안녕
을 기원하는 전통 축제이다. 이 축제날이 오면 돌간족에게는 새로운 삶이 시
작되는 것을 의미한다. 이 날 사람들은 의식용으로 준비된 모닥불 주위에 손
을 잡고 원을 그리며 춤을 춘다. 돌간족들은 수세기 동안 이러한 방식으로 태
양을 맞이하고 인사를 했다. 이 축제는 돌간족 뿐만 아니라 일부 북극권 소수
민족들(эвенк, долган, ненец, энец, нганасан)도 기념하는 축제이다. 그래서
이들 민족들이 공동으로 진행하는 경우도 있다. 5개 민족 천막집의 공동여주
인들이 함께 의식용 모닥불에 불을 피우면서 행사가 시작되기도 한다. 헤이로
축제의 하이라이트는 헤이로 춤이다. 돌간어로 '떠오르는 태양'은 봄이 임박했
음을 알려주는 전조이고, 모든 민족은 하나의 춤(헤이로 춤)으로 단결하게 된
다. 축제가 진행될 시 날씨가 흐려 태양을 볼 수 없더라도 어딘가에 첫 번째
봄의 태양이 떴다고 믿는다. 이 축제와 더불어 다양한 프로그램들이 진행된

다. 줄다리기, 썰매점프, 도끼 던지기 등이 포함된다.

　주로 기성세대 위주로 진행되는 축제인 까닭에 최근에는 돌간족의 다음세대들에게 전통 축제를 전승하기 위한 "헤이로(태양) 축제"라는 프로그램도 개발되어 있다. 주로 미취학 아동과 초등학생을 대상으로 돌간족이 생활하는 땅과 사람들, 문화 및 전통에 대한 관심과 사랑을 키우는 목적으로 개발되었고, 젊은 세대의 영적 발전을 위한 문화 콘텐츠라는 점에서 주목할 만하다.

　② 킬베이(Кильвэй)축제

　킬베이 축제는 어린 사슴 축제로 알려져 있다. 이 축제는 사슴이 새끼 낳는 동안 매년 봄에 열린다. 켈베이 축제가 열리면 완전히 봄이 왔음을 상징한다. 이 축제는 순록치기들이 순록 떼를 야랑가(яранга)[17]로 몰고, 여성들이 신성한 불을 피우는 것으로 시작된다. 불은 전통적인 방식인 마찰로 불을 붙여야

그림 5. Ярар-бубен

만 한다. 사슴 축제이기 때문에 사슴을 맞이하게 되는데 이때 사슴에 붙어 있는 악령을 쫓아 버리기 위해 큰 소리 내거나 총소리로 사슴을 맞이한다. 같은 목적으로 남성과 여성이 번갈아 가며 탬버린(ярар-бубен)[18]을 치기도 한다. 축제기간에 남성은 어른 순록 몇 마리를 도축해서 어린이, 여성과 노약자에게 고기를 대접한다.

─────────────

17) 유목민들이 사용한 천막형태의 집이다. 겉은 사슴가죽이고 안은 털가죽으로 만든 춤(чум)의 일종이다.
18) 추코트카 지역의 악기로 우리나라 징과 유사하다.

③ 순록치기의 날(День оленевода)

순록치기의 날은 북부지역 축제 중 중요한 축제로 간주하고 있다. 매년 광활한 북극을 다니는 순록치기들은 이날 자신들의 힘든 일상에서 잠시나마 벗어날 수 있다는데 의미가 있다. 툰드라 지역에서 가장 오래된 축제라고 한다. 순록을 치는 사람들은 가족이나 지인들과 떨어져야 하는 기간이 많았다. 그래서 정기적으로 만남의 날짜를 만들어 함께 모여 서로의 소식을 전하는 관례가 있었다. 순록치기의 날에 가족 구성원들이 모여 결혼이나 일반적인 문제들에 대해 논의하였다.

이 날은 대부분의 순록치기들을 위로하고 축하하는 날이지만 순록치기들 간의 민첩성, 힘이나 지구력을 놓고 경쟁하기도 했다. 시간이 지남에 따라 이러한 경쟁은 축제의 필수적인 요소로 자리 잡게 된다. 순록치기들은 자신의 명예와 존경을 얻기 위해 순록치기로서의 손재주와 다양한 순록 기술을 보여주었고, 여성들은 축제기간 동안 정교한 바느질과 능숙한 집안일을 통해 훌륭한 주부라는 칭호를 받았다. 최근 트렌드는 순록치기들이 순록 썰매를 타고 축제 장소로 오지 않는다고 한다. 더 편리한 스노모빌을 타고 나타난다. 그래서 축제의 상품도 스노모빌을 준비하고, 이 상품을 타기위해 경쟁을 한다. 순록치기의 날에서 가장 기대되는 것은 순록 썰매 경주로 이 날의 대회를 위해 미리 경주를 준비한다. 썰매의 속도가 시속 60㎞에 달하는 경기이기 때문에 대회에 참가할 순록을 잘 선발해서 준비한다. 전통적인

그림 6. 순록치기의 날 썰매 경주

https://avatars.dzeninfra.ru/get-zen_
doc/3994559/pub_605dc25ad15daa734
4528041_605dcfe796354e3b8a572c24/
scale_1200(검색일: 2024.08.19)

썰매 경기를 통해 건강하고 힘 있는 순록대신 최신 스노모빌을 받을 수 있다는 점이 아이러니하다.

웰빙을 추구하는 트렌드에 맞춰 돌간족에게도 자신을 돌보며 충분한 휴가를 가지도록 권장되고 있는데, 축제 오전에는 축제에 참가하는 사람들을 대상으로 이동 진료소에서 의료 진단을 받을 수도 있다. 혈압 측정과 초음파를 통해 건강상태를 확인 후 조언을 해준다. 북극권 소수민족이 점차 소멸되는 주요 원인들이 많이 있지만 그 중의 하나가 의료지원을 제때 받지 못하여 사망하는 사람들의 수가 늘고 있기 때문이다. 환자를 이동할 수 있는 인프라가 갖추어지지 않은 환경에서 헬리콥터로만 이송할 수 있어 응급환자가 발생하게 되면 사망할 확률이 높다. 또한 정기적인 건강 검진을 받을 수조차 없다. 따라서 다양한 질병과 상처 등을 미연에 확인하고 조치를 취해야 하는 경우가 있기 때문에 이러한 축제를 통해 사전 건강검진으로 사망률을 낮추기 위한 노력도 진행된다.

외부인들도 순록치기의 날 축제에 참여할 수 있는데 실제 돌간족의 생활 하는 장소에 가서 혹독한 지역 사람들의 관습을 체험할 수 있다. 이를 통해 이들이 수세기 동안 외부와 단절된 곳에서 왜 살 수밖에 없었는지 이해할 수 있는 기회를 제공한다. 이와 같이 순록치기의 날은 다양한 프로그램을 통해 내·외부 사람들과 그 전통을 이어오고 있다.

④ 어부의 날(День рыбака)

북부 원주민에게 있어 물고기는 아주 기본 음식에 해당되고, 어업은 전통적인 경제 활동에서 큰 비중을 차지한다. 그러나 일부 민족은 물고기를 잡기 위해서는 앉아서 생활해야 한다는 이유로 물고기 잡이에 거의 관심을 기울이지

않은 민족도 있다.[19]

돌간족에 있어 어업은 순록을 치고, 야생 순록을 사냥하는 것 다음으로 돌간족의 중요한 전통적인 경제 활동이다. Попов(2003)[20]는 돌간족의 전통적인 낚시 방법과 장비에 대해서 아주 구체적으로 기술하고 있으며, 공장에서 제작된 낚시 도구가 등장하기 전까지 돌간족이 직접 제작한 낚시 도구를 활용했다. 돌간족의 그물은 이동식 고정망과 갈고리형 그물로 구분했다.

어부의 날은 순록치기의 날과 함께 가장 중요한 축제 중의 하나로 여긴다. 물고기가 하늘이 내린 천연 자원 중의 하나이고, 북극 원주민들의 주요한 무역 물품이었기 때문에 어업과 어업에 종사하는 사람들에 대한 의미 있는 존경심이 생길 수밖에 없었다. 어부의 날은 돌간족에게만 특화된 축제가 아니라 대부분의 북극 원주민들이 기념하는 축제이다.

돌간족은 어부의 날을 축하하기 위해 물을 먹이는 돌간족 의식으로 진행된다. 이 의식은 풍부한 물고기가 잡힌다는 것을 가정하는 의식이라고 할 수 있다. 이 어부의 날에 최고의 어획량 경쟁이 있고 참가자들은 낚싯대를 가지고 바다로 나간다. 또한 원주민의 전통적인 어업 활동을 지원하기 위해 상당한 상금을 포함한 '낚시 가족' 인증서를 수여하기도 하고, 각 마을에서 최고의 어업 가족에게 유사한 인증서를 주어 어업을 장려한다.

---

19) А.И. Савинов, Традиционные экологические знакия коренных малочисленных народов таймыра. Издательство "Перо", М. 2012, ст. 46

20) А.А. Попов, Охота и рыболовство у долган // Попов А.А. Долганы. Собрание трудов по этнографии. Том I. Составитель Барболина А.А. Спб.:«Дрофа», 2003. С.157 - 220.

Ⅲ. 결론

지금까지 본 논문에서 돌간족의 달력과 관습, 그리고 이들의 금기사항과 축제에 대해 살펴보았다. 인류의 달력은 시간을 정리하고 계산하는 방법으로서 가장 오래된 지표 중의 하나이다. 고대부터 달력은 인간의 다양한 경험에 대한 지식과 자연의 관찰 결과가 반영된 상징이었다고 할 수 있다. 특히 시간과 함께 달력은 권력의 지표로도 사용된다. 권력을 가진 자가 다른 사람의 시간을 지배할 수 있고, 지배받는 사람은 자신의 시간을 권력자를 위해 할애하고, 다른 사람의 시간을 위해 대기할 수밖에 없다고 한다. 이와 관련해 Griffiths J(2004)는 중세 교회와 수도원들이 '시간의 야성을 도식화'해서 사람들을 길들이게 되었고, 이때 만들어진 그레고리역은 지금까지도 전 세계에서 사용되고 있다고 언급하고 있다. 돌간족의 달력은 러시아 북부지역에서 거주하는 민족의 달력체계에서 특별한 위치를 차지하고 있다. '파스칼'이라고 부르는 돌간족의 달력은 형태적으로 독특한 모양을 하고 있으며, 돌간 각 달의 시작은 러시아의 종교적 축일과 연관성이 있었다.

돌간족 달력을 통해 일 년간 사용할 자신들의 힘을 조절할 줄 알았고, 경제활동의 시기와 방법을 터득했다. 특히 돌간 달력에 월명을 부여하였으며 이월명은 자연의 이치에 따른 시간의 순서를 정확히 반영하고 있었다. 이는 봄, 여름, 가을, 겨울이라는 4계절로 규정화된 자연을 섬기고 그 이치를 잘 활용해왔음을 의미한다.

돌간족의 주요 관습으로는 우선 나눔의 정신이 있었다. 첫 번째로 사냥한 것을 친척이나 이웃과 나누는 것을 관례로 여기고 철저히 지켰다. 또한 돌간족은 사냥에서 사냥꾼 서로간의 상도라는 관례를 잘 지키고 있었다. 북극 여우가 북에서 남으로 내려오는 동선에 따라 미리 설치한 덫보다 남쪽에 설치해야 했다. 돌간족은 불쾌한 결과를 초래하는 모든 행위를 금기사항으로 여겼는데, 어기면 이를 큰 죄로 여기고 있었다. 우리 사회의 통념상 허용할 수 있는 부분까지 죄로 여길 수 있었다. 예를 들면, 우리가 흔히 저지를 수 있는 음식 남기는 것, 즉 순록 고기나 물고기를 남겨 버리게 되거나, 임신한 여성이 토끼 고기를 먹는다는 것, 샤먼의 무덤을 만지는 행위 등이다. 이러한 금기사항들은 돌간족의 자연 신앙과 매우 연관 있을 것으로 보인다. 이 부분에 대한 후속 연구가 필요하다고 본다.

돌간족의 축제는 오늘날 그 형태가 이어져오고 있지만 전통적인 내용과 현대적 프로그램이 가미된 양식을 보이고 있다. 본 논문에서는 돌간족이 기념하는 4개의 축제를 기술하고 있는데 이 축제들 모두 돌간족 만의 특화된 축제라기보다는 북극권 소수민족들이 내용은 다소 차이가 있겠지만 대부분의 민족들이 기념하고 있는 축제라고 볼 수 있다. 축제가 민족의 정체성 보존과 계승에 중요한 척도이고, 소멸위기에 있는 소수민족에게는 이러한 축제의 계승과 보존은 더욱 중요할 수밖에 없다. 돌간족의 축제가 다른 북부지역 소수민족과 공유되는 축제이기는 하지만 다른 민족 다른 축제라는 점은 축제의 내용을 면밀히 분석하고 비교 대조 할 수 있다면 해당 민족들의 정신문화의 차이와 유사성을 이해할 수 있을 것이라고 본다. 따라서 이들 소수민족의 문화를 연구하는 후속작업은 반드시 필요하다고 본다.

<참고문헌>

김미화, "해방 이후의 민간역서와 달력 시간의 혼종성," 『사회와 역사』, No. 130, 한국사회사
　　학회, 2021.
황성우, "소비에트 달력개혁과 일상생활의 변화," 『동유럽발칸학』, 14-1, 아시아중동유럽학
　　회, 2012.
이경희, "러시아 북극권 소수민족 축제 연구," 『소수민족연구』, 1권1호. 2021.
Бугаева К.М. *Уникальный народ долганы*: Артики и Север, 2013.
Дьяченко В.И. "Охотники высоких широт. Долганы и северные якуты," *СПб.:
　　Европейский дом*, 2005.
Кривоногов В.П. "К современной этнической ситуации у долган," *Этнографическое
　　обозрение: научн. журнал № 5*, 2000.
Крюков В.А. ,Шишацкий Н.Г.,Брюханова Е.А.,Кобалинский А.М.,& А.Н.Токарев(2014),
　　"Потенциал устойчивого развития ареалов проживания и экономическая оценка
　　качества жизни коренных малочисленных народов Севера", Новосибирск:
　　ИЭОПП СО РАН, 16.
Медведев Д. "Долганская экспедиция," *Академии наук// Советский Север: полит. —
　　экон. журнал. № 1*, 1931 .
Миддендорф А.Ф. "Долганы / Путешествие на Север и Восток Сибири, Север и Восток
　　Сибири в естественно историческом отношении," *Сибирская фауна*. — Спб.,
　　1869.
Попов А. А. *Поездка к долганам*, Изд. АН СССР Науки И.КП. РСФСР // Советская
　　этнография: журнал. 1931.
Попов А.А. *Долганы*, Собрание трудов по этнографии. Том 1 «Издательство «Дрофа»
　　Санкт-Петербург, 2003.
Тишков В. А., Новикова Н. И., Пивнева Е. А., & Степанов В. В., *Коренные народ
　　Российской Артики: история, современный статус, перспективы*: М, 2014.
Функ Д. А., Алексеев Н. А. *Тюркские народы Восточной Сибири*: М, Наука, 2008.

https://rosstat.gov.ru/storage/mediabank/Tom5_tab17_VPN-2020.xlsx (검색일: 2024.06.25.).
https://ru.ruwiki.ru/wiki/%D0%94%D0%BE%D0%BB%D0%B3%D0%B0%D0%BD%D1%

8B (검색일: 2024.06.25.).

https://vk.com/wall-65525939_1459 (검색일: 2024.06.25.).

http://www.museum.ethnicart.ru/page45.html (검색일: 2024.06.26.).

https://www.gb.go.kr/Main/open_contents/section/marinefishery/index.html (검색일: 2024.06.27.).

https://arctic2035.ru/n7-p89 (검색일: 2024.06.27.).

북극해 연안 소수 원주민의 치아인류학 특징

방민규*

I. 머리말

북극해 연안지역에 거주하는 소수원주민집단은 기원전부터 혹독한 북극의 환경에 적응해 살아가며 그들 고유의 언어와 삶의 방식, 종교와 전통문화를 간직한 채 살아 왔다. 그러나 러시아의 동진과 그로 인한 이주민의 유입을 통한 서구 문화가 유입되면서 소수원주민들은 서서히 자취를 감추고 있다.

북극해 연안지역은 1700년대에 이미 모피 무역업으로 수많은 사냥꾼의 활동 무대가 되었다. 포경업은 17세기 이후 300년 동안, 상업 포경을 중지시킬 때까지 활발했다. 대표적으로 미국인 해군 탐험가 로버트 피어리는 북극 모피와 일각고래의 상아 장사를 했으며, 그가 팔았던 상품은 그린란드의 운석부터 원주민의 뼈까지, 심지어 이누이트를 속여 살아 있는 사람들까지 미국자연사박물관의 전시물로 넘겼을 정도였다.

이제 북극해 연안국을 비롯해 한국을 포함한 많은 나라들이 북극의 자원을 찾는 데 몰두하고 있다. 이미 여러 곳의 북극해 지역에서는 석유와 천연가스를 활발하게 생산하고 있다. 또한 북극은 다양한 광물의 생산지여서 자원을

※ 이 글은『한국 시베리아연구』2018년 제22권 2호에 실린 논문을 수정 및 보완한 글임.
* 국립세계문자박물관 연구교육부장

채굴 중이거나 개발을 준비하고 있다. 한편 환경보호자들은 북극의 핵실험과 고래잡이를 금지시키고, 유전개발 반대운동을 지속하고 있다.

한국은 현재 북극해 비연안국이지만 2013년 북극이사회 정식옵서버국의 지위를 획득해 북극해의 환경보호와 정책에 대한 연구를 진행하고 있다. 또한 지구온난화를 통한 북극항로의 활용에 관심이 많다. 이에 연안국 중 가장 적극적으로 북극해 자원개발과 탐사에 참여하고 있는 러시아의 연안을 경유하기 때문에 이들 지역에 대한 다양한 정보의 활용은 필수적이다.

북극해 연안 소수원주민들의 문화, 언어, 민속에 대한 연구는 동아시아의 문화교섭에 대한 새로운 문화구조의 가능성을 창출해 낼 수 있다. 또한 타문화와 접촉, 융화되면서 새로운 역사성을 만들어낸 과정을 이해한다면 기존의 연구틀에서 벗어난 새로운 인문학 연구의 장이 될 것이다.

최근의 연구성과에도 불구하고 국내에서는 아직은 치아인류학적 특징을 통한 생물인류학 연구와 이를 통한 한국인 기원문제에 관한 논의는 미비한 실정이다. 일반적으로 치아발생은 유전적인 통제를 통한 엄격한 규칙성을 발현하는 통합시스템으로 이 과정의 최종산물인 완전한 영구치의 발생은 치아의 형태, 크기 그리고 발육부진 등에 따른 성별의 차이와 상호작용의 정도를 반영한다[1]. 특히 치아 배열에 영향을 미치는 돌연변이는 어떤 집단에서 아주 낮은 빈도로 나타나는 특징을 보인다. 따라서 사람의 치아는 우연히 만들어 진 것이 아니라 아주 오래 전의 상황을 물려받은 결과로 볼 수 있다[2]. 또한 사람의

---

1) Jordan E. Ronald / Abrams Leonard and Bertrams S. Kraus, *Dental Anatomy and Occlusion* (Baltimore : The Williams & Wilikins Company, 2nd ed., 1992), pp. 335-337.
2) 김희진·허경석·강민규·고기석, "한국인 앞쪽니와 큰어금니의 비계측 특징과 다른 종족들과의 비교,"『대한체질인류학회지』제13호 (서울 : 대한체질인류학회, 2000), pp. 173-186.

신체조직 중 치아는 무기질을 포함하여 치밀한 구조로 구성되어 있기 때문에 선사 및 역사시대 유적에서 오랜 기간 묻혀 있을 때에도 발견될 정도로 보존성이 높기 때문에 고고학·체질인류학 연구분야에서 중요한 위치를 차지하고 있다[3]. 따라서 최근에는 선천적인 치아 결손이나 기형치아 같은 형태 이상을 나타내는 유전적 질환을 이용하여 가계혈통을 추적하는데 이용되고 있다. 이와 더불어 치아는 타고난 유전적 특징뿐만 아니라. 그 시대의 식생활. 문화적인 상태를 반영하기 때문에 치아 자체의 형태변화는 간접적으로 문화의 진화 상태를 파악하는데 매우 유용한 자료가 된다[4]. 이와 함께 사람 치아의 비계측적 특성은 유전적인 영향 또는 환경인 영향에 따라 다양하게 나타나며 이러한 특징은 어떤 민족의 체질인류학적 특징을 결정하는데 중요한 요인으로 사용되어 민족의 이동경로를 추정하거나 종족집단이나 민족 간의 관련성을 밝히는 고인류학 연구에 중요한 정보가 된다[5].

본 연구에서는 한반도 주민의 형성과정에 있어서 시간적·공간적인 뿌리를 살펴보기 보다는 북극해 연안 소수 원주민들의 치아인류학 특징을 살펴보고 한국인과 비교하여 기원문제와 관련한 다양한 이동경로를 살펴보고자 한다.

---

3) Percy M. Butler, "Studies in the mammalan dentition-and of differentiation of the postcanine dentition," *Proceeding of the Zoological Society* (Vol. 107, 1939), pp. 103-132.
   Scott G. Richard / Christy G. Turner II, *The anthropology of modern human teeth* (New York : Cambridge University Press, 2004).
   А. А. Зубов / Н. И. Хальдеева, Этническая одонтология (М.:1973), с. 254.
4) Iscan M. Yasar, "The emergence of dental anthropology," *American Journal of Physical Anthropology* (Vol. 78(1), 1989), pp. 1-8.
5) 허경석·오현주·문형순·강민규·최종훈·김기덕·백두진·고기석·한승호·정락희·박선주·김희진, "한국 옛사람과 현대사람 치아의 체질인류학적 특징," 『대한체질인류학회지』제 12호 (서울 : 대한체질인류학회, 1999), pp. 223-234.

II. 연구자료 및 연구방법

1. 연구자료

북극해 연안 소수원주민의 자료는 자료 활용의 용이성을 들어 네네츠 (Nenets)[6], 코미(Komi)[7], 에스키모(Eskimo)[8], 알레우트(Aleut)[9], 야쿠트 (Yakut)[10], 축치(Chukchi)[11] 집단의 자료를 사용하였다. 북극해 연안 지역을 제외한 극동지역과 연해주지역의 소수원주민 집단의 자료는 러시아 연구자인 주보프(Зубов, А.А.)와 할데예바(Хальдеева, Н.И.)가 1973, 1979, 1989년 조사한 자료를 활용하였다.

2. 연구방법

사람치아 형태의 특징을 살펴보는 방법으로는 일반적으로 계측(Metric)과 비계측(Non- Metric) 방법을 사용한다[12].

본 연구에서는 자료 활용의 용이성으로 비계측 항목에서의 연구만을 진행 하였다. 현재까지 북극해 연안 소수 원주민 집단의 치아인류학 특징을 비계측 방법을 이용하여 분석한 결과는 보고된 예가 많지 않기 때문에 이번 연구결과 가 자료축적에 보탬이 되리라 본다.

---

6) А. А. Зубов / Н.И. Хальдеева, *Этническая одонтология*. (М.:1973), с. 187-228.
7) А. А. Зубов / Н. И. Хальдеева, *Одонтология в Современои Антропологии*. (М.:1981), с. 105—119.
8) А. А. Зубов / Н. И. Хальдеева, op. cit., p. 116.
9) А. А. Зубов / Н. И. Хальдеева, op. cit., p. 116.
10) Н. И. Хальдеева, "Буряты, Хакасы, Дальный Восток." *Этническая одонтология* СССР, (Москва: Наука, 1979), с. 187-220.
11) А. А. Зубов / Н. И. Хальдеева, op. cit., p. 135.
12) А. А. Зубов / Н. И. Хальдеева, op. cit., p. 187-227.

치아에 대한 남녀 성별의 차이에 관해서는 외국의 경우[13] 몇 편의 연구결과를 통해 발표되긴 했으나 판별식에 이용된 변수들이 조사자들 간에 서로 다르게 나타나는 등 실제로는 거의 이용되지 않고 있으며 국내에선 문형순[14]이 2002년 이빨 잰값을 통한 남녀성별추정을 시도하였으나 더 많은 개체에 대한 검정이 필요하다고 판단된다. 연구자들 간의 이러한 상이한 결과로 인해 아직까진 계측값을 구하는데 있어서 남녀 구별에 의미를 부여하지 않고 있는 것으로 판단되며[15] 1999년 조사된 현대한국인의 연구결과 또한 남녀 성차이를 두지 않고 있어 통계값에 대한 통일성을 기하기 위해 남녀의 구별은 하지 않기로 한다.

연구 순서는 먼저 북극해 연안 소수원주민 집단에게서 나타나는 가장 특징적인 치아인류학 특징들이 무엇인지를 살펴본 후 이런 특징들을 한국인, 극동, 그리고 연해주 지역 소수 원주민 집단과 비교해 보았다. 이를 통해 한국인과는 치아형태에서 어떤 공통점과 차이점이 나타나는지 살펴보았다. 비계측항목은 주보프[16]의 방법을 따랐으며 사용한 비계측 항목은 다음과 같다.

---

13) Coenraad F. A. Moorrees, *The Dentition of the Growing Child* (Cambridge, Mass. : Harvard Univ Press, 1959), pp. 513-585.
Stanley M. Garn / Arthur B. Lewis and Rose S. Kerewsky, "Size interrelationships of the mesial and distal teeth," *Journal of Dental Research* (Vol. 44, 1965), pp. 350-353.
14) 문형순, 『한국인 이빨 잰 값의 남녀판별력 분석』 (청주 : 충북대학교 석사학위논문, 2002), p. 40-50.
15) Loring C. Brace / Alan S. Ryan, "Sexual dimorphism and human tooth size difference," *Journal of Human Evolution* (Vol. 9, 1986), pp. 437-446.
16) А. А. Зубов, *Одонтология : Методика антропологических исследований.* (М. : Наука, 1968), с. 198.

1) 비계측 분석항목[17]

치아의 비계측 특징들은 치아계측과 함께 현대 인류집단에서 차이를 나타내며 조상과의 관계를 살펴볼 수 있다는 점에서 매우 중요하다. 치아의 비계측 특징들은 크게 치아의 개수와 위치에 따른 다양성과 치아 형태의 다양성으로 크게 나뉘는데 치아 형태의 다양성은 종족집단간의 유전적 친연관계를 파악하는데 필요한 중요한 정보를 제공한다.

① 삽모양 앞니(Shoveling, shovel-shaped incisors)

치아의 형태학적 특징 중 가장 활발히 사용되는 유전적 특징 중의 하나이다. 흐드리치카[18]에 의해 처음으로 언급된 이후로 몽골로이드집단에서 높은 출현빈도를 보여 준다는 연구결과가 발표되었다[19]. 앞니의 안쪽과 먼쪽의 모서리융

그림 1. 삽모양앞니

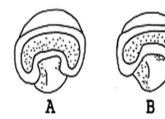  

A: shoveled B: semi-shoveled C: trace of shovel D: no shoveling(박선주, 1994, p. 237)

---

17) 비계측 항목은 크게 6개 항목이지만 아래턱어금니의 조사항목이 6가지로 세분되므로 총 11개 항목에 대한 조사를 진행하였다.
18) Hrdlička Aleš, "Shovel-shaped teeth," *American Journal of Physical Anthropology* (Vol. 3, 1920), pp. 429-465.
19) Hanihara Kazuro, "Morphological pattern of the deciduous dentition in the Japanese-American hybrids," *Journal of the Anthropological Society of Nippon* (Vol. 76, 1968), pp. 114-121.

선의 법랑질이 혀쪽으로 연장되어 생기게 되는데 이 혀면 모서리융선이 법랑질의 테두리가 생길 정도로 돌출되어 혀면의 가운데를 오목(fossa)하게 만들게 된다. 혀쪽에서 바라보면 부삽모양을 띠게 된다. 혀면에 나타나는 부삽모양의 정도와 혀면오목의 깊이 정도에 따라 크게 4가지로 분류한다(그림 1).

② 카라벨리 결절(Carabelli's cusp)

위턱 첫째어금니의 안쪽혀쪽 도드리(protocon)의 혀면에 나타나는 비정상적인 결절로 제5 도드리라고도 한다. 카라벨리 결절의 형태는 작은 홈(pit) 모양에서부터 완전한 도드리 모양에 이르기까지 매우 다양하며 달베르그[20] 등 많은 연구자들에게 의해 여러 분류방법이 고안되기도 하였다. 일반적으로는 스캇과 터너(Scott. G.R. & Turner. C.G.., 2004)의 4가지 분류방법을 사용한다(그림 2).

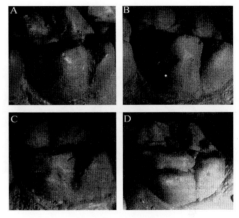

그림 2.카라벨리 결절

A: pit B: small C-D: high cone
(G.R Scott & C.G. Turner, 2004, p. 43)

카라벨리 결절은 최근의 진화과정상에 따른 특징으로 보고 있으며 모든 현대 주민집단에서 다양한 빈도로 나타난다. 화석인류 자료에서는 나타나지 않은 특징으로 보고 있다.

---

20) Albert A. Dahlberg, "The paramolar tubercle (Bolk)," *American Journal of Physical Anthropology* (Vol 3, 1945), pp. 97-103.

③ 위턱 어금니 교합면 도드리 유형(Cusp patterns of molars)

어금니의 도드리와 고랑의 형태는 체질인류학 분야에서 조상과 후손의 관계를 비롯하여 현대 주민집단 사이의 특징을 설명하는데 활발하게 활용되어 왔다. 위턱 어금니는 보통 3~4개의 도드리가 있으며 이를 구분하는 고랑이 있다. 달베르그[21]는 도드리 크기를 기록하는 방법을 통해 4개의 도드리가 모두 잘 발달되어 있으면 '4형', 넷째도드리(hypocone)의 크기가 작아졌으면 '4-' 형, 넷째도드리는 없지만 면쪽으로 작은 도드리가 존재하면 '3+' 형, 넷째도드리가 아에 없으면 '3'형으로 구분하였다(그림 3).

그림 3. 위턱 어금니 교합면 도드리 유형

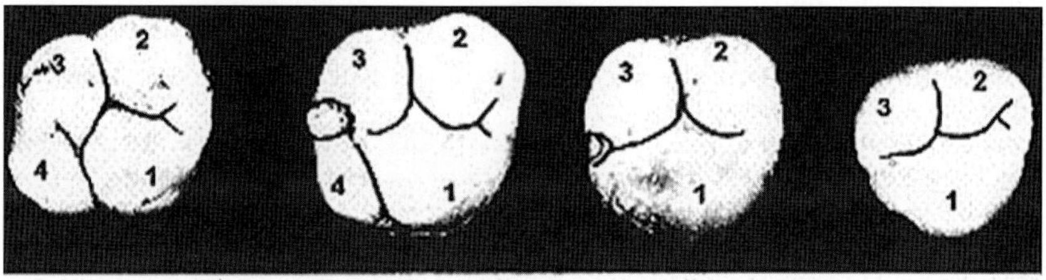

허경석, 1999, p. 223

④ 아래턱 어금니 교합면 도드리 유형

아래턱 어금니의 교합면 도드리 유형은 도드리의 수와 고랑에 의해 결정된다. 일반적으로 4~5개의 도드리가 고랑의 유형에 따라 존재한다. 고랑의 유형은 'T', 'Y', 'X' 자 모양으로 분류한다. 따라서 아래턱 어금니의 교합면 고랑유형은 'Y6', 'Y5', 'Y4', 'Y3', '+6', '+5', '+4', 'X6', 'X5', 'X4' 등의 형태로 구분한다[22].

---

21) Albert A. Dahlberg, "The dentition of the American Indian," *The Physical Anthropology of the American Indian* (New York : W. S. Laughlin, 1951), pp. 138-176.

22) А. А. Зубов, op. cit., p. 41.

그림4. 위턱 어금니 교합면 도드리 유형

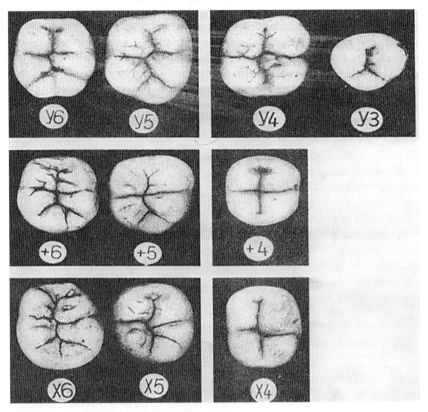

A.A. Зубов, 2006, p. 41

'Y5'형은 화석인류에게서 가장 많이 발견되고 있으며, 나머지 유형은 현재 주민집단에서 최근 발달한 것이다. 이를 통해 'Y5'에서 '+5'나 'Y4'를 거쳐서 '+4'로 진화해 가는 것이 일반적인 경향이라고 보고 있다(그림 4).

⑤ 아래턱 어금니 먼쪽 세도드리부 융기(Distal trigonid crest)
아래턱어금니의 세도드리부(trigonid)의 볼쪽혀쪽면(protoconid-metaconid)을 이어주는 융기가 존재하는지를 관찰한다. 종종 볼쪽안쪽 도드

리((protoconid)의 가쪽덧융선과 혀쪽안쪽 도드리(metaconid)의 가쪽덧융선이 합쳐져 다리처럼 이어지는 융기를 형성한다(그림 6).

그림 5. 아래턱 어금니 먼쪽 세도드리부 융기

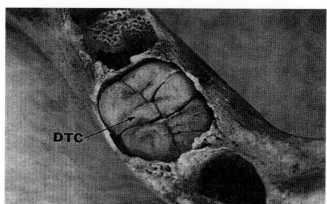

G.R. Scott & C.G. Turner, 2004, p. 56

⑥ 아래턱 어금니 혀쪽 앞도드리의 마디있는 주름(Deflecting wrinkle)

일반적으로 아래턱 어금니의 안쪽혀쪽 도드리(Metaconid)의 교합면 융선은 도드리 정상으로 부터 발육고랑을 향해 곧게 이어 진다. 하지만 가끔은 이 융선이 곧게 오다 중심오목쪽으로 각이 져 굴절하는 현상이 발생한다(그림 6). 둘째·셋째어금니에서는 거의 나타나진 않는다.

몽골로이드, 아메리카 원주민들

그림 6. 아래턱 어금니 혀쪽 앞도드리의 마디있는 주름

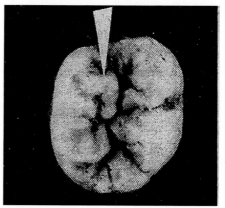

А.А. Зубов, 2006, с. 44

에게서 50% 이상의 발현율을 보여주며, 유럽인에게서는 15%를 넘지 않는다.

Ⅲ. 북극해 연안 소수원주민의 치아인류학 특징

러시아는 북극해 연안국 중 가장 적극적으로 북극해 자원개발과 탐사에 참여하고 있다. 또한 18세기 동진과 더불어 20세기 소비에트 시절의 급진적인 정책은 소수원주민집단의 삶에 큰 영향을 끼쳤다. 러시아는 180여개의 주민집단으로 구성된 다민족 국가이다. 이중 북극해 연안 주요 소수원주민족 집단인 네네츠, 코미, 에스키모, 알레우트, 야쿠트, 축치 집단의 현황과 치아인류학 특징은 다음과 같다.

1. 네네츠(Nenets)

러시아가 2008년부터 진행해 온 야말(Yamal)프로젝트는 러시아의 중요한 북극해 연안 사업 중의 하나이다. 이곳의 원주민인 네네츠인들은 2012년 모 방송국의 예능프로그램에 등장해 우리의 관심을 받은 적이 있다.

거주지역은 야말-네네츠 자치구, 네네츠 자치구, 크라스노야르스크 변강주, 한티-만시 자치구 등이다. 2010년 러시아연방 인구조사에 의하면 44,640명이 거주하고 있으며 인구분포를 보면 다음과 같다. 야말-네네츠 자치구(29,772명), 네네츠 자치구(7,504명), 크라스노야르스크 변강주(3,000명), 한티-만시 자치구(1,438명).

네네츠인들은 순록을 죽여 바로 현장에서 생고기를 썰어 먹는데, 외지인들의 시각에서는 매우 충격적이다. 하지만 그것은 사실 북극의 가혹한 자연환경에서 살아남기 위한 가장 최적의 생존 방식이자 음식 문화였다. 주로 툰드라의 척박한 환경과 그 자연에 오랜 세월 적응하며 살아온 네네츠인의 독특한 삶과 문화는 우리에게 충분히 흥미로운 것이었다.

그런데 우리가 또 주목할 부분은 그들이 딛고 서 있는 땅속의 엄청난 양의 석유와 가스다. 네네츠인이 거주하는 지역에는 걷기만 해도 마치 파도처럼 출렁이는 지대가 곳곳에 있다. 이것은 낮은 기온으로 쉽게 분해되지 않은 동식물이 땅 속에서 대규모 유기물층을 형성해 나타난 현상인데, 오랜 세월이 지나 이러한 층에서 석유가 생성되는 것이다. 가까운 미래에 북극항로가 활성화되면 험난한 육로가 아닌 해로로 네네츠인과 만날 수 있는 날이 오게 될 것이다. 아마 그때쯤이면 우리는 순록, 어로, 사냥이 아닌 북극의 수많은 자원을 세상과 교환하며 사는 네네츠인과 만날 수 있을 것이다.

네네츠인의 삽모양 앞니 출현율은 조사대상 6개 집단 중 두번째 낮은 72%(둘째 앞니)이다. 특히 위턱 첫째 앞니의 출현율은 56%로 좀 더 낮은 것으로 조사되었다. 카라벨리 결절의 출현율은 16%로 조사대상 집단 중 두 번째로 높은 출현율을 나타냈다. 아래턱 첫째어금니 Y5형은 45.8%로 비교적 낮은 출현율을 나타냈다. 반면 아래턱 첫째어금니 +4형은 4.2%의 출현율을 보여 가장 높은 것으로 나타났다.

아래턱 어금니 먼쪽 세도드리부 융기(dtc)와 아래턱 어금니 혀쪽 앞도드리의 마디있는 주름(dw)의 출현율은 25.0%, 28.0%로 나타났는데 러시아 극동지역 소수 원주민 집단(21.4%, 21.9%)[23]과 비슷한 결과를 보여 주었다.

---

23) А. А. Зубов / Н. И. Хальдеева, op, cit., p. 113.

〈표 1〉 북극해 연안 소수원주민의 치아인류학 특징(%)

구분	특징										
	1	2	3	4	5	6	7	8	9	10	11
네네츠 (50)	72.0	16.0	-	8.3	0	45.8	33.3	8.3	4.2	25.0	28.0
코미 (55)	11.5	34.0	-	4.9	2.4	61.0	31.7	0	0	4.5	13.9
에스키모 (40)	100	0	-	-	-	94.4	28.0	0	2.4	48.4	20.0
알레우트 (70)	97.0	-	-	-	-	76.7	20.9	0	2.3	-	78.0
야쿠트 95	75.0	14.3	-	-	-	-	-	-	-	-	-
축치 (27)	-	5.8	81.2	-	-	-	-	32.1	-	-	-

1. 삽모양앞니 2. 카라벨리결절 3. 위턱 둘째 어금니(3, 3+ 형) 4. 아래턱 첫째어금니 Y6형
5. 아래턱 첫째어금니 +6형 6. 아래턱 첫째어금니 Y5형 7. 아래턱 첫째어금니 +5형
8. 아래턱 첫째어금니 Y4형 9. 아래턱 첫째어금니 +4형 10. 아래턱 어금니 먼쪽 세도드리부 융기(dtc)
9. 아래턱 어금니 혀쪽 앞도드리의 마디있는 주름(dw)

2. 코미(Komi)

코미 소수 원주민 집단은 지럔인(Коми-зырян), 페르먁인(Коми-пермяк)의 두 그룹으로 구분된다. 동일 민족이더라도 출신지나 전통적인 거주지에 따라 언어적인 차이가 있으며, 정체성도 조금씩 차이가 있다.

코미-지럔인은 현재 코미 공화국의 주된 민족이라고 할 수 있다. 과거 코미인은 '지럔인(Зырян)'이라는 이름으로 더 많이 알려져 있었다. 이들은 오늘날 코미 공화국 영토 외에도 근처의 아르한겔스크 지역을 비롯하여 서쪽의 무르만스크와 시베리아의 옴스크(Омск), 튜멘(Тюмень) 지역까지 퍼져 거주하고 있다.

코미 소수 원주민이 형성되었던 곳은 현재의 비체그다 강 유역으로 추정되며, 코미 땅에 거주하던 종족들은 101~11세기 본격적으로 민족으로서의 정체

성을 갖게 되었다.

코미인의 삽모양 앞니 출현율은 조사대상 6개 집단 중 가장 낮은 11.5%(둘째 앞니)이다. 반면 위턱 첫째 앞니의 출현율은 20.0%로 좀 더 높은 것으로 조사되었다. 카라벨리 결절의 출현율은 34%로 조사대상 집단 중 가장 높은 출현율을 나타냈다. 이를 통해 유럽인의 치아인류학 지표 특징이 그대로 반영되어 있다고 할 수 있다. 아래턱 첫째어금니 Y6형은 4.9%, +6형은 2.4%, 아래턱 첫째어금니 Y5형은 61.0%의 출현율을 나타냈다. 반면 아래턱 첫째어금니 Y4, +4형은 없는 것으로 나타났다.

아래턱 어금니 면쪽 세도드리부 융기(dtc)와 아래턱 어금니 혀쪽 앞도드리의 마디있는 주름(dw)의 출현율은 4.5%, 13.9%로 나타났다. 치아인류학 특징은 본 코미 소수 원주민의 특징은 유럽인의 형질을 반영하고 있다고 할 수 있다.

3. 에스키모(Eskimo)

러시아 지역 내 에스키모인은 2010년 기준 1,730여 명으로 주로 추콧카 자치구 동부, 브란겔서에 거주하고 있다. 러시아 이외 지역으로는 캐나다, 알래스카 그리고 그린란드에 거주하고 있다.

언어상으로 두 개의 그룹, 유피크(Yupik)와 이누이트(Innuit)로 나눌 수 있다. 유피크는 알래스카와 추콧카반도에 거주하며 이누이트는 그린란드, 캐나다 그리고 알래스카에 살고 있다. 이들의 기원은 기원전 2000년까지 올라가는데 베링해 연안에서 형성된 종족집단이 기원전 1000년 경 몽골인종인 그들의 조상이 동북아시아 북부에서 베링해협을 건너 아메리카로 건너간 것으로 보고 있다.

오늘날 에스키모인은 지구온난화라는 환경변화와 현대문명의 유입으로 인해 더 이상 전통적인 삶의 방식을 유지하는 것이 어렵게 되었다. 사냥에서 어업으로 생계양식이 바뀌며 텃밭에서 채소를 재배해 샐러드를 먹는 등 식문화도 바뀌고 있다. 에스키모인의 생활방식은 지구온난화와 더불어 급격하게 소멸 할 수밖에 없다.

에스키모 소수 원주민 집단의 삽모양 앞니 출현율은 조사대상 6개 집단 중 가장 높게 나타났다(100%). 반면 위턱 첫째 앞니의 출현율은 84..4%로 둘째 앞니와 차이가 나타나는 것으로 조사되었다. 카라벨리 결절의 출현율은 0%로 나타나 몽골로이드의 치아인류학 지표 특징이 그대로 반영되어 있다고 볼 수 있다. 아래턱 첫째어금니 +5형은 28.0%, Y5형은 94.4%의 출현율을 나타냈다. 반면 아래턱 첫째어금니 Y4형은 출현하지 않았으며 +4형은 2.4%로 나타났다.

아래턱 어금니 먼쪽 세도드리부 융기(dtc) 48.4%로 가장 높게 나타났으며, 아래턱 어금니 혀쪽 앞도드리의 마디있는 주름(dw)의 출현율은20..0%로 나타났다. 치아인류학 특징으로 본 에스키모 소수 원주민의 특징은 몽골로이드의 형질을 잘 나타내고 있다고 할 수 있다.

4. 알레우트(Aleut)

알레우트인의 형질인류학적 유형과 언어, 문화의 형성과 관련된 가설은 이들이 남부 에스키모인의 한 부족을 이루고 있다가 오래 전에 독립적인 인종으로 분화된 것으로 보고 있으며 시기는 4,600~8,000년 전에 발생했다고 보고 있다. 알레우트인에 대한 본격적인 연구는 알류산 열도를 발견하면서부터 시작되었다. 러시아 해양학자, 산업가에 의해 알레우트 문화 관련 자료가 축적됐다고 볼 수 있다.

원시 에스키모 공동체의 일원이었던 알레우트인과 에스키모인의 선조들은

10,000~12,000년 전 아시아에서 아메리카로 이민을 가면서 베링 해로 이주하게 되었다. 에스키모인이 고아시아족이나 인도 문화와 접촉이 많았던 반면, 알레우트인은 상대적으로 섬에 고립되어 지내면서 고유한 특성을 갖게 되었다. 그들의 강한 보수성과 낮은 삶의 질 역시 고립의 결과라 할 수 있다.

러시아 코만도르스키에 제도에 거주하는 알레우트인 이외에도 현재 2,000명 이상이나 되는 대다수의 알레우트인이 미국령인 알류샨 열도에 거주하고 있다. 18세기 중반 그들의 숫자는 12,0001~5,000명에 이르렀지만, 2000년도 미국 인구조사에 따르면 알레우트인은 워싱턴에 2,273명, 캘리포니아에 998명, 오레곤에 479명 등을 포함하여 17,004명이다.

흐들리치카는[24] 알레우트인의 기원이 북동 아시아가 아닌 미국에서 시작된다고 주장한다. 그에 따르면 알레우트인은 알류샨 산맥을 따라 북동 아시아에서 아메리카로 이동한 것이 아니었다. 흐들리치카는 알류샨 열도에 살던 '최초의 알레우트인'과 더불어 13~14세기에 이민족이 베링 해협 지역을 거쳐 미국에 도착하게 되었고, 이들이 바로 알레우트인의 조상이라고 설명한다. 그는 아메리카 대륙에서 와서 열도를 따라 서쪽으로 이동하던 오늘날의 알레우트 조상이 대략 BC 1,000년 즈음 알류샨 열도의 원주민이었던 '최초의 알레우트인(pre-Aleuts)'을 대체했을 것으로 본다. 그러므로 알레우트인의 기원은 미국으로부터였다는 것이다.

알레우트인은 돌출된 광대와 가늘게 찢어진 눈의 평평한 얼굴을 한 전형적인 몽골인종의 특징을 갖고 있다. 이들의 삽모양 앞니 출현율은 98.0%으로 나타나 에스키모와의 높은 친연관계를 보여 준다고 할 수 있다. 위턱 첫째 앞니의 출현율도 97.0%로 둘째 앞니와의 차이가 별로 나지 않는 것으로 조사되었

---

24) С. Н. Марков, *Летопись Аляски*. (М.: Русский центр «Пересвет», 1991), с. 189.

다. 아래턱 첫째어금니 +5형은 20.9%, Y5형은 76.7%의 출현율을 나타냈다. 반면 아래턱 첫째어금니 Y4형은 에스키모 집단과 동일하게 출현하지 않았으며 +4형은 2.3%로 나타났다. 치아인류학 특징에서도 거의 에스키모 집단과 유사하다고 볼 수 있는 결과가 나타났다.

5. 야쿠트(Yakut)

야쿠트인의 기원에 관해서는 이주설과 발생설 등 여러 가지 설이 있는데, 공통적으로 남쪽 지역에서 레나 강 중류로 이주한 사람들에서 비롯되었다고 한다. 야쿠트 민족은 크게 북 야쿠트인과 남 야쿠트인으로 구분된다. 북 야쿠트인은 주로 사냥, 낚시, 순록치기를 주업으로 삼고, 남 야쿠트인은 소나 말을 기른다. 이와 같은 구분은 야쿠트 민족 설화에 잘 드러나 있다[25].

야쿠트인은 투르크계 종족으로 본래 바이칼 서부에서 몽골계 부랴트인과 일정 기간 이웃해 살다가 칭기즈칸 침공 이후 동북쪽으로 이동해 현재의 지역에 정착한 것으로 알려져 있다. 야쿠트인은 19세기까지 동시베리아에서 가장 강성한 민족이었기 때문에 극동 시베리아 지역의 다양한 민족들 간의 교류를 주도했다. 야쿠트인의 이동 과정과 타 민족과의 활발한 교류에서 보듯이, 야쿠트인의 삶 속에는 부랴트-몽골적 요소, 에벤인과 에벤키인의 퉁구스적인 요소, 축치인과 코랴크인의 고아시아적[26] 요소들이 녹아 있다. 이와 더불어 러시아인이 극동 시베리아를 정복하는 과정에서 러시아 정교의 요소도 함께 흡수되었다.

---

25) 김혜진 외, 『민족의 모자이크, 유라시아』(서울: 한울, 2016), p. 280.
26) 고아시아족이란 용어가 언제부터 러시아학계에서 사용했는지는 정확하게 알 수 없으나 레빈(1963)은 길랴크족의 기원과 관련된 논의에서, 1883년에 러시아학자 슈렌크(Shrenk)가 언어학에 기초하여 처음으로 캄차달(Kamchadals), 길랴크(Gilyaks), 축치(Chukchis), 코랴크(Koryaks) 등을 고아시아족으로 분류하였다고 기술하고 있다(최정필, 1991).

야쿠트 소수 원주민의 삽모양 앞니 출현율은 75.0%로 나타나 코미인을 제외하면 가장 낮은 출현율을 보여 주었다. 카라벨리 결절의 출현율은 14.3%로 나타났다.

6. 축치(Chukchi)

현재 축치인들은 주로 캄차트카의 올류토르 지역, 코랴크 자치구, 야쿠티야의 니주네 콜리마 지역에 거주하고 있다. 2010년 인구조사 시 15,908명으로 타지역으로의 인구 이동은 많지 않으며 러시아인, 에스키모인, 에벤인, 추반인 등 다양한 종족들과 살고 있다.

1990년 대 초 추코트카에는 약 50만 마리의 순록이 사육되어 세계적인 순록 유목지가 되었으나 시장경제가 본격적으로 도입되면서 순록 유목 분야도 타격을 받았다. 높은 실업률, 마을 내 전기와 식품 공급 문제, 높은 발병률과 사망률 등과 더불어 지리적 위치와 혹독한 기후조건으로 인해 축치인들의 생활수준은 크게 낙후된 상태이다. 이런 상황을 개선하기 위해 연방정부가 1996년에 추코트카 자치구 사회경제적 상황 개선을 위한 긴급 조치를 발표한 이후 상황이 점차 개선되었다. 또한 이곳에 이반 아브라모비치가 2000년에 추코트카(Чукотка, Chukotka) 주지사로 선출되어 2008년까지 역임하였다. 갑부라는 명성에 걸맞게 주지사 재임 동안에 그가 이 지역을 위해 쓴 금액은 13억 달러(약 1조 5천억 원)에 달하였고, 그의 재임 기간 중 추코트카는 러시아 내에서 출산율이 가장 높은 지역 중 하나가 되기도 하였다.

축치 소수 원주민의 치아인류학 특징은 조사 사례가 거의 없는 실정이다. 단지 위턱 둘째어금니 3, 3+형의 출현율이 81.2%, 그리고 카라벨리 결절의 출현율이 5.8%라는 주보프(1989)의 연구결과가 있다. 추후 연구사례에 대해 좀 더 조사하여 보완할 계획이다.

Ⅳ. 러시아 내 소수 원주민 집단과의 비교

삽모양 앞니는 종족집단을 분류할 때 대표적인 체질인류학 지표로 사용한다. 특히 몽골로이드 집단의 경우 100%의 발현율을 보여주기도 한다. 반면 서양인의 경우 삽모양 앞니가 나타나지 않기도 한다[27]. 삽모양 앞니는 위턱 뿐만 아니라 아래턱 앞니와 송곳니에서도 관찰이 가능하다. 하지만 원주민의 경우 송곳니 삽모양 앞니의 발현율은 앞니보다 현저히 떨어진다(8.2%). 또한 아래턱 첫째앞니와 달리 아래턱 둘째 앞니의 경우는 8.2% 정도에서만 관찰된다. 흥미롭게도 이런 삽모양 앞니는 혼혈집단의 경우 거의 나타나지 않는다.

어금니는 종족집단의 체질적 특징을 연구할 때 가장 많이 활용되는 체질인류학 자료로 인간진화의 복잡성과 변이를 설명해 줄 수 있다. 여러 종족집단의 위턱어금니에서 보이는 다양한 형태의 발현율은 아직까지 체질인류학 지표로 사용될 정도로 밝혀지진 않은 상태이다. 반면 아래턱어금니의 치아형태학 특징들은 각 종족집단을 구분할 수 있는 체질인류학 지표로 활용된다.

쁘리아무르지역과 연해주 지역 종족집단의 삽모양앞니의 발현율은 34.7~63% 정도로 나타난다. 연해주 지역 한인들이 가장 높은 발현율을 보여 주며 (85.1%), 에벤끼는 34.7%로 가장 낮은 결과를 보여주었다. 전체적으로 이 지역의 치아인류학 특징들은 중앙아시아, 북극 그리고 극동 종족집단들에 비해 낮게 나타나는 것으로 보인다. 이러한 특징들은 특히 카라벨리 결절, 아래턱 첫째어금니 4도드리형, 아래턱 첫째어금니 6도드리형에서 두드러진다.

연해주 지역 원주민들의 위턱 첫째어금니의 4-도드리형은 2.6% 정도이며,

---

27) Hanihara Kazuro, "Mongoloid dental complex in the deciduous dentition," In the Proc eeding of the Ⅷth International Congress of Anthropological and Ethnological Science (Tokyo : Science Council of Japan 1, 1968), pp. 298-300.

혼혈집단은 다소 높은 6.7%를 나타낸다. 이런 4-도드리형태는 위턱 둘째어금니에서는 원주민이 47.4%로 높아지며 혼혈집단도 36.9%로 높아지는 것을 볼 수 있다.

위턱 첫째어금니의 3+, 3도드리형은 대부분의 연해주 지역 종족집단의 경우 출현하지 않았고 단지 우데게 그룹에서 6.5%의 발현율을 보였다. 아래턱 첫째어금니의 6도드리형은 몽골로이드와 혼혈집단에서 발현율이 높은 편이며 유럽종족집단에서는 발현율이 낮은 것으로 나타났다.

아래턱 첫째어금니의 4도드리형은 원주민은 76.7%, 혼혈집단은 63.7%로 나타났다. 개별 집단의 조사 결과를 살펴보면 우데게-러시아인 혼혈집단이 30.8%, 우데게-나나이족 혼혈집단이 27.8%로 나타났다.

아래턱 첫째어금니 먼쪽 세도드리부 융기는 세도드리부에 융기가 존재하는지 여부로 조사결과가 표시된다. 이 특징도 종족 집단의 주요한 체질인류학 지표로 사용된다. 유럽종족집단에서는 5%의 발현율이 최고치일 정도로 거의 출현하지 않는다. 반면 몽골로이드 집단에서는 30%정도까지 발현하며 그중 한국인에게서 가장 높은 발현율을 보인다. 연해주 원주민의 아래턱 첫째어금니 먼쪽 세도드리부 융기의 발현율은 8%, 혼혈집단은 5.3%로 비교적 낮게 나타난다. 남쪽에서 북쪽으로 갈수록 발현율이 낮아지는 경향을 보이는 것이 흥미로운 점이다[28].

연해주 지역 원주민의 아래턱 첫째어금니 마디 있는 주름의 발현율은 29.4%로 평균 정도에 해당되며, 혼혈집단은 다소 낮은 20%의 발현율을 보였다. 이 특징은 주로 몽골로이드와의 접촉이 있었던 곳에 나타나는 것으로 보

---

28) Scott G. Richard / Turner II G. Christy, *The anthropology of modern human teeth* (New York : Cambridge University Press, 2004), p. 382.

인다.

연구결과 연해주 지역 원주민들은 몽골로이드 계통으로 분류 될 수 있음을 보여주었다. 특히 삽모양 앞니, 아래턱 첫째어금니의 6도드리형, 그리고 아래턱 첫째어금니의 마디 있는 주름의 높은 발현율이 좋은 증거이다.

한국인 기원문제와 관련하여 이동경로와 형성과정에 대한 해답은 기존 시베리아기원설에 등장하는 퉁구스(에벤키)와 부리야트를 포함하는 다양한 북방 종족집단과의 유전적 접촉에 대한 가능성을 열어 두어야 한다고 판단되며 이후 관련 여러 학문과의 융복합 연구를 통해 한국인 기원문제에 대한 좀 더 자세한 해답을 얻을 수 있을 것으로 기대한다.

〈표 2〉 극동지역 소수 원주민 집단의 치아인류학 특징(%)(방민규, 2017)

구분	특징								
	1	2	3	4	5	6	7	8	9
나나이	51.1	7.4	27.0	89.5	1.8	18.0	0	31.7	21.0
오로치	62.3	5.0	23.0	66.7	8.5	8.6	1.3	20.0	17.4
울치	61.3	5.0	23.3	89.7	0	26.3	6.4	17.5	38.4
니브히	63.0	3.3	17.1	88.0	2.1	15.6	-	22.2	9.0
우데게이	51.2	0	27.3	73.1	0	50.0	-	21.0	26.3
에벤키(퉁구스)	34.7	4.0	34.8	85..0	12.1	15.1	28.0	13.3	33.3
에스키모	65.0	5.0	17.0	32.9	0	11.1	0	48.6	20.0
부리야트	79.0	4.1	4.0	78.0	0	18.8	28.6	20.7	17.3
한국인	85.1	3.8	-	61.0	0	19.8	27.8	38.4	41.4
중국인	89.6	2.0	7.4	43.7	3.5	15.5	84.9	-	5.9

1. 삽모양앞니 2. 못모양 치아 3. 카라벨리결절 4. 위턱 둘째 어금니 4-형 5. 아래턱 첫째어금니 4도드리형 6. 아래턱 첫째어금니 6도드리형 7. 아래턱 둘째어금니 4도드리형 8. 아래턱 어금니 먼쪽 세도드리부 융기 9. 아래턱 어금니 혀쪽 앞도드리의 마디있는 주름

Ⅳ. 맺음말

북극해 연안 소수 원주민 집단의 치아에 나타나는 몽골로이드의 중요한 체질인류학적 지표인 삽모양앞니(shovel-shaped teeth)의 출현율은 에스키모와 알레우트가 가장 높았다. 반면 유럽인의 지표 특징인 카라벨리 결절(Carabelli's cusp)은 코미집단에서 가장 높게 나타났다. 아래턱어금니 먼쪽 세도드리부 융기(distal trigonid crest) 및 아래턱어금니 혀쪽 앞도드리의 마디 있는 주름(deflecting wringle)의 빈도는 러시아 극동지역 종족집단에 비해 낮은 출현율을 보여 종족집단간의 차이를 반영하는 것임을 알 수 있다. 이번 연구를 통해 북극해 소수 원주민 집단 중 알레우트, 에스키모 집단이 네네츠, 코미, 야쿠트 집단보다는 좀 더 한국인의 치아인류학 특징과 관련성이 높게 나타났다. 이는 치아인류학 특징이 종족집단의 체질적 특성을 설명하는데 매우 유용하게 사용될 수 있음을 보여준다는 점에서 고고학과 체질인류학 분야에서 좀 더 활용되기를 기대한다.

치아인류학 특징을 통해 한국인의 특징을 검토한 결과 퉁구스집단보다 에스키모, 부리야트와 울치 소수 원주민 집단의 자료가 한국인과 더 밀접한 관계를 보였다. 한국인 기원문제와 관련하여 주민의 이동경로와 형성과정에 대한 해답은 기존 시베리아기원설에 등장하는 퉁구스(에벤끼)와 부리야트를 포함하는 다양한 북방 종족집단과의 유전적 접촉에 대한 가능성을 열어 두어야 한다고 판단되며 연구사례가 별로 없는 러시아 소수 원주민들에 대한 조사와 자료수집이 병행되어야 한다.

북극해 연안 소수 원주민 집단의 문화는 동아시아의 다원적 문화구조의 주요한 토대를 이루고 있다. 이런 연구를 통해 큰 틀에서의 북극해 환경보호에 기여 할 수 있으리라 기대한다. 또한 한국인의 기원문제를 논의하기 위해서는

좀 더 자료가 축적되고 융복합연구가 꾸준히 진행될 때에만 더 확실한 해답을
얻을 수 있을 것이다.

＜참고문헌＞

김희진·허경석·강민규·고기석, "한국인 앞쪽니와 큰어금니의 비계측 특징과 다른 종족들과의 비교,"『대한체질인류학회지』, 대한체질인류학회, 제 13호, 2000.

문형순,『한국인 이빨 잰값의 남녀판별력 분석』, 충북대학교대학원 석사학위논문, 2002.

박선주, "우리 겨레의 뿌리와 형성,"『한국 민족의 기원과 형성』, 서울: 소화, 1997.

방민규, "동시베리아 연바이칼 지역의 신석기시대 편년에 대한 새로운 시각,"『한국 시베리아연구』, 배재대학교 한국-시베리아센터, 제 19권, 2호, 2015.

방민규, "시베리아와 극동지역 소수민족의 치아인류학 특징"『한국 시베리아연구』, 배재대학교 한국-시베리아센터, 제 21권, 2호, 2017.

손성태, "우리민족의 이동 흔적(2),"『한국 시베리아연구』, 배재대학교 한국-시베리아센터, 제 20권, 1호, 2016.

원석범, "19세기 부랴트족의 가정에서의 소유관계,"『한국 시베리아연구』, 배재대학교 한국-시베리아센터, 제 13권, 2호, 2009.

최정필, "인류학상으로 본 한민족 기원연구에 대한 비판적 검토,"『한국상고사학보』, 한국 상고사학회, 제 8호, 1991.

허경석·오현주·문형순·강민규·최종훈·김기덕·백두진·고기석·한승호·정락희·박선주·김희진, "한국 옛사람과 현대사람 치아의 체질인류학적 특징," 대한체질인류학회지』, 대한체질인류학회, 제 12호, 1999.

Loring, C. Brace & Alan, S. Ryan. "Sexual dimorphism and human tooth size difference." *Journal of Human Evolution* Vol. 9, 1980.

Percy, M. Butler. "Studies in the mammalan dentition - Differentiation of the postcanine dentition." *Proceeding of the Zoological Society* Vol. 107, 1939.

Albert, A. Dahlberg. "The paramolar tubercle (Bolk)." *American Journal of Physical Anthropology* Vol. 3, 1945.

Stanley, M. Garn & Arthur, B. Lewis and Rose, S. Kerewsky. "Size interrelationships of the mesial and distal teeth." *Journal of Dental Research* Vol. 44, 1965.

Hanihara Kazuro, "Mongoloid dental complex in the deciduous dentition." In the Proceeding of the VIIIth International Congress of Anthrological and Ethnological Science, Tokyo : Science Council of Japan 1, 1968.

Hanihara Kazuro. "Morphological pattern of the deciduous dentition in the Japanese-

American hybrids." *Journal of the Anthropogical Society of Nippon* Vol. 76, 1968.

Hrdlička Aleš. "Shovel-shaped teeth." *American Journal of Physical Anthropology* Vol. 3. 1920.

Iscan, M. Yasar. "The emergence of dental anthropology." *American Journal of Physical Anthropology* Vol. 78(1), 1989.

Jordan, E. Ronald. Abrams, Leonard and Bertrams, S. Kraus, *Dental Anatomy and Occlusion*. 2nd ed., Baltmore : The Williams & Wilikins Company, 1992.

Coenraad, F. A. Moorrees, *The Dentition of the Growing Child*. Cambridge, Mass. : Harvard Univ Press, 1959.

Scott, G. Richard and Turner II, G. Christy, *The anthropology of modern human teeth.*. New York : Cambridge University Press, 2004.

Turner II, G. Christy, "Late Pleistocene and Holocene population history of the East Asiabased on dental variation." *American Journal of Physical Anthropology* Vol. 7, 1987.

Зубов, А. А. *Одонтология. Методика антропологических исследований*. М.: Наук а, 1968.

Зубов, А. А. / Хальдеева, Н. И. *Этническая одонтология*, Москва: Наука, 1989.

Зубов А. А. / Халдеева, Н. И. *Одонтология в современной антропологии*, Москва: Наука, 1989.

Зубов, А. А. *Методическое пособие по антропологическому анализу одонтологических материалов*. Москва : ЭТНО-ОНЛАЙН, 2006.

Левин, М. Г. *Этническая антропология и проблемы этногенеза народов Дальнего Востока-Труды ИЭ АН СССР*, Москва: Издательство Академии Наук СССР, 1958.

Марков, С. Н. Летопись Аляски. — М.: Русский центр «Пересвет», 1991, с. 189.

Пан, минкю. "Проблема происхождения населения Корейского полуострова по данны м одонтологии." Автореф. дис. канд. биол. Наук, Москва, 2009.

Хальдеева, Н. И.. "Буряты, Хакасы, ДальныйВосток," *Этническая одонтология СССР. Москва* : Наука, 1979.